BRIDGING THE GAP

GESICHTSPUNKTE

AKTUELLE LESETEXTE VON GESTERN, HEUTE UND MORGEN

Content-driven Reading in German

THOMAS BAGINSKI
COLLEGE OF CHARLESTON

JOHN I. LIONTAS
FOREIGN LANGUAGE SPECIALIST,
EDUCATIONAL CONSULTANT

H H

Heinle & Heinle Publishers
A Division of Wadsworth, Inc.
Boston, Massachusetts 02116

The publication of **Gesichtspunkte: Aktuelle Lesetexte von gestern, heute und morgen** was directed by the members of the Heinle & Heinle College German Publishing Team:

Patricia L. Ménard — *Editorial Director*
Marisa Garman — *Market Development Director*
Kristin Thalheimer — *Production Editor*

Also participating in the publication of this program were:

Publisher: Stanley J. Galek
Vice President, Production: Erek Smith
Editorial Production Manager: Elizabeth Holthaus
Production Supervisor: Barbara Browne
Managing Developmental Editor: Beth Kramer
Project Manager: Hildegunde Kaurisch
Manufacturing Coordinator: Jerry Christopher
Interior Book Design: DECODE, Inc.
Cover Design: Caryl Hull Design Group
Bridging The Gap Logo Design: Duvoisin Design Associates
Illustrations: Valerie Spain

Library of Congress Cataloging-in-Publication Data

Baginski, Thomas.
   Gesichtspunkte : Aktuelle Lesetexte von gestern, heute und morgen / Thomas Baginski. John I. Liontas.
    p. cm. -- (Bridging the Gap series)
   Introd. in English, text in German.
   ISBN 0-8384-4647-7
   1. German language--Readers. 2. Europe German-speaking--Civilization. I. Liontas, John. II. Title. III. Series: Bridging the Gap (Boston, Mass.)
PF3117.B245 1994
438.6'421--dc20
                            93–40655
                                 CIP

Copyright © 1994 by Heinle & Heinle Publishers

All rights reserved. No part of this publication may be reproduced or transmitted in any form or by any means, electronic or mechanical, including photocopy, recording, or any information storage and retrieval system, without permission in writing from the publisher.

Manufactured in the United States of America

ISBN 0-8384-4647-7

Heinle & Heinle Publishers is a division of Wadsworth, Inc.

10 9 8   7 6 5 4 3 2 1

Inhalt

INTRODUCTION TO THE *BRIDGING THE GAP* SERIES	V
PREFACE	VII
ACKNOWLEDGEMENTS	XII

THEMA 1

AUSLÄNDER IN DEUTSCHLAND

TEXT 1	Gewalt wird das Problem nicht lösen	2
TEXT 2	Wir brauchen die Ausländer	8
TEXT 3	Der Sozialstaat spielt verrückt	15
TEXT 4	Ein Märchen *SAID*	23
TEXT 5	Nana *Leila Khater*	32
TEXT 6	Entfremdet *Gino Chielling*	40
TEXT 7	„... ein Neger hat nie ein Auto erfunden"	44
TESTEN SIE IHR WISSEN		51

THEMA 2

BILDUNG

TEXT 1	Max und Moritz *Wilhelm Busch*	54
TEXT 2	Die ewige Punktegeierei	64
TEXT 3	Die Lehrer müssen umdenken	72
TEXT 4	Zeugnistag *Reinhard Mey*	82
TEXT 5	Mit Fleiß ins Chaos	91
TESTEN SIE IHR WISSEN		107

THEMA 3

UNSERE UMWELT

TEXT 1	Naturschutz	110
TEXT 2	Die 7 Todsünden	123
TEXT 3	Die Zerstörung der Umwelt ...	142
TEXT 4	Neue Energien	152
TEXT 5	Klage *Liselotte Zohns*	159
TESTEN SIE IHR WISSEN		165

THEMA 4

DEUTSCHLAND

TEXT 1	Drei Freunde *Joachim Klecker*	168
TEXT 2	Deutschland *Werner Kölbl*	175
TEXT 3	Brief des Platon *Heinz Neumann*	186
TEXT 4	Mein Berlin *Reinhard Mey*	194
TEXT 5	Die neue Zeit *Rebecca Braunert*	206
TESTEN SIE IHR WISSEN		211

THEMA 5

DIE VEREINIGTEN STAATEN VON EUROPA

TEXT 1	Europa hat Geschichte	214
TEXT 2	Wirtschaftsmacht Europa	226
TEXT 3	Auf dem Weg zu europäischen Deutschen	249
TESTEN SIE IHR WISSEN		257
WORTLISTE		258
CREDITS		277
AUFLÖSUNGEN		279

INTRODUCTION TO THE *BRIDGING THE GAP* SERIES

KATHERINE KULICK

The *Bridging the Gap* content driven materials complete the "bridge" between language skill courses and content courses by focusing first on content, with language skills in an active, but supporting role. The texts and organization are clearly content driven, yet while they are similar to the most upper division courses in their focus on particular issues and themes, they are unique in their design to provide the linguistic support needed for in-depth development of the subject matter and continued skill development.

The *Bridging the Gap* program offers two coordinated content-driven textbooks in French, German and Spanish. The two books within each language share a focus on the same set of topics in the contemporary social, political, and cultural issues throughout the French-speaking, German-speaking and Spanish-speaking regions of the world. Both texts offer substantive readings in-depth as well as in length. Multiple readings on each topic offer differing viewpoints.

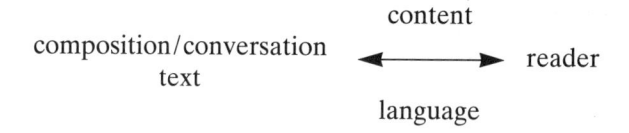

```
                        content
composition/conversation  ⟷  reader
         text
                       language
```

The two books differ in the skills they continue to develop. One book provides an emphasis on oral and written discourse strategies while the other book focuses primarily on reading strategies. While each text book may be used independently, when used together, the two books offer an even greater in-depth exploration of current cultural and social issues with a global perspective and substantial skill development support.

The readings in each book are authentic texts drawn from a wide variety of sources. Rather than presenting a sample of 12–15 different topics and treating each one in a somewhat superficial manner, each authoring team has chosen to focus on 5–8 topics in order to explore them in greater detail. All of the authors have agreed that the development of advanced level skills requires extended exposure to, and in-depth exploration of each topic. Detailed description, supporting opinions, etc. require a degree of familiarity with the subject matter that can not be achieved in one or two class meetings. In order to explore and develop advanced-level discourse strategies, an extended period of time is essential.

In addition to their content-focus, these materials are unique in their approach to skill development. Rather than simply recycling earlier grammatical instruction, these advanced level materials enable students to interact with authentic materials in new ways that will help them acquire new skills that will set them apart from intermediate-level learners.

As students leave the intermediate and post-intermediate level skill development course to focus on literature, civilization, film, etc., we, as instructors, recognize the need for student language skills to continue to develop even as the course focus shifts from language skills to content oriented instruction. We would like our students to demonstrate an increasing sophistication and complexity in their language skills and in their interaction with reading and/or listening to materials. The content-driven materials in the *Bridging the Gap* series are intended to enable students to reach these goals.

CONTENT-DRIVEN GERMAN: *GESICHTSPUNKTE*

The books at this level each have five units. Each of the units focuses on a distinctive content area, bringing to that area of interest its own perspective on the German-speaking world.

Content Areas

Unit	Reader	Conversation/Compositon Book
1	Foreigners and Asylum-Seekers in Today's Germany	The Environment
2	Secondary and Post-secondary Education	Secondary and Post-secondary Education
3	The Environment	Foreigners and Asylum-Seekers in Today's Germany
4	Germany Today - Before and after Unification	Germany Today - Before and after Unification
5	The United States of Europe	The United States of Europe

PREFACE

GENERAL DESCRIPTION OF THE TEXT

Gesichtspunkte: Aktuelle Lesetexte von gestern, heute und morgen is a one-semester content-based reading course for the third or fourth semester of German. The book is designed to develop both competence in reading and the critical thinking skills necessary to engage in an intellectual and conceptual dialogue with authentic non-fictional and literary texts. The program further aims at raising the proficiency levels of writing and speaking and at advanced culture acquisition.

WHY WAS *GESICHTSPUNKTE* WRITTEN?

Today's textbook market for upper-division German language and culture courses reveals only a few anthologies that systematically and consistently address speaking, writing, and advanced-level reading skills, while at the same time providing an intellectual challenge to the inquisitive student. Recent studies of student reading performances have shown that even after two years of intensive German language and *Landeskunde* courses, students still have considerable difficulty in successfully making the transition from elementary and intermediate language classes to advanced literature and culture courses. In *Gesichtspunkte*, the compilation of content-rich reading materials accompanied by contextualized task-oriented activities helps to bridge this gap. This program will also serve as a good preparation for those students who plan to enroll in advanced literary and cultural study courses in German. A companion volume, the conversation and composition textbook *Gesichtspunkte: Gespräche und Aufsätze* is organized around the same topics as this book and may be used in conjunction with it.

WHAT MAKES *GESICHTSPUNKTE* INNOVATIVE?

The text selections contained in this collection do not portray the German-speaking countries as idyllic, hermetically sealed and homogeneous societies inhabited solely by ethnic Germans. Rather, the texts show them as countries that are rapidly developing into multinational, multiracial, and multicultural societies through the impact of the post-World War II foreign workers communities, the recent asylum seekers, and German resettlers, and the general wave of immigration sweeping Western Europe in the aftermath of the breakup of Eastern Europe. Germany has, in fact, become an integral part of a larger whole – the new community of European nations. In this role, Germany continues to struggle with historical-political, social, economic, scientific, and ecological issues and with the concerns of racial, ethnic, and religious minorities. This book presents a vivid panorama of modern Germany's preoccupation with a variety of these issues – issues that are current and pressing not only for the German-speaking countries, but also for the international community. To this end, the five units in *Gesichtspunkte* are organized around the following themes:

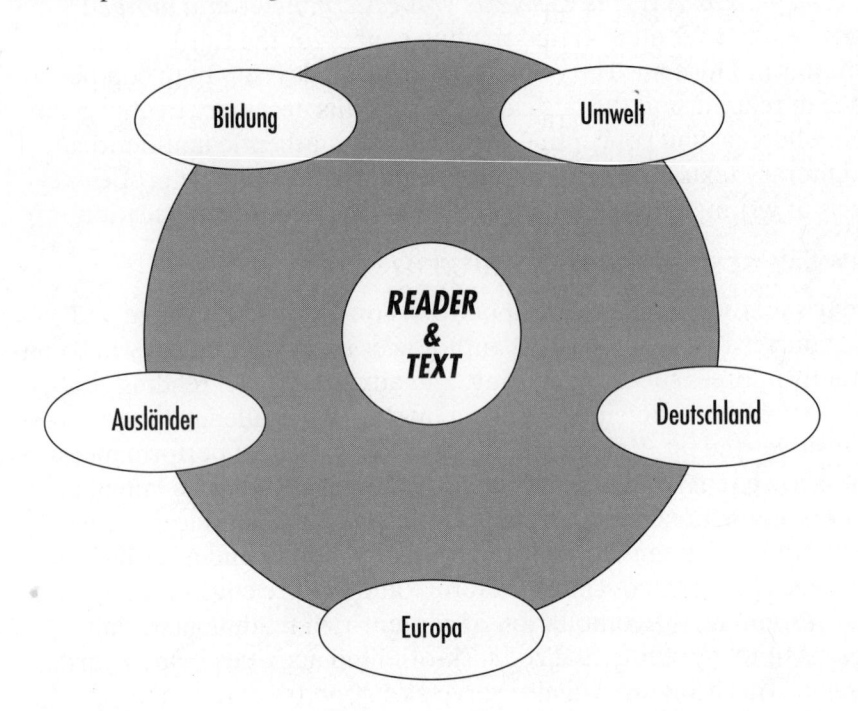

```
        Bildung              Umwelt

              READER
                &
               TEXT

        Ausländer           Deutschland

                  Europa
```

Each unit contains up-to-date reading materials that examine a central issue from a variety of perspectives. The texts are usually short enough to be read in one assignment and allow students to explore each topic in detail. Neither the units nor their constituent texts require sequential treatment, a feature that gives instructors the freedom to start with any given text in the anthology and to proceed eclectically.

A careful effort was made to present a balanced and wide-ranging cross-section of German contemporary thought as expressed by people from all walks of life. The reader contains documents by women and men, by distinguished and established authors as well as literary newcomers and "hobby" writers, by writers with little formal education and by highly educated ones, by people of all occupations and all ages, and by Germans, non-Germans, and first-generation Germans. Students are frequently asked to draw upon their own culturally pluralistic

American background not only in order to establish – by way of comparison – the learning basis for an understanding of the German experience, but also to develop an awareness of their own responsibilities as world citizens in an increasingly interdependent global community.

Each unit contains reading materials of varying linguistic and syntactic complexity and of different genres and styles, tone, and diction. All texts are authentic, with only minor abridgement when deemed appropriate.

In addition, *Globus*-graphics and drawings designed by the authors are included as illustrations of the central ideas embodied in the texts. These visual aids are especially beneficial when used as a thought-mapping introductory device or as a point of departure for group discussions or additional essay topics. They can be used before, during, or after each text study.

METHODOLOGICAL FEATURES OF *GESICHTSPUNKTE*

Each unit is divided in the following manner:

THEMAEINFÜHRUNG

Kapitelvorschau This brief introductory section supplies relevant background information about the unit's principal theme and prepares the students cognitively for a dialogue with the reading materials. An advance organizer for the entire unit, the *Kapitelvorschau* serves as a springboard to a number of thought-mapping and brainstorming activities and helps to evoke the cognitive and linguistic schemata needed for a conceptual understanding of the texts.

Wie _____ sind Sie? This section consists of a questionnaire; in Units 1-3 students are asked to voice their personal views, attitudes, beliefs, and experiences with regard to the issues: foreigners, education, and the environment. Through these questionnaires each student probes his or her predispositions and assumptions, and in the process a psychological self-profile emerges. The questionnaires in Units 4–5 dealing with the German-speaking countries and with Europe probe students' general knowledge about these areas. The questionnaires are entitled:

- *How tolerant of foreigners are you?*
- *How supportive of education are you?*
- *How environmentally conscious are you?*
- *How knowledgeable about the German-speaking countries are you?*
- *How knowledgeable about Europe are you?*

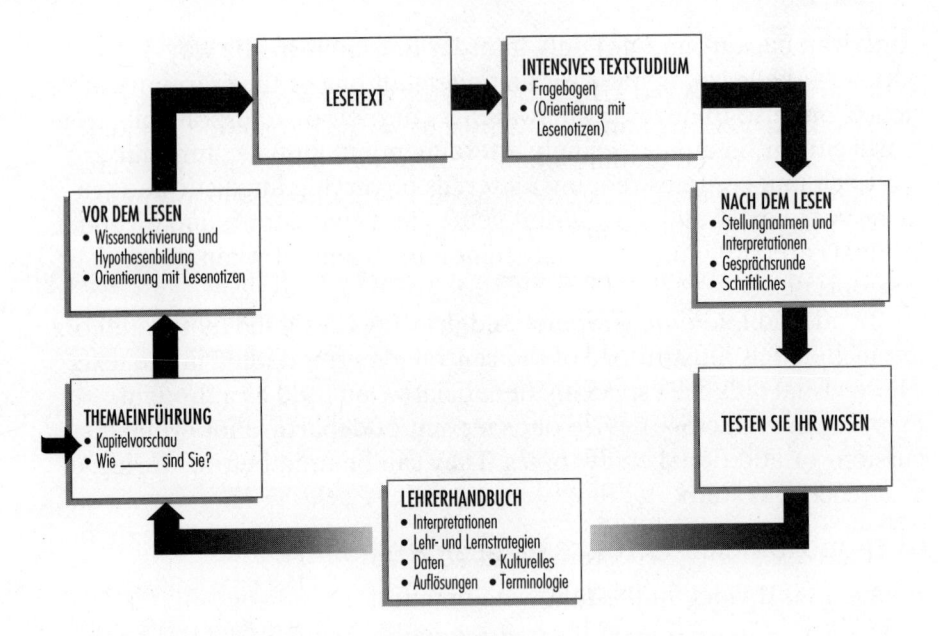

```
                    ┌──────────┐      ┌─────────────────────┐
                    │ LESETEXT │─────▶│ INTENSIVES TEXTSTUDIUM│
                    └──────────┘      │ • Fragebogen         │
                         ▲            │ • (Orientierung mit  │
                         │            │   Lesenotizen)       │
                         │            └─────────────────────┘
┌──────────────────────┐                              │
│ VOR DEM LESEN        │                              ▼
│ • Wissensaktivierung │              ┌──────────────────────┐
│   und Hypothesen-    │              │ NACH DEM LESEN       │
│   bildung            │              │ • Stellungnahmen und │
│ • Orientierung mit   │              │   Interpretationen   │
│   Lesenotizen        │              │ • Gesprächsrunde     │
└──────────────────────┘              │ • Schriftliches      │
          ▲                           └──────────────────────┘
          │                                         │
          │                                         ▼
┌──────────────────────┐              ┌──────────────────────┐
│ THEMAEINFÜHRUNG      │              │ TESTEN SIE IHR WISSEN│
│ • Kapitelvorschau    │              └──────────────────────┘
│ • Wie ____ sind Sie? │
└──────────────────────┘
          ▲             ┌──────────────────────────┐
          │             │ LEHRERHANDBUCH           │
          └─────────────│ • Interpretationen       │
                        │ • Lehr- und Lernstrategien│
                        │ • Daten   • Kulturelles  │
                        │ • Auflösungen • Terminologie│
                        └──────────────────────────┘
```

The reading process in *Gesichtspunkte* evolves in four principal phases, each containing one or more sub-steps. Every phase involves language learning strategies and reading techniques that are in close accordance with those set forth in the revised *1986 ACTFL Proficiency Guidelines for Reading*. These four phases accompany each text selection in every unit; they are briefly summarized below.

VOR DEM LESEN In the first phase student interest is stimulated and background knowledge is mined.

Wissensaktivierung und Hypothesenbildung The first objective of this section is to place the reader in a receptive and analytical frame of mind and to stimulate interest for the text selection to follow. A further objective is to access the reader's background as a source of prior knowledge and to develop his or her text expectations based on contextual guessing. Through various hypothesis-building and brainstorming activities, the reader becomes able to formulate both general and specific concepts and ideas regarding the issue at hand.

Orientierung mit Lesenotizen This section presents pre-reading comprehension questions. At this point in the reading process, students do not answer the questions, which merely serve as advance organizers that help set the parameters for the text selection to follow. Before having read even a single word, students encounter and decode the most important situations, characters, themes, and ideas in the reading passage and are thereby prepared for the content of the text. Occasionally graphics, pictures, and designs are used to introduce specific features of the text, making the material even more accessible.

LESETEXT The second phase is reading for content comprehension.

INTENSIVES TEXTSTUDIUM The third phase consists of reading for meaning and of text analysis. This stage is the cornerstone in the mastery of advanced reading and interpretative skills. Through analytical and critical evaluation, students extrapolate those elements in a text that constitute its *literariness*.

Fragebogen This section promotes the learning of all those skills that are indispensable for an intelligent understanding of literature. A few examples are: awareness of text types and rhetorical context; analysis of the stylistic and imagistic techniques employed by the authors; analysis of imagery and its aesthetic function in the depiction of ideas; analysis of narrative perspective, temporal organization, and stylistic coherence of the text; interpretation of authorial intention; and analysis of thesis development. The exercises send students back to the text to mine the reading passage for key words and seminal motifs and symbols, to explain the meaning of specialized vocabulary and cultural expressions, to separate more important from less important information, to supply missing information, and to compare and contrast ideas and concepts found in various paragraphs throughout the body of the text.

Questions from the previous section *Orientierung mit Lesenotizen* should be answered either immediately after the text is read or in conjunction with the *Fragebogen*.

NACH DEM LESEN The fourth, post-reading phase is designed to integrate speaking and writing skills with critical reading skills and to direct students toward critical thought and discussion as well as creative expression.

Stellungnahmen und Interpretationen The questions in this section lead students to a critical and reflective dialogue with the ideas contained in each reading passage by asking them to bring critical judgement to bear on the values embodied in the text. Students are encouraged to share their immediate response, criticism, and interpretative insight into the text at hand and to express in an open manner their personal views and values with respect to the issue under scrutiny. The encounter with new thought-provoking ideas opens up a process of critical self-reflection in which previously unchallenged assumptions and biases are examined and personal belief structure is reevaluated.

Gesprächsrunde The objective of this section is to promote discussion and debate involving both groups of students in roundtable talks and the class as a whole. Because the exchange of ideas and the conveyance of a message always take place in natural sociocultural contexts, students are frequently asked to imagine that they are the person or group featured in the reading passage. Engaging in interactive contextualized activities, students apply their reasoning skills both orally and, to a lesser extent, in writing. Other interactive tasks, such as skits, promote the development of public speaking skills and creative expression. During these activities the instructor assumes the role of judge, monitoring and guiding students in their language acquisition process.

Schriftliches Within well-defined contextual parameters, students are given the opportunity to express in writing their thoughts, ideas, and views on issues related to the readings. Advertisements, editorials, flyers, book jacket notes, journalistic reporting, letters to the editor, personal essays, diary composition, fantasy and futuristic story-telling, and poems are some of the modes of creative writing offered.

Testen Sie Ihr Wissen Each of the five units concludes with the self-test *Testen Sie Ihr Wissen*, which also offers further interesting facts and tidbits about the unit themes. Students should take this self-test, along with the questionnaire *Wie _____ sind Sie?*, before and after each unit.

LEHRERKOMMENTAR An added feature of *Gesichtspunkte* is a *Lehrerhandbuch*, which customarily is not available for German anthologies. This ancillary text, containing numerous suggestions for teaching and interpretation, was developed primarily to assist instructors in presenting the more complex and challenging literary selections. The manual contains pertinent background information on authors and works, answers to many of the fill-in-the-blank questions and tables, definitions of terminology, and teaching strategies. Annotations provide information that expands on the cultural notes interspersed throughout each unit. A word of caution: the interpretations offered are meant to be neither prescriptive nor binding. We suggest that a single "correct" interpretation of any literary text *does not exist* and *must never* be proposed in the classroom if students are to become truly independent critical thinkers and interpreters of the world around them.

ACKNOWLEDGEMENTS

The authors thank the following colleagues for their thoughtful and insightful reviews of portions of the manuscript.

Kamakshi Murti *University of Arizona*
Daniel Soneson *Macalester College*
Erwin Tschirner *University of Iowa*

First and foremost, our students deserve recognition. They used various versions of the manuscript as their course readings and contributed to the creation of this book through comments, reactions, suggestions, and new ideas of immeasurable value.

This project was in part funded by a Carroll College Research Grant. Personal thanks go to Dr. Peter Gray-Whiteley, who kept a perspective on the buffheads, to Char Richards, Donna Cook, Theresa Serio, and Sharon Flinthrop who graciously went out of their way to make exceptions, and to Drs. Michael Pincus, Jozef Modzelewski, and Carla Lowrey at the College of Charleston for providing a work environment of support and learning.

Without the generous permission of numerous German publishers and authors to reprint copyrighted realia and authentic texts, this up-to-date collection could not have come to fruition. We especially acknowledge Reinhard Mey who granted us permission to use his original song lyrics.

We are grateful to James Ediger, whose meticulous work was essential in the preparation of the end vocabulary. All the people at Heinle & Heinle who in various capacities contributed to the development of this book have our sincere appreciation. We owe special thanks to Petra Hausberger, our Editor, who invited us aboard the *Bridging The Gap* project, kept us hard at work to meet the deadlines, and saw this project through to its conclusion. A special debt of gratitude is expressed to Hildegunde Kaurisch, our Copyeditor and Project Manager. We benefited from her editorial skill and experience. Her thorough copyediting, and stylistic review as well as her forbearance and flexibility allowed us to produce this book with integrity.

Thomas Baginski
John I. Liontas

THEMA 1

AUSLÄNDER IN DEUTSCHLAND

Berlin, 8. November 1992. Mehr als 300.000 Menschen versammelten sich zu einer Demonstration gegen Ausländerfeindlichkeit, Rassismus und Antisemitismus.

KAPITELVORSCHAU

IN DEUTSCHLAND LEBEN UNGEFÄHR 6 MILLIONEN AUSLÄNDER. ETWA 1,4 MILLIONEN KOMMEN AUS STAATEN DER EUROPÄISCHEN GEMEINSCHAFT. 44 PROZENT ALLER AUSLÄNDER SIND SEIT MEHR ALS 20 JAHREN IN DEUTSCHLAND UND ZWEI DRITTEL ALLER AUSLÄNDERKINDER SIND IN DEUTSCHLAND GEBOREN. ARBEITSLOSIGKEIT, WOHNUNGSKNAPPHEIT, WIRTSCHAFTLICHE SCHWIERIGKEITEN UND SOZIALE SPANNUNGEN UND DIE VON VIELEN DEUTSCHEN ALS ZU „LIBERAL" EMPFUNDENE ASYLGESETZGEBUNG HABEN AGGRESSIONEN FREIGELEGT, DIE SICH ALLZUOFT GEGEN „DIE FREMDEN" RICHTEN.

WIE AUSLÄNDERFREUNDLICH SIND SIE?

1. *Vermeiden Sie den Umgang mit Ausländern?*
   a) ☐ Selbstverständlich
   b) ☐ Das ist von Fall zu Fall verschieden
   c) ☐ Nein

2. *Sie haben jemanden eingeladen, der – ohne Sie zu fragen – einen ausländischen Freund mitbringt. Stört Sie das?*
   a) ☐ Überhaupt nicht
   b) ☐ Ehrlich gesagt, ja
   c) ☐ Das kommt darauf an

3. *Würden Sie mit einem Ausländer eine Freundschaft oder eine Ehe schließen?*

   a) ☐ Ja
   b) ☐ Das kommt auf die Person an
   c) ☐ Auf keinen Fall

4. *Wie fühlen Sie sich, wenn Sie von Ausländern umgeben sind?*

   a) ☐ Normal
   b) ☐ Nervös und verlegen
   c) ☐ Schlecht

5. *Sie machen Urlaub im Ausland. Bemühen Sie sich, einige Worte der Landessprache zu erlernen?*

   a) ☐ Ja, das ist meist sehr nützlich
   b) ☐ Ja, als Geste des Respekts
   c) ☐ Nein, sie sollen Englisch mit mir sprechen

6. *Würde es Ihnen etwas ausmachen, wenn Ihr Chef Ausländer wäre?*

   a) ☐ Ja, sehr
   b) ☐ Nicht, wenn er qualifiziert ist
   c) ☐ Kaum
   d) ☐ Ist mir egal

7. *Wie fühlen Sie sich, wenn Sie von Gewalttaten und Brandstiftungen gegen Ausländer hören?*

   a) ☐ Entsetzt
   b) ☐ Etwas bedrückt
   c) ☐ Gleichgültig

8. *Sollen Ausländer dieselben sozialen Rechte haben wie Sie selber?*

   a) ☐ Selbstverständlich
   b) ☐ Ja, aber mit Einschränkungen
   c) ☐ Kommt gar nicht in Frage

9. *Sie steigen in einen Bus, und der einzige freie Platz ist der neben einem Ausländer. Was tun Sie?*

   a) ☐ Ich bleibe stehen bis ein anderer Platz frei wird
   b) ☐ Ich setze mich, aber nur, wenn ich ganz müde bin
   c) ☐ Ich setze mich neben ihn

10. *Glauben Sie, daß Ausländer produktiv zur Wirtschaft ihres Gastlandes beitragen?*

    a) ☐ Einige, ja
    b) ☐ Überhaupt nicht
    c) ☐ Ja, genauso viel wie alle anderen Bürger

11. *Stimmen Sie mit dem folgenden Satz überein: „Ich habe nichts gegen Ausländer, solange ich nichts mit ihnen zu tun habe"?*

    a) ☐ Absolut
    b) ☐ Bin nicht sicher
    c) ☐ Nicht ganz
    d) ☐ Nein

SELBSTEINSCHÄTZUNG:

a) Ich bin ausländerfreundlich, weil _____.

b) Mir sind Ausländer egal, weil _____.

c) Ich habe etwas gegen Ausländer, weil _____.

d) _____.

TEXT 1

GEWALT WIRD DAS PROBLEM NICHT LÖSEN

VOR DEM LESEN

WISSENSAKTIVIERUNG UND HYPOTHESENBILDUNG

A. „Ausländerfeindlichkeit greift um sich. Es ist erschreckend, wie radikal gerade viele junge Leute reagieren." – Welche Themen werden in diesem Textzitat angesprochen?

B. Spekulieren Sie, worum es in diesem Text gehen könnte.

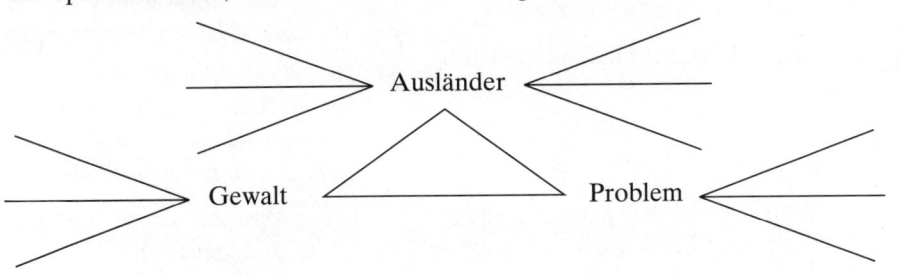

>——— Ausländer ———<

>——— Gewalt   Problem ———<

C. Ist der Erzähler den Vorgängen gegenüber positiv oder eher negativ eingestellt? Begründen Sie Ihre Meinung.

ORIENTIERUNG MIT LESENOTIZEN

Lesen Sie die folgenden Fragen, ohne sie zu beantworten. Versuchen Sie, aus der Art der Fragen, den Inhalt des Lesetextes einzugrenzen. Erst wenn Sie den Text komplett gelesen haben, versuchen Sie, die folgenden Fragen zu beantworten.

1. Mit welchen Problemen wird der Leser in der Einleitung konfrontiert? Wie wird sein Interesse für das behandelte Problem geweckt?
2. Warum verlassen so viele Menschen ihr Heimatland und ziehen in ein fremdes Land?
3. Welche Fehler hat die Hamburgische Politik gemacht?
4. Welche sozialen Probleme könnten der Auslöser für Aggressionen sein?
5. In welchem Bereich sind Fortschritte zu erkennen? Wo sind keine Fortschritte erkennbar?
6. Was sollen die Politiker in Hamburg tun?

MADELEINE GÖHRING
CDU-MITGLIED DER HAMBURGISCHEN BÜRGERSCHAFT.

Gewalt wird das Problem nicht lösen

1   Ausländerfeindlichkeit greift um sich. Es ist erschreckend, wie radikal gerade viele junge Leute reagieren. Die Toleranz gegenüber den Menschen, die oft aus Verfolgung, Elend und großer Not zu uns kommen, um hier in Sicherheit zu leben, sinkt. Aber auch die Politik hat Fehler gemacht. In Hamburg werden
5   abgelehnte Asylbewerber nur selten abgeschoben. Hamburg nimmt mehr Asylbewerber auf, als die Stadt verkraften kann. Die Unterbringung und angemessene Versorgung ist nicht gewährleistet. So werden viele Stadtteile überfordert. Ein hoher Ausländeranteil und verschärfte soziale Probleme führen zu Aggressionen. Doch Gewalt wird auch dieses Problem nicht lösen.
10 Die Welt ist komplizierter, als es uns die rechtsradikalen Gruppierungen vorgaukeln. Die Länder unserer Welt sind enger zusammengerückt. Unser Leben ist nicht mehr zu trennen von dem anderer Nationen. Gerade junge Leute nehmen die positiven Seiten dieser Entwicklung gerne in Anspruch: Reisen, andere Kulturen kennenlernen und wirtschaftliche Erzeugnisse anderer Länder
15 nutzen – dies alles tun wir heute schon ganz selbstverständlich. Doch die Probleme, die dieser Fortschritt mit sich bringt, werden gern verdrängt. Wer meint, mit Brandanschlägen und Gewalt die Entwicklung zurückdrehen zu können, irrt. Die Politik ist aufgefordert, den Asylmißbrauch zu stoppen.

INTENSIVES TEXTSTUDIUM

FRAGEBOGEN

A. Suchen Sie im Text zwei positive und zwei negative Beispiele, die in einer Ursache > Wirkung - Beziehung zueinander stehen.

Positive Beispiele:

1. _____ > _____
2. _____ > _____

Negative Beispiele:

1. _____ > _____
2. _____ > _____

B. Der Satz „Doch Gewalt wird auch dieses Problem nicht lösen" bezieht sich auf ein Problem, das die Autorin bereits angesprochen hat. Welches Wort signalisiert dies, und welches Problem ist damit gemeint?

C. Welches Problem führt die Autorin als letztes auf? Erläutern Sie das Problem.

Am 22. November kamen in Mölln drei Türkinnen durch einen Brandanschlag von Rechtsradikalen ums Leben. Das Bild zeigt Bürger, die um die Getöteten trauern und vor ihrem Haus Kränze niederlegen.

D. Die Autorin ist überzeugt, daß Gewalttaten nicht zur Lösung des Problems führen können. Unterstreichen Sie alle Textstellen, in denen die Autorin spezifische Lösungen anbietet.

E. Lesen Sie abschließend noch einmal den Text, und notieren Sie die wichtigsten Informationen.

	Hauptwörter	Verben	Andere Wörter	Lösung des Autors	Ihre eigene Lösung
1. Problem					
2. Problem					
3. Problem					
Andere Probleme					

F. Welche Schreibabsicht verfolgt die Verfasserin dieses Textes? Begründen Sie Ihre Antwort.

G. Wählen Sie aus der folgenden Liste die richtigen Antonyme für die Wörter.

Unsicherheit verbinden Ausländerfreundlichkeit unradikal Intoleranz sicher sein Wohlstand anfangen steigen wenige oft Frieden auseinanderrücken einfach erfreulich

4   Thema 1

Wort	Antonym
Ausländerfeindlichkeit	
radikal	
erschreckend	
Elend	
Sicherheit	
Toleranz	
zusammenrücken	
trennen	
stoppen	
Gewalt	
viele	
sinken	
kompliziert	
selten	
sich irren	

NACH DEM LESEN

STELLUNGNAHMEN UND INTERPRETATIONEN

Nehmen Sie zu den folgenden Fragen und Gedanken Stellung.

1. Was halten Ihre Freunde und Bekannte von Ausländern und Asylanten? Wie reagieren Sie selbst gegenüber Ausländern?

2. Sind Sie damit einverstanden, daß Menschen aus ihrem Heimatland auswandern, um in einem fremden Land eine bessere Zukunft für sich und ihre Kinder aufzubauen?

3. Warum fühlen sich so viele Menschen persönlich durch die Anwesenheit von Ausländern und Asylbewerbern betroffen und greifen im extremsten Fall auf Gewalt zurück?

4. Sehen Sie das Zusammenleben zweier oder mehrerer Kulturen als Stärkung des kulturellen, politischen und wirtschaftlichen Fortschritts oder eher als Schwächung des Fortschritts und Grundursache sozialer Probleme?

5. Was könnte man Ihrer Meinung nach unternehmen, um die steigende Toleranzlosigkeit und zunehmende Ausländerfeindlichkeit junger Leute zu bekämpfen? Welche menschlichen Schwachpunkte könnten der Toleranzbildung im Wege stehen?

Die Collage zeigt eine Großdemonstration gegen Gewalt und Fremdenfeindlichkeit. Versuchen Sie, anhand der Zeitungsausschnitte die Eskalation der Gewalttaten zu bestimmen. Welcher Text entsetzt Sie am meisten?

6. Da, wie im Text betont wird, Gewalt die sozialen Probleme nicht lösen wird, ersetzen Sie bitte das Substantiv „Gewalt" durch ein anderes Substantiv, welches Ihrer Meinung nach eine Lösung des Problems bietet. Natürlich sind mehrere Lösungsvorschläge möglich.

_____ wird das Problem lösen, weil _____.

_____ wird das Problem lösen, es sei denn _____.

_____ wird das Problem lösen, wenn man _____.

Toleranz wird das Problem lösen, solange *jeder Einzelne tolerant ist*.

_____ wird das Problem lösen, würde man _____.

_____ wird das Problem lösen, könnte man _____.

7. Welche Lösung des Gewaltproblems bietet die Autorin an? Sind Sie mit dieser Lösung einverstanden?

6 *Thema 1*

> Das Signal der Lichter hat den Weg gezeigt, den die Deutschen gehen müssen. Die Einigkeit Europas wird ad absurdum geführt, wenn wir den braunen Sumpf nicht ein für alle Mal austrocknen.
>
> THOMAS MILKAU
> Bensheim

> Inzwischen hat hoffentlich auch der Stumpfsinnigste begriffen, daß dem Rechtsextremismus Widerstand geleistet werden muß. Der Staat ist gefordert, die bestehenden Rechtsmittel auszuschöpfen, und die Medien müssen aufhören, die Rechtsextremen aufzuwerten.
>
> STEFAN KRÜGER
> Wörrstadt

> Die Mehrheit der Bürgerinnen und Bürger ist gegen Fremdenfeindlichkeit und Rassismus und demonstriert dies zur Zeit eindrucksvoll. Die Mehrheit der Wählerinnen und Wähler wird aber wieder jenen Parteien ihre Stimme geben, die gerade mit dem sogenannten Asylkompromiß vor dem Terror von rechts zurückgewichen sind.
>
> UWE TÜNNERMANN
> Lemgo

> Die Lichterketten gegen Rassismus machen Mut. Schon in der DDR zeigte sich, daß Bürger mit Kerzen in den Händen vieles erreichen können.
>
> JÖRG-PETER FAUL
> Berlin

GESPRÄCHSRUNDE

A. Bilden Sie kleine Gruppen, und schlüpfen Sie in die Rolle des Ausländers, Asylbewerbers, politischen Stadtverordneten, Reporters, mißbilligenden Stadtbewohners usw. Tragen Sie Ihre Argumente sachlich und bestimmt vor.

B. Lesen Sie die obigen Reaktionen von Zeitschriftenlesern auf die Lichterketten, die in ganz Deutschland stattfanden, um gegen Fremdenhaß und Rechtsradikalismus zu demonstrieren.

Berichten Sie als Zeitungsreporter über die Lichterkette in Hamburg. Tragen Sie in Gruppenarbeit zehn Fragen zusammen, die Sie den Demonstranten stellen wollen. Sammeln Sie auch Antworten auf die Fragen, und stellen Sie dann Ihren Frage- und Antwort-Katalog der Klasse vor.

SCHRIFTLICHES

A. „Es ist Hauptaufgabe der Politik, den Asylmißbrauch zu stoppen." Verfassen Sie einen Brief an den Senat Hamburgs, und fordern Sie ihn auf, den Asylmißbrauch zu stoppen und die eskalierenden sozialen Probleme zu beseitigen.

B. Ausländerfeindlichkeit nimmt zu. Versuchen Sie Ursachen und Folgen dieser Erscheinung darzulegen und kritisch zu beurteilen.

C. Welche Gründe sehen Sie für die zunehmende Welle von Protesten und Gewalttaten gegen Ausländer gerade bei den jungen Leuten in der Bundesrepublik Deutschland? Was treibt sie zu ihrem Vorgehen? Wie beurteilen Sie ihr Handeln? Erörtern Sie kritisch diese Fragen.

TEXT 2

WIR BRAUCHEN DIE AUSLÄNDER

VOR DEM LESEN

WISSENSAKTIVIERUNG UND HYPOTHESENBILDUNG

A. Welche Vorstellungen evoziiert das Verb „brauchen" bei Ihnen? Erklären Sie, warum.

B. Studieren Sie die untenstehende Graphik und bestimmen Sie, ob das Verb „brauchen" im Titel zu Recht verwendet wird. In welchen Berufsbereichen besteht der größte Bedarf an ausländischen Arbeitnehmern? Welche Erkenntnisse können Sie daraus über die deutsche Wirtschaft ziehen? Welche anderen wichtigen Informationen können Sie der Graphik entnehmen?

C. Sehen Sie sich die Berufe in der Graphik an. Welche Aussagen kann man über den sozioökonomischen Status der ausländischen Arbeitnehmer machen? Welche Erklärung könnte es dafür geben, daß in einigen Berufssparten Ausländer stärker, in anderen schwächer vertreten sind?

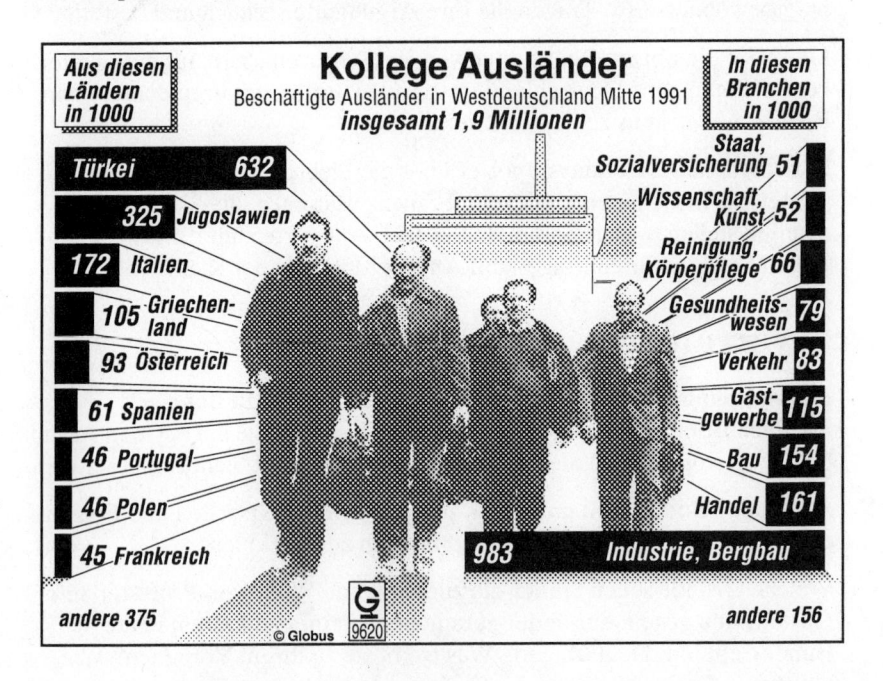

Kollege Ausländer
Beschäftigte Ausländer in Westdeutschland Mitte 1991
insgesamt 1,9 Millionen

Aus diesen Ländern in 1000

Türkei	632
Jugoslawien	325
Italien	172
Griechenland	105
Österreich	93
Spanien	61
Portugal	46
Polen	46
Frankreich	45
andere	375

In diesen Branchen in 1000

Staat, Sozialversicherung	51
Wissenschaft, Kunst	52
Reinigung, Körperpflege	66
Gesundheitswesen	79
Verkehr	83
Gastgewerbe	115
Bau	154
Handel	161
Industrie, Bergbau	983
andere	156

© Globus 9620

8 *Thema 1*

ORIENTIERUNG MIT LESENOTIZEN

A. Überfliegen Sie den Text, und bestimmen Sie, ob der Autor eine diachronische (von der Vergangenheit zur Gegenwart) oder eine synchronistische (nur die Gegenwart betonende) Erzähllinie verfolgt.

B. Beantworten Sie beim Durchlesen des Textes die folgenden Fragen.

1. Welche Beziehung besteht zwischen Stil des Textes und Überschrift? Welche Vorteile hat der verwendete Stil?
2. Welche Folgen hatte Preußens und Rußlands Ausländerpolitik für diese Staaten?
3. Wie erklärt der Autor die Blüte Österreichs und die Blüte Berlins?
4. Welche Gründe sprechen dafür, „Fremde zu Einheimischen zu machen und zu gewinnen"? Welche Beispiele führt der Autor hierfür an?

HELLMUTH KARASEK
KULTURKRITIKER DES *SPIEGEL* IN HAMBURG

Wir brauchen die Ausländer

Ohne Griechen, also ohne Gastarbeiter, Exilanten, Asylanten und Emigranten, hätte es die Blüte der klassischen römischen Kultur, die wir heute noch bewundern und von der wir heute noch zehren, nie gegeben. Ohne die Westeuropäer, die er, sehr zum Mißvergnügen des russischen Adels, in sein Land rief, hätte Zar Peter der Große Rußland kulturell nicht erneuern und an die europäische Entwicklung anschließen können. Ohne die französischen Hugenotten, die er rief und denen er großzügig Asyl gewährte, nachdem sie in ihrer Heimat wegen ihrer protestantischen Religion verfolgt worden waren, und ohne den französischen Aufklärungsphilosophen Voltaire hätte der Alte Fritz aus seinem Preußen keine mitteleuropäische Kulturnation formen können.

Ohne böhmische Köchinnen, Prager Schneider, ungarische Komponisten und jüdische Ärzte (wie zum Beispiel Sigmund Freud) wäre Österreich nie die kulturelle Blüte beschieden gewesen, die es zu Beginn unseres Jahrhunderts erlebte.

Berlin in den goldenen Zwanzigern, die kulturelle Metropole der westlichen Welt, konnte nur gedeihen und der Welt Impulse geben, weil diese Stadt Menschen aus dem Osten, also Polen und Tschechen, Russen und Balten, in großer Zahl angezogen und angelockt hatte.

Wir sollten uns klarmachen, daß nationale Kulturen nur entstehen und gedeihen können, wenn sie nicht in Selbstzufriedenheit und Inzucht erstar-

Wir brauchen die Ausländer 9

ren, sondern das Fremde rufen, die Fremden beteiligen, die Fremden integrieren, das heißt: zu Einheimischen machen und gewinnen.

Man schaue sich Deutschland an, wie es in den frühen fünfziger Jahren in verklemmter Provinzialität zu verkommen drohte, bevor es die Gastarbeiter rief; bevor es sich den anderen Kulturen öffnete.

Was die Türken und Italiener, was Portugiesen und Griechen, was Flüchtlinge aus dem damaligen Ostblock für die Internationalisierung Deutschlands getan haben, läßt sich nicht nur an Restaurants, an Küchenerzeugnissen, an unserer Liebe für Spaghetti und Schafskäse ablesen. Wir sind nicht zuletzt durch die Fremden, die bei uns heimisch wurden, ein internationales Land geworden – und anders geht es auch gar nicht in einer Zeit, da die Grenzen offen und die Kommunikationen (nicht nur durch Fernsehen) unbegrenzt sind.

Es wäre ein fataler Fehler, wenn wir aus Angst und Engstirnigkeit diese Entwicklung von Offenheit und Toleranz gewaltsam beenden würden. Und es wäre letztlich unser Schaden.

So wie viele Deutsche draußen in der Welt dafür sorgten, anderen Kulturen neue Impulse zu geben, so brauchen auch wir die kulturelle Blutzufuhr aller, die da kommen und die bereit sind, mit uns zu leben, so wie wir bereit sind, mit ihnen auszukommen und uns mit ihnen auszutauschen.

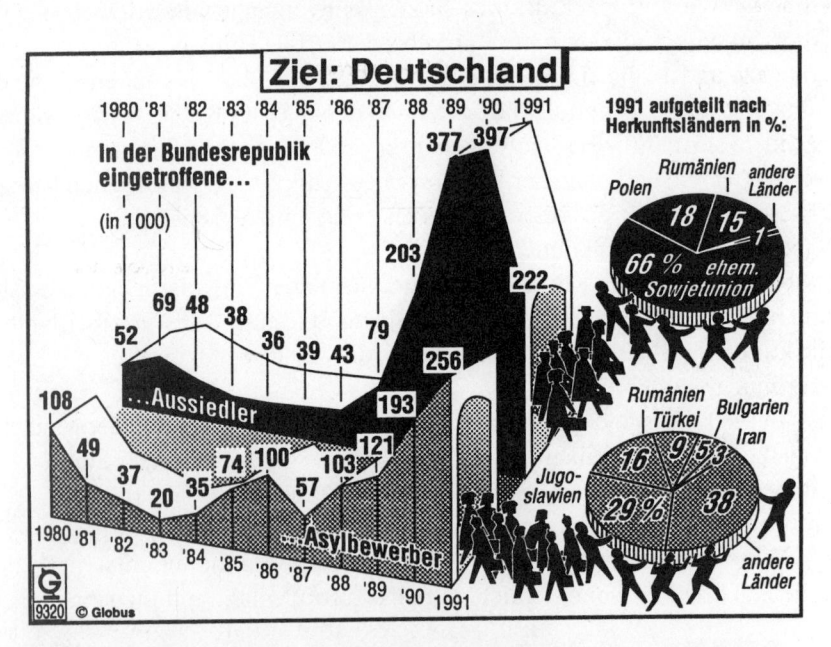

Welcher Trend ist in der Graphik erkennbar? Wie würden Sie diesen Trend geschichtlich und politisch begründen? Denken Sie an den Zerfall des Ostblocks.

INTENSIVES TEXTSTUDIUM

FRAGEBOGEN

A. Lesen Sie sorgfältig alle Abschnitte, und bestimmen Sie die fehlenden historischen Zeitperioden. Welche zusätzliche Information wird dem Leser bezüglich jeder Zeitperiode gegeben? Welche kulturellen, sozialen, politischen und geschichtlichen Höhepunkte erfuhr jede Zeitperiode? Vervollständigen Sie die Tabelle.

	Kulturen Staaten Städte Gruppen Individuen	Information	Höhepunkte
1. Abschnitt ZEIT: 1000 v. Chr.– 1900 n. Chr.	Griechen Römer Westeuropäer Russischer Adel Peter der Große Hugenotten Voltaire Der Alte Fritz	*Ohne diese [?] ist [?] nicht unsere kulturelle identität wie Deutschland* [handwritten]	
2. Abschnitt ZEIT:	*Österreich und [?] Jahrhundert Beginn* [handwritten]	Böhmische Köchinnen Prager Schneider Ungarische Komponisten Jüdische Ärzte	
3. Abschnitt ZEIT: *goldenen* [handwritten]	*Staat Menschen Osten Polen + Tschechen Russen + Balen* [handwritten]		Kulturelle Metropole der westlichen Welt
5. & 6. Abschnitt ZEIT:		Gastarbeiter: Griechen Portugiesen …	

Wir brauchen die Ausländer

B. Suchen Sie den Abschnitt oder die Abschnitte, die die zentrale Aussage des Textes enthalten. Dann formulieren Sie die Aufrufe in Befehlsform.

Beispiel:

Internationale Länder sollten Fremde anziehen und anlocken! Unser Staat braucht eine kulturelle Blutzufuhr!

C. Beantworten Sie die folgenden Fragen zum Text.

1. Wie stellt der Autor die kulturelle Lage Deutschlands in den fünfziger Jahren dar? Nennen Sie einige Ereignisse und politische Gefährdungen dieser Zeit.

2. Wie hat sich Deutschland seit dem zweiten Weltkrieg internationales Ansehen verschafft? Welche Ereignisse könnten die Fortschritte Deutschlands bedrohen?

3. Wovor warnt der Autor ganz nachdrücklich? Durch welche sprachliche Darstellungsform gewinnt der warnende Ton an Nachdruck?

4. Welcher Abschnitt faßt alle Argumente des Autors zusammen? Welche konkrete Vorbedingung muß die „Internationalisierung" Deutschlands haben?

5. Welchen emotionalen Effekt erzielt die folgende Satzstruktur im letzten Abschnitt?
   - So wie viele ... so brauchen auch wir ...
   - und die bereit sind ... so wie wir bereit sind ...
   - mit ihnen ... und uns mit ihnen ...

D. Studieren Sie die untenstehende Graphik, und bestimmen Sie, welchem Textabschnitt oder welchen Textabschnitten die statistischen Darstellungen logisch zugeordnet werden können.

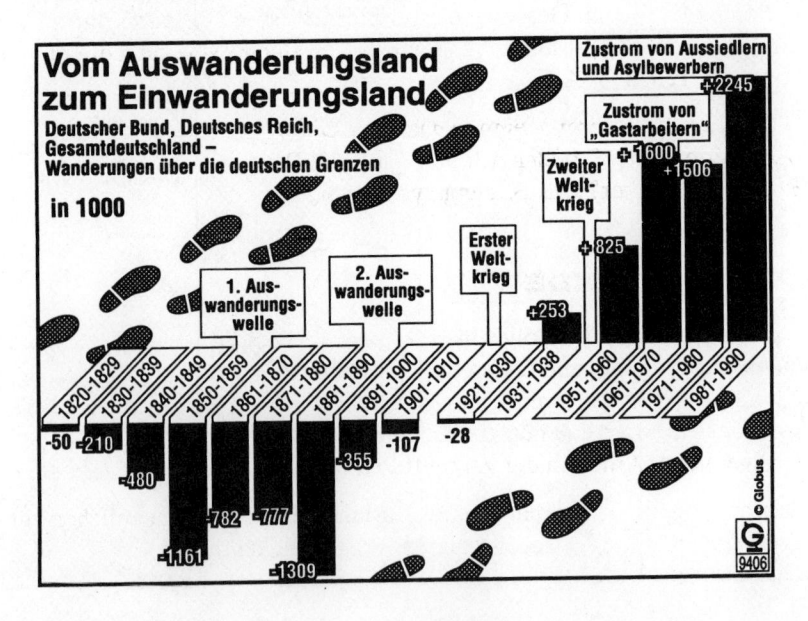

Vom Auswanderungsland zum Einwanderungsland

Deutscher Bund, Deutsches Reich, Gesamtdeutschland – Wanderungen über die deutschen Grenzen

in 1000

Zeitraum	Wert
1820-1829	-50
1830-1839	-210
1840-1849	-480
1850-1859	-782
1861-1870	-1161
1871-1880	-777
1881-1890	-1309
1891-1900	-355
1901-1910	-107
1921-1930	-28
1931-1938	+253
1951-1960	+825
1961-1970	+1506
1971-1980	+1600
1981-1990	+2245

1. Auswanderungswelle · 2. Auswanderungswelle · Erster Weltkrieg · Zweiter Weltkrieg · Zustrom von „Gastarbeitern" · Zustrom von Aussiedlern und Asylbewerbern

Nach Schätzungen des Bundesinstituts für Bevölkerungsforschung (BIB) wandern jährlich mehr als 100 000 Menschen illegal in die BRD ein.

NACH DEM LESEN

STELLUNGNAHMEN UND INTERPRETATIONEN

Nehmen Sie zu den folgenden Fragen und Gedanken Stellung.

1. Der Autor läßt keinen Zweifel daran, daß Deutschland die Ausländer braucht. Glauben Sie, daß Ihr Heimatland auch die Ausländer braucht? Wenn ja, warum? Wenn nein, warum nicht?

2. In welchen Lebens- und Kulturbereichen hat ihr Heimatland großen Nutzen aus Einwanderern gezogen?

3. Können Sie sich die USA ohne ihre Einwanderer vorstellen? New York ohne Brooklyn Bridge oder die Freiheitsstatue? Das „blaue Wunder" ohne Levi Strauss? Die NASA ohne Wernher von Braun? Atomtheorie ohne Albert Einstein? Inwiefern wäre die Geschichte der USA anders geschrieben worden, hätte das Land nicht von den Beiträgen der Einwanderer profitiert?

4. Schon vor mehreren Jahrhunderten stellten griechische Philosophen fest: „Alles hat eine Mitte." Wie könnte man Ihrer Meinung nach die Balance zwischen den diversen Kulturgruppen in den USA herstellen, ohne daß die eine Kulturgruppe benachteiligt und die andere bevorteiligt würde?

5. Sollte man in den USA die Einwanderungsquoten beschränken oder alle, die kommen wollen, willkommen heißen? Welche Vor- und Nachteile hätte eine Einwanderungspolitik ohne Quoten?

6. Ist Offenheit und Toleranz das beste Mittel zur Bekämpfung von Ausländerfeindlichkeit? Welche anderen Mittel und Wege gibt es?

7. Was sind Ihre Gedanken und Gefühle über die Rassenunruhen der jüngsten amerikanischen Geschichte? Inwiefern zerreißen solche Vorkommnisse den sozialen Zusammenhalt und das friedliche Miteinander der multikulturellen USA?

8. Wie könnte man Ihrer Meinung nach den Dialog über die „Ausländerfrage" offenhalten? Welche Rolle könnte die Presse spielen? Welche Rolle die Politiker? Das Bildungssystem? Sie selber?

GESPRÄCHSRUNDE

A. Versetzen Sie sich in die Rolle einer der im Text besprochenen Einwanderergruppen, und fassen Sie Ihre Gedanken zu dem jeweiligen Land und seiner Kultur, wenn nötig schriftlich, zusammen. Spielen Sie anschließend ein kurzes Theaterstück mit dem Titel „Gesichter der Vergangenheit – Amerika der Zukunft: Ausländer von gestern und heute".

B. Diskutieren Sie in Gruppenarbeit, ob Auslandsreisen von Jugendlichen zur Völkerverständigung beitragen können. Tragen Sie dann Ihre Ergebnisse der Klasse vor.

C. Diskutieren Sie, in welchem Maße sich ein Land den Einflüssen einer fremden Kultur öffnen oder verschließen sollte.

D. Erforschen Sie die politischen, historischen und kulturellen Hintergründe, auf die der Autor im Text anspielt und seine Argumente aufbaut. Beprechen Sie danach in Ihrer Gruppe, inwiefern unsere heutige Gesellschaft von den positiven Impulsen der Vergangenheit profitiert. Abschließend verfassen Sie eine kurze Zusammenfassung Ihrer wichtigsten Punkte, und tragen Sie sie der Klasse vor.

SCHRIFTLICHES

A. Nehmen Sie Stellung zum folgenden Thema: „Amerika ohne Einwanderer – Ist das überhaupt vorstellbar?"

B. Nehmen Sie kritisch Stellung zu dem folgenden Problem: „Könnten und sollten die USA mithelfen, das Weltflüchtlingsproblem zu lösen?"

C. Was verstehen Sie unter Toleranz gegenüber Ausländern? Wann sollten wir Toleranz üben und wo ihre Grenze ziehen? Nehmen Sie kritisch Stellung.

D. „Wenn ich Ausländer in einem fremden Land wäre." Machen Sie sich Gedanken zu diesem Thema.

E. Was halten Sie von der Parole „Ausländer raus"? Untersuchen Sie die Problematik und das Dilemma für die deutsche Wirtschaft und Kultur.

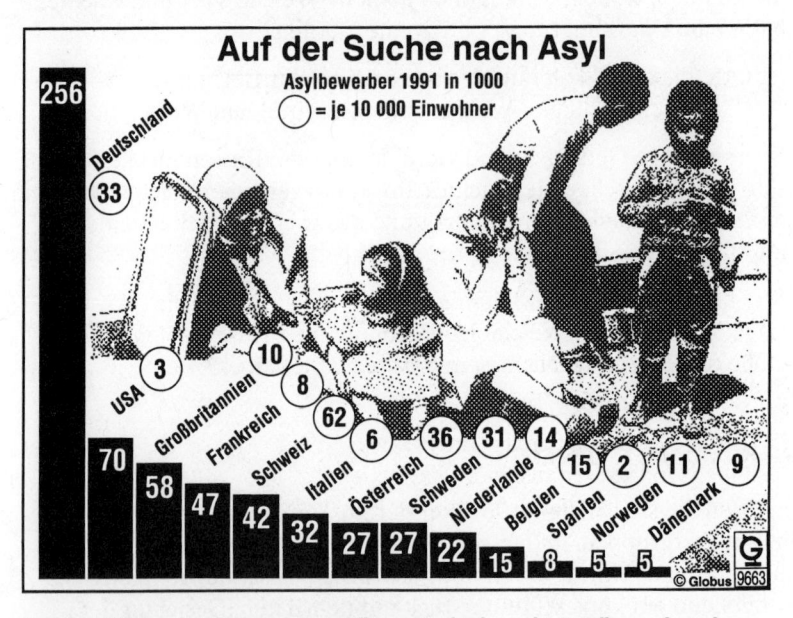

Auf der Suche nach Asyl
Asylbewerber 1991 in 1000
◯ = je 10 000 Einwohner

Land	Asylbewerber (in 1000)	je 10 000 Einw.
Deutschland	256	33
USA	70	3
Großbritannien	58	10
Frankreich	47	8
Schweiz	42	62
Italien	32	6
Österreich	27	36
Schweden	27	31
Niederlande	22	14
Belgien	15	15
Spanien	8	2
Norwegen	5	11
Dänemark	5	9

Zwischen 1988 und 1991 kamen 1,4 Millionen Ausländer und 1,8 Millionen deutsche Aussiedler aus Osteuropa nach Deutschland. Baden-Württemberg mit 5,9% und Hamburg mit 5,7% waren die Bundesländer mit den meisten Zugewanderten.

TEXT 3

DER SOZIALSTAAT SPIELT VERRÜCKT

VOR DEM LESEN

WISSENSAKTIVIERUNG UND HYPOTHESENBILDUNG

A. Stellen Sie Hypothesen auf.

1. Worauf deutet der Titel „Der Sozialstaat spielt verrückt" hin?

2. Welche Aufgaben und Eigenschaften hat ein „Sozialstaat"? Wann würde solch ein Staat „verrückt spielen"?

B. Lesen Sie den Titeltext, und suchen Sie Beispiele, die die These „Der Sozialstaat spielt verrückt" illustrieren.

C. Bestimmen Sie anhand der vorgegebenen Informationen, um welche Textsorte es sich handelt. Welche Elemente sind meist in einer solchen Textsorte zu finden?

D. Was sagen die beiden Überschriften über den Inhalt des Textes aus? Spekulieren Sie über die Ursachen der Richterentscheidung.

ORIENTIERUNG MIT LESENOTIZEN

Lesen Sie die folgenden Fragen, ohne sie zu beantworten. Versuchen Sie, aus der Art der Fragen, den Inhalt des Lesetextes einzugrenzen. Erst wenn Sie den Text komplett gelesen haben, versuchen Sie, die folgenden Fragen zu beantworten.

1. Warum kann angeblich niemand die Praktiken des deutschen Sozialstaates verstehen?

2. Was impliziert der Text mit der Wendung „Mißbrauch des guten Willens in unserer ausländerfreundlichen Demokratie"? Welcher Ton gegenüber Ausländern ist spürbar?

3. Warum ist Frau Dreyer-Mattusch gesundheitlich und finanziell ruiniert?

4. Warum wird ihre Wohnung als „Schmuckstück" bezeichnet?

5. Welche Informationen bekommt der Leser über die Familie El-Madhoun und ihr Heimatland?

Rekordzahl von Asylbewerbern

Die Bundesregierung plant nach den Worten ihres Sprechers Dieter Vogel trotz der "politisch absolut unbefriedigenden" Situation beim Asylrecht keine Maßnahmen durch einfache Gesetze, die zur Verfassung im Widerspruch stehen könnten. Vogel sagte am 2. November in Bonn, es sei nur die Frage, was ohne Verfassungsänderung geschehen könnte...

...fraktion im Bundestag, Johannes Gerster, sprach in der "Welt am Sonntag" von einem "sozialen Notstand". Falls die SPD eine Grundgesetzänderung ablehne, müsse der Strom der Asylbewerber durch ein "Asyl-Sicherungsgesetz" gestoppt werden. Die der Regierung zuge...

Lambsdorff wandte sich nach einer Präsidiumssitzung seiner Partei strikt gegen alle Versuche, politische Fragen durch eine "Aushebelung der Verfassung" beantworten zu wollen. Die FDP werde keiner gesetzgeberischen Maß...

Asyldebatte im Bundestag: Grundgesetz soll geändert werden

Mit den Stimmen der Regierungsparteien CDU, CSU und FDP verabschiedete der Bundestag am 15. Oktober eine Entschließung, in der die Absicht erklärt wird, Artikel 16 Absatz 2 Satz 2 des Grundgesetzes ("Politisch Verfolgte genießen Asylrecht") zu ändern. Die rechtlich unverbindliche Entschließung des Parlaments sieht...

...brauch des Asylrechts ein Riegel vorgeschoben werden müsse. Viele Deutsche empfänden diesen Mißbrauch als unerträglich; Radikale und Extremisten nutzten diese Situation aus. Kein Parlament könne auf die Dauer eine Politik gegen den erkennbaren Willen d...

1,4 Millionen Flüchtlinge in Deutschland

In Deutschland leben zur Zeit etwa 1,4 Millionen ausländische Flüchtlinge. In einer am 10. November vom Bundestag veröffentlichten Antwort der Bundesregierung auf eine SPD-Anfrage heißt es, seit es seien 7,8 Prozent der weltweit geschätzten 18 Millionen Flüchtlinge. Als Asylbewerber hielten sich 520 000 bis 550 000 Menschen in Deutschland auf. Zum Stichtag 30. September waren 418 208 dieser Asylanträge beim Bundesamt für die Anerkennung ausländischer Flüchtlinge in Zirndorf (Bayern) noch nicht entschieden. Im westeuropäischen Vergleich liegt Deutschland mit 47 Prozent aller Asylbewerber an der

Spitze. Die Anerkennungsquote für Asylbewerber betrug 1991 im Durchschnitt 4,5 Prozent. Am niedrigsten lag die Quote für Rumänen mit 0,3 Prozent, am höchsten für Iraner und Afghanen mit 47,2 und 41,5 Prozent. Ein Drittel der 256 112 Asylbewerber des Jahres 1991 kam aus dem früheren Jugoslawien, knapp 16 Prozent aus Rumänien und 9 Prozent aus der Türkei. In ganz Westeuropa beantragten im letzten Jahr mehr als 545 000 Menschen Asyl. Davon entfielen auf Frankreich 54 813, auf Großbritan...

Ohne die Ausländer: Viele Räder in der Industrie stünden still

Einwanderung hat es in Deutschland immer gegeben, nicht erst seit den polnischen Bergarbeitern, die im 19. Jahrhundert ins Ruhrgebiet kamen und dort blieben, oder seit den Hugenotten, die im 17. Jahrhundert nach Frankreich kamen, weil sie dort ihre Religion nicht ausüben durften.
So schien es nur natürlich, daß die Bundesrepublik 1955 ein Abkommen mit Italien schloß, das es Deutschland gestattete, Italiener als Arbeitskräfte anzuwerben. Allen Beteiligten schien das Abkommen zu nützen: Die deutsche Industrie litt unter einem Mangel an Arbeitskräften, und in Italien, besonders im Süden, herrschte Arbeitslosigkeit. Ähnliche Abkommen folgten...

Quote der Deutschen (sechs Prozent). Die Asylbewerber, die in letzter Zeit das Ziel gewalttätiger Ausschreitungen sind, machen weniger als zehn Prozent der in Deutschland lebenden Ausländer aus.
Viele Ausländer sind in Deutschland geboren und sprechen deutsch. 1974 wurden in Deutschland 108.270 ausländische Geburten registriert, 17,3 Prozent aller in Deutschland geborenen Kinder. Auch für viele andere Ausländer ist Deutschland längst die Heimat: 44 Prozent aller Ausländer leben seit mehr als 15 Jahren in Deutschland.
Dennoch erwerben nur wenige Ausländer die deutsche Staatsangehörigkeit. 1990 wurden 101.000 Ausländer eingebürgert, und die meisten (81.000)...

deutsche Staatsangehörigkeit bekommt.
Die Ausländerbeauftragte der Bundesregierung, Cornelia Schmalz-Jacobsen, fordert denn auch, die Einbürgerung für Ausländer zu erleichtern. Sie vertritt die Auffassung, daß der Erwerb der deutschen Staatsangehörigkeit eine wichtige Voraussetzung für die erfolgreiche Integration der Ausländer ist.
Regierung, Industrieverbände, Gewerkschaften, Kirchen und andere öffentliche Institutionen weisen angesichts der steigenden Zahl ausländerfeindlicher Ausschreitungen immer wieder auf diese Zusammenhänge hin, ganz abgesehen von der moralischen Verurteilung der Gewalt gegen Ausländer und der verheerenden Wirkung auf das Deutschlandbild im ...land. Aber alle Argumente schei... ...kungslos. Ausländerfeindlich... ...f auf Minderheiten

Fast drei Millionen Arbeitslose in Deutschland

Kohl beim Juristentag: Deutschland ist ausländerfreundlich

"Wir müssen unser Grundgesetz mit aller Behutsamkeit fortentwickeln und unsere staatliche Ordnung vor unnötigen oder gar gefährlichen Experimenten schützen", erklärte Bundeskanzler Helmut Kohl am 15. September in Hannover bei der Eröffnung des deutschen Juristentages...

..."Europaartigen Interessen ...hern und die ...pien unserer Ge... ...nung als Ziel für

unserer Mitgliedschaft in den Vereinten Nationen ergeben", forderte...

"Dem Rechtsstaat auch denen gegenüber Geltung verschaffen, die Ausländerhaß schüren, Häuser in Brand setzen und Leib und Leben von Menschen ge..."

Rahmen der NATO eingesetzt werden darf.
- Als vierten Punkt der Verfassungsänderungen nannte der Bundeskanzler in Hannover die Einfügung des Umweltschutzes als Staatsziel in das Grundgesetz.
Der Bundeskanzler bekannte sich vor den Juristen zur friedensstiftenden Kraft des Rechts, ohne die ein freiheitlicher Staat nicht bestehen könne: "Nur in Gemeinwesen, das dem Recht und der Gerechtigkeit verpflichtet ist, kann auf Dauer den Frieden bewahren. Unrecht erzeugt Unfrieden, im Inneren wie nach außen." Frieden sei "zuallererst ein ...k der Gerechtigkeit". Abrüstung

Zahl der Asylsuchenden 1992 stark gestiegen

Mit insgesamt 438.191 hat sich die Zahl der Asylsuchenden in Deutschland im vergangenen Jahr gegenüber 1991 fast verdoppelt. Wie das Bundesinnenministerium mitteilte, kamen mit 122.666 die meisten Menschen aus Jugoslawien, gefolgt von Rumänien mit 103.787 und Bulga-

rien mit 31.540. Bei den asiatischen Ländern lag Vietnam mit 12.258 und in Afrika Nigeria mit 10.486 Asylbewerbern an der Spitze.
Deutlich abgenommen hat in den letzten zehn Jahren der Anteil der erfolgreichen Asylbewerbungen.

Was kosten die Asylbewerber?

320.000 Menschen haben in den ersten neun Monaten dieses Jahres in Deutschland politisches Asyl beantragt. Jeder von ihnen hat Anspruch auf die Überprüfung seines Antrages und kann gegen eine ablehnende Entscheidung gerichtlich vorgehen. Außerdem müssen alle Asylbewerber ...Staatskosten untergebracht und

---

Welche sozialpolitischen Probleme entstehen durch die Flut der Asylbewerber? Sollte die BRD die Flut einschränken? Wie ist es in Ihrem Land?

16 *Thema 1*

6. Warum will die Familie El-Madhoun nicht in die Ersatzwohnung einziehen?
7. Wozu hat sich die Kommune Freudenstadt verpflichtet?
8. Es heißt im Text: „Vater El-Madhoun ging zum Angriff über". Was tut er?
9. Welchen Fehler hätte die Rentnerin Dreyer-Mattusch nicht machen sollen?
10. Worüber ist Frau Dreyer-Mattusch vollkommen verärgert?

Der Sozialstaat spielt verrückt

Da wundern wir uns über Ausländerfeindlichkeit. Aber was bei uns möglich ist, kann kein Mensch mehr verstehen: Ein Deutscher fliegt wegen Asylanten auf die Straße. Eine alte Frau darf nicht in ihre Eigentumswohnung, weil ein Libanese einen Balkon haben muß. Schmarotzer kassieren fürstlich fürs Nichtstun. QUICK-Report über den Mißbrauch des guten Willens in unserer ausländerfreundlichen Demokratie.

Skandal

Asylant besteht auf Luxuswohnung und Richter gibt ihm Recht.

1 Das darf doch nicht wahr sein, daß eine 64jährige Rentnerin nicht in ihre Eigentumswohnung einziehen darf. Bloß weil eine Asylantenfamilie aus dieser
5 Luxuswohnung nicht ausziehen will.
Aber es ist wahr. Noch schlimmer: Die Frau, inzwischen gesundheitlich und finanziell ruiniert, wird wahrscheinlich bald auf der Straße stehen – und von der
10 Stadtverwaltung in eine Wohnung eingewiesen, die der Asylant, ein Libanese, abgelehnt hat. Wenn das nicht den Sozialstaat auf den Kopf stellt!
Ingeborg Dreyer-Mattusch kann
15 die Tränen nicht zurückhalten, wenn sie von ihrer Eigentumswohnung in Freudenstadt, Hindenburgstraße 17, spricht. „Soviel Ärger. Und soviel Ungerechtigkeit."
20 Einen Herzinfarkt bekam sie darüber. Und ein Ende dieses unglaublich traurigen Falles ist nicht abzusehen. Denn: In ihrer schönen Wohnung sitzt eine Familie aus dem
25 Libanon. Und die denkt nicht daran, auszuziehen. Obwohl ihr Antrag auf Asyl längst abgelehnt wurde. Es geht um eine Luxuswohnung hinter dem Stadtbahnhof: Fünf Zimmer, 135 Quadratmeter, Süd-
30 balkon. Mit einem traumhaften Blick auf die Tannen des Schwarzwaldes, viel Grün. Ein ehrbares Stadthaus mit acht Waschmaschinen im Keller. Acht Parteien, meist ältere Mieter.

In diesem Schmuckstück ersteigerte sich die Rentnerin Dreyer-Mattusch vor zwei Jahren die Souterrainwohnung für 230 000 Mark. Man sagte ihr zwar, daß die Räume belegt seien. Aber sie brauche nur Eigenbedarf anzumelden. Null Problemo ...

Als sie dann wirklich ihren Eigenbedarf anmeldete, erfuhr sie, daß eine elfköpfige Asylantenfamilie in der Wohnung lebt. Mohamed Ali El-Madhoun (52) und seiner Familie wurde von der Stadt trotz des abgelehnten Antrags ein Bleiberecht zuerkannt. Aus humanitären Gründen könne der Familie nicht zugemutet werden, in das umkämpfte Beirut zurückzukehren.

So weit, so gut.

Das Sozialamt fand schließlich eine Ersatzwohnung für die elf Libanesen: 112 Quadratmeter, sieben Zimmer in einem städtischen Gebäude, Talstraße 154. Die Kommune Freudenstadt verpflichtete sich sogar, die Räume renovieren zu lassen. Mehr noch: Sie sicherte den Madhouns auch noch zu, nicht mit Obdachlosen unter einem Dach leben zu müssen.

„Wir haben in Freudenstadt über 500 Wohnungssuchende, von denen viele froh wären, wenn sie hier einziehen könnten", erregt sich Walter Inderst (35), stellvertretender Leiter des Ordnungsamtes.

Den Clan-Chef aus dem Nahen Osten ließ das ungerührt. Er hatte längst eigene Vorstellungen vom schöneren Wohnen in Deutschland entwickelt. Warum sollte er eine Luxuswohnung gegen eine einfache Behausung tauschen?

Wie er hier zu wohnen wünscht, machte er der Stadt unmißverständlich klar: „Andere Wohnungen nix Balkon. Also nix neue Wohnung."

Alles klar.

Die Rentnerin zog vor Gericht.

Am 11. Dezember 1991 bestätigte das Amtsgericht Freudenstadt das Räumungsurteil. Für den Umzug in die städtische Ersatzwohnung bekamen die El-Madhouns drei Monate Zeit.

Ingeborg Dreyer-Mattusch: „Das war das schönste Weihnachtsgeschenk für mich. Ich war sicher, nun würde alles gut."

Der Hammer kam erst noch. Vater El-Madhoun ging zum Angriff über: Er klagte sein Recht bei der nächst höheren Instanz ein. Und das Landgericht Rottweil sprach für ihn ein Urteil:

Der Libanese darf bis Ende 1994 in der Wohnung bleiben. O-Ton: „Weil der Auszug für die Großfamilie bereits einen Härtefall darstellt."

Ingeborg Dreyer-Mattusch bekam noch im Gerichtssaal einen Weinkrampf und brach zusammen. Sie hatte ihr Haus in Zwieselberg, sieben Kilometer vor Freudenstadt, verkauft, um mit einer Freundin in ihre neue Eigentumswohnung ziehen zu können. Nun muß sie das idyllische Holzhaus räumen, denn in ihre eigenen vier Wände kann sie frühestens 1995 einziehen.

Verbittert und resigniert fügt sie sich erst einmal ins Unvermeidliche: „Bei uns dürfen also abgewiesene Asylbewerber bestimmen, wie sie zu wohnen wünschen und wie die eigentlichen Wohnungseigentümer wohnen dürfen – und das ist dann soziales Recht, Deutschland 1992."

Sie suchen Zuflucht in Deutschland

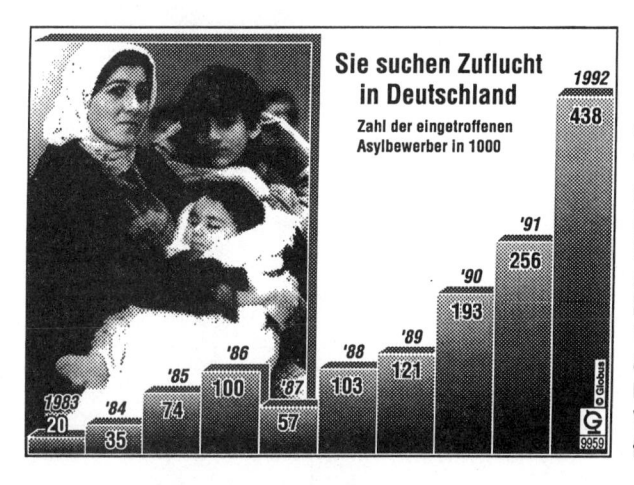

Zahl der eingetroffenen Asylbewerber in 1000

1983: 20 | '84: 35 | '85: 74 | '86: 100 | '87: 57 | '88: 103 | '89: 121 | '90: 193 | '91: 256 | 1992: 438

Von den weltweit geschätzten 18 Millionen Flüchtlingen leben allein 1,5 Millionen Asylbewerber in Deutschland. Das Bonner Innenministerium schätzt, daß jeder Asylbewerber den Staat im Jahr etwa 15 000 DM kostet, nämlich 8000–8500 DM für Sozialhilfe, Unterkunft, Kleidung und Verpflegung, sowie 7000 DM für Gerichtskosten.

INTENSIVES TEXTSTUDIUM

FRAGEBOGEN

A. Welche Wirkung sollen der Titel und der Titeltext auf den Leser ausüben? Wie wird dies sprachlich erreicht?

B. Tragen Sie in die folgende Liste alle Wörter und Sprachbilder ein, mit denen Frau Meyer-Mattusch und die Familie El-Madhoun charakterisiert werden. Analysieren Sie dann die Wortwendungen, und beschreiben Sie, wie der Leser emotional beeinflußt und gelenkt wird.

Zeile	Dreyer-Mattusch	El-Madhoun

Der Sozialstaat spielt verrückt

C. Welche Gemeinsamkeiten oder Unterschiede haben El-Madhouns „Luxuswohnung" und die Ersatzwohnung?

Information	Luxuswohnung	Ersatzwohnung
Adresse		
Zimmeranzahl		
Größe		
Lage		
Wert		
Sonstiges		

D. Wie ist der Satz „Der Hammer kam erst noch"(Zeile 89) zu verstehen? Was ist mit dem Wort „O-Ton"(Zeile 95) gemeint?

E. Welcher tiefere Gedanke verbirgt sich in den Schlußworten von Frau Dreyer-Mattusch?

F. Welche Funktion haben die im Text vorkommenden Gespräche? Wie wirken die Gespräche auf den Leser? Inwieweit wird die Darstellung des Skandals dadurch lebendiger und anschaulicher?

G. Welche rhetorischen Stilmittel verwendet der Reporter, um das schockierende Erlebnis der Rentnerin Dreyer-Mattusch sensationalistisch zu veranschaulichen? Geben Sie mindestens fünf Textbelege für a) rhetorische Stilmittel; b) erzählte Einzelheit; c) sensationalistischer Informationswert.

Zeile	Einzelheit	Sensationalistischer Informationswert	Rhetorisches Stilmittel
1. ___	_____	_____	_____
2. ___	_____	_____	_____
3. ___	_____	_____	_____
4. ___	_____	_____	_____
5. ___	_____	_____	_____

H. Kann man den Text als gesellschaftskritischen Artikel bezeichnen? Wie läßt sich diese Aussage stützen?

NACH DEM LESEN

STELLUNGNAHMEN UND INTERPRETATIONEN

Nehmen Sie zu den folgenden Fragen und Gedanken Stellung.

1. Können Sie sich mit der Lage von Frau Dreyer-Mattusch identifizieren?

2. Glauben Sie, daß alle Informationen in der Quick-Reportage richtig sind? Was könnte unwahr sein?

3. Halten Sie den Luxus-Sinn der libanesischen Familie für gerechtfertigt? Welche Argumente sprechen dafür und welche dagegen?

4. Welche Fakten oder Umstände möchten Sie zusätzlich zu der Situation der libanesischen Familie erfahren?

5. Was hätten Sie anders gemacht, wenn Sie sich in der Lage der Wohnungsbesitzerin befunden hätten?

6. Welches Urteil würden Sie als Richter sprechen?

7. Sind Sie dafür, daß Asylbewerber, nachdem ihnen der Asylantrag abgelehnt wird, immer noch auf ein Bleiberecht bestehen dürfen? Unter welchen Umständen würden Sie Ausnahmen machen? Wann würden Sie keine machen?

8. Was halten Sie von der sozialen Gesetzgebung Deutschlands?

9. Verschärfen oder entspannen journalistische Artikel wie „Der Sozialstaat spielt verrückt" das soziale Klima zwischen Deutschen und Ausländern? Vor welchen Gefahren sollte man sich hüten?

10. Würden Sie die USA als Sozialstaat einstufen? Welche Menschenrechte und welche sozialen Rechte genießen Sie als amerikanischer Bürger? Werden diese Rechte immer und für alle Amerikaner verwirklicht? Was sind die wichtigsten Rechte?

11. Haben Sie je Asylanten in Amerika kennengelernt? Welche Träume und Wünsche versuchen sie in den USA zu verwirklichen?

12. Hat ein Sozialstaat nur Vorteile?

13. Was kann und sollte ein Staat tun, um sozialen Frieden zwischen verschiedenen ethnischen Gruppen, Asylanten, Immigranten und Einheimischen zu erhalten? Ist es die Aufgabe des Staates soziale Probleme zu lösen?

GESPRÄCHSRUNDE

A. Entnehmen Sie dem Text alle Zitate, und ordnen Sie sie entweder Frau Dreyer-Mattusch oder Herrn El-Madhoun zu. Finden Sie mit Ihrer Gruppe weitere Argumente, die beide Personen hätten vortragen können.

B. Versetzen Sie sich in die Lage der folgenden Personen, und argumentieren Sie ihren Standpunkt:

Im Wohnungsamt: Versuchen Sie mit überzeugenden Argumenten die Familie El-Madhoun dazu zu bewegen, in die neue Ersatzwohnung einzuziehen.

Im Amtsgericht: Sprechen Sie als Richter das Räumungsurteil zugunsten der Hausbesitzerin Dreyer-Mattusch aus.

Im Landgericht: Klagen Sie als El-Madhoun Ihr Recht im Landgericht ein, indem Sie überzeugend dem Richter Ihre persönliche Familienlage, Ihre jetzige Wohnungssituation und die politischen Umstände in Ihrem Heimatland vorbringen.

C. Als *QUICK*-Reporter müssen Sie ein Interview mit Frau Dreyer-Mattusch und Herrn El-Madhoun führen. Sie wollen beide Perspektiven erkunden. Vervollständigen Sie die Fragen.

Wer _____?

Wie _____?

Wen _____?

Wem _____?

Was _____?

Wo _____?

Warum _____?

Wann _____?

Wodurch _____?

Nach den Interviews teilen Sie bitte telefonisch Ihre Reportage der *QUICK*-Redaktion mit.

SCHRIFTLICHES

A. Als *QUICK*-Reporter sind Sie einem neuen Skandal auf der Spur. Erfinden Sie einen Sozial-Skandal, und schreiben Sie einen Zeitungsartikel darüber.

B. **Sozialstaat USA – Utopie oder Realität?** Nehmen Sie dazu Stellung.

C. **Sozialstaat USA – Hängematte für Asylanten und Nichtstuer.** Formulieren Sie Ihre Gedanken.

TEXT 4

EIN MÄRCHEN

VOR DEM LESEN

WISSENSAKTIVIERUNG UND HYPOTHESENBILDUNG

A. Obwohl die Überschrift „Ein Märchen" nichts über den Inhalt der Geschichte aussagt, könnte man daraus schon wichtige Elemente ableiten. Welche Figuren, Erzählperspektive, Art der Handlung, Motive usw. erwartet man von einem Märchen? Mit welchem Satz beginnen oft viele Märchen? Wie enden oft die Märchen? Was soll der Leser von einem Märchen lernen?

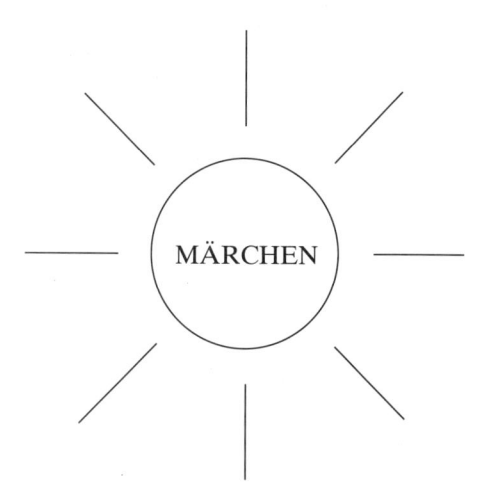

MÄRCHEN

B. Das Märchen beginnt mit den folgenden Worten: „Es war einmal eine Blume, die hatte keine Farbe. Sie lebte einsam in einem Garten unter anderen Blumen. Die leuchteten in allen Farben, die es auf der Erde gibt: Blau, Schwarz, Rosa ..." Spekulieren Sie anhand dieser Informationen, welche Handlung das Märchen haben könnte. Stellen Sie auf der nächsten Seite Hypothesen auf. (Die **Ja/Nein** Kategorien beziehen sich auf eine spätere Aktivität.)

Ein Märchen 23

Zeile(n)	Information	Hypothese	Ja	Nein
	Blume fühlt sich einsam	... wird Blumengarten verlassen	√	

ORIENTIERUNG MIT LESENOTIZEN

Lesen Sie die folgenden Fragen, ohne sie zu beantworten. Versuchen Sie, aus der Art der Fragen, den Inhalt des Lesetextes einzugrenzen. Erst wenn Sie den Text komplett gelesen haben, versuchen Sie die folgenden Fragen zu beantworten.

1. Wie fühlt sich die Blume zu Beginn des Märchens? Warum?
2. Wie haben die anderen Blumen ihre Farben erhalten?
3. Warum hat der Falter den Blumengarten verlassen? Wo befindet er sich jetzt?
4. Wie geht das erste Abenteuer der Blume aus? Wie hilft sie sich?
5. Was tut die Blume, als sie großen Hunger verspürt? Warum muß sie ihr neues Zuhause verlassen?
6. Wo sucht die Blume anschließend Hilfe? Warum kann die Platane die Fragen der Blume nicht beantworten?
7. Welche Umstände führen die Blume zu ihrem zweiten Abenteuer? Was erfährt sie?
8. Wie fühlt sich die Blume nach ihrem zweiten Abenteuer? Warum? Wen trifft sie?
9. Was zeigt der Clown der Blume? Warum tut er das?
10. Warum sucht die Blume in ihrer neuen Umgebung weiterhin nach dem Regenbogen-Falter?
11. Welcher Vorschlag wird der Blume von der Sonnenblume gemacht? Warum akzeptiert sie den Vorschlag nicht? Ist sie letztendlich glücklich?

SAID

Ein Märchen

Es war einmal eine Blume, die hatte keine Farbe. Sie lebte einsam in einem Garten unter anderen Blumen. Die leuchteten in allen Farben, die es auf der Erde gibt: Blau, Schwarz, Rosa ...

In diesem Meer von Farben fühlte sich unsere Blume verloren und vergessen. Immer wenn sie auf ihre bunten Freunde schaute, wurde sie traurig, und sie hatte nur eine Sehnsucht, ihre Farbe zu finden.

Und als dieses Leid nicht aufhören wollte, neigte sie sich endlich zu ihrer blauen Nachbarin und fragte: „Schöne Nachbarin, sag mir, woher hast du deine Farbe?"

Da erzählte die blaue Blume von einem Falter, der früher immer mit dem Regenbogen erschienen war. Er hatte sich auf einen Stein gesetzt, seine Flügel ausgebreitet, so daß sie alle Farben der Sonne auffingen und leuchtend wiedergaben. Der Regenbogen-Falter war dann von einer Blume zur anderen geflattert, und so konnte jede ihre Farbe finden und nehmen.

Hier schwieg die blaue Blume.

Nun fragte unsere Blume: „Wann kommt der Regenbogen-Falter wieder?"

„Dieser Falter kommt nicht mehr", antwortete die blaue Blume, „seitdem es in unserem Garten Wächter gibt. Sie hassen die Schmetterlinge, weil sie unseren Zaun überfliegen können. Einmal haben sie den Regenbogen-Falter fast erschlagen. Da ging er ins Exil."

Als unsere Blume dies hörte, beschloß sie, dem Regenbogen-Falter zu folgen, um endlich wie alle anderen Blumen ihre Farbe zu finden. Also schlich sie sich an einem regnerischen Mittwoch aus dem Garten und ging auf leisen Sohlen ins Exil.

Und sie ging so leise, daß niemand ihren Auszug bemerkte.

Auch sie selbst hätte gar nicht gemerkt, daß sie schon im Exil war, wenn da nicht plötzlich zwei dunkelblaue Hosenbeine ihren Weg versperrt hätten:

„Hei, Blume! Wo hast du deine Farbe?"

Die Blume schaute hinauf und sah vor sich einen Polizisten, der sie mit mißtrauischen Blicken prüfte.

Da kam die Blume ins Stottern:

„Ich ..., meine Farbe ..."

Und wieder ertönte die strenge Stimme:

„Es ist verboten, keine Farbe zu haben!"

Da erzählte die Blume, daß sie gerade auf der Suche nach ihrer Farbe sei. Und bevor ihr die dunkelblauen Hosenbeine wieder den Weg freimachten, mußte sie versprechen, bald ihre Farbe vorzuzeigen.

Und so beeilte sich unsere Blume, ihre Farbe zu suchen, und sie zog an verschiedenen Landschaften und fremden Städten vorbei, bis sie eines Tages in die Stadt Frankfurt kam. Unermüdlich suchte sie auch hier nach ihrem Falter. Immer wieder fragte sie bei Blumen und auch Menschen nach ihm, doch alle lachten sie aus. Aber die Blume suchte weiter, ungeachtet der Kälte und des Hungers. Durst hatte sie nicht, es regnete genug in der Stadt Frankfurt.

Aber es kam der Tag, an dem der Hunger unerträglich wurde. Da ließ sie sich in einem Blumentopf nieder, dessen Erde der ihrer Heimat ähnlich war. Und obgleich die Blume sofort den Unterschied zu ihrer Gartenerde fühlte, konnte etwas Wärme ihren Hunger stillen. Bald aber verlor die Erde ihre Kraft, und die Blume mußte ausziehen. Auch wenn ihr Hunger noch nicht ganz gestillt war, hatte sie doch genug Kraft gesammelt, um sich wieder auf die Suche nach dem Regenbogen-Falter zu machen.

Eines Tages fand unsere Blume an einem Platz am Rande der Stadt eine Platane, groß und mächtig. Und sie dachte:

„Dieser Baum ist stark, und er hat auch eine Farbe; vielleicht kann er mir weiterhelfen."

Dann grüßte sie die Platane und fragte, woher sie ihre Farbe habe. Die Platane lachte auf und sagte:

„Wie soll ich das noch wissen? Ich stehe jetzt seit so vielen Jahren hier und habe immer meine Farbe gehabt."

Aber die Blume gab nicht auf und fragte nach dem Regenbogen-Falter. Die Platane sagte:

„Du stellst Fragen! Es kommen so viele Schmetterlinge hierher; sie setzen sich auf meine Zweige, ruhen sich aus oder plaudern ein wenig miteinander und flattern dann fort. Ich frage niemals nach ihren Namen; ich freue mich nur, wenn sie kommen."

Jetzt bereute die Blume fast ihre Frage.

Sie hatte es plötzlich eilig, wechselte von einem Bein auf das andere und murmelte verlegen:

„Danke, Platane, ich muß jetzt weiter."

„Ich bleibe hier!" brummte die Platane.

Und die Blume ging weiter. Sie dachte an die Antworten der Platane und versuchte, sie zu verstehen. Sie war so tief in Gedanken, daß sie beinahe mit einem Luftballon zusammengestoßen wäre.

Da, mitten auf dem Gehsteig, kugelte sich ein knallroter Luftballon auf der Erde und quietschte vor Freude.

„Hallo Blume", piepte er, „was machst du auf der Straße?"

Als unsere Blume die Farbe des Luftballons sah, fragte sie sofort:

„Luftballon, woher hast du deine Farbe?"

„Ach, meine Farbe", kicherte der Luftballon, „die bekam ich von einem Kind."

„Von einem Kind?" fragte die Blume ungläubig.

„Ja, von einem Kind. Ich lag nämlich gerade tot auf einem Tisch mit vielen anderen toten Luftballons, da kam ein Kind, nahm mich heraus, blies mich auf, und so bekam ich meine Farbe."

Die Blume wollte nicht darüber nachdenken, ob das wohl stimme. Sie war gerade dabei zu fragen, ob auch sie ihre Farbe von einem Kind bekommen könne, da schrie der Luftballon freudig:

„Oh, ich fliege!"

„Wohin?" fragte verzweifelt die Blume.

Aber da war der Luftballon schon über die Blume hinweggeflogen und schrie nur:

„Wiedersehen, Blume!" und ließ sie stehen.

Einen Augenblick lang wurde unsere Blume mutlos. Dann aber nahm sie alle Kraft zusammen und suchte weiter.

Als sie endlich müde an einer Straßenecke lag, fand ein Clown sie. Er beugte sich zu ihr, hob sie auf, setzte sie sachte auf seinen Schoß, lächelte mit seinem weißen Gesicht und streichelte sie. Da fühlte die Blume eine heimische Wärme, die sie fast vergessen hatte. Sie schaute in seine Augen und fragte:

„Was für ein Fremder bist du?"

Der Clown lächelte:

„Wußtest du nicht, daß ein Clown keine Heimat hat?"

Und als sie schwieg, fuhr er fort:

„Der Clown hat auch keine Muttersprache. Denn er hört mit den Augen und spricht mit den Händen."

Da mußte die Blume von ihrer verlorenen Heimat erzählen, von ihrer Farbe, die sie nicht finden konnte, und vom Regenbogen-Falter, den sie suchte.

Nach einer Weile sah die Blume zum Clown auf. Sein Gesicht war weiß und schien fern.

„Er ist so einsam wie ich", dachte die Blume.

Da hob er sie von seinem Schoß, lehnte sie behutsam an die Mauer und schützte sie mit seinem Körper. Er kniete nieder, verbeugte sich vor ihr, küßte ihre Blüte und streichelte ihre Augen. Er öffnete sein Hemd und dann sein Herz, und die Blume sah einen wunderschönen Garten mit tausend kleinen Blumen. Sie alle wurzelten im Herzen des Clowns, tief in seiner Erde. Alle Blumen blühten, keine war verwelkt. Da ahnte die Blume, daß es im Herzen eines Clowns keine Jahreszeiten gibt. Und da die Blume noch immer auf dem Gehsteig in der Stadt Frankfurt lag und verzaubert in den Herzgarten des Clowns schaute, nahm er sie in seine alte Hand und bat sie einzutreten.

Plötzlich fand sich unsere Blume unter den vielen strahlenden Blumen. Nie zuvor hatte sie so leuchtende Farben gesehen. Die Blumen schienen warm und glücklich wie lauter kleine Sonnen und spielten „Bäumchen wechsle dich".

„Kann ich mitspielen, auch wenn ich keine Farbe habe?" überlegte die Blume erschrocken.

125 „Warum zitterst du so?" fragte die Sonnenblume neben ihr.

„Ist der Regenbogen-Falter bei euch?"

„Hier leben viele Schmetterlinge, aber einen Regenbogen-Falter kennen wir nicht. Was willst du von ihm?"

„Meine Farbe!" flüsterte unsere Blume.

130 „Aber deine Farbe ist wunderschön!" antwortete die Sonnenblume.

„Meine Farbe?"

„Du magst deine Farbe nicht!" sagte die Sonnenblume traurig.

Unsere Blume konnte darauf nichts erwidern.

Da sagte die Sonnenblume freundlich:

135 „Wollen wir unsere Farbe tauschen, du und ich?"

Jetzt weinte unsere Blume vor Glück und rief:

„Ich mag meine Farbe!"

Sie wischte sich eine Träne aus dem Auge und fragte:

„Kann ich jetzt mit euch spielen?".

INTENSIVES TEXTSTUDIUM

FRAGEBOGEN

A. Strukturieren Sie das Märchen. Welche inhaltlichen Abschnitte erkennen Sie? Welche typischen Märchenmotive und Märchenfiguren?

B. Beschreiben Sie die erste Heimat der Blume. Welche Wörter charakterisieren am besten ihre Welt und ihren seelischen Zustand? Geben Sie Beispiele.

C. Untersuchen Sie den Text auf die folgenden Fragen hin.

1. Welche Figuren trifft die Blume? Welche Figur spielt die wichtigste Rolle im Märchen? Welche Rolle spielen die anderen Figuren?

2. Was verändert das Leben der Blume? Welche Folgen hat dies für die Blume?

3. Warum kann die Platane der kleinen Blume nicht weiterhelfen?

4. Ist der rote Luftballon hilfreich? Was meint der Luftballon, wenn er sagt: „Ich lag nämlich gerade tot auf einem Tisch ..."? Wie sollte man „tot" verstehen?

5. Welche Wörter charakterisieren den Clown am besten? Warum hat er „keine Muttersprache", und warum „hört er mit den Augen und spricht mit den Händen"?

6. Wie wird das Äußere des Clowns beschrieben? Welche Wesenszüge besitzt er? Wird das Äußere und das Innere der Clown-Figur als Einheit erfaßt? Wie?

7. Hat die Blumenwelt im „Herzen" des Clowns Ähnlichkeit mit dem ersten Heimatgarten der Blume? Welche Gemeinsamkeiten oder Hauptunterschiede erkennen Sie?

8. Aus welcher Perspektive wird der „Herzgarten" des Clowns geschildert? Welches ist das wichtigste Element im Herzgarten-Bild? Wie sind dazu alle anderen Einzelheiten im Bild angeordnet? Welcher tiefere Sinn liegt diesem Sinnbild (Symbol) zugrunde?

9. Warum will die Blume ohne Farbe am Ende mit den anderen Blumen spielen? Worüber ist sie glücklich?

NACH DEM LESEN

Stellungnahmen und Interpretationen

Interpretieren Sie das Märchen mit Hilfe der folgenden Fragen.

1. Welche Ihrer Hypothesen haben sich bestätigt? Kreuzen Sie **Ja** oder **Nein** in der Tabelle auf Seite 24 an.

2. Können Sie sich mit der Blume identifizieren? Was hat Ihnen an ihrem Charakter gefallen? Was hat sie gestört?

3. Das Märchen beschreibt verschiedene Stadien im Leben, nach denen sich die Blume sehnt. Empfinden Sie eine ähnliche Sehnsucht? Was ersehnen Sie sich am meisten?

4. Finden Sie das Ende des Märchens treffend? Wie anders hätte das Märchen enden können?

5. Würden Sie dieses Märchen jemand anderem weitererzählen? Welche Stellen im Märchen würden Sie beibehalten? Welche würden Sie ändern?

6. Sollte man Ihrer Meinung nach Kindern Märchen erzählen? Welchen Nutzen oder welche Bedenken gibt es dabei?

7. Märchen sind Phantasien. Die persönlichen und sozialen Konflikte, die sie zeigen, sind unrealistisch. Nehmen Sie dazu Stellung.

8. Füllen Sie die folgende Tabelle aus.

   a. Die Blume ist die Personifizierung einer Idee. Welche Idee ist gemeint?
   b. Die Blume hat ihren alten Blumengarten verlassen und einen neuen „Garten" gefunden. Welcher Gedanke verbirgt sich hinter diesen Bildern?
   c. Was bedeuten die anderen Figuren und Bilder?

Zeile	Figur / Bild	personifiziert .../ Idee für ...
1	Blume ohne Farbe	
1–6	Heimat-Blumengarten	
10	die blaue Blume	
10	Regenbogen-Falter	
18	Wächter	
19	Zaun	
20	Exil	
29	Polizist	
46	Gartenerde	
52	Platane	
72	Luftballon	
94	Clown	
114	Herzgarten des Clowns	
103	Hören mit Augen	
104	Sprechen mit Händen	
121–122	„Bäumchen wechsle dich"	
125	Sonnenblume	

GESPRÄCHSRUNDE

A. Sie sollen für einen Kinderbuchverlag die Illustrationen zu dem Märchen anfertigen. Diskutieren Sie, welche Bilder Sie malen müßten, und warum gerade diese Bilder für die Handlung wichtig sind.

B. Bestimmen Sie, was das Märchen lehren will. Dann entwerfen Sie in Gruppenarbeit ein neues Märchen mit derselben Lehre.

C. Als Filmdirektor bekommen Sie den Auftrag, dieses Märchen zu verfilmen. Der Film befaßt sich mit kulturellen und sozialen Problemen und bietet dem Zuschauer eine konkrete Lösung an. Bestimmen Sie in Ihrer Gruppe einen Drehbuchautoren, und machen Sie ihm präzise Vorschläge zum Inhalt.

SCHRIFTLICHES

A. Schreiben Sie eine Zusammenfassung des Märchens für eine Ausländerzeitung.

B. Schreiben Sie in appellativer Darstellungsform einen kurzen Text, für den Schutzumschlag des Märchenbuches. Der Text soll kurz sein, da er der Werbung dient, und den Interessenten zum Kauf anregen soll.

C. Schreiben Sie ein Märchen, in dem ein Tier aus einem fremden Land die Hauptfigur ist. Erzählen Sie in dem Märchen, welche Abenteuer das Tier erlebte, bis es zu seinem Namen kam.

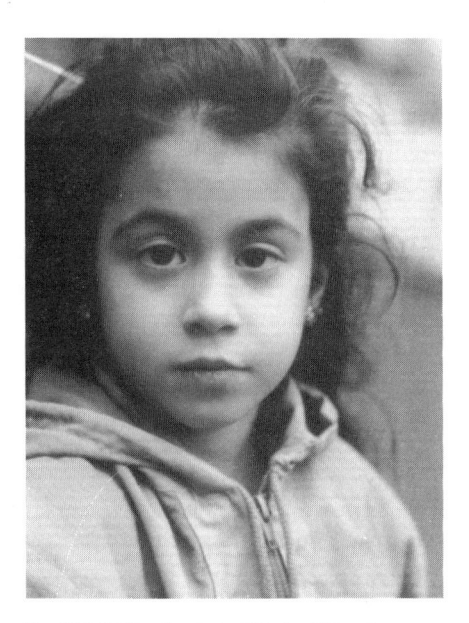

Wer hilft mit, Zeinab anzuzünden?

Alle, die schweigen. Alle, die dabeistehen. Alle, die wegschauen. Alle, die heimlich Beifall klatschen.

Helfen Sie mit, daß Ausländer sich nicht fühlen müssen wie Menschen zweiter Klasse, sondern daß sie eine faire Chance bekommen und angstfrei leben können. Sagen Sie jedem, daß Sie Ausländerfeindlichkeit barbarisch finden. Überall, wo sie Ihnen begegnet. Am Arbeitsplatz. Im Sportverein. Am Stammtisch. Zeigen Sie, daß die schweigende Mehrheit eine laute Stimme hat. **AUSLÄNDERHASS**

Von 1980-1989 gab es in der BRD über 700 rechtsextremistische Gewalttaten – Brandanschläge, Raubüberfälle, Körperverletzungen. Allein 1992 wurden 2184 solcher Gewalttaten verübt, davon waren 686 Brandanschläge und 17 Tötungsdelikte. Bei 8 waren Ausländer die Opfer.

TEXT 5

NANA

VOR DEM LESEN

WISSENSAKTIVIERUNG UND HYPOTHESENBILDUNG

Der letzte Satz „Mehmet war sehr lieb zu Nana und kochte an diesem Abend Reis und Hähnchen auf kurdische Art. Er wird es wohl nie erfahren, ob es ein Junge war", faßt die Problematik der Beziehung zwischen Nana und Mehmet zusammen.

1. Schreiben Sie auf, welche Informationen man diesem Satz entnehmen kann.

    Wer? _____

    Woher? _____

    Wo? _____

    Wie? _____

    Problematik? _____

2. Welche Hypothesen bezüglich des Inhalts könnte man anhand der im Schlußsatz enthaltenen Informationen aufstellen?

3. Der Titel der Geschichte ist schlicht „Nana". Finden Sie den Titel passend, oder hätte die Geschichte – aufgrund der Aussage im letzten Satz – auch einen anderen Titel haben können?

ORIENTIERUNG MIT LESENOTIZEN

Lesen Sie die folgenden Fragen, ohne sie zu beantworten. Versuchen Sie, aus der Art der Fragen, den Inhalt des Lesetextes einzugrenzen. Erst wenn Sie den Text komplett gelesen haben, versuchen Sie die folgenden Fragen zu beantworten.

1. Wie ist Nanas körperliches und seelisches Befinden am Anfang?

2. Welche Konsequenzen wird Nanas Zustand haben, wenn sich ihre Vermutung bewahrheitet? Vor welchem Dilemma steht sie?

3. Von wem wird Nana besucht? Was für eine Beziehung hat diese Person zu Nana?

4. Aus welchen Gründen sind Nanas Eltern gegen die Beziehung ihrer Tochter? Wovor haben die Eltern Angst?
5. Was ist Mehmets Reaktion auf Nanas Antwort?
6. Welche Zukunft sieht Nana für sich selber mit Mehmet?
7. Warum hat Mehmet keine deutsche Freundin? Warum hat er keine türkische Freundin?
8. Warum hat Nana eine Beziehung mit Mehmet angefangen? Was ist ihr Bild von griechischen Männern?
9. Nanas Beziehung zu Mehmet ist an gewisse kulturelle Zwänge und Verpflichtungen gebunden. Von welchen Zwängen handelt die Geschichte, und warum scheint Mehmet auf seine Frage „Warum habe ich mit dir eine Beziehung angefangen?" keine Antwort finden zu können?
10. Welche Vorausdeutung wird am Ende der Geschichte auf das weitere Leben von Nana und Mehmet gemacht?

LEILA KHATER
Nana

Nana wunderte sich, warum es ihr heute so schlecht ging. Na ja, bei diesem kaltgrauen Wetter fühlte sich keiner wohl, und sie träumte davon, sich in die heiße Sonne zu legen in die Nähe des tiefblauen Meeres. Aber heute war es etwas Neues.

„Kann es sein, daß ich schwanger bin?" dachte sie. „Oh Gott, dann könnte ich mich gleich umbringen!"

Nana wollte nicht weiter an diese Möglichkeit denken, aber zurückhalten konnte sie ihre Gedanken auch nicht. „Ich werde von meiner ganzen Familie verstoßen. Das Kind zu behalten, wäre eine äußere Katastrophe, und es abzutreiben, wäre mein innerer Ruin!"

Sie lag ganz still im Bett, die Decke hochgezogen. Es war ruhig, und sie konnte ihre Atemzüge hören. Sie lag lange ganz still, reglos, nun ohne Gedanken.

Plötzlich mußte sie sich übergeben, und gerade da mußte es an die Tür klopfen. Bis sie endlich die Tür aufschloß, waren Minuten vergangen.

Mehmet, der eigentlich heute gut gelaunt war, verlor langsam seine Geduld und wurde vor der verschlossenen Tür unruhig. „Was ist los, Nana, hast du einen neuen Freund?" versuchte er, halbherzig zu scherzen. Als er aber Nana anschaute, fragte er besorgt: „Was ist mit dir los, bist du krank, Nana?"

Nana legte sich wieder ins Bett und gab keine Antwort. Schweigend füllte Mehmet den elektrischen Wasserkocher, der auf dem Schreibtisch stand, mit Wasser aus dem kleinen Wasserhahn. Am Waschbecken merkte er, daß Nana sich vorhin übergeben hatte. Er fing an zu ahnen, was los sein konnte, aber er wollte es nicht wahrhaben.

„Hast du gestern was Schlechtes gegessen oder zuviel Wein getrunken?" Schließlich hatte er Nana zwei Tage lang nicht gesehen, weil er mit seinem Neffen beschäftigt war, der vor drei Tagen aus der Türkei nach Deutschland gekommen war.

Mehmet steckte den Stecker in die Steckdose, immer noch auf eine Antwort wartend, aber Nana schwieg hartnäckig. Das Wasser kochte schnell. Mehmet dachte stolz, daß der Kocher doch ein vorzügliches Weihnachtsgeschenk für Nana gewesen war.

Mit einer Tasse in der Hand kam Mehmet auf Nana zu. Sie nahm die Tasse, und er setzte sich neben sie aufs Bett. „Seitdem du aus den Weihnachtsferien aus Griechenland zurück bist, hast du dich sehr verändert. Liebst du mich nicht mehr? Haben deine Eltern dich überzeugt?"

Über ihre Eltern wollte sie auf keinen Fall reden. Es war schlimm genug, was sie von ihnen hätte hören müssen. Sie wollte es Mehmet nicht unbedingt weitererzählen.

„Unsere Tochter, wir sparen Geld, schränken uns ein, damit du es mal besser haben kannst, bezahlen dein Studium in Deutschland und du, was machst du? Mußt dich mit einem Bergkurden einlassen, mit einem Muselmanen, du tust uns Schande an! Hättest du dir gleich hier einen Ziegenbock ausgesucht. Wir müssen für das Ganze noch draufbezahlen! Was ist aus dir geworden? Was wäre, wenn die Nachbarn über deine unmoralische Beziehung, dazu noch mit einem Kurden, einem Moslem, erfahren? Können wir uns noch auf die Straße trauen? Wir können uns gleich aufhängen, wir sind erledigt! Es muß sofort aufhören diese Beziehung, verstehst du? Schluß ... Wir schicken sonst kein Geld mehr, und du mußt sehen, wie du alleine in Deutschland zurecht kommst ...

Kind, wenn du nicht aufhören kannst, mußt du zurückkommen, wir werden schon eine Erklärung für die Leute finden, und wir müßten dich hier sofort verheiraten. Hoffentlich finden wir noch einen Mann, der dich nimmt! Du kannst nicht mehr so wählerisch sein ... Wir Griechen sind ein Kulturvolk, und du gehst mit einem Bergnomaden! Oh Gott, womit habe ich das verdient, ich verstehe die Welt nicht mehr!"

Nana schlürfte langsam an ihrem Tee und sagte immer noch nichts. Mehmet schaute sie eine Weile an und fragte dann plötzlich: „Bist du schwanger?"

„Jaaaaaaaaaaaa", schrie sie ihn an, „JaJaJaJaaaahhhhh", und brach in Tränen aus.

Er nahm die Tasse aus ihrer Hand und umarmte sie. Nana fing an zu schluchzen, und er hielt sie noch fester. Er streichelte ihr Haar und ihren Rücken liebevoll. Nana wurde langsam ruhiger.

Türkische Frauen an einer U-Bahnhof-Haltestelle in Berlin-Kreuzberg.

„Meinst du, es ist ein Junge?" Aus seinem Tonfall konnte Nana entnehmen, daß ihm diese Möglichkeit gefiel.

„Was sollen wir tun, solltest du lieber fragen", war Nanas trockene, aber nicht böse Antwort, denn sie stammte auch aus einer patriarchalischen Gesellschaft und war gegen ihren Willen doch gerührt. Sie fuhr fort: „Wir haben beide kein Geld, du hast keine Arbeit, dein Studium hast du nicht abgeschlossen, außerdem mußt du später deine Familie ernähren, du willst zurück in dein Dorf, ich will zurück in mein Dorf. Was sollen wir mit einem Kind, egal ob Mädchen oder Junge, machen?"

„Du hast recht." Nanas Realismus beeindruckte Mehmet, aber gleichzeitig stieß er ihn ab. Realismus ließ keine höhere Gewalt zu, keine Schicksalsentscheidungen, ohne die das Leben trocken und fade wurde.

„Es war von Anfang an falsch, eine Beziehung zwischen uns anzufangen", fing Nana langsam an, „... wir wußten, daß es keine Zukunft hat ..., aber wir waren beide einsam und wollten nicht zu weit denken."

„Warum habe ich mit dir eine Beziehung angefangen?" fragte Mehmet.

„Ich kann mit deutschen Frauen und Mädchen keine Beziehung eingehen. Sie wollen keinen Ausländer haben, und wenn sie sich aus irgendeinem Grund doch mit einem Ausländer einlassen, sind sie herrisch und kalt und tun so, als ob sie dir den größten Gefallen auf Erden tun." Er atmete tief und fuhr fort: „Es gibt bestimmt Ausnahmen, aber ich habe keine kennengelernt. Kurdische Mädchen gibt es hier nicht und wenn schon, kann man mit denen keine Beziehung haben. Heirat oder Nichts. Wenn ich zurückkehre in mein Dorf, wird meine Mutter ein Mädchen für mich aussuchen. Es

Nana

wird viel Geld kosten, und meine Familie wird Schulden machen müssen, aber es ist halt so und wird lange so bleiben."

Er dachte über das, was er eben gesagt hatte, nach und sagte etwas auf kurdisch, was sie nicht verstehen konnte. „Aber Nana, warum hast du mit mir eine Beziehung angefangen? Bei euch Griechen ist es nicht so schlimm, vor der Ehe eine Beziehung zu haben, ich meine für die Frauen, es wird in eurer Gesellschaft toleriert, ihr habt Großstädte wie in Deutschland, ihr seid sogar jetzt Mitglied in der Europäischen Gemeinschaft ... Du wolltest mit deutschen Männern nichts zu tun haben, okay, verstehe ich; für die bist du eine niedliche Ausländerin, schöne schwarze Haare, exotisch, sie können mit dir angeben, aber zum Heiraten wollen sie eine Deutsche. Gut, aber warum nicht mit einem Griechen? Es wäre für dich viel einfacher!"

Nana stöhnte: „Ich habe eine schreckliche Beziehung mit einem Griechen gehabt. Ich habe dir schon davon erzählt. Er konnte mir nie verzeihen, daß ich vor ihm einen anderen Freund gehabt hatte. Nicht alle Griechen sind so, wie sie sich geben, Mehmet, sie sind liberal, sprechen von Gleichberechtigung, wollen wie die Deutschen werden, aber ihre Moral Frauen, besonders griechischen Frauen gegenüber, bleibt auf der Strecke. Was mir an dir gefiel, war deine Ehrlichkeit, du hast von Anfang an gesagt, du wirst die Frau heiraten, die deine Mutter für dich aussucht."

Nana und Mehmet redeten noch lange an diesem Tag. Sie wußten, was sie tun mußten. Sie waren nicht wütend, eher waren sie traurig.

Mehmet war sehr lieb zu Nana und kochte an diesem Abend Reis und Hähnchen auf kurdische Art. Er wird es wohl nie erfahren, ob es ein Junge war.

INTENSIVES TEXTSTUDIUM

FRAGEBOGEN

A. Beantworten Sie die folgenden Fragen zum Genre der Kurzgeschichte.

1. Bei einer Kurzgeschichte steht gewöhnlich nur eine Person im Mittelpunkt. Um welche Person sind in dieser Geschichte die Ereignisse zentriert? Könnte nicht auch die Nebenfigur der Geschichte im Mittelpunkt stehen? Warum ist dies nicht der Fall?

2. Wie ist die Kurzgeschichte strukturiert? Skizzieren Sie schriftlich den zeitlichen Aufbau der Handlung. Gibt es wichtige Rückblenden oder Vorausdeutungen?

3. Wer ist der Erzähler? Gibt es eine auktoriale (= Erzählerperspektive) oder personale Erzählperspektive (= Ich-Perspektive)?

B. Untersuchen Sie die Figuren Nana und Mehmet genauer.

1. Wie wird das Wesen und Verhalten von Nana geschildert? Geben Sie Beispiele.

2. In welchem zentralen Satz am Beginn der Geschichte zeigt Nana die beiden unabänderlichen Konsequenzen auf, die sich aus ihrer Notlage ergeben? Welchen Ausweg aus ihrem Problem betrachtet Nana nicht als realistische Lösung?

3. Wie wird Mehmet charakterisiert? Fertigen Sie eine Liste aller wichtigen Schlüsselworte an, die seinen Charakter näher beschreiben?

4. Wie werden Nanas Eltern beschrieben? Definieren Sie ihre moralischen und soziokulturellen Vorstellungen von Ehe und Familie. Wie sehen sie ihre eigene Stellung innerhalb der Heimatgemeinde?

5. Suchen Sie im Text fünf Gedanken, die Nanas und Mehmets Vorstellungen von Freundschaft, Familie und Ehe konkret bestimmen.

C. Suchen Sie die Textstellen, die entweder die folgenden Fragen beantworten oder die Sätze vervollständigen:

1. Daß Nanas Denken in bestimmten Wert- und Moralvorstellungen ihrer Kultur verwurzelt bleibt, läßt sich aus dem Satz _____

   _____ ablesen.

2. Falls Nana sich vor ihrer Familie zu Mehmet als dem Vater ihres Kindes bekennen würde, so würde sie nicht nur über sich selbst, sondern auch über ihre Familie „Schande bringen". Welcher Satz macht dies klar?

   _____.

3. Nanas und Mehmets Beziehung ist *keine* Liebesbeziehung, sondern eine Zweckbeziehung. Nanas Gründe für ihre Beziehung zu Mehmet sind:

   _____.

   Mehmets Gründe für seine Beziehung zu Nana sind:

   _____.

4. Mit welchen Worten äußern Nanas Eltern, daß die griechische Kultur der türkischen überlegen ist?

   _____.

5. Nanas und Mehmets Handeln ist durch ihre Kultur determiniert und erlaubt beiden keine *individuelle* Lösung. In welchem Satz kommt dies zum Ausdruck?

   _____.

6. Welcher Satz unterstreicht am stärksten, daß Nanas und Mehmets Beziehung von vornherein zum Scheitern verurteilt war?

   _____.

Nana

D. Untersuchen Sie die Beziehung zwischen Nana und Mehmet.

1. Wie beschreibt Mehmet das Verhältnis zwischen sich und deutschen Frauen? Wie charakterisiert Nana die griechischen Männer und deren Frauenbild?

2. Aus welchem Grund wird Mehmet nie erfahren, ob sein Kind ein Mädchen oder ein Junge war?

3. Nennen Sie alle in der Geschichte enthaltenen Gründe, warum Nana und Mehmet nicht heiraten können.

Stellungnahmen und Interpretationen

Nehmen Sie zu den folgenden Fragen und Gedanken Stellung.

1. Können Sie Nanas verzweifelte Lage nachempfinden? Wenn ja, wie würden Sie handeln?

2. Wie würden Sie die Beziehung zwischen Nana und Mehmet charakterisieren? Ist es eine Liebesbeziehung?

3. Wie bewerten Sie die Stellung der Frau in Griechenland und die Stellung des Mannes im türkischen Kurdistan im Gegensatz zur Stellung der Frau und des Mannes in Ihrem Land? Was ist ein patriarchalisches Gesellschaftssystem, und was ist Ihre Meinung dazu?

4. Was stört Sie am meisten in dieser Kurzgeschichte?

5. Glauben Sie, daß Eltern das Recht haben, die Beziehungen ihrer Kinder zu bestimmen?

6. Welche Probleme stellen sich Ihrer Meinung nach für eine Beziehung zwischen zwei Menschen mit verschiedener Religion, Nationalität, Kultur oder ethnischer Abstammung?

7. Sollten Eltern von der Schwangerschaft ihrer Tochter erfahren?

8. Sollte Abtreibung gesetzlich erlaubt sein? Was halten Sie von „Pro Choice"?

9. Sollten junge Menschen, bevor sie eine Beziehung eingehen, vorher alle Konsequenzen rational durchdenken, oder sollten sie ihren Gefühlen freien Lauf lassen? Haben Sie selbst einmal in einer Beziehung zu emotional gehandelt? Was haben Sie daraus gelernt, und was würden Sie das nächste Mal anders machen?

10. Welchen Ratschlag würden Sie Nana und Mehmet geben, um sich aus ihrem Dilemma zu befreien?

11. Könnten Sie sich zu einer Mischehe entschließen? Würden Sie einen andersfarbigen Ehepartner akzeptieren? Würden Sie einen Ausländer oder eine Ausländerin heiraten? Im Ausland?

12. Ist die Überwindung von Vorurteilen eine wichtige Aufgabe für den einzelnen und für jedes Volk? Wie könnte man dieses Ziel erreichen?

NACH DEM LESEN

Gesprächsrunde

A. Als internationaler Kulturexperte führen Sie den „Ausschuß für Völkerverständigung". Beschreiben Sie Ihren Kollegen die Vor- und Nachteile von Ausländerehen und Ehen mit Partnern anderer ethnischer Abstammung. Erläutern Sie, welche Auswirkungen dies auf die Kinder in Bezug auf Kindheit, Schule und späteres Berufsleben haben könnte.

B. Als Moderator der Fernsehsendung „Kinder von heute – Eltern von morgen" beleuchten Sie die Thematik Abtreibung und ihre Folgen. Erstellen Sie einen Fragenkatalog für Ihre Gäste.

C. Als Psychologe und Sexualtherapeut stehen Sie vor einem großen Problem: Wenn Sie einem 14jährigen ausländischen Mädchen dazu raten, seine uneheliche Schwangerschaft den Eltern mitzuteilen, wird das Mädchen sich und seiner Familie Schande bereiten, weil es gegen den moralischen Kodex seiner Familie, seines Verwandtschaftskreises und seines Heimatdorfes verstoßen hat. Wenn Sie dem Mädchen dagegen zu einer Abtreibung raten, verstößt dies gegen seinen religiösen Glauben. Wenn Sie Ihrer Patientin weder zu dem einen noch zu dem anderen raten, steht zu befürchten, daß sie Selbstmord begehen wird. Welche Hilfe würden Sie dem Mädchen anbieten?

Schriftliches

A. *Mehmet.* Schreiben Sie die Fortsetzung zu dieser Kurzgeschichte. Wird Mehmet je erfahren, ob sein Kind ein Junge oder Mädchen wird? Wird er sein Kind jemals sehen?

B. Es wird oft behauptet, daß Kinder aus Ausländer- und Mischehen im Leben benachteiligt werden. Ist das so, muß das so sein? Nehmen Sie dazu Stellung.

C. Schreiben Sie einen kurzen Aufsatz aus der Sicht eines Kindes, das zwischen zwei Kulturen und zwei Sprachen aufwachsen muß.

D. „Abtreibung: Lösung eines alten Problems oder Beginn eines neuen?" Wie stehen Sie zu dieser Kontroverse?

E. Liefern Sie Argumente, die einen Rassisten von seiner Einstellung abbringen.

TEXT 6

ENTFREMDET

VOR DEM LESEN

WISSENSAKTIVIERUNG UND HYPOTHESENBILDUNG

Nähern Sie sich dem Thema des Gedichts an, indem Sie über Inhalt und Form spekulieren.

1. Wenn Sie die Gedichtüberschrift „Entfremdet" lesen, haben Sie die Erwartung, daß das Gedicht von positiven oder negativen Gefühlen handelt? Warum?

2. Was bedeutet für Sie „Entfremdung"? Wie definieren Sie diesen Begriff?

3. Welche Situationen können Sie sich vorstellen, in denen sich ein Mensch oder eine Gruppe von Menschen entfremdet fühlt?

4. Glauben Sie, daß die Strukturform des Gedichts ein bestimmtes Ziel verfolgt? Warum wurde das Gedicht nicht in konventioneller Form geschrieben?

ORIENTIERUNG MIT LESENOTIZEN

Lesen Sie das Gedicht unter den folgenden Gesichtspunkten.

1. Was ist der Grundgedanke des Gedichts?

2. Mit wem spricht das lyrische Ich? Wem teilt das lyrische Ich seine Gedanken oder Empfindungen mit?

3. Was ist das auffallendste Strukturmerkmal des Gedichts? Inwiefern reflektiert die Struktur des Gedichts seinen Inhalt?

4. Welche Stilfiguren sind im Gedicht zu finden?

5. Das Auge und der Mund stehen für zwei Empfindungsorgane, mit denen ein Mensch die Wirklichkeit wahrnimmt. Für welche?

GINO CHIELLINO
Entfremdet

1 vom rechten Auge
über den Mund
geht ein Riß
messerscharf
5 durch meine Gedanken

                    im Spiegel
                    suche ich vergebens
                    nach ihm
                    tief in mir

10 tief in mir
eine Sehnsucht
ohne Wünsche

(Die Entfremdung ist ein Zustand der Sehnsucht ohne Wünsche)

INTENSIVES TEXTSTUDIUM

FRAGEBOGEN

A. Tragen Sie in das folgende Schema alle Substantive des Gedichts ein, und stellen Sie fest, ob sich durch die Reihenfolge der Substantive eine Beziehung zwischen der ersten, zweiten und dritten Strophe herstellen läßt.

_____

_____

_____

_____   _____

_____

_____

B. Untersuchen Sie das Gedicht nach den folgenden Aspekten.

1. Inwiefern ist das Bild vom „Riß über den Mund" ein Schlüsselbild im Gedicht?

2. Was sucht das lyrische Ich im Spiegel? Welches Wort zeigt an, ob seine Suche erfolgreich ist oder nicht? Kann seine Suche überhaupt erfolgreich sein? Warum? Warum nicht?

3. Kommt das lyrische Subjekt in der dritten Strophe zu einer Erkenntnis? Zu welcher?

4. Welcher Ausdruck in der dritten Strophe zeigt an, daß der Spiegel nicht die Antwort geben kann? Denken Sie daran, was ein Spiegel abbilden kann, und was er nicht abbilden kann.

NACH DEM LESEN

STELLUNGNAHMEN UND INTERPRETATIONEN

Nehmen Sie zu den folgenden Fragen und Gedanken Stellung.

1. Glauben Sie, daß die Entfremdung, wie sie im Gedicht beschrieben ist, tatsächlich ein Zustand der „Sehnsucht ohne Wünsche" ist? Was sind die emotionalen Folgen eines solchen Zustands?

2. Nach welchen Gesichtspunkten beurteilen Sie einen Menschen? Wie möchten Sie selber beurteilt werden?

3. Sind die Augen eines Menschen der „Spiegel seiner Seele"? Lassen sich Wesen und Gefühle eines Menschen aus seinen Augen ablesen?

4. Ist der Ausdruck „Sehnsucht ohne Wünsche" nicht ein Paradox? Sehnen sich Menschen nicht immer nach etwas, und ist ihre Sehnsucht nicht gestillt in dem Moment, in dem sie es finden? Wonach sehnen Sie sich? Hat Ihre Sehnsucht konkrete Wünsche? Welche?

5. Vor mehr als zweitausend Jahren gab der griechische Philosoph Sokrates die Maxime „Erkenne dich selbst!" Was halten Sie von dieser Lebensmaxime? Ist Selbsterkenntnis eine Notwendigkeit des menschlichen Lebens? Wie kann sie erreicht werden?

GESPRÄCHSRUNDE

A. Sie sind Mitglied einer Therapiegruppe, deren Mitglieder unter geringem Selbstvertrauen leiden. Besprechen Sie mit den anderen Patienten Situationen, in denen Sie sich einsam gefühlt haben. Beschreiben Sie auch eine Situation, in der Sie sich als Außenseiter gefühlt haben oder immer noch fühlen.

B. Als Gesprächstherapeut müssen Sie Hilfesuchende beraten und durch ihre Ratschläge zur Gesundung führen. Welchen Rat geben Sie Patienten mit Minderwertigkeitskomplexen? Zu welcher Selbsthilfe würden Sie ihnen raten? Besprechen Sie in der Gruppe Wege, diesen Menschen zu helfen.

SCHRIFTLICHES

A. Nach dem Muster des Gedichts, verfassen Sie bitte Ihr eigenes Gedicht. Beschreiben Sie in der ersten Strophe Ihre Gefühle (des Alleinseins, unerfüllter Wünsche usw.) und Hoffnungen. Beschreiben Sie in der zweiten Strophe Ihre Suche nach Antworten und in der dritten Strophe die Antworten auf Ihre Suche. Strukturieren Sie das Gedicht folgendermaßen:

Ich fühle ...

Darum suche ich ...

Ich finde ...

B. Kennen Sie einen Menschen, der zu einer Minderheit zählt? Nach dem vorgegebenen Gedichtmuster schreiben Sie aus der Sicht und aus der Situation dieses Menschen ein Gedicht, das seine Gefühle, Ängste, Hoffnungen und Antworten beschreibt.

C. Welche Wege muß ein Mensch beschreiten, um zu tieferer Selbsterkenntnis zu gelangen? Erstellen Sie zuerst eine Liste der wichtigsten „Wege zur Selbsterkenntnis". Dann reflektieren Sie schriftlich jeden Punkt.

D. Beschreiben Sie einen Traum, in dem Sie eine Erkenntnis über sich selber gewonnen haben.

TEXT 7

„... EIN NEGER HAT NIE EIN AUTO ERFUNDEN"

VOR DEM LESEN

WISSENSAKTIVIERUNG UND HYPOTHESENBILDUNG

Beantworten Sie die folgenden Fragen zum Titel des Textes und zur Textsorte.

1. Welche Wirkung hat der Titel „... ein Neger hat nie ein Auto erfunden" auf Sie? Wie werden Sie eingestimmt?

2. Was stört Sie am meisten an dem Titel? Das Wort „Neger"? Die Behauptung, daß ein Neger „nie ein Auto erfunden hat"?

3. Womit assoziieren Sie „erfinden"? An welche Person oder an welche Länder denken Sie zuerst, wenn Sie den Ausdruck „Erfindergeist" hören? Was, glauben Sie, hat Ihre Vorstellung beeinflußt?

4. Um was für eine Textsorte handelt es sich? Welche anderen Informationen bekommt der Leser schon vor dem Lesen?

5. Welche Themen erwarten Sie im Text infolge des Titels und der Textsorte? Warum?

ORIENTIERUNG MIT LESENOTIZEN

Lesen Sie die folgenden Fragen, ohne sie zu beantworten. Versuchen Sie, aus der Art der Fragen, den Inhalt des Lesetextes einzugrenzen. Erst wenn Sie den Text komplett gelesen haben, versuchen Sie die folgenden Fragen zu beantworten.

1. Womit sind die vier befragten Frauen nicht zufrieden?

2. Warum denken viele der Leute, eine der Frauen sei „dumm"?

3. Wie verhalten sich die Leute den Frauen gegenüber?

4. Welche Erfahrung hat eine der Frauen als Krankenschwester gemacht?

5. Was würde der Frau aus Kamerun in ihrem Heimatland nie geschehen? Warum nicht?

6. Auf welche Weise wurde eine der Frauen in Deutschland als Ausländerin stereotypisiert? Was denkt sie darüber?

7. Wie bewerten die Deutschen die Schwarzen aus Afrika und die Schwarzen aus Amerika?

8. Wie werden die Deutschen von den ausländischen Frauen charakterisiert?

INTERVIEW MIT VIER FRAUEN AUS GABUN, KAMERUN, MAROKKO UND GUADELOUPE IM ALTER ZWISCHEN 19 UND 37 JAHREN

„... ein Neger hat nie ein Auto erfunden"

1   Was mich z.B. stört an dem Leben hier, ist, daß die Leute immer denken, ich bin blöd, nur weil ich schwarz bin. Ich verstehe alles, was sie sagen. Ich will nicht schlecht über diese Leute reden, aber irgendwie meinen sie immer, daß ich, weil ich schwarz bin, nicht verstehe, was sie sagen.
5   Vielleicht liegt es daran, daß sie mein Gesicht nicht verstehen. Sie können nicht von meinem Gesicht ablesen, wie sie das z.B. bei einem Deutschen können. Darum glauben sie immer, ich sei dumm. Und sie reden dann mit mir wie mit jemandem, der sie nicht versteht.
    Dazu gibt es viele Beispiele: „Was, Sie sprechen deutsch? Wieso?
10 Und so gut? Wo haben Sie so gut deutsch gelernt? Wie lange sind Sie in Deutschland? Wollen Sie hier für immer bleiben? Oder wollen Sie zurück nach Hause? Aber in Afrika gibt es ja keine Arbeit. Hier ist es besser!"
    Einmal im Bus kam ein Kind, etwa vier Jahre alt, mit seiner Mutter. Das Kind sah mich an und sagte: „Du Mutti, Mutti, eine Äffin!" Und die Mutter
15 sagte überhaupt nichts. Sie hat überhaupt nicht reagiert!
    Manche sind aber auch nett. Ein anderes Kind fragte mich in der U-Bahn: „Sagen Sie, warum sind Sie so dunkel, so braun?" „Von Natur aus! Ich bin so braun, weil ich so geboren bin." „Was ist Natur?" „Das ist angeboren. Ich bin nicht von anderen Menschen so gemacht worden. Du siehst auch so aus, wie
20 du geboren bist."
    Oder z.B. im Krankenhaus; ich arbeite als Krankenschwester. Damals bei der Ausbildung auf der Inneren Station hatte ich Patienten, die ich nicht anfassen sollte, weil ich schwarz bin. 1984! Bei den beiden vietnamesischen Schwestern gab es diese Probleme nicht. Sie waren heller. Einmal faßte ich
25 die Hand einer Patientin und fragte sie, ob sie davon schwarz geworden sei. Ich versuchte ihr zu erklären, daß ich nicht abfärbe: „Ich habe zwar eine andere Hautfarbe, aber unser menschlicher Organismus funktioniert gleich, egal ob schwarz oder weiß. Wir sind alle gleich. Nur die Farbe ist unterschiedlich. Allen Menschen tut es weh, wenn sie Schmerzen haben."

30 Wenn ich so etwas zuhause erzählen würde, würde das keiner glauben. Es ist selten, daß man so etwas bei uns hört. Bei uns zuhause kannten wir Franzosen, wir sprachen miteinander und haben zusammen gegessen. Und als ich dann hierher kam, nahm ich an, daß es hier genauso ist. Erst in Europa habe ich das Wort „Rassismus" gelernt. Zuhause wußte ich nicht,
35 was Rassismus ist.

Und in der U-Bahn hier, wenn ich mich setze, und neben mir ist auch noch ein Platz frei, dann werden erst immer alle anderen Plätze besetzt. Erst zum Schluß, wenn kein anderer Platz mehr frei ist, setzt sich jemand neben mich. Oder sie bleiben lieber stehen.

40 Was ich furchtbar finde, ist, daß, wenn ich alleine auf der Straße gehe, und jemand würde mich angreifen – dann weiß ich, daß mir niemand helfen würde. D.h., es kann mich jemand umbringen, und keiner würde reagieren. In Kamerun passiert so etwas nicht. Wenn mich dort jemand angreifen würde, reagierten die anderen Leute sofort! Was ich hier auch sehr stark
45 fühle, ist eine offene Aggressivität gegen Kinder, kleine Kinder! Die Skinheads machen jetzt wirklich, was sie wollen. Sie verteilen sogar Zettel gegen Ausländer.

Auch meint man hier, alle Afrikaner können und müssen ständig tanzen. Das können doch alle Schwarzen. „Das habt Ihr doch im Blut." Dabei gibt es
50 auch Menschen in Afrika, die einfach nicht tanzen können. Das ist einfach ein Bild, das Ausländer von uns haben. Die Leute denken ja auch, Afrika ist arm, und deshalb sind die Leute traurig. Aber das ist auch nicht wahr. Die Menschen sind arm, aber irgendwie gibt es trotzdem Freude in ihrem Leben.

Die Konzerte hier mit Tanzgruppen finde ich gut. Die Leute machen das
55 so wie in ihrer Heimat. Sie zeigen ihre Kultur. Nur wird das hier als primitiv angesehen! Das ist der Unterschied. „Die sind ja noch unterentwickelt!" Aber das ist doch unsere Kultur! Die Leute hier kennen keine andere Kultur als ihre eigene. Sie wollen nicht anerkennen, daß wir auch Kultur haben.

Hier in Deutschland kennt man Afrika nicht. Man kennt nur Amerika.
60 Die Schwarzen aus Amerika sind immer besser angesehen als die Afrikaner. Jetzt ist es auch ein bißchen in Mode, schwarz zu sein; aber nur, was aus Amerika kommt, Musik, Mode, Jazz und Theater.

Bei dem deutschen Wort „Neger" schwingt nicht mehr die Bedeutung „schwarz" mit. Es ist in jedem Fall negativ zu verstehen. Man verbindet es
65 mit Sklaverei. Ein Neger ist ein schwarzer Sklave. Und damit hängt alles zusammen, von der Zeit des Kolonialismus bis heute.

Man geht eben davon aus, daß Schwarze nie etwas zustandegebracht haben, weder wirtschaftlich noch technisch. Ein Neger hat nie ein Auto erfunden. Nie hat ein Schwarzer etwas erfunden oder entdeckt, nichts! Das ist die Grundlage
70 für alle Einschätzungen. Afrika war nie aufgrund wissenschaftlicher Arbeit anerkannt. Deshalb sind wir immer nur als Diener anerkannt. Das, was wir zur Zeit der Sklaverei waren, sind wir in den Augen der anderen immer noch.

46 Thema 1

Keine Entwicklung! So denken die Europäer, die Weißen. In Europa müssen wir, um anerkannt zu sein, viel besser sein als die Leute hier. Wir müssen etwas
75 Besonderes sein. Und wir dürfen auch keine Fehler machen. Aber es gibt doch keinen Menschen auf der Welt, der nicht mal einen Fehler macht!

Einmal hatte ich Probleme in der Schule, als ich Referate machte über Rassismus oder Kolonialismus, oder einfach nur Kommentare zu Texten von Hegel oder Goethe. Die Deutschen sind sehr stolz auf Hegel und Goethe.
80 Aber sie waren doch sehr rassistisch in ihren Kommentaren über Schwarze.

Und viele Leute denken immer noch, daß uns der Kolonialismus gerettet hat. Die Deutschen denken auch oft, daß sie ja keine Kolonien gehabt hätten. Und wenn, dann war es kein richtiger Kolonialismus wie bei den Engländern oder Franzosen. Die Deutschen fühlen sich schuldlos: Sie
85 hätten ja nur ein paar Kolonien gehabt, die sie dann sowieso schnell wieder verloren hätten. Ich denke, für die Deutschen ist es ganz praktisch, daß die Engländer und Franzosen mehr Kolonialismus betrieben haben. Eben als Ausrede, zum Vorschieben.

INTENSIVES TEXTSTUDIUM

FRAGEBOGEN

A. Exzerpieren Sie fünf stereotypische Vorstellungen, die die Deutschen historisch von den Schwarzen haben. Vergleichen Sie damit auf der nächsten Seite die Auffassungen in Ihrem Land.

Stereotypische Bilder der Deutschen	Stichworte
Tanzen	„Das habt Ihr doch im Blut."

„… ein Neger hat nie ein Auto erfunden"

Stereotypische Bilder der Amerikaner	Stichworte

B. Der Text schildert fünf Begegnungen zwischen den afrikanischen Frauen und Deutschen.
  a. Suchen Sie die entsprechenden Situationen, und lesen Sie sie.
  b. Bestimmen Sie das Verhalten der Deutschen gegenüber den vier Frauen.
  c. Erklären Sie das Verhalten der Frauen in diesen Situationen.
  d. Beschreiben Sie den Charakter der Frauen. Geben Sie Beispiele.

Situation	Verhalten der Deutschen	Verhalten der Frauen	Charakter der Frauen

C. Suchen Sie Textstellen, in denen die ausländischen Frauen direkt über ihre Kultur und ihre Heimat sprechen.

1. _____
2. _____
3. _____
4. _____
5. _____

D. Was sagt der Text über diese Fragen aus?

1. Was hat eine der Frauen zu Hause immer gemacht, kann es aber in Deutschland nicht mehr tun?

2. Welche Meinung vertreten die Frauen gegenüber dem Kolonialismus? Wie argumentieren die Frauen gegen die Auffassung vieler Deutscher?

3. In welchen Textstellen werden die Deutschen von den ausländischen Frauen charakterisiert? Ist ihre Charakterisierung der Deutschen objektiv und fair? Begründen Sie Ihre Antwort.

NACH DEM LESEN

STELLUNGNAHMEN UND INTERPRETATIONEN

Nehmen Sie zu den folgenden Fragen und Gedanken Stellung.

1. Glauben Sie, daß der Titel einen rassistischen Unterton hat, und daß ein anderer Titel besser zum Text gepaßt hätte?

2. Kann man es rechtfertigen, einen Menschen zu stereotypisieren, der eine andere ethnische Herkunft hat? Worin liegt die Gefahr solcher Stereotypisierungen?

Hamburg, 17. September 1992. Asylsuchende aus Westafrika finden Unterkunft in Mobilwohnheimen, die für sie auf dem Gelände einer Grundschule aufgestellt wurden.

„... ein Neger hat nie ein Auto erfunden"

3. Wie würden Sie reagieren, wenn man Ihnen die Fragen aus dem zweiten Abschnitt stellen würde? Empfinden Sie die Fragen als gerechtfertigt?

4. Sind Sie froh, daß Sie mit Ihrer Hautfarbe zur Welt kamen? Wenn ja, warum? Wenn nein, warum nicht?

5. Ist es sinnvoll zu erwarten, daß die Wertvorstellungen und das Denken eines fremden Landes identisch sind mit dem Denken in Ihrem eigenen Land? Ist vielleicht diese Erwartung schon fehlerhaft?

6. Wie würden Sie Rassismus definieren? Waren Sie je ein Opfer von Diskriminierung und Rassismus?

7. Was assoziieren Sie mit Afrika? Mit Thailand? Mit Japan? Mit Deutschland? Was, glauben Sie, hat ihr Denken beeinflußt?

8. Finden Sie, daß die Menschen sich die Zeit nehmen sollten, andere Kulturen kennenzulernen? Ist der Kontakt mit anderen Kulturen heute wichtiger als früher? Warum? Warum nicht?

9. Wie könnte man heutzutage Ihrer Meinung nach die Beziehungen zwischen verschiedenen Kulturen verbessern? In welchen Bereichen ist dies bisher noch nicht oder viel zu wenig gemacht worden? Welche Rolle sollen die Schulen und Universitäten dabei spielen?

Gesprächsrunde

A. Sammeln Sie Beispiele aus der Tourismus-Werbung, aus Rundfunk oder Fernsehen, die die Intention haben, für die Kultur eines anderen Landes Reklame zu machen. Wie werden diese Länder und Kulturkreise dargestellt? Versuchen Sie danach in Gruppen zu klären, wie durch diese Beispiele unser Denken gegenüber den anderen Kulturen beeinflußt wird. Zum Schluß präsentieren Sie bitte Ihre Ergebnisse im Klassenforum.

B. Erarbeiten Sie in Gruppenarbeit einen Fragebogen, und interviewen Sie einige Studentinnen, von denen Sie annehmen, daß sie wegen ihres Geschlechts, ihrer Religion oder Hautfarbe diskriminiert oder stereotypisiert werden. Tragen Sie Ihre Resultate der Klasse vor.

Schriftliches

A. Suchen Sie positive Beispiele aus den afrikanischen Kulturen, und verfassen Sie eine kurze Gegendarstellung zu dem Thema: „... ein Neger hat noch nie ein Auto erfunden."

B. Warum ist das System der Apartheit in Südafrika ein Prüfstein für den weißen Menschen? Diskutieren Sie in einem Zeitungsartikel, welcher ethische Umdenkungsprozeß vonnöten ist.

C. Inwieweit sind Vorurteile gefährlich? Wie kann man sie bekämpfen? Legen Sie Ihre Gedanken dazu dar.

TESTEN SIE IHR WISSEN

1. *Aus welchem Land kamen 1991 die meisten Asylbewerber nach Deutschland?*

    a) ☐ Rumänien
    b) ☐ Türkei
    c) ☐ Jugoslawien

2. *Aus welchem Land trafen 1991 in der Bundesrepublik die meisten Aussiedler ein?*

    a) ☐ GUS (Ehemalige Sowjetunion)
    b) ☐ Polen
    c) ☐ Rumänien

3. *In welchen Jahren erlebte Deutschland die größte Auswanderungswelle?*

    a) ☐ 1850-1859
    b) ☐ 1881-1890
    c) ☐ 1931-1938

4. *In welchen Jahren erlebte Deutschland die größte Einwanderungswelle?*

    a) ☐ 1931-1938
    b) ☐ 1961-1970
    c) ☐ 1981-1990

5. *Wie viele beschäftigte Ausländer gab es 1991 in Westdeutschland?*

    a) ☐ 1,0 Millionen
    b) ☐ 1,9 Millionen
    c) ☐ 3,4 Millionen

6. *Aus welchem Land stammten 1991 die meisten ausländischen Arbeitnehmer?*

    a) ☐ Griechenland
    b) ☐ Türkei
    c) ☐ Italien
    d) ☐ Jugoslawien

7. *In welcher Berufsbranche waren 1991 die meisten Ausländer beschäftigt?*

    a) ☐ Industrie und Bergbau
    b) ☐ Handel
    c) ☐ Bau
    d) ☐ Gastronomie

8. *Welches ist das ärmste Land der EG?*

    a) ☐ Portugal
    b) ☐ Irland
    c) ☐ Ehemalige DDR
    d) ☐ Griechenland

9. *Welches ist das reichste Land der EG?*

    a) ☐ Frankreich
    b) ☐ Dänemark
    c) ☐ Deutschland
    d) ☐ Luxemburg

10. *Welches Land nimmt pro 10 000 Einwohner die meisten Ausländer auf?*

    a) ☐ USA
    b) ☐ Deutschland
    c) ☐ Schweiz
    d) ☐ Großbritannien

ERGEBNIS: $\frac{}{10}$ = %

THEMA 2
BILDUNG

Hörsaal an der Ludwig-Maximilians-Universität München.

KAPITELVORSCHAU

SEIT ETWA 1300 N. CHR. GIBT ES DAS GYMNASIUM IN DEN DEUTSCHSPRACHIGEN LÄNDERN. DIE ERSTEN UNIVERSITÄTEN ENTSTANDEN 1348 IN PRAG UND 1365 IN WIEN MIT JE ETWA 17 PROFESSOREN UND 300 STUDENTEN. HEUTE GIBT ES IN DER SCHWEIZ, ÖSTERREICH UND DEUTSCHLAND MEHR ALS 100 WISSENSCHAFTLICHE HOCHSCHULEN. DIE MEISTEN UNIVERSITÄTEN SIND KATASTROPHAL ÜBERFÜLLT. DIE PROFESSOREN KLAGEN: VIEL MASSE – WENIG KLASSE. DIE STUDENTEN KLAGEN: DIE PROFESSOREN SIND DESINTERESSIERT. DIESES THEMA BESCHÄFTIGT SICH MIT DEN PROBLEMEN, DIE SCHÜLER, STUDENTEN UND PROFESSOREN IM DEUTSCHEN BILDUNGSWESEN PLAGEN.

WIE BILDUNGSORIENTIERT SIND SIE?

1. Stimmen Sie mit diesen Worten überein: „Wer lernen will, findet überall eine Schule"?

   a) ☐ Stimme damit überein
   b) ☐ Stimme damit nicht überein
   c) ☐ Stimme zum Teil damit überein

2. Glauben Sie, daß man durch das Wissen, das man sich in der Schule aneignet, später im Leben größere Aufstiegschancen hat?

   a) ☐ Ja
   b) ☐ Ja, aber nur bedingt
   c) ☐ Nein

3. *Warum studieren Sie?*

   a) ☐ Weil ich viel Geld verdienen möchte
   b) ☐ Weil es von mir erwartet wird
   c) ☐ Weil meine Freunde hier studieren
   d) ☐ Weil ich neue Wissensgebiete kennenlernen will

4. *Haben Ihre Eltern Ihnen bei Ihren Schularbeiten geholfen? Welche Rolle würden Sie im Lernprozeß Ihres Kindes spielen?*

   a) ☐ Meine Eltern haben mir immer geholfen. Ich werde dasselbe für mein Kind tun.
   b) ☐ Meine Eltern haben mir nur selten geholfen. Wahrscheinlich werde ich auch nur selten meinem Kind helfen.
   c) ☐ Meine Eltern haben mir nie geholfen. Ich werde dasselbe tun, denn dafür ist der Lehrer da.

5. *Man sagt: „Drei Dinge machen den Meister – Wissen, Können und Wollen." Wie stehen Sie dazu?*

   a) ☐ Befürworte ich voll und ganz
   b) ☐ Befürworte ich nur halbherzig
   c) ☐ Wissen, Können und Wollen haben nichts mit Bildung zu tun

6. *War die wissenschaftliche Reputation Ihres Colleges oder Ihrer Universität bei der Wahl Ihrer Hochschule wichtig?*

   a) ☐ Ja, sehr
   b) ☐ Ja, aber nur ein wenig
   c) ☐ Nein, ich wollte in der Nähe meines Elternhauses studieren
   d) ☐ Nein, ich wollte an die Uni, an der meine Freunde studieren

7. *Ihr Freund ist notorischer Schulschwänzer. Wie verhalten Sie sich?*

   a) ☐ Ich warne ihn vor den bevorstehenden Folgen
   b) ☐ Ich sage nichts, denn unsere Freundschaft ist wichtiger
   c) ☐ Ich schwänze mit ihm zusammen

8. *Ihr 18-jähriger Sohn (Ihre 18-jährige Tochter) teilt Ihnen mit, daß er (sie) nicht das College besuchen will. Was erwidern Sie?*

   a) ☐ „Gut, ich war auch nicht auf dem College und sieh mal, wie gut es uns finanziell geht."
   b) ☐ „Du wirst Schwierigkeiten haben, später eine gute Arbeitsstelle zu finden."
   c) ☐ „Das kommt gar nicht in Frage. Du wirst zum College gehen!"
   d) ☐ „Arbeite erst einmal, und entscheide dich später."

SELBSTEINSCHÄTZUNG:

a) Eine gute schulische Erziehung ist das Wichtigste im Leben, weil _____.

b) Es gibt wichtigere Dinge im Leben, so wie _____.

c) Schulbildung ist irrelevant, denn _____.

d) _____.

TEXT 1

MAX UND MORITZ

VOR DEM LESEN

WISSENSAKTIVIERUNG UND HYPOTHESENBILDUNG

A. Betrachten Sie das Bild. Welche Rückschlüsse könnte man aus der Kleidung, Mimik und Gestik über den Charakter des Lehrers und über seinen Lehrstil ziehen, und welche Rückschlüsse über die beiden Kinder, Max und Moritz?

B. Max und Moritz, zwei freche, böse Kinder, die nur Unsinn im Kopf haben, macht es großen Spaß, die Leute zu ärgern. In dieser Episode spielen sie ihrem Lehrer Lämpel einen groben Streich. Versuchen Sie, anhand der Bilder, den Ablauf der Geschichte zu bestimmen. Numerieren Sie die Reihenfolge der Bilder in den Kreisen.

C. Beschreiben Sie thesenartig die Kernaussage jedes Bildes. Was ist der Ablauf der Handlung in dem Streich von Max und Moritz?

1. _____ 7. _____

2. _____ 8. _____

3. _____ 9. _____

4. _____ 10. _____

5. _____ 11. _____

6. _____

Max und Moritz 55

D. Textpuzzle. Die folgenden Textabschnitte sind durcheinandergewirbelt worden. Können Sie die richtige Reihenfolge rekonstruieren? Tragen Sie die Buchstaben von A-K in die Kästchen ein. Lesen Sie besonders aufmerksam die letzten Zeilen in jeder Strophe.

☐
Nase, Hand, Gesicht und Ohren
Sind so schwarz als wie die Mohren,
Und des Haares letzter Schopf
Ist verbrannt bis auf den Kopf.

☐
Als der Dampf sich nun erhob,
Sieht man Lämpel, der gottlob
Lebend auf dem Rücken liegt;
Doch er hat was abgekriegt.

☐
Rums!! – Da geht die Pfeife los
Mit Getöse, schrecklich groß.
Kaffeetopf und Wasserglas,
Tobakdose, Tintenfaß,
Ofen, Tisch und Sorgensitz –
Alles fliegt im Pulverblitz. –

☐
Wer soll nun die Kinder lehren
Und die Wissenschaft vermehren?
Wer soll nun für Lämpel leiten
Seine Amtestätigkeiten?
Woraus soll der Lehrer rauchen,
Wenn die Pfeife nicht zu brauchen?
Mit der Zeit wird alles heil,
Nur die Pfeife hat ihr Teil.
Dieses war der vierte Streich,
Doch der fünfte folgt sogleich.

☐
Also lautet der Beschluß,
Daß der Mensch was lernen muß.
Nicht allein das ABC
Bringt den Menschen in die Höh';
Nicht allein in Schreiben, Lesen
Übt sich ein vernünftig Wesen;
Nicht allein in Rechnungssachen
Soll der Mensch sich Mühe machen,
Sondern auch der Weisheit Lehren
Muß man mit Vergnügen hören.
Daß dies mit Verstand geschah,
War Herr Lehrer Lämpel da.
Max und Moritz, diese beiden,
Mochten ihn darum nicht leiden;
Denn wer böse Streiche macht,
Gibt nicht auf den Lehrer acht.
Nun war dieser brave Lehrer
Von dem Tobak ein Verehrer,
Was man ohne alle Frage
Nach des Tages Müh und Plage
Einem guten, alten Mann
Auch von Herzen gönnen kann.
Max und Moritz, unverdrossen,
Sinnen aber schon auf Possen,
Ob vermittelst seiner Pfeifen
Dieser Mann nicht anzugreifen.

☐
Schlichen sich die bösen Buben
In sein Haus und seine Stuben,
Wo die Meerschaumpfeife stand;
Max hält sie in seiner Hand;
Aber Moritz aus der Tasche
Zieht die Flintenpulverflasche,
Und geschwinde, stopf, stopf, stopf!
Pulver in den Pfeifenkopf. –
Jetzt nur still und schnell nach Haus,
Denn schon ist die Kirche aus. –

☐
"Ach!" – spricht er – "Die größte Freud
Ist doch die Zufriedenheit!!"

☐
Eben schließt in sanfter Ruh
Lämpel seine Kirche zu;

☐
Einstens, als es Sonntag wieder
Und Herr Lämpel, brav und bieder,
In der Kirche mit Gefühle
Saß vor seinem Orgelspiele,

☐
Und mit Buch und Notenheften
Nach besorgten Amtsgeschäften
Lenkt er freudig seine Schritte
Zu der heimatlichen Hütte,

☐
Und voll Dankbarkeit sodann
Zündet er sein Pfeifchen an.

E. Bestimmen Sie, welches Bild zu welchem Textabschnitt gehört, indem Sie die jeweilige Zahl und den jeweiligen Buchstaben unten eintragen. Vergleichen Sie Ihr Ergebnis mit dem Ergebnis anderer Mitstudenten.

Bild   ○ ○ ○ ○ ○ ○ ○ ○ ○ ○
Abschnitt ☐ ☐ ☐ ☐ ☐ ☐ ☐ ☐ ☐ ☐

56   Thema 2

ORIENTIERUNG MIT LESENOTIZEN

Lesen Sie die folgenden Fragen, ohne Sie zu beantworten. Versuchen Sie, aus der Art der Fragen, den Inhalt des Lesetextes einzugrenzen. Erst wenn Sie den Text komplett gelesen haben, versuchen Sie, die folgenden Fragen zu beantworten.

1. Was soll der Mensch lernen? Welches Gefühl soll der Mensch auch beim Lernen genießen?
2. Warum mögen Max und Moritz ihren Lehrer nicht?
3. Wobei findet Lehrer Lämpel seine tägliche Entspannung?
4. Welchen Plan fassen Max und Moritz? Wie finden sie die Gelegenheit dazu?
5. Was macht Herr Lämpel, als er nach Hause kommt? Was geschieht daraufhin?
6. Überlebt Lehrer Lämpel den Streich? Welche Verletzungen trägt er davon?
7. Welche Folgen hat der Streich für den weiteren Unterricht der Kinder?
8. Was wird Lehrer Lämpel wohl nicht mehr benutzen können?

WILHELM BUSCH
Max und Moritz – 4. Streich

1 Also lautet der Beschluß,
Daß der Mensch was lernen muß.
Nicht allein das ABC
Bringt den Menschen in die Höh';
5 Nicht allein in Schreiben, Lesen
Übt sich ein vernünftig Wesen;
Nicht allein in Rechnungssachen
Soll der Mensch sich Mühe machen,
Sondern auch der Weisheit Lehren
10 Muß man mit Vergnügen hören.
Daß dies mit Verstand geschah,
War Herr Lehrer Lämpel da.

Max und Moritz, diese beiden,
Mochten ihn darum nicht leiden;
15 Denn wer böse Streiche macht,
Gibt nicht auf den Lehrer acht.

Nun war dieser brave Lehrer
Von dem Tobak ein Verehrer,
Was man ohne alle Frage
20 Nach des Tages Müh und Plage
Einem guten, alten Mann
Auch von Herzen gönnen kann.
Max und Moritz, unverdrossen,
Sinnen aber schon auf Possen,
25 Ob vermittelst seiner Pfeifen
Dieser Mann nicht anzugreifen.

Einstens, als es Sonntag wieder
Und Herr Lämpel, brav und bieder,
In der Kirche mit Gefühle
30 Saß vor seinem Orgelspiele,

Max und Moritz

Schlichen sich die bösen Buben
In sein Haus und seine Stuben,
Wo die Meerschaumpfeife stand;
Max hält sie in seiner Hand;
35 Aber Moritz aus der Tasche
Zieht die Flintenpulverflasche,
Und geschwinde, stopf, stopf, stopf!
Pulver in den Pfeifenkopf. –
Jetzt nur still und schnell nach Haus,
40 Denn schon ist die Kirche aus. –

Und voll Dankbarkeit sodann
Zündet er sein Pfeifchen an.

Eben schließt in sanfter Ruh
Lämpel seine Kirche zu;

„Ach!" – spricht er – „Die größte Freud'
50 Ist doch die Zufriedenheit!!"

Und mit Buch und Notenheften
Nach besorgten Amtsgeschäften
45 Lenkt er freudig seine Schritte
Zu der heimatlichen Hütte,

Rums!! – Da geht die Pfeife los
Mit Getöse, schrecklich groß.
Kaffeetopf und Wasserglas,
Tobakdose, Tintenfaß,
55 Ofen, Tisch und Sorgensitz –
Alles fliegt im Pulverblitz. –

Thema 2

Nase, Hand, Gesicht und Ohren
Sind so schwarz als wie die Mohren,
Und des Haares letzter Schopf
Ist verbrannt bis auf den Kopf.
65 Wer soll nun die Kinder lehren
Und die Wissenschaft vermehren?
Wer soll nun für Lämpel leiten
Seine Amtestätigkeiten?
Woraus soll der Lehrer rauchen,
70 Wenn die Pfeife nicht zu brauchen?
Mit der Zeit wird alles heil,
Nur die Pfeife hat ihr Teil.
Dieses war der vierte Streich,
Doch der fünfte folgt sogleich.

Als der Dampf sich nun erhob,
Sieht man Lämpel, der gottlob
Lebend auf dem Rücken liegt;
60 Doch er hat was abgekriegt.

INTENSIVES TEXTSTUDIUM

FRAGEBOGEN

A. Wie viele betonte und unbetonte Silben gibt es in jeder Zeile? Ist die Anzahl betonter und unbetonter Silben dieselbe in allen Zeilen?

B. Untersuchen Sie die Qualität der Reime. Welche „unreinen Reime" können Sie erkennnen? Es gibt fünf in dem Gedicht.

C. Suchen Sie alle Wörter, die der Dichter bewußt verkürzt hat. Es gibt acht „Wortverkürzungen". Können Sie sie finden?

1. _____   5. _____
2. _____   6. _____
3. _____   7. _____
4. _____   8. _____

Max und Moritz

D. Untersuchen Sie den Text sorgfältig, und unterstreichen Sie alle Gedichtstellen, in denen der Charakter und die Lehrtätigkeit von Herrn Lämpel beschrieben werden.

   Zeile   **Beschreibung**

1. _____   _____
2. _____   _____
3. _____   _____
4. _____   _____
5. _____   _____
6. _____   _____
7. _____   _____
8. _____   _____
9. _____   _____

E. Welche Textstellen beschreiben den Charakter und die Motive von Max und Moritz?

   Zeile   **Beschreibung**

1. _____   _____
2. _____   _____
3. _____   _____
4. _____   _____

F. Bestimmen Sie alle Textstellen, in denen sich der Dichter einen direkten Kommentar zu den Ereignissen in der Erzählung erlaubt. Welche Haltung des Dichters gegenüber den Ereignissen zeigt sich in seinen Kommentaren?

   Zeile   **Haltung des Dichters**

1. _____   _____
2. _____   _____
3. _____   _____
4. _____   _____

G. Untersuchen Sie den Satzbau in den Zeilen 3-12. Welche Wörter sind die zentralen Bausteine in der Satzkonstruktion? Welche Wörter sind Anaphern? Welche Funktion hat diese Struktur?

Satzkonstruktion: _____

Anapher: _____

Funktion: _____

H. Bestimmen Sie, auf welche Gedanken, Wörter oder Sätze sich die folgenden Wörter zurückbeziehen.

Zeile	Wort	Gedanken/Wörter/Sätze
11	dies	_____
14	darum	_____
25	vermittelst	_____
56	alles	_____
71	alles	_____

I. Aus welchen Wortformulierungen erkennt man, daß ...

1. ... man durch das Wissen, das man in der Schule lernt, später im Leben größere Aufstiegschancen hat?

   _____

2. ... die Unterrichtsstunden in Lehrer Lämpels Klasse geordnet verlaufen und ein gehobenes Lernniveau haben?

   _____

3. ... Max und Moritz Schüler von Herrn Lämpel sind?

   _____

4. ... es ein schönes Erlebnis für Lämpel ist, wenn er die Orgel spielen kann?

   _____

5. ... mit der Zeit doch nicht alles heil wird?

   _____

J. Es heißt am Ende: „Wer soll nun für Lämpel leiten / Seine Amtestätigkeiten?" Welche „Amtestätigkeiten" sind damit gemeint?

K. Suchen Sie den Satz, der die Moral der Geschichte zum Ausdruck bringt.

L. Welchem Gedichttypus könnte man dieses Gedicht zuordnen? Ist es ein sozialkritisches Gedicht, ein Kampfgedicht, eine Romanze, ein Lehrgedicht? Welche anderen Gedichttypen haben Sie schon kennengelernt?

NACH DEM LESEN

STELLUNGNAHMEN UND INTERPRETATIONEN

Nehmen Sie zu den folgenden Fragen und Gedanken Stellung.

1. Haben Sie je einem Lehrer oder einer Lehrerin einen Streich gespielt? Wenn ja, beschreiben Sie den Streich und seine Folgen. Wenn nicht, erzählen Sie, was Sie generell davon halten.

2. Wie finden Sie den Streich von Max und Moritz? Ist es ein böswilliger oder ein gutmütiger Streich? Was finden Sie daran besonders amüsant? Was nicht?

3. Nennen Sie die eigentlichen Gründe, aus denen Max und Moritz über ihren Lehrer verärgert sind. Stehen Gründe und Motive der beiden Schuljungen in einem angemessenen Verhältnis zu der „Bestrafung" des Lehrers? Warum? Warum nicht?

4. Wenn Sie Lehrer Lämpel in Bild und Druck porträtiert sehen – erinnert er Sie an einen Ihrer Lehrer? Beschreiben Sie diesen Lehrer oder diese Lehrerin. Was haben sie gemeinsam? Worin unterscheiden sie sich?

5. Was ist für Sie „die größte Freude" in Ihrem Leben? Beschreiben Sie die Tätigkeit, mit der Sie sich nach verrichteter Arbeit belohnen.

6. Waren Sie während Ihrer Schulzeit je Zeuge einer Gewalttätigkeit an einem Lehrer oder an einem Mitschüler? Was sind die Gründe dafür, daß in der Presse und im Rundfunk fast täglich von einer Eskalation der Gewalt in den Schulen berichtet wird? Was könnte man als Einzelner dagegen unternehmen?

7. Beschreiben Sie den „idealen Lehrer". Welche Charaktermerkmale hat er (sie)? Welche Charakteristiken darf er (sie) nicht haben? Hatten Sie einmal einen solchen Lehrer? Wie hat Sie dieser Lehrer inspiriert?

8. Was würden Sie tun, wenn Sie Herr Lämpel wären? Würden Sie in die Schule zurückkehren? Welche Strafe würden Sie für Max und Moritz verlangen?

Gesprächsrunde

A. Diskutieren Sie in Ihrer Gruppe, was am nächsten Tag in der Schule mit Max und Moritz geschieht. Was sagt Lehrer Lämpel? Was erwidern Max und Moritz? Wenn nötig, erfinden Sie auch andere Charaktere, wie z.B. die Eltern der beiden, den Schulrektor, einen Polizisten usw. Spielen Sie Ihr Theaterstück der Klasse vor.

B. Erfinden Sie einen gutmütigen Streich, der mit Bestimmtheit Ihrem Lehrer (Ihrer Lehrerin) gefallen wird. Überraschen Sie Ihren Lehrer (Ihre Lehrerin) und Ihre Mitschüler in der nächsten Klassenstunde damit. Dann befragen Sie den Lehrer zu seiner Reaktion.

C. Erfinden Sie den Dialog zu den drei Akten des folgenden Mini-Dramas. In der Geschichte spielen die Gegenstände in Lämpels Stube Max und Moritz einen Streich. Alle Hausgegenstände haben die magische Fähigkeit zu sprechen.

MINI-DRAMA

1. Akt: Jetzt ist die Meerschaumpfeife dran!

    Ort und Zeit: *Lehrer Lämpels Stube; früh am Abend.*
        Personen: *Meerschaumpfeife, Kaffeetopf, Wasserglas, Tabaksdose, Tintenfaß, Ofen, Tisch, Sorgensitz.*

Handlung: *Alle Gegenstände warten am frühen Abend auf Max und Moritz. Sie sprechen miteinander. Sie wissen von dem Streich der beiden. Sie wollen den Jungen zuvorkommen und ihnen eine „Lehre fürs Leben" erteilen.*

2. Akt: Max und Moritz bekommen den Schreck ihres Lebens!

Ort und Zeit: *Lehrer Lämpels Stube; später am Abend.*
Personen: *Die Hausgegenstände, Max und Moritz.*
Handlung: *Beschreiben Sie, was im Hause geschieht, als die Jungen dort eintreffen.*

3. Akt: Wer zuletzt lacht, lacht am besten!

Ort und Zeit: *Am nächsten Tag in der Schule.*
Personen: *Max und Moritz*
Handlung: *Max und Moritz sind gerade noch mit ihrem Leben davongekommen. Sie unterhalten sich darüber und über die Lehre, die sie aus der letzten Nacht gewonnen haben. Von nun an wollen sie vorbildliche Schüler sein.*
Moral: *Schreiben Sie die Lehre in Epigramm-Form.*

SCHRIFTLICHES

A. Ein Streich aus meiner Schulzeit, an den ich mich gern erinnere. Fassen Sie dieses Ereignis in Gedichtform zusammen.

B. Dieses war der vierte Streich, / Doch der fünfte folgt sogleich. Führen Sie das Gedicht fort, und erfinden Sie den fünften Streich der beiden „bösen Buben." Lassen Sie Ihrer Phantasie freien Lauf.

C. Was ich von einem Menschen verlange, den ich als Vorbild und als Autorität anerkenne. Schreiben Sie ein Charakterporträt.

Millionen von deutschen Kindern sind mit den Moralerzählungen von Wilhelm Busch (1832–1908) aufgewachsen. Der Künstler und Poet zeichnete Cartoons mit satirischen Versen, die den Menschen in seiner Falschheit und Selbstsucht zeigen. Am Ende ihrer sieben Streiche werden Max und Moritz für ihre Bosheit bestraft: Der Müller zermahlt sie zu Weizen, den seine Gänse auffressen.

Max und Moritz

TEXT 2

DIE EWIGE PUNKTEGEIEREI

VOR DEM LESEN

WISSENSAKTIVIERUNG UND HYPOTHESENBILDUNG

A. Stellen Sie Hypothesen über den Text auf.

1. „Die ewige Punktegeierei" und „Endlich: Raus aus der Schule, rein ins Leben. Sind wir gut darauf vorbereitet?" sind Signalaussagen des Gymnasiasten Tobias Winstel über den Wert der Schule und des Reifezeugnisses. Welcher Ton durchzieht den Text? Welche Worte signalisieren seine Einstellung zur Schule?

2. Welche Schlußfolgerungen über die psychologische und motivatorische Verfassung des Gymnasiasten könnte man aus den einzelnen Komponenten der Überschrift „Die – ewige – Punkte – Geierei" ziehen? Welche Implikation über das deutsche Schulsystem enthält der Titel? Wie wird diese implizite Aussage im ersten Absatz des Textes weiter ausgeführt und konkretisiert?

B. Betrachten Sie kritisch das Titelblatt des *SPIEGEL*. Warum ist der Blick aller Schüler nach oben gerichtet? Wie ist die Bildkomposition, und welche Aussage wird dadurch klar gemacht? Inwieweit reflektiert das Bild das, was Sie bereits über den Gymnasiasten Tobias Winstel wissen?

ORIENTIERUNG MIT LESENOTIZEN

A. Lesen Sie die ersten beiden Abschnitte. Mit welcher Frage beginnt der Text? Wie wird diese Frage im zweiten Absatz beantwortet?

B. Suchen Sie die Zeilen, in denen die folgenden Themenbereiche kritisiert oder befürwortet werden. Vervollständigen Sie die Tabelle.

Zeile	Themenbereich	Kritik	Befürwortung	Information
	Schule	√		Vermittlung von Wissen, Können; Bildung von Charakter und Herz
	Lehrer			
	Lehrplan			
	Soziales Verhalten			
	Geschichtsklassen			
	Politische Ereignisse			
	Abitur			
	Gymnasien			
	Universitäten			
	Berufsausbildung			

C. Lesen Sie noch einmal Ihre Antworten in der Tabelle. Alle Themenbereiche fallen unter einen zentralen Themenbereich, um den alle Gedanken des Gymnasiasten Tobias Winstel kreisen. Um welchen Themenbereich? Durch welche spezifischen Informationen in jedem Absatz wird das Zentralthema immer weiter ergänzt und konkretisiert?

Die ewige Punktegeierei

D. Was steht im Text über die folgenden Probleme?

1. Worüber scheint Tobias Winstel erbittert zu sein? Was hat er gelernt? Was hat er nicht gelernt? Warum hilft alles „Jammern" darüber nichts?
2. Wodurch unterscheidet sich das bayerische Abitur von dem Abitur in Nordrhein-Westfalen? Welche Kritik übt der Abiturient daran? Welche Vorschläge macht er?
3. Welches Lernen wird nach Meinung von Tobias Winstel in den Gymnasien nicht gefördert? Womit wäre den Schülern viel besser gedient?
4. Was ist vielen Studenten egal, wenn sie sich entscheiden, die Universität zu besuchen?
5. Worüber machen sich die Studenten die meisten Sorgen?
6. Welche festen Zukunftspläne hat Tobias Winstel bereits gemacht? Wie rechtfertigt er seinen Beschluß?

TOBIAS WINSTEL
GYMNASIAST (19 JAHRE) AM THERESIEN-GYMNASIUM IN MÜNCHEN

„Die ewige Punktegeierei"

Gedanken über den Wert meines Reifezeugnisses

1 Endlich: Raus aus der Schule, rein ins Leben. Sind wir gut darauf vorbereitet?
„Die Schulen sollen nicht nur Wissen und Können vermitteln, sondern
5 auch Herz und Charakter bilden." So steht es in der bayerischen Verfassung, aber ich habe nicht den Eindruck, daß dieses hehre Ziel in den Gymnasien wirklich eine Rolle spielt.
10 Die meisten Lehrer sind theoretisch wahnsinnig fit, aber zu wenig aufs Pädagogische geprüft. Also haben sie uns mit Wissen vollgestopft, was ihnen ja größtenteils auch vom Lehrplan
15 vorgeschrieben wird. Aber Herz und Charakter?

Das soziale Verhalten wird durch die Konkurrenz in den Leistungskursen der Oberstufe ja nicht gerade gefördert.
20 Jeder kümmert sich hauptsächlich um seine Noten; ich selber mußte mich zwischendurch auch mehr auf die ewige Punktegeierei konzentrieren, als mir lieb war.
25 Auch an einer Mündigkeits-Prüfung wären bestimmt viele Abiturienten gescheitert. Ich persönlich habe jedenfalls nicht in der Schule den Unterschied zwischen Erst- und Zweitstimme bei der
30 Bundestagswahl gelernt. Oder fragen Sie mal Abiturienten nach den Hintergründen des Vietnamkrieges. Ich selbst hatte in

zehn Jahren Gymnasium genau ein Jahr lang eine Wochenstunde Sozialkunde, im Geschichtsunterricht sind wir über die Gründung der Bundesrepublik 1949 nie hinausgekommen.

Dementsprechend war auch der Umgang mit aktuellen politischen Ereignissen. Die Gesellschaft jammert ja immer darüber, wie unpolitisch und uninteressiert wir doch alle sind. Als wir aber Anfang 1991, bei Ausbruch des Golfkrieges, endlich mal aufgewacht sind und uns damit auseinandersetzen wollten, gab es eine Schweigeminute und 15 Minuten „Andiskutieren", von oben verordnet. Danach mußten wir mit dem normalen Unterrichtsstoff weitermachen – schließlich rief der Lehrplan.

Schüler wie Lehrer sind seine Sklaven, alles Jammern darüber hilft nichts, weil am Ende die zentral gestellten Abituraufgaben lauern – und wehe dem Lehrer, der dann nicht alle Bereiche des Lehrplans durchgenommen hat.

Das Zentralabitur, eine Spezialität in Bayern, Baden-Württemberg, dem Saarland und in Sachsen, ist auch der einzige Punkt, der mich im Vergleich mit anderen Bundesländern ärgert: Wenn anderswo die Abituraufgabe vom Leistungskursleiter gestellt wird, ist doch klar, daß man sich intensiver darauf vorbereiten kann. Da sind also die Schüler in den genannten Ländern klar benachteiligt.

Insofern ist mein Abiturzeugnis wohl mehr wert als beispielsweise das eines hessischen Abiturienten, ganz zu schweigen von den neuen Bundesländern, wo man das Papier schon nach zwölf Schuljahren bekommt. Wenn es nach mir ginge, müßten alle Bundesländer gleichzeitig das Zentralabitur übernehmen und die Verkürzung auf zwölf Jahre beschließen. Das würde zwar zu stärkerem Aussieben führen, aber das Abitur auch wieder ein bißchen aufwerten.

Schon bei mir war es damals in der Grundschule die totale Ausnahme, wenn jemand nicht aufs Gymnasium ging. Das mag zwar in anderen Stadtvierteln noch anders sein, aber eins ist doch klar: Viele Kinder quälen sich, angetrieben von ihren Eltern, durchs Gymnasium, obwohl sie mit einer praktischen Berufsausbildung viel glücklicher wären.

Und wer erst mal das Abiturzeugnis in der Hand hat, glaubt dann auch studieren zu müssen – der Sog zu den Universitäten ist unheimlich stark. Das kommt auch daher, daß Zukunftsberatung am Gymnasium kaum stattfindet.

Außerdem ist der Weg an die Uni eben der bequemste. Dabei wissen viele nur, daß und wo sie studieren wollen, das Fach ist oft egal. Das halte ich für ziemlich daneben, zumal der Arbeitsmarkt für Akademiker ja durch die Konkurrenz aus Europa und der Ex-DDR sicherlich noch schwieriger werden wird.

Ich selber werde im September eine Lehre als Verlagsbuchhändler beginnen. Mit einer soliden abgeschlossenen Berufsausbildung im Rücken kann ich anschließend entscheiden, ob ich dann doch noch zur Überfüllung der Unis beitragen will.

INTENSIVES TEXTSTUDIUM

FRAGEBOGEN

A. Untersuchen Sie den Text anhand der folgenden Fragen.

1. Welches Lehrplan-Ziel in bayerischen Gymnasien beschreibt Tobias Winstel als „hehres Ziel"? Ist er für oder gegen dieses Ziel?

2. Welche zwei Gründe nennt der Text dafür, daß die Lehrer die Schüler nur „mit Wissen vollgestopft" haben? Welche Wirkung hat dies auf das soziale Verhalten der Schüler in der Klasse?

3. Welche beiden Lehrplan-Ziele schreibt die bayerische Verfassung vor? Bestimmen Sie alle Zeilen, in denen positive und negative Beispiele zu diesen Zielen gegeben werden.

4. Zu welchem negativen sozialen Verhalten führt „die Konkurrenz in den Leistungskursen"?

5. Welche Kritik übt die Gesellschaft an den Schülern? Teilt der Gymnasiast Winstel diese Kritik? Welche Beispiele gibt er?

6. Was meint Tobias Winstel, wenn er sagt „.... gab es eine Schweigeminute und 15 Minuten ‚Andiskutieren', von oben verordnet"? Wie erklärt er das Verhalten der Schule?

7. Der gymnasiale Lehrplan setzt zwei Ziele: 1. Bildung von Wissen und Können – 2. Bildung von Charakter und Herz. Gehört nach Meinung des Gymnasiasten Winstel, die Behandlung aktueller politischer Fragen zu dem ersten oder zu dem zweiten Lehrplan-Ziel? Begründen Sie Ihren Standpunkt.

B. Prüfen Sie aufmerksam den siebten Abschnitt (Zeile 51-56), und ergänzen Sie durch intensives Wortstudium die fehlenden Bezugsworte, Ideen und Assoziationen.

„seine" bezieht sich auf das Wort _____

„darüber" bezieht sich auf das Wort _____

„wehe dem Lehrer" ist eine Anspielung auf _____

„dann" steht für _____

ein anderes Wort für „Bereiche des Lehrplans" ist _____

„lauern" wird eng mit _____ assoziiert.

C. Nennen Sie die drei Beispiele aus dem Text, warum „der Sog zu den Universitäten" stark ist.

_____

_____

D. Erläutern Sie, welche Informationen der Leser über den heutigen Zustand der deutschen Universitäten bekommt.

NACH DEM LESEN

STELLUNGNAHMEN UND INTERPRETATIONEN

A. Nehmen Sie zu den folgenden Fragen und Gedanken Stellung.

1. „Endlich: Raus aus der Schule." Hatten Sie dasselbe Gefühl bei Beendigung Ihrer Schulzeit? Welche Gründe haben viele Schüler, so zu denken? Ist die Schule nur Zeitverlust? Geben Sie Beispiele aus Ihrer Schulzeit.

2. Stimmen Sie mit Tobias Winstels Kritik an der Schule überein? Denken Sie zurück an Ihre eigene Schulzeit. Was haben Sie in der Schule gelernt? Was haben Sie nicht gelernt? Geben Sie konkrete Beispiele.

3. Glauben Sie auch, daß die Schulen nicht nur „Wissen und Können" lehren, sondern auch den „Charakter und das Herz" formen sollen? Nennen Sie die fünf wichtigsten humanistischen und moralischen Werte, die ein Schüler lernen soll. Beschreiben Sie dazu spezifische Lehr- und Unterrichtssituationen.

4. Welche Gemeinsamkeiten und/oder Unterschiede erkennen Sie zwischen dem deutschen Gymnasium und der amerikanischen High School? Haben Sie ähnliche oder andere Erfahrungen mit der Schule wie Tobias Winstel gemacht? Begründen Sie Ihre Antwort.

5. Haben die amerikanische High School und das amerikanische Schulsystem prinzipielle Mängel und Probleme? Welche? Was müßte getan werden, um beides zu verbessern?

6. „Die ewige Punktegeierei" – Was halten Sie persönlich davon? Sind gute Schulnoten für Sie wichtig? Welchen Sinn haben Schulnoten? Sollte man sie abschaffen? Nehmen Sie dazu Stellung.

7. Warum ist es wichtig, im Unterricht aktuelle politische Fragen zu diskutieren? Hat sich Ihre Klasse intensiv mit den Gründen und Ereignissen des Golfkrieges beschäftigt?

8. Haben Ihre Eltern Ihnen bei den Schularbeiten geholfen? Haben Ihre Eltern Sie unter akademischen Streß gesetzt? Haben sie darauf bestanden, daß Sie nach dem Gymnasium die Universität besuchen? Welche Rolle sollen die Eltern bei der schulischen Erziehung ihres Kindes spielen?

9. Wie würden Sie den Lehrplan, nach dem Sie selber studieren, verändern, wenn Sie die Möglichkeit dazu hätten? Auf welche Lerngebiete und Fächer würden Sie viel oder wenig Wert legen? Wie würden Sie die Balance zwischen „Wissen-Können" und „Charakter-Herz" im Lehrplan herstellen?

10. Wenn Sie Ihre Schulzeit noch einmal wiederholen könnten, was würden Sie heute anders machen? Was würden Sie genauso noch einmal tun?

B. Beschreiben Sie den idealen Lehrer oder die ideale Lehrerin. Welche Qualitäten und Charakteristiken hat er oder sie? Wie bereitet er oder sie die Schüler auf das Universitätsstudium, auf den Beruf und auf das Leben vor?

GESPRÄCHSRUNDE

A. Haben im amerikanischen Bildungssystem alle die gleichen Chancen? – Teilen Sie Ihre Gesprächsgruppe in Befürworter und Gegner auf, und repräsentieren Sie beide Standpunkte. Tragen Sie Ihre Argumente im Klassenforum vor.

B. Ist es besser, eine autoritäre oder eine demokratische Schule zu haben? Teilen Sie die Diskussionsgruppe in Repräsentanten beider erziehungsphilosophischer Standpunkte.

C. Bilden Sie drei Gruppen. Jede Gruppe fertigt ein Thesenpapier über einen dieser Lehrplan-Schwerpunkte an: 1. Lehrplan-Schwerpunkt: Wissen und Können, 2. Lehrplan-Schwerpunkt: Charakter und Herz, 3. Lehrplan-Schwerpunkt: Harmonie von Wissen und Charakter. Diskutieren Sie Vor- und Nachteile jedes Lehrprogramms. Tragen Sie alle drei Thesenpapiere der Klasse vor.

D. Sie arbeiten als Berufsberater oder Berufsberaterin in einem Gymnasium. Erstellen Sie in Gruppenarbeit einen Fragenkatalog, mit dessen Hilfe Sie ein klares Bild über den zukünftigen Lebens- und Ausbildungsweg eines Schülers bekommen.

E. Teilen Sie Ihren Gesprächskreis in zwei Gruppen auf: Sozialpädagogen am Gymnasium und Schulpsychologen. Beide Gruppen üben Kritik an der „ewigen Punktegeierei" und erstellen ein Positions-Papier für das Kultusministerium. Das Papier erwähnt Gründe, warum der Noten-Streß pädagogisch und psychologisch schädlich ist, und macht spezifische Vorschläge, wie der Lehrplan reformiert werden könnte.

F. Erstellen Sie in Gruppenarbeit einen Fragebogen zu den Problemen, Wünschen, Hoffnungen und Ängsten im Leben eines Schülers. Wählen Sie mindestens drei Schüler(innen) und drei Lehrer(innen) als Gesprächspartner. Führen Sie ein Interview mit beiden Gruppen, und besprechen Sie Themen wie Schulprobleme, Lehrplanrevision usw. Filmen Sie das Interview, und stellen Sie den Film Ihrer Arbeitsgruppe zur Klassendiskussion.

SCHRIFTLICHES

A. Blick zurück im Dank und im Zorn. Schreiben Sie einen Abschiedsbrief an Ihre Schule. Erörtern Sie Ihre Gedanken zu Ihrer Schulzeit, und beschreiben Sie, was die Schule und die Lehrer Ihnen gegeben oder nicht gegeben haben.

B. Gedanken zur Schule/Universität und zum Leben. Schreiben Sie eine Graduierungsrede, die Sie vor dem versammelten Lehrer- und Schülerkollegium vortragen werden.

C. Vom Sinn (oder Unsinn) der Prüfungen. Soll das Reifezeugnis auf dem Ergebnis einer Prüfung basieren? Erörtern Sie das Thema.

D. Wer lernen will, findet überall eine Schule. Entwickeln Sie Ihre Gedanken zu dieser Lebensweisheit, indem Sie darlegen, wer Sie außerhalb der Schule zusätzlich als Mensch geformt hat.

E. Wissen oder Weisheit? Scheinbildung oder Bildung? Unterscheiden und charakterisieren Sie diese Begriffe. Ihr Aufsatz soll auch Antworten auf diese Fragen beinhalten:

- Was ist das Wesen wirklicher Bildung?
- Was soll ein Schüler heute lernen: Bildung oder Ausbildung?
- Ist Bildung ein anderes Wort für „Geldquelle"?

F. „Ich fühle Mut, mich in die Welt zu wagen." (Faust) Hat die Schule Sie gut auf das Leben vorbereitet? Nehmen Sie dazu kritisch Stellung.

TEXT 3

DIE LEHRER MÜSSEN UMDENKEN

VOR DEM LESEN

WISSENSAKTIVIERUNG UND HYPOTHESENBILDUNG

A. Welchen Inhalt erwarten Sie von dem Text, wenn Sie die Überschrift „Die Lehrer müssen umdenken" lesen?

B. Was assoziieren Sie mit dem Beruf „Lehrer"?

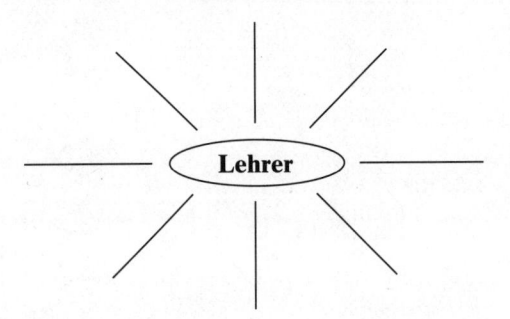

Lehrer

C. Welche Antworten aus Ihrem Assoziogramm sind auch eng mit dem Titel des Textes verknüpft? Spekulieren Sie, in welchen Bereichen die Lehrer umdenken müssen, und tragen Sie Ihre Antworten in das folgende Diagramm ein.

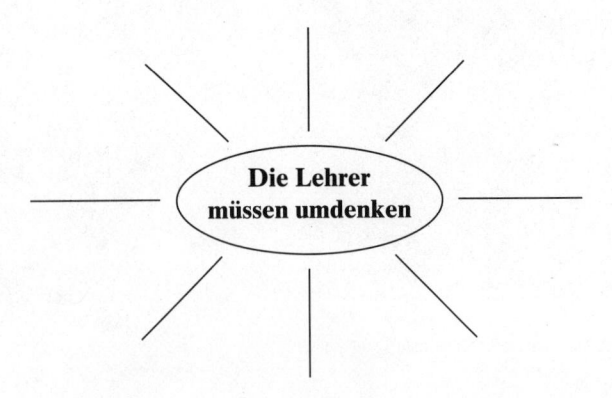

Die Lehrer müssen umdenken

72 *Thema 2*

D. Glauben Sie, daß Peter Haase als Personalchef beim VW-Konzern qualifiziert ist, die Lehrer zu kritisieren? Begründen Sie Ihre Antwort.

E. Was sind die Gründe, daß Peter Haase Kritik an den Lehrern übt? Womit ist er nicht einverstanden? Was denken Sie, worüber er in dem *SPIEGEL*-Interview spricht?

ORIENTIERUNG MIT LESENOTIZEN

Lesen Sie die folgenden Fragen, ohne Sie zu beantworten. Versuchen Sie, aus der Art der Fragen, den Inhalt des Lesetextes einzugrenzen. Erst wenn Sie den Text komplett gelesen haben, versuchen Sie, die folgenden Fragen zu beantworten.

1. Welche Schwierigkeiten hat Peter Haase mit Abiturienten und Studenten, die bei VW eine Ausbildung machen? Welche Erklärung gibt er dafür?
2. Wie charakterisiert Peter Haase die Universitätsprofessoren?
3. Welche Einstellung hat er zu „Einzelkämpfern" im Industriebetrieb? Welche Gründe führt er gegen die Einzelkämpfer-Mentalität an?
4. Welchen Vorschlag macht Peter Haase für den Abbau der betrieblichen Hierarchien?
5. Welche Meinung hat Peter Haase zum Leistungsprinzip und zu Schulnoten?
6. Was lernen nach der Meinung Haases die Schüler nicht in den Gymnasien?
7. Was ist Peter Haases Einstellung zur „Eliteförderung"?
8. Was ist nötig, um im internationalen Wirtschaftswettbewerb erfolgreich zu sein?

Deutsche Studenten: Einzelkämpfer oder Teamspieler?

PETER HAASE, 49, IST CHEF DER PERSONALENTWICKLUNG BEIM WOLFSBURGER VOLKSWAGEN-KONZERN.

SPIEGEL-INTERVIEW MIT PETER HAASE ÜBER ABITURIENTEN IM BETRIEB.

„Die Lehrer müssen umdenken"

SPIEGEL: Herr Haase, kommen Sie mit den Abiturienten klar, die bei Ihnen eine Ausbildung als Kaufmann oder Entwickler machen?

HAASE: Fachlich sind sie in Ordnung, aber es hapert mit den sozialen Fähigkeiten. Das Problem ist nicht, was, sondern wie sie gelernt haben.

SPIEGEL: Die Schulen haben sie falsch erzogen?

HAASE: Niemand hat den jungen Leuten beigebracht, im Team zu arbeiten. Viele haben immer nur ich-fixiert gelernt. Das gleiche Problem haben wir mit Studenten. Die Universitätsprofessoren sind da kein gutes Vorbild. Für viele zählt nur der eigene Name, die Bereitschaft zu interdisziplinärer Zusammenarbeit besteht kaum.

SPIEGEL: Die Industrie hat doch die Vereinzelung und Leistungsorientiertheit der jungen Leute jahrelang gefordert – verlangt wurden nur die Besten.

HAASE: Deutschland ist durch Einzelkämpfer groß geworden. Heute haben wir eine völlig andere Situation. Die Welt ist hoch komplex geworden, der Wissensstand hat sich vervielfacht. Wir können mit dem besten Ingenieur nur dann noch etwas anfangen, wenn er mit anderen zusammenarbeiten kann. Die Innovationen werden heute in der Regel durch Teams erbracht, die Zeit der großen Erfinder wie Otto, Benz und Diesel ist vorbei.

SPIEGEL: Wie bereiten Sie die jungen Leute vor, die bei Ihnen anfangen?

HAASE: Wir bringen ihnen erst einmal bei zu kommunizieren. Viele Jugendliche halten es für ein Zeichen von Stärke, wenn sie selbst möglichst viel reden. Die müssen erst einmal fragen und zuhören lernen. Ganz anders sind übrigens Leute, die Mannschaftssport betreiben. Da hat niemand eine Chance, der immer nur selber die Tore schießen will.

SPIEGEL: Die Sportvereine als Vorbild für die Schulen?

HAASE: Die Lehrer müssen umdenken. Sie sind daran gewöhnt, die Schüler wie Marionetten an den Fäden tanzen zu lassen. Wir müssen den Jugendlichen daraufhin mühsam beibringen, daß eine Gruppe auch ohne einen Leiter arbeiten kann. Nur so können wir nämlich die hinderlichen Hierarchien im Unternehmen abbauen. Plötzlich merken die Leute dann, wieviel Spaß lernen und arbeiten machen kann.

SPIEGEL: Dann müssen die Ministerien erst einmal die Lehrpläne ändern?

HAASE: Ja, total. Die Pädagogen haben richtig erkannt, daß man mit der Wissensexplosion nur fertig wird, wenn sich Schüler und Studenten spezialisieren. Sie haben aber vergessen, daß man mit Spezialwissen allein nichts anfangen kann. Komplexe Probleme können sie heute nur mit anderen gemeinsam lösen. Dazu gehört auch, daß man seine Kenntnisse in größere Zusammenhänge einordnen kann.

SPIEGEL: Sie fordern ein Unterrichtsfach Kommunikation?

HAASE: Das wäre eine Möglichkeit, aber lange nicht genug. Die jungen Leute sollen von vornherein daran gewöhnt werden, in Gruppen zu arbeiten und fächerübergreifend zu denken. Dazu ist in der Praxis eine neue Pädagogik nötig. Wir versuchen, diese Diskussion gerade mit Lehrern und Eltern in Gang zu setzen.

SPIEGEL: Wie sollen die Schüler dann noch bewertet werden?

HAASE: Warum immer in Einzelkategorien denken. Was spricht bei Gruppenarbeit gegen gemeinsame Noten?

SPIEGEL: Konservative Bildungspolitiker würden aufheulen: Das Leistungsprinzip geht verloren.

HAASE: Leistung muß auch in der Schule neu definiert werden. Bereits vor 15 Jahren sind die Konstrukteure ausgestorben, die noch ein Auto allein entwickeln konnten. Heute sitzen hochspezialisierte Ingenieure am Tisch und müssen gemeinsam das für den Kunden beste Ergebnis entwickeln. Die ganze Leistungsdiskussion hängt der betrieblichen Praxis um Jahre hinterher. Gruppenarbeit, Abbau von Hierarchien, das Fördern von Kreativität sind heute wesentliche Bestandteile der Arbeitsorganisation.

SPIEGEL: Aber Sie haben auch nichts gegen Eliteförderung?

HAASE: Nicht notwendigerweise. Das Isolieren von Eliten ist falsch. Ich bin geprägt durch meinen Klassenlehrer aus dem fünften Schuljahr. Der gab uns diesen Anreiz: Die besten zehn der Klasse brauchten keine Hausaufgaben zu machen. Dafür mußten sie aber den übrigen 20 bei deren Schularbeiten helfen.

SPIEGEL: Wie wollen Sie dieses Denken in einer reichlich individualistischen Gesellschaft verankern?

HAASE: Von dieser Tradition müssen wir Abstand gewinnen, wenn wir im internationalen Wettbewerb bestehen wollen. Die Japaner sind da leider ein bißchen besser als wir. Sie sind uns in der Einzelleistung mit Sicherheit nicht überlegen, sondern in der Fähigkeit, daß einzelne ihr Wissen in den Dienst der Allgemeinheit stellen. Bei uns indes sitzen fünf hochbegabte Spezialisten um einen Tisch – und heraus kommt oft nicht mehr, sondern weniger, als die allein könnten.

Die Lehrer müssen umdenken

INTENSIVES TEXTSTUDIUM

FRAGEBOGEN

A. Tragen Sie in die folgende Liste alle Charakteristiken des Gymnasialschülers von heute und alle Charakteristiken des „idealen" Gymnasialschülers von morgen ein.

1. _nicht im Team arbeiten_   8. _im Team arbeiten_
2. _____   9. _kommunizieren_
3. _____   10. _zuhören & fragen stellen_
4. _____   11. _____
5. _____   12. _____
6. _____   13. _____
7. _____   14. _____

B. Prüfen Sie noch einmal sorgfältig das Bildungsprofil der Studenten, und verfassen Sie einen kurzen Aufsatz.

Porträt des heutigen und zukünftigen Studenten

_____
_____
_____
_____
_____
_____
_____
_____
_____
_____
_____
_____

C. Welches Gebiet war traditionell immer stark ein Bereich der „Einzelkämpfer"? Erläutern Sie das.

D. Warum werden Innovationen heute hauptsächlich durch Teams erbracht? Geben Sie drei Beispiele aus dem Text.

E. Peter Haase nennt zwei Beispiele, die er als Vorbilder für den deutschen Abiturienten der Zukunft charakterisiert. Welche sind es? Welcher Zusammenhang besteht zwischen beiden Beispielen?

1. _____

2. _____

Zusammenhang: _____

F. Warum müssen die Lehrer „umdenken"? Was bringen die Lehrer den Schülern im Gymnasium nicht bei? Welche Folgen wird es in der Zukunft haben, falls der Unterricht nicht reformiert wird? Geben Sie spezifische Beispiele.

G. Peter Haase kleidet einige seiner Beispiele in eine Bilder-Sprache mit Metaphern und Vergleichen, die er aus anderen Bereichen des Lebens und der Arbeit entnimmt. Welche Sprach-Bilder (Metaphern oder Vergleiche) können Sie finden? Welches Konzept, welchen Gedanken, welchen Zustand in Beruf oder Schule erklären diese Bilder?

1. Metapher: _____

steht für: _____

2. Vergleich: _____

steht für: _____

H. Untersuchen Sie noch einmal gründlich alle Antworten Peter Haases. Ergeben sich besondere Rückschlüsse auf den Stil im Hinblick auf Wortwahl, Bildwahl und Argumentationsstruktur? Nennen Sie vier Beispiele.

I. Die drei großen Hauptziele in Peter Haases Vision der „Arbeitsorganisation" im Industriebetrieb des 21. Jahrhunderts sind: Gruppenarbeit, Abbau von Hierarchien, Fördern von Kreativität.

Ordnen Sie alle Charakteristiken des Gymnasialschülers von heute und des „idealen" Gymnasialschülers von morgen je einem der Hauptziele zu. Nennen Sie dazu auch alle Beispiele, durch die Peter Haase seine Zukunftsvision weiter ergänzt und illustriert.

Haases Zukunftsvision	Zeile	Charakteristiken/Ergänzung mit Beispielen
Gruppenarbeit		
Abbau von Hierarchien		
Fördern von Kreativität		

Die Lehrer müssen umdenken

J. Welche der Antworten und bildlichen Beispiele von Peter Haase haben Sie intuitiv vor Ihrem inneren Auge als witzigsten Photo-Schnappschuß registriert? Warum? Zeichnen Sie einen Cartoon, und erfinden Sie einen treffenden Bildkommentar dazu.

K. Vergleichen Sie den Text „Die Lehrer müssen umdenken" mit dem Text „Die ewige Punktegeierei" auf Seite 66. Bestimmen Sie in beiden Texten alle Sätze, die dasselbe Thema und dieselbe Problemstellung zum Inhalt haben. Tragen Sie die Sätze in die folgende Tabelle ein.

Zeile	„Die ewige Punktegeierei"	Zeile	„Die Lehrer müssen umdenken"
	... haben sie uns mit Wissen vollgestopft.		Fachlich sind sie in Ordnung.
	... sondern auch Herz und Charakter bilden.		... aber es hapert mit den sozialen Fähigkeiten.

L. Zum Schluß ...

1. Welche der 14 Charakterisierungen von Peter Haase enthält Ihrer Meinung nach die stärkste Kritik?

2. Im letzten Abschnitt spricht Peter Haase von einer Tradition, die in Deutschland nicht weitergeführt werden sollte. Von welcher Tradition ist die Rede?

NACH DEM LESEN

STELLUNGNAHMEN UND INTERPRETATIONEN

Nehmen Sie zu den folgenden Fragen und Gedanken Stellung.

1. Sind Sie auch – wie Peter Haase – der Meinung, daß sowohl die Lehrer als auch die Kultusministerien, die die Lehrpläne entwerfen und den Lehrern vorschreiben, was sie zu unterrichten haben, umdenken müssen, damit die Schüler und Studenten auch in der Zukunft in der betrieblichen Praxis produktiv sein werden? Was sollte in den Schulen und Universitäten konzentrierter unterrichtet werden?

2. Was sind Ihrer Meinung nach konkrete Beispiele für „soziale Fähigkeiten"?

3. Werden die sozialen Fähigkeiten einer Person in den amerikanischen Schulen und Universitäten angemessen gefördert? Wie steht es damit in Deutschland? Wie wurde dies in Ihrer Schule erreicht oder nicht erreicht?

4. Wie würden Sie sich selber charakterisieren? Arbeiten Sie lieber in der Gruppe oder „ich-fixiert"? Welche Vor- und Nachteile haben beide Arbeitsmethoden?

5. Beschreiben Sie den perfekten Lehrer oder die perfekte Lehrerin. Welche Charaktermerkmale hat er (sie)? Welche Charakteristiken darf er (sie) nicht haben? Hatten Sie einmal einen solchen Lehrer oder eine solche Lehrerin?

6. Mit welchen Argumenten von Peter Haase stimmen Sie vollkommen überein? Mit welchen überhaupt nicht? Warum?

7. Wie stehen Sie persönlich zur „Eliteförderung"? Sollten in der kapitalistischen Industriegesellschaft nur die Besten gefördert werden? Wenn ja, was sollte mit den Schülern und Studenten geschehen, die nicht zur Elite zählen? Wenn nein, welche Alternative sehen Sie zur „Eliteförderung"?

8. Nehmen Sie den Haase-Artikel als Grundlage für den folgenden Vergleich: Welche Unterschiede und Gemeinsamkeiten haben das deutsche und das amerikanische Schul- und Universitätssystem?

9. Welche Wichtigkeit für den Beruf und für das Leben hat das Erlernen von modernen Fremdsprachen in Schule und Universität? Kann die Kenntnis fremder Sprachen das Verhältnis zu Ihrer eigenen Sprache und Kultur bereichern? Wenn ja, wie? Geben Sie mindestens fünf anschauliche Beispiele.

10. Haben Sie sich je wie eine „Marionette" gefühlt, die „an den Fäden ihres Lehrers tanzen mußte"? Beschreiben Sie die Situation und Ihre Gefühle.

11. Sollte – außer den Schülern, Eltern und Lehrern – auch der Staat einen Einfluß auf Ausbildung und Berufswahl junger Leute ausüben? Wenn überhaupt, welche Rolle sollte der Staat spielen, und wie sollte er eingreifen?

Gesprächsrunde

A. Führen Sie das *SPIEGEL*-Haase Interview fort. Diskutieren Sie in Gruppenarbeit, welche Bereiche in Ausbildung und Beruf in dem vorliegenden Interview noch nicht ausreichend besprochen wurden, und welche Bereiche noch diskutiert werden müßten. Erstellen Sie einen Interview-Fragebogen mit weiterführenden Fragen, die Sie Ihrem Lehrer stellen werden. Bestimmen Sie einen Studenten Ihrer Gruppe als Schriftführer, der die Antworten im Telegrammstil aufzeichnet. Schreiben Sie abschließend Ihre Ergebnisse im Interview-Format. Benutzen Sie das *SPIEGEL*-Haase Interview als Beispiel.

B. Ihre Gruppe ist verantwortlich für den Inhalt der nächsten Radiosendung mit dem Titel „Die Jugend und der schrumpfende Arbeitsmarkt". Führen Sie Gespräche mit Schülern und Studenten, und erforschen Sie ihre Ansichten zu den folgenden Fragen:

1. Welchen Beruf haben Sie gewählt? Welche anderen Berufe haben Sie in Erwägung gezogen? Aus welchen Gründen haben Sie sich gegen die anderen Berufe und für Ihren Beruf entschieden?

2. Welche Erwartungen haben Sie an Ihren zukünftigen Beruf?

3. Welche Sorgen oder Zweifel haben Sie im Hinblick auf Ihren Beruf?

4. Welchen Traumberuf würden Sie wählen, wenn Sie sich frei nach Ihrem Interesse entscheiden könnten?

Tragen Sie Ihr Radioprogramm im Frage-Antwort-Format dem Klassenforum vor.

C. Führen Sie ein Interview mit einem Lehrer (einer Lehrerin) oder mit einem Professoren (einer Professorin) zum Thema „Die Lehrer unter dem Zwang der Verordnungen". Finden Sie heraus, welche Berufsaspekte die Lehrer schnellstens reformieren würden, wenn ihnen nicht „von oben die Hände gebunden wären". Erstatten Sie der Klasse Bericht.

D. Erarbeiten Sie in Ihrer Arbeitsgruppe ein Manuskript mit dem Titel „Neue Postulate für den Unterricht an Gymnasien und Universitäten", das Sie der Schuldirektion vorlegen werden. Diskutieren Sie Themen wie „Zu hohe Leistungsanforderungen," „Zu wenig soziales Lernen: Ende der Kameradschaft," „Schule und Arbeitsmarkt" und andere Reformpunkte. Machen Sie konkrete und spezifische Änderungsvorschläge, und vergleichen Sie Ihre Erkenntnisse mit den Antworten anderer Arbeitsgruppen.

SCHRIFTLICHES

A. Wer eine fremde Sprache lernt, lebt ein zweites Leben. Legen Sie Ihre Gedanken zum Thema Fremdsprachenlernen dar.

B. Drei Dinge machen den Meister: Wissen, Können und Wollen. Erörtern Sie, was Sie wissen, was Sie können, und was Sie aus Ihrem Leben machen wollen.

C. Das Ende der großen Erfinder: Aus den Seiten der Geschichte. Recherchieren Sie Leben und Werk eines der großen deutschen Erfinder, wie Nikolaus Otto, Carl Benz oder Rudolf Diesel, oder eines anderen Erfinders. Aus der Sicht dieser Erfinder schreiben Sie einen Brief an die Schüler der neunziger Jahre. Beschreiben Sie in Ihrem fiktiven Brief kurz die Biographie Ihres Erfinders. Erörtern Sie danach detailliert, warum die Zeit der großen Einzelerfinder für immer vergangen ist. Abschließend beraten Sie die Schüler über Mittel und Wege, wie man sich auch heute noch durch große Leistungen hervortun und einen Platz in der Geschichte erlangen könnte. Beginnen Sie Ihren Brief mit diesen Worten:

Liebe Schüler des 21. Jahrhunderts!

Es bedrückt mein Herz zutiefst, wenn ich sehe, wie überlastet Ihr Euch alle durch die Schule fühlt! Zu meinen Zeiten war dies ganz anders. Doch erlaubt mir, daß ich von vorne beginne.

Als Sohn (Tochter) von _____ und _____ erblickte ich im Jahre _____ das Licht der Welt.

TEXT 4

ZEUGNISTAG

VOR DEM LESEN

WISSENSAKTIVIERUNG UND HYPOTHESENBILDUNG

A. Bereits der Titel des Liedes „Zeugnistag" stellt das zentrale Thema vor. Erinnern Sie sich an Ihre eigenen Zeugnistage in Ihrer Schulzeit. Welche Gefühle beherrschten Sie an diesen Tagen? Welche Stimmung herrschte in Ihrem Elternhaus?

B.   *Ich denke, ich muß zwölf Jahre alt gewesen sein,*
Und wieder einmal war es Zeugnistag.

Können Sie aus den ersten beiden Zeilen schon einige inhaltliche Elemente der Geschichte voraussagen? Tragen Sie Ihre Erwartungen bezüglich der Personen der Geschichte und der Ereignisse in die folgende Tabelle ein.

Erwartungen	Trifft zu (√)	Trifft nicht zu (√)
•		
•		
•		
•		
•		
•		
•		
•		
•		

C. Stellen Sie Vermutungen über das psychologische Profil eines zwölfjährigen Kindes an. Wie könnte die Reaktion dieses zwölfjährigen Kindes auf sein gutes oder schlechtes Schulzeugnis aussehen?

ORIENTIERUNG MIT LESENOTIZEN

A. Lesen Sie das Gedicht durch, und tragen Sie die Handlung jeder Strophe in Stichpunkten in die Tabelle ein. Mit welchen Sprachbildern sind die Gedanken ausgemalt?

Strophe	Handlung in Stichpunkten	Sprachbilder
1	• zwölfjähriger Junge • Zeugnistag • eigenwillig	• Schulhaus bricht ein • fauler Hund • Zeugnis als etwas „Häßliches"
2		
3		
4		
5		
6		

B. Beantworten Sie die folgenden Fragen zum Inhalt des Gedichts.

1. Was wird im Lied als „weiß und häßlich" beschrieben?
2. Welche Empfindungen verspürt der Junge? Was möchte er am liebsten vermeiden? Wovor fürchtet er sich?
3. Was tut der Junge ohne Erlaubnis der Eltern?
4. Was wirft der Schulrektor dem Jungen am nächsten Morgen vor?
5. Wie reagieren die Eltern des Jungen auf die Vorwürfe des Rektors?
6. Wie verlaufen die weiteren Schuljahre des zwölfjährigen Schülers?
7. Welche Lehre hat er aus dem Ereignis gezogen?
8. Was wünscht der Autor allen Kindern der Welt?

Zeugnistag

REINHARD MEY
CHANSONSÄNGER

Zeugnistag

1   Ich denke, ich muß zwölf Jahre alt gewesen sein,
    Und wieder einmal war es Zeugnistag.
    Nur diesmal, dacht' ich, bricht das Schulhaus samt Dachgestühl ein,
    Als meines weiß und häßlich vor mir lag.
5   Dabei war'n meine Hoffnungen keineswegs hoch geschraubt,
    Ich war ein fauler Hund und obendrein
    Höchst eigenwillig, doch trotzdem hätte ich nie geglaubt,
    So ein totaler Versager zu sein.

    So, jetzt ist es passiert, dacht' ich mir, jetzt ist alles aus,
10 Nicht einmal eine 4 in Religion.
    Oh Mann, mit diesem Zeugnis kommst du besser nicht nach Haus,
    Sondern allenfalls zur Fremdenlegion.
    Ich zeigt' es meinen Eltern nicht und unterschrieb für sie,
    Schön bunt, sah nicht schlecht aus, ohne zu prahl'n!
15 Ich war vielleicht 'ne Niete in Deutsch und Biologie,
    Dafür konnt' ich schon immer ganz gut mal'n!

    Der Zauber kam natürlich schon am nächsten Morgen raus.
    Die Fälschung war wohl doch nicht so geschickt.
    Der Rektor kam, holte mich schnaubend aus der Klasse raus,
20 So stand ich da, allein, stumm und geknickt.
    Dann ließ er meine Eltern kommen, lehnte sich zurück,
    Voll Selbstgerechtigkeit genoß er schon
    Die Maulschellen für den Betrüger, das mißrat'ne Stück,
    Diesen Urkundenfälscher, ihren Sohn.

25 Mein Vater nahm das Zeugnis in die Hand und sah mich an
    Und sagte ruhig: „Was mich anbetrifft,
    So gibt es nicht die kleinste Spur eines Zweifels daran,
    Das ist tatsächlich meine Unterschrift."
    Auch meine Mutter sagte, ja, das sei ihr Namenszug.
30 Gekritzelt zwar, doch müsse man versteh'n,
    Daß sie vorher zwei große, schwere Einkaufstaschen trug.
    Dann sagte sie: „Komm, Junge, laß uns geh'n."

    Ich hab' noch manches lange Jahr auf Schulbänken verlor'n
    Und lernte widerspruchslos vor mich hin
35 Namen, Tabellen, Theorien von hinten und von vorn,
    Daß ich dabei nicht ganz verblödet bin!

> **FRANZÖSISCHES GYMNASIUM BERLIN**
> COLLÈGE FRANÇAIS DE BERLIN
> SCHULE BESONDERER PÄDAGOGISCHER PRÄGUNG
>
> ## Zeugnis
>
> für _Reinhard HEY_
>
> Klasse _12a_ des altsprachl./neusprachl./math.-naturwiss. Zuges
>
> Allgemeine Beurteilung: _Lebt von dem, was er seit Jahren weiß, und interessiert sich nicht genug für den Klassenunterricht. Er muß viel mehr an sich arbeiten, wenn er das Ziel erreichen will._
>
> | | | | |
> |---|---|---|---|
> | Deutsch | | Mathematik | |
> | mündlich | mangelhaft | mündlich | mangelhaft |
> | schriftlich | ausreichend | schriftlich | — |
> | Geschichte und Gemeinschaftskunde | befriedigend | Physik | mangelhaft |
> | Erdkunde | befriedigend | Chemie | — |
> | | | Biologie | befriedigend |
> | 1. Fremdsprache _Französisch_ | ausreichend | Musik | ausreichend |
> | mündlich | | Bildende Kunst | befriedigend |
> | schriftlich | — | Werken/Hauswerk | — |
> | 2. Fremdsprache _Latein_ | ausreichend | Leibesübungen | sehr gut |
> | mündlich | befriedigend | Handschrift | gut |
> | schriftlich | mangelhaft | Arbeitsgemeinschaften | Schulspiel |
> | 3. Fremdsprache _Englisch_ | befriedigend | | |
> | mündlich | | | |
> | schriftlich | — | | |
>
> Bemerkungen: —
>
> Versäumte Tage — Verspätet _2_ mal nicht versetzt in die Klasse _13_
>
> Berlin-Wedding, den _28. März_ 19_61_
>
> Gelesen _Gerhard Hey_
> Erziehungsberechtigter
>
> Beurteilung der Leistungen: sehr gut = 1, gut = 2, befriedigend = 3, ausreichend = 4, mangelhaft = 5, ungenügend = 6

Nur eine Lektion hat sich in den Jahr'n herausgesiebt,
Die eine nur aus dem Haufen Ballast:
Wie gut es tut, zu wissen, daß dir jemand Zuflucht gibt,
40 Ganz gleich, was du auch ausgefressen hast!

Ich weiß nicht, ob es Rechtens war, daß meine Eltern mich
Da 'rausholten, und wo bleibt die Moral?
Die Schlauen diskutier'n, die Besserwisser streiten sich,
Ich weiß es nicht, es ist mir auch egal.
45 Ich weiß nur eins, ich wünsche allen Kindern auf der Welt,
Und nicht zuletzt natürlich dir, mein Kind,
Wenn's brenzlig wird, wenn's schiefgeht, wenn die Welt zusammenfällt,
Eltern, die aus diesem Holze sind.

INTENSIVES TEXTSTUDIUM

FRAGEBOGEN

A. Satzstudium:

- Versuchen Sie, die Bedeutung der folgenden Sätze aus dem Sinnkontext zu erschließen.
- In der Lyrik werden entscheidende Gedanken durch *Bilder* ausgemalt oder sind in lyrische Bilder eingebettet. Welche Vorstellungen evoziieren die lyrischen Bilder unten?

1. Dabei war'n meine Hoffnungen keineswegs hoch geschraubt.

   _____

   hoch geschraubt: _____

2. Du kommst ... allenfalls zur Fremdenlegion.

   _____

   Fremdenlegion: _____

3. Der Zauber kam natürlich schon am nächsten Morgen 'raus.

   _____

   Zauber: _____

4. Voll Selbstgerechtigkeit genoß (der Rektor) schon die Maulschellen für den Betrüger ...

   _____

   die Maulschellen: _____

5. Ich hab' noch manches lange Jahr auf Schulbänken verlor'n.

   _____

   verlor'n: _____

6. Die eine (Lektion) nur aus dem Haufen Ballast (habe ich gelernt).

   _____

   Haufen Ballast: _____

7. Eltern, die aus diesem Holze (geschnitzt/geschnitten) sind.

   _____

   Holz: _____

86   Thema 2

B. Textstellen:

1. Mit welchen Charakterattributen wird der Rektor beschrieben? Versuchen Sie, ihn zu visualisieren. Mit Hilfe der aufgelisteten Wörter geben Sie eine Beschreibung seines körperlichen Aussehens und seiner Gesichtszüge. Dann zeichnen Sie ein Bild von ihm für das nächste Schuljahrbuch in den Bilderrahmen.

```
rund     oval     die Glatze     die Nase     snobistisch     breit
winzig   mollig   ironisch   klein   humorvoll   platt
der Bauch   spitz   der Mund   das Doppelkinn   jähzornig
hektisch   lustig   sarkastisch   das Monokel   blasiert
         humorlos   gigantisch   elegant
die Fuchsaugen   der Bart   das Kinn   die Brille
der Spitzbart   die Lippen   verständnisvoll   schadenfroh
              die Pferdebeine   die O-Beine
die Ohren   das Haar   streng   arrogant   verdrossen
```

Körperliches Aussehen   **Gesichtszüge**

_____   _____
_____   _____
_____   _____
_____   _____
_____   _____
_____   _____

2. Suchen Sie die Textstelle, die bekannt gibt, wer von dem Autor des Liedes angesprochen wird.

3. Kennzeichnen Sie die Textstelle, in der der Autor einen Wunsch für die Kinder der Welt ausdrückt.

4. Suchen Sie die beiden Textstellen, die eine körperliche und eine seelische Beschreibung des Schuljungen geben. Welche stilistischen Mittel verwendet der Autor, um die Beschreibung wirkungsvoller zu gestalten? Tragen Sie Ihre Ergebnisse in die Tabelle auf der nächsten Seite ein.

Zeugnistag **87**

Physische Beschreibung des Jungen	Stilistische Mittel (Wortwahl und Bildwahl)
•	•
•	•
•	•

Seelische Beschreibung des Jungen	Stilistische Mittel (Wortwahl und Bildwahl)
•	•
•	•
•	•

C. Fragen zu einzelnen Textstellen:

1. Welche Noten hat der Junge in Religion und in anderen Schulfächern bekommen? Begründen Sie Ihre Antwort.

2. „Nicht einmal eine 4 in Religion." Welche Aussage wird implizit über Religion als Schulfach gemacht?

3. Mit welchen zwei Ausdrücken versucht der Vater den Rektor davon zu überzeugen, daß er selber das Zeugnis unterschrieben hat?

4. Ein anderes Wort für „Unterschrift" ist ...?

5. Warum verwendet der Vater die Verbform des Indikativ Präsens („Das *ist* meine Unterschrift") und die Mutter die Verbform des Konjunktiv Präsens („Ja, das *sei* ihr Namenszug")?

6. Mit welchen Worten in der fünften Strophe drückt der Autor ganz deutlich seine Abneigung gegenüber dem monotonen Schullernen aus?

7. Welche Lektion aus all den Schuljahren ist dem Autor in Erinnerung geblieben? Fassen Sie die Lektion in Ihren eigenen Worten zusammen.

8. Über welchen Aspekt seines „Betrugs" macht sich der Autor keine Sorgen?

9. In der letzten Strophe idealisiert der Autor seine Eltern. Mit welchem Bild beschreibt er den Beistand, den ihm seine Eltern gaben? In welchen Situationen braucht ein Kind die Hilfe seiner Eltern? Welches Versprechen versucht der Autor dadurch implizit seinem eigenen Kind zu geben?

Bildhafte Beschreibung der Eltern: _____

Wann braucht ein Kind Hilfe? _____

Versprechen an sein eigenes Kind: _____

D. Übergreifende Fragen:

1. Das Kind des Autors kann sicher sein, daß es bei seinem Vater jederzeit _____ und _____ findet.

2. Warum müssen Eltern das Zeugnis unterschreiben? Nennen Sie drei Gründe.

NACH DEM LESEN

STELLUNGNAHMEN UND INTERPRETATIONEN

Nehmen Sie zu den folgenden Fragen und Gedanken Stellung.

1. Welche Erinnerungen an Ihre eigene Schulzeit hat dieser Liedertext bei Ihnen geweckt?

2. Mit einer Lüge „schützen" die Eltern den Betrug ihres Sohnes und bewahren ihn dadurch vor einer Strafe. Halten Sie ihr Verhalten für richtig? Was hätten die Eltern eigentlich antworten müssen? Haben sie positiv zu der Charakterbildung ihres Sohnes beigetragen? Unterstützt dieser Liedertext ein „unmoralisches" Verhalten?

3. Wie würden sich Ihre eigenen Eltern verhalten, wenn sie herausfänden, daß ihre Unterschrift von Ihnen gefälscht wurde?

4. Sind Ihre Eltern je von dem Schulrektor oder von einem Lehrer vorgeladen worden? Aus welchem Grund? Erzählen Sie von der Begebenheit.

5. Ein Pflicht-Schulfach, das die Schüler in Deutschland bis zu ihrem 16. Lebensjahr belegen müssen, ist Religion. Sind Sie für oder gegen Religion als Schulfach? Begründen Sie Ihre Antwort.

6. In welchen Fächern hatten Sie in Ihrer Schulzeit gute (schlechte) Noten? An welchem Fach hatten Sie am meisten (am wenigsten) Spaß? Warum?

7. Wie würden Sie Ihre eigenen Eltern charakterisieren? Halten Sie in jeder Lebenssituation zu Ihnen, „ganz gleich, was du auch ausgefressen hast"?

8. Nennen Sie die drei wichtigsten Wertvorstellungen, die Sie Ihrem Kind vermitteln wollen. Erklären Sie mit Beispielen, warum.

GESPRÄCHSRUNDE

A. Die „Stimme der Lüge" und das „gute Gewissen". Verteilen Sie die folgenden sechs Theaterrollen an die Mitglieder Ihrer Gruppe: Rektor, Vater, Mutter, Sohn, die Stimme der Lüge, das gute Gewissen. Besprechen Sie, wie „Zeugnistag" als kurzes Theaterstück aufgeführt werden könnte. Erfinden Sie passende Dialoge, und spielen Sie sie der Klasse vor. Vergessen Sie nicht, daß die „Stimme der Lüge" den Jungen zur Unwahrheit verführen will, und das „gute Gewissen" in ihm dies verhindern möchte.

B. Erfinden Sie in Gruppenarbeit die fünf besten Ausreden, warum die Unterschrift der Mutter so „gekritzelt" aussah. Vergleichen Sie ihre Ausreden mit denen anderer Gruppen, und schreiben Sie die „besten" an die Tafel.

1. _____
2. _____
3. _____
4. _____
5. _____

C. Erfinden Sie in Gruppenarbeit einen möglichen Dialog zwischen dem Rektor und dem angeklagten „Urkundenfälscher". Welche Beweise würde der Rektor wohl vorbringen? Wie würde der Angeklagte sich verteidigen?

D. Teilen Sie die Klasse in zwei Gruppen auf: die „Schlauen" und die „Besserwisser." Debattieren Sie in einem Hin-und-her von Argumenten, ob ...

- ... „es Rechtens war," daß die Eltern für den Sohn gelogen haben, um ihn vor einer Strafe zu schützen.
- ... es Situationen gibt, in denen eine gut gemeinte Lüge verzeihbar ist.
- ... es im besten Interesse der Erziehung des Jungen ist, seine Lüge zu decken.

SCHRIFTLICHES

A. *Wie gut es tut, zu wissen, daß dir jemand Zuflucht gibt,*
Ganz gleich, was du auch ausgefressen hast!

Stimmen Sie diesen Worten zu oder nicht? Nehmen Sie kritisch Stellung dazu.

B. Schreiben Sie einen Aufsatz oder ein Gedicht über eine ähnliche „Notsituation," in der Sie sich einmal in Ihrer Schulzeit oder in einer anderen Lebenssituation befunden haben. Wie sind Sie in die Situation hereingeraten? Schildern Sie Ihre Empfindungen und Ängste. Wie haben Sie sich aus dieser Situation befreit? Beginnen Sie mit diesen Worten:

Ich denke, ich muß _____ Jahre alt gewesen sein,
Und wieder einmal war es _____.

C. Schreiben Sie für das Studenten-Handbuch einen Artikel mit dem Titel „Ethik und Plagiat im Studium." Ihr Lesepublikum ist die Gruppe neuer Studenten und Studentinnen an Ihrer Universität. Beschreiben und definieren Sie „Plagiat" im Hinblick auf Prüfungen, Seminararbeiten, Laborprojekte und Noten. Stellen Sie klare Richtlinien auf, und überzeugen Sie die Leser mit plausiblen Gründen von der Notwendigkeit der Ehrlichkeit.

TEXT 5

MIT FLEISS INS CHAOS

VOR DEM LESEN

WISSENSAKTIVIERUNG UND HYPOTHESENBILDUNG

A. Was ist die intendierte Wirkung des Titels „Mit Fleiß ins Chaos"? Wer ist „fleißig"? Welches Bild wird durch das Wort „Chaos" vor Ihren Augen evoziiert?

B. Lesen Sie den folgenden Titeltext. Beschreibt der Abschnitt das „Chaos"? Wie geschieht das?

> ## Mit Fleiß ins Chaos
> **Überfüllte Hörsäle, hilflose Professoren, verunsicherte Studenten – ist die deutsche Universität mit ihrer Weisheit am Ende? Christoph Fasel und Wolfram Scheible berichten über die Alma mater, die Menschen, die dort lehren und lernen – und über Wege, die aus der Misere führen sollen.**

C. Erklären Sie, warum die *Stern*-Reporter das Wort „Weisheit" gewählt haben. Erläutern Sie die Doppelsinnigkeit des Satzes „Ist die deutsche Universität mit ihrer Weisheit am Ende."

D. Mit welchen zwei Hauptthemen wird sich diese Reportage befassen? Spekulieren Sie, über welche anderen Themen der Leser eventuell informiert wird.

Themen der Reportage   **Andere Themen**

1. _____ _____

2. _____ _____

ORIENTIERUNG MIT LESENOTIZEN

Lesen Sie die folgenden Fragen, ohne Sie zu beantworten. Versuchen Sie, aus der Art der Fragen, den Inhalt des Lesetextes einzugrenzen. Erst wenn Sie den Text komplett gelesen haben, versuchen Sie, die folgenden Fragen zu beantworten.

1. Warum kommen die Studenten schon so früh morgens in die Uni? Welches bereits im Titeltext angesprochene Thema kommt im ersten Abschnitt erneut zum Ausdruck?

2. In welchem inhaltlichen Zusammenhang stehen der zweite und dritte Absatz zu dem ersten Absatz? Was ist die Intention des zweiten und dritten Absatzes?

3. Welche Berufe sucht die Universität München für ihre Hausbetriebe?

4. Mit welcher Methode versuchen die Kultusminister der Länder das Problem der überfüllten Unis einzudämmen?

5. Was sind die negativen Konsequenzen, die aus der „Überfüllung" der deutschen Universitäten resultieren? Geben Sie fünf Beispiele:

   _____
   _____
   _____
   _____
   _____

6. Welche drei Hauptgründe nennt der Text für den „Run aufs Studium"?

7. Was bezeichnet ein Student als alleinigen Grund für sein Universitätsstudium?

8. Welche Kriterien spielen für viele Studenten eine Hauptrolle bei der Wahl ihres Studienortes? Welche Kriterien spielen eine Nebenrolle?

9. Welcher Studententyp ist die Antithese zu dem lethargischen „Weil-ich-Bafög-kriege"-Studententyp? Mit welchen Worten wird dieser Typ charakterisiert?

   _____
   _____
   _____

10. Der Informatikprofessor Klaus Haefner spricht von dem „Irrsinn des deutschen Abiturs." Was meint er damit? Welche Schwierigkeit ergibt sich daraus für die Universität? Was wäre eine Lösung zu der Misere?

11. „Mehr Geld für die deutschen Universitäten" ist eine Forderung der Hochschulrektorenkonferenz (HRK). Welche Problembereiche für die Universitäten und für die Studenten könnten durch eine bessere Finanzierung der Universitäten beseitigt werden?

12. Wie beurteilen viele Studenten die Studienberatung an den deutschen Universitäten?

13. Welche konkreten Pläne zur Reformation der deutschen Universitäten werden im Text genannt?

14. Was war der ursprüngliche Bildungsauftrag der Alma mater?

CHRISTOPH FASEL UND WOLFRAM SCHEIBLE
STERN-REPORTER

Mit Fleiß ins Chaos

Überfüllte Hörsäle, hilflose Professoren, verunsicherte Studenten – ist die deutsche Universität mit ihrer Weisheit am Ende? Christoph Fasel und Wolfram Scheible berichten über die Alma mater, die Menschen, die dort lehren und lernen – und über Wege, die aus der Misere führen sollen.

Die ersten kommen mit der Putzkolonne. Zwischen Schrubbern und Eimern sickern Studenten um sechs Uhr früh ins Foyer des Geisteswissenschaftlichen Instituts der Universität München ein. Um kurz nach sieben, wenn die Türen offiziell geöffnet werden, drängeln sich schon an die dreihundert vor den Hörsälen. Dort werden ab halb acht die Plätze für die Germanisten-Seminare im kommenden Semester vergeben. Andreas Weinert, 26, kennt die Prozedur: „Das erste, was du an der Universität lernen mußt, ist das Warten."

Szenenwechsel: Hörsaal in der Uni Passau. Zwischen Schultern gekeilt, starrt Mirco Schena, 22, mit zweihundert Kommilitonen auf eine Video-Leinwand und schreibt mit, was aus den Lautsprechern tönt: Ein Jura-Professor weiht per Fernsehunterricht in die Geheimnisse des Bürgerlichen Gesetzbuches ein, weil der Hörsaal, in dem er live zu bestaunen wäre, überfüllt ist.

Schlangen beim Einschreiben, Schlangen bei der Studienberatung, Schlangen bei der Sprechstunde, in der Bibliothek, in der Mensa, im Prüfungsamt: Die Schlange ist zum Symbol für das Studentenleben anno 1992 geworden.

Im Wintersemester 1991/92 waren 1 739 326 Studenten immatrikuliert, obwohl es im vereinigten Deutschland nur 850 000 Studienplätze gibt. Jetzt im Sommersemester sind es noch mehr.

Heute studieren 75 Prozent mehr junge Leute als vor 15 Jahren. Mittlerweile notiert die Wirtschaft 200 000 weniger Auszubildende als die Hochschulen Studenten. So kommt es, daß die Uni München für ihre Hausbetriebe Auszubildende sucht, die Elektro-Installateur, Schlosser oder Feinmechaniker werden wollen, derweil die Hörsäle zum Bersten voll sind.

Wer nicht gerade Hethitologie oder Finnougristik belegt, steht Schlange. Zum Beginn des Sommersemesters rangeln im Bundesdurchschnitt vier Studenten um einen Platz in der juristischen Fakultät und drei Volkswirtschaftler um einen bei den Ökonomen.

Die Kultusminister der Länder reagieren mit gewohnter Hilflosigkeit: Sie rufen wieder nach dem Numerus Clausus (NC), der Zulassungsbeschränkung per Notendurchschnitt. Bislang standen elf Fächer unter Kuratel der Zentralstelle für die Vergabe von Studienplätzen (ZVS) in Dortmund. Architekt, Bio- oder Psychologe etwa kann nur werden, wer im Abitur einen Zensurendurchschnitt zwischen 1,3 und 2,5 vorlegt. Im März verkündete die ZVS auch für Volkswirtschaft einen bundesweiten NC – Fach Nummer zwölf.

„Wegen der Überfüllung", sagt Vera Wittrock, 22, Journalistik-Studentin in Köln im 4. Semester, „ist es nicht mehr möglich, wissenschaftlich zu arbeiten." Das sagen auch die Hochschullehrer. 509 Professoren der Hamburger Universität forderten von der Bürgerschaft, dem hanseatischen Landesparlament: „Stoppen Sie den Niedergang der Universität!" 43 000 Studenten, so klagten die Profs, teilten sich 27 000 Studienplätze; Räume seien zu 180 Prozent ausgelastet, 250 Wissenschaftler-Stellen unbesetzt.

Der Run aufs Studium ist ungebrochen, denn ein Hochschul-Abschluß verheißt noch immer bessere Karrierechancen, auch für so manchen, der schon eine abgeschlossene Berufsausbildung hat. Zudem glauben viele, nur mit dem Studium einen gehobenen Status erwerben zu können. Und kaum ein anderer Lebensabschnitt bietet, bei allen Einschränkungen, soviel persönliche Freiheit.

Schließlich, nicht zu vergessen, zieht es einige auch aus klassischen Motiven an die Brüste der Alma mater.

Es gibt sie noch, die akademische Freiheit, den wissenschaftlichen Eros, die Sehnsucht des Scholaren, zu erfahren, was die Welt im Innersten zusammenhält.

Doch das gilt nur für wenige. Der Massenbetrieb fördert die Lethargie. „Dreiviertel der Leute haben die Texte, über die wir im Seminar reden, noch nicht mal gelesen", sagt Horst Albert Glaser, Professor für Vergleichende Literaturwissenschaft. Dem Essener Ordinarius ist es ein Rätsel, „warum die eigentlich da drin sitzen".

Diese Frage zumindest ist für den Historiker Walter Grab geklärt. Irritiert über das mangelnde Engagement in seinem Essener Seminar, knöpfte Grab sich jeden einzelnen vor, um den Grund für dessen Anwesenheit zu erfragen. Den Vogel schoß einer ab, der schlicht antwortete: „Weil ich Bafög kriege!"

Für viele Studenten ist bei der Wahl des Studienortes die wissenschaftliche Reputation der Uni offensichtlich Nebensache. Persönliche Beziehungen, heimatliche Bindungen, vor allem aber die Lebensqualität waren für 90 Prozent von 700 befragten Studenten ausschlaggebend, sich an der Hamburger Uni einzuschreiben. Das Studienangebot nannten dagegen, so eine Untersuchung des Pädagogen Henning Roehl, nur knapp 30 Prozent als Entscheidungsgrund.

Wer allerdings das Studium ernst nimmt, nimmt es tierisch ernst. Professoren berichten vom Typus des „examensorientierten" Studenten, dem es weder um wissenschaftlichen Ehrgeiz noch um persönliche Erkenntnis geht, sondern einzig darum, den Prüfungsstoff zu pauken. Jürgen Sievert, 27, Soziologiestudent in Frankfurt, nennt seine Kommilitonen schlicht „leistungsorientiert und fachborniert".

So weit her ist es mit der Leistung allerdings nicht, klagen die Professoren. Die Essener Uni-Assistentin Carolin Fischer erlebt schon mal Romanistik-Studenten, die zwar „mit einem Leistungskurs Französisch ihr Abi gebaut haben, aber noch nicht einmal elementare Konversation zustande bringen". In der Wirtschaftswissenschaftlichen Fakultät der Uni Köln scheitern 70 Prozent der Studienanfänger an den Mathematikprüfungen.

Schuld daran ist nach Ansicht des Bremer Informatikprofessors Klaus Haefner der „Irrsinn des deutschen Abiturs": Unter dem Druck, einen möglichst guten Abi-Schnitt zu erreichen, wählen die Schüler vermeintlich schwere Fächer ab – selbst, wenn sie die für ihr gewünschtes Studium brauchen. Deshalb fordert der Deutsche Hochschulverband in seinen jüngsten Thesen zur Entlastung der Hochschulen „gewisse Mindeststandards" beim Abitur. Sonst, so die Professoren-Gilde, müsse man über „eine generelle Hochschuleingangsprüfung" nachdenken.

Hans Uwe Erichsen, Präsident der Hochschulrektorenkonferenz (HRK), will dagegen das Defizit bei den Universitäten beleben. Er verlangt 30 000 zusätzliche Wissenschaftler-Stellen, 20 000 weitere Mitarbeiter und sechs Milliarden Mark Zusatz-Etat für die Unis, um wenigstens wieder die Studiensituation von 1977 herzustellen.

In jenem Jahr hatten die Regierungschefs von Bund und Ländern den sogenannten „Öffnungsbeschluß" gefaßt. Die Hochschulen sollten für einige Jahre Engpässe in Kauf nehmen, um auch den geburtenstarken Jahrgängen gleiche Studienchancen zu ermöglichen. Doch Karrierestreben und Wiedervereinigung führten dazu, daß die Studentenzahlen auch bei den schwächer werdenden Jahrgängen statt ab- weiter zunehmen. Ende 1990 mußten die Bildungspolitiker ihre Prognose der Studentenzahlen um 24 Prozent korrigieren – nach oben.

Deshalb machen die Forderungen der HRK nach mehr Personal und Geld durchaus Sinn. Auch im internationalen Vergleich. Die reiche Bundesrepublik gibt mit 1440 Mark pro Kopf weit weniger für Bildung aus als etwa die USA, Japan, Frankreich oder die Niederlande. Und die Deutsche Forschungsgemeinschaft – Hauptträger der Wissenschaftsförderung – hat in den vergangenen 40 Jahren soviel Mittel erhalten, wie der Steuerzahler allein 1990 an Agrarsubventionen aufbringen mußte.

Mit Fleiß ins Chaos

Mit Geld könnte so manchem Übel abgeholfen werden. Das sind vor allem:
- Zuwenig Lehrkräfte. Heute muß jeder Professor und Assistent fast doppelt so viele Studenten betreuen wie vor 20 Jahren;
- Raumnot und mangelndes Gerät. Münchener Medizinstudenten laborieren im Biologiepraktikum auf Holzbohlen, die über Waschbecken gelegt werden, damit sie überhaupt einen Arbeitsplatz haben;
- Fehlende Bücher. Die Beschaffung wissenschaftlicher Lektüre gerät zur Schnitzeljagd. Die Bibliotheksetats sind zu klein, die Öffnungszeiten zu kurz. Mancherorts, wie in Essen, reicht es noch nicht einmal für Aufsichtspersonal zum Schutz des Bestandes vor diebischen Kommilitonen.

Genauso hemmend wie der Geldmangel ist die überbordende Verwaltung. Für jede Mark, die ein Professor lockerzumachen versucht, muß er sich, so die Klage eines verbitterten Ordinarius, „wochenlang hinhocken und Anträge ausfüllen". Und unter Assistenten ist die „Formularfreude" der Deutschen Forschungsgemeinschaft schon sprichwörtlich.

Als eine Ursache für den universitären Kriechgang prangert Horst Albert Glaser den „Byzantinismus von Gremienzuständigkeiten" an. Bürokratie und Verschulung bestimmen zunehmend auch den Studenten-Alltag. „Die Nutzung von Bibliotheken und Computerterminals", kritisiert der Convent Deutscher Korporationsverbände, „orientiert sich heutzutage an tarifvertraglich ausgehandelten Arbeitszeiten von Hausmeistern statt an Leistungskursen von Studenten".

Geld brauchen nicht nur die Unis, sondern auch die Studenten. Zwei Drittel von ihnen, so ergab die im März vorgelegte Sozialerhebung des Deutschen Studentenwerkes, müssen neben dem Studium jobben, mehr als 50 Prozent auch während der Vorlesungszeit. Bafög nimmt nach Eltern und Eigenarbeit mit 17 Prozent nur den dritten Rang bei der Studienfinanzierung ein. Nur die wenigsten Jobber finden eine Hilfskraftstelle am Institut, wo sie in Verbindung mit ihrem Fach etwas Geld verdienen können.

So kann man den angehenden Philosophen Wolfgang Büchner, 23, zwei Tage in der Woche im „co op"-Supermarkt in Münster treffen: Weiß bekittelt betreut er dort die Tiefkühl-Ware, bestellt, lagert und sortiert Frost-Pizzas, Gemüse und Hähnchen-Schenkel.

Das kostet Zeit. „Dreimal wöchentlich Taxi fahren verlängert das Studium mindestens um drei Semester", rechnet die Professorin Marlis Dürkop, Grünes Miglied des Berliner Abgeordnetenhauses, vor. Und das verlängert die Studienzeiten. Knapp vierzehn Semester hockt der durchschnittliche Studiosus mittlerweile auf deutschen Hörsaalbänken. Tendenz: steigend.

Da beißt sich die akademische Schlange in den Schwanz: Weil die Unis zu voll sind, dauert das Studium zu lange. Und weil es zu lange dauert, hocken immer mehr Studenten in den Hörsälen. Der Wissenschaftsrat konstatierte Ende Februar „einen zum Teil deutlichen Anstieg der Fachstudiendauer". Durchschnittlich ein Semester mehr verbrachten die Studenten Ende der achtziger Jahre an der Uni als zu Beginn des Jahrzehnts. Spitzenreiter sind die angehenden Realschul- und Sekundar-Lehrer. Ihre Studienzeit stieg von 4,3 auf sechs Jahre.

Nur jeder fünfte Student schafft seinen Abschluß in der Zeit, die nach dem Bundesausbildungsförderungsgesetz dafür vorgesehen ist. Durchschnittlich mit 28 Jahren hält ein Studiosus hierzulande sein Diplom in Händen. In Frankreich dagegen mit knapp 26, in England sogar schon mit 23 Jahren. Die Gründe neben Jobzwang und Überfüllung:

- Die dreizehnjährige Schulzeit bis zum Abitur (in anderen Ländern genügen elf bis zwölf Jahre);
- Die Zuspitzung auf alles entscheidende Abschluß-Prüfungen, weshalb viele das Examen hinauszögern (in anderen Ländern gibt es permanente Leistungskontrollen);
- Miese Jobaussichten, die besonders Geisteswissenschaftler zu gemächlichem Studieren verleiten;
- Bummelei und Orientierungslosigkeit, vor allem wegen der ungenügenden Betreuung.

Die Studienberatung wurde von fast allen Studenten, die der STERN befragte, als „dürftig", „mies" oder gar „Scheiße" bezeichnet. Nur wenige haben das Glück, das Münchner Germanisten beschieden ist: Um sie kümmert sich seit 1976 der Fachstudienberater Hubert Schuler, der sie durch das Gestrüpp von Studien- und Prüfungsordnungen lotst.

Der Erfolg der Büffelei ist ohnehin zweifelhaft. Obwohl die Zahl der Studenten von 1970 bis 1988 um 188 Prozent anstieg, gab es nur 83 Prozent mehr erfolgreiche Absolventen. Der Mannheimer Wirtschaftswissenschaftler Professor Erwin Dichtl ermittelte bei den dortigen Betriebswirten eine Abbrecherquote von 40 Prozent. Häufigste Begründung für die Aufgabe des Studiums: Überfüllung und Anonymität des Hochschulbetriebs.

Gegenwärtig ist die deutsche Akademikerquote mit 12,8 Prozent nur europäischer Durchschnitt. Mit radikalem Zurückstutzen der Studentenzahlen auf gut die Hälfte, was das wirtschaftsnahe Institut für Wirtschaft und Gesellschaft in Bonn fordert, wäre weder Abiturienten noch Arbeitgebern gedient. Elite-Universitäten aber produzieren, wie die französischen „Grandes Écoles", höchstens gesellschaftliche Führungskasten, aber keine breitgefächerte Akademikerschicht, die der Industriestandort Deutschland braucht.

Trimester, drei statt zwei Vorlesungszeiten pro Jahr, die Bildungs-Staatssekretär Norbert Lammert, CDU, empfiehlt, bringen ebenfalls wenig. „Professoren und Studenten brauchen die vorlesungsfreie Zeit zum Lernen, Schreiben, Lesen wie die Luft zum Atmen", gibt der Münchner Studienberater Schuler zu bedenken. Nur in dieser Zeit sind die Arbeitsbedingungen in Labors und Bibliotheken erträglich. Realistischer dagegen klingen andere Pläne:

- Bessere Studien-Beratung, um Fehlentscheidungen zu vermeiden;
- Eignungsprüfungen statt Numerus clausus – wenn schon Auswahl, dann nicht auf Grundlage von Wartezeit und Notenschnitt. Durch fachbezogene Prüfungen der Fakultäten würde die Zentralstelle für die Vergabe von Studienplätzen überflüssig;

- Aufwertung der Lehre. In Nordrhein-Westfalen soll dadurch, daß Studenten die Arbeit der Dozenten bewerten, die Effektivität der Lehre gesteigert werden. Die besten Lehrer, so der Plan, könnten mit Gehaltszulagen oder Freisemestern belohnt werden;
- Realistisches Bafög. Zahlungen und Eltern-Freibeträge müßten um jeweils zehn Prozent erhöht werden, damit Studenten weniger jobben und dafür schneller studieren. Das errechnete das Deutsche Studentenwerk;
- Entrümpelung der Studiengänge. So fordert die SPD die „Entschlackung von Studien- und Prüfungsordnungen", um das Studium zu verkürzen;
- „Freischuß-Regelungen". In Bayern ist das Angebot, vor Ablauf der Regelstudienzeit zur Prüfung anzutreten und dafür einen Reinfall zu riskieren, zum Renner geworden. Anteil am nächsten Prüfungstermin der Juristen: mehr als 50 Prozent;
- Kurzstudiengänge. Beifall bekam die Augsburger Uni im Juli vorigen Jahres für ihren Vorschlag, Studenten der Wirtschaftswissenschaften mit Bestehen des Vordiploms den akademischen Grad eines „Bac. oec." – Baccalaureus oeconomicae, vergleichbar dem englischen Bachelor – zuzuerkennen, vom Hamburger Universitätspräsidenten Jürgen Lüthje und von Bundeswirtschaftsminister Jürgen Möllemann. Seit 15. April ist dieser Kurzstudiengang als Modellversuch vom bayerischen Kultusministerium genehmigt.

All das sollte auch dazu führen, daß Studieren hierzulande wieder Spaß macht. Und dazu, daß sich die Studenten, unabhängig von Karrierestreben und Statusdenken, wieder und mehr auf das konzentrieren können, wofür die zur Kaderschule für Aufsteiger degenerierte Alma mater einst da war: ihre Welt und sich selber besser begreifen zu lernen.

Bildung nannte man das früher. Und was die wert ist, hat ein Nichtakademiker vor hundert Jahren einmal trefflich gesagt, der Autodidakt Mark Twain: „Bildung ist das, was übrigbleibt, wenn der letzte Dollar weg ist."

INTENSIVES TEXTSTUDIUM

FRAGEBOGEN

A. Die Reportage besteht aus fünf Teilen. Lesen Sie jeweils den ersten Satz in jedem Abschnitt. Mit Hilfe der Informationen im ersten Satz zeichnen Sie die Gliederung des Inhalts nach. Welches sind die Hauptthemen? Wie sind sie gegliedert? Gibt es einen logischen Übergang von einem Thema zum anderen? Begründen Sie Ihre Antwort.

B. „Das erste, was du an der Universität lernen mußt, ist das Warten." Mit welchem Sprachbild wird dieser Gedanke zur Anschauung gebracht?

C. Tragen Sie unten alle Verben und Verbformen aus dem ersten Teil der Reportage ein, die Sie mit „Überfüllung" und „Kampf" verbinden.

1. _____   3. _____

2. _____   4. _____

D. Für welche lateinischen Wörter steht die Abkürzung „NC"? Wie lautet die deutsche Übersetzung der lateinischen Wörter? Was wird durch den NC geregelt? Welche Vor- und Nachteile könnte der NC für Studenten haben?

E. Viele akademische Begriffe entstammen der lateinischen Sprache. Geben Sie fünf Beispiele aus dem Text.

F. Durch welche Maßnahmen sollen die Universitäten entlastet werden? Geben Sie mindestens vier Beispiele aus dem Text.

PÄDAGOGIK RANGLISTE

Platz	Spitzengruppe	Note
1	UGH Duisburg	2,34
2	Uni Heidelberg	2,87
3	Uni Düsseldorf	2,91
4	Uni Regensburg	2,94
5	Uni Koblenz-Landau	3,00
5	Uni Bamberg	3,00
7	Uni Mannheim	3,01
8	UGH Wuppertal	3,05
9	Uni Bielefeld	3,08

Platz	Mittelfeld	Note
10	Uni Göttingen	3,02
11	Uni Oldenburg	3,08
12	TH Darmstadt	3,13
13	Uni Lüneburg	3,15
13	Uni Mainz	3,15
15	Uni Trier	3,18
16	FU Berlin	3,23
17	Uni Bochum	3,26
17	Uni Tübingen	3,26
19	Uni Marburg	3,27
20	Uni München	3,38
21	Uni Köln	3,41
22	Uni Dortmund	3,45
23	Uni Gießen	3,50
24	Uni Saarbrücken	3,51
25	Uni Stuttgart	3,65

GERMANISTIK RANGLISTE

Platz	Spitzengruppe	Note
1	UGH Duisburg	2,37
2	Uni Düsseldorf	2,62
3	UGH Siegen	2,71
4	Uni Bayreuth	2,79
5	TH Aachen	2,82
6	Uni Konstanz	2,84
7	Uni Passau	2,94
8	Uni Trier	2,95
9	UGH Wuppertal	2,96
10	Uni Saarbrücken	2,99
11	Uni Bielefeld	3,00
11	TU Braunschweig	3,00

Platz	Mittelfeld	Note
13	TH Darmstadt	3,06
14	FU Berlin	3,10
15	Uni Tübingen	3,15
15	Uni Regensburg	3,15
17	Uni Würzburg	3,16
18	Uni Augsburg	3,17
19	Uni Mannheim	3,20
20	Uni Mainz	3,21
21	Uni Kiel	3,22
22	Uni Dortmund	3,27
22	Uni Bamberg	3,27
24	Uni Hannover	3,28
25	Uni Freiburg	3,29
26	Uni Köln	3,34
27	Uni Stuttgart	3,35
28	UGH Paderborn	3,37
28	Uni Heidelberg	3,37
28	Uni München	3,37
31	TU Berlin	3,38
32	Uni Erlangen-Nürnberg	3,39
33	UGH Essen	3,43
34	Uni Bremen	3,47
35	Uni Göttingen	3,52

Die besten Unis im Osten RANGLISTE

Platz	Universität	Note
1	TU Ilmenau	2,54
2	Bergakademie Freiberg	2,65
3	TU Dresden	2,66
4	Humboldt-Uni Berlin	2,73
5	Uni Jena	2,75
6	Uni Leipzig	2,86
7	TU Magdeburg	2,89
8	TU Chemnitz-Zwickau	2,90
9	Uni Potsdam	2,94
10	Uni Halle-Wittenberg	2,95
11	Uni Rostock	3,04
12	Uni Greifswald	3,32

Mit Fleiß ins Chaos

G. Welche Informationen bekommt der Leser über die folgenden Begriffe? Tragen Sie hier Ihre Antworten ein.

ALMA MATER

Abitur	
Universitäten	
Hörsäle	
Studienberatung	
Bibliotheken	
Mensa	
Numerus Clausus	
ZVS	
Professoren	
Bafög	
HRK	
Labors	
Verwaltung	
Studiendauer	

H. Schauen Sie sich das Schaubild „Studium – wie lange?" an, und beantworten Sie die folgenden Fragen.

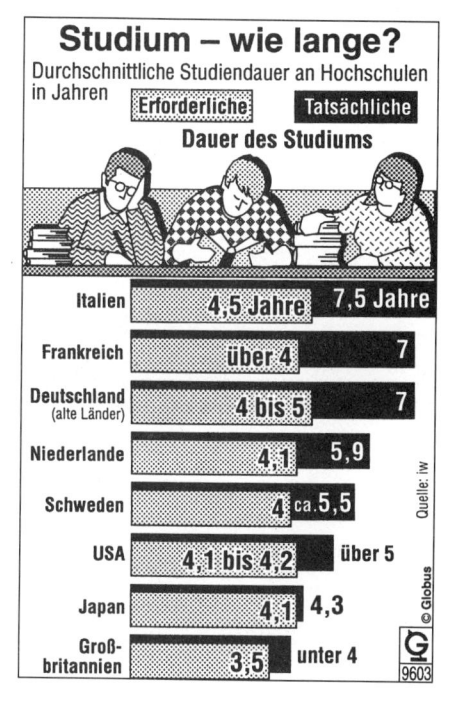

Studium – wie lange?
Durchschnittliche Studiendauer an Hochschulen in Jahren

Erforderliche / Tatsächliche Dauer des Studiums

Land	Erforderliche	Tatsächliche
Italien	4,5 Jahre	7,5 Jahre
Frankreich	über 4	7
Deutschland (alte Länder)	4 bis 5	7
Niederlande	4,1	5,9
Schweden	4	ca. 5,5
USA	4,1 bis 4,2	über 5
Japan	4,1	4,3
Großbritannien	3,5	unter 4

Quelle: iw

Allein bis zum Jahr 2008 soll die Zahl der Schüler in der gymnasialen Oberstufe un 48% von 490.000 auf 740.000 Schüler ansteigen. 55% aller Eltern erstreben für ihr Kind das Abitur, 35% die Realschule und nur noch 10% den Hauptschulabschluß. Bis zum Jahr 2010 werden die Universitäten dann restlos überfüllt sein. – Sind die deutschen Unis noch zu retten?

1. Zu welchem Abschnitt paßt das Schaubild am besten?

2. Welche Informationen enhält das Schaubild, die nicht im Text gegeben werden?

3. Geben der Text und das Schaubild dieselbe Zahl für die „durchschnittliche Studiendauer an deutschen Hochschulen" an? Beachten Sie, daß ein deutscher Schüler durchschnittlich mit 19 Jahren sein Abitur macht.

4. Welche sechs Gründe nennt der Text dafür, daß das Studium an deutschen Universitäten länger dauert als das Studium an den Universitäten in Frankreich und England?

_____

_____

_____

_____

I. Erklären Sie, warum die Forderung, die Studentenzahlen um 50 Prozent zu reduzieren, keinen Nutzen für den Industriestaat Deutschland hat.

Mit Fleiß ins Chaos

J. Nennen Sie die zwei Reformen der „Studien- und Prüfungsordnung", die bereits erfolgreich in Bayern durchgeführt wurden.

K. Suchen Sie den Satz im letzten Textabschnitt, der an die berühmte Inschrift des Apollo-Tempels in Delphi erinnert: „Erkenne dich selbst".

L. Suchen Sie die fehlenden Zahlenangaben zu jeder Eintragung, und vervollständigen Sie die Tabelle.

UNIVERSITÄTS-STATISTIK

Zeile	Allgemeines	Zahlenangabe
	• Gesamtzahl immatrikulierter Studenten im Wintersemester 1991/92 im vereinigten Deutschland	1.739.326 850.000
	• Anzahl von Studienplätzen	
	• Anstieg der Studentenquote seit 1977 (in Prozent)	
	• Fehlende Auszubildende in der Wirtschaft	
	• Anzahl von Numerus Clausus Fächern	
	• Benötigter Zensurendurchschnitt für NC-Fächer	
	• Kosten der Bildung pro Student	
	• Zahl der Studenten, die neben dem Studium jobben müssen (in Prozent)	
	• Zahl der Studenten, die auch während der Vorlesungszeit jobben müssen (in Prozent)	
	• Anteil des Bafög an der Studienfinanzierung (in Prozent)	
	• Studiendauer in Semestern	
	• Alter deutscher Studenten beim Studienabschluß	
	• Alter französischer Studenten beim Studienabschluß	
	• Alter englischer Studenten beim Studienabschluß	
	• Zahl der Schuljahre bis zum Abitur	
	• Anzahl der Akademiker an der Gesamtbevölkerung Deutschlands (in Prozent)	

Zeile	Spezifisches	Zahlenangabe
	An der Universität Hamburg:	
	• Gesamtzahl immatrikulierter Studenten	
	• Anzahl von Studienplätzen	
	• Unbesetzte Wissenschaftler-Stellen	
	An der Universität Köln:	
	• Studienanfänger, die durch die Mathematikprüfungen durchfallen (in Prozent)	
	An der Universität Mannheim:	
	• Zahl der Wirtschaftswissenschaftler, die das Studium vor dem Abschluß abbrechen (in Prozent)	
	• Anzahl der Studenten, die ihren Studienort aufgrund persönlicher Beziehungen, heimatlicher Bindungen und Lebensqualität wählen (in Prozent)	
	• Anzahl der Studenten, die ihren Studienort aufgrund des akademischen Studienangebots wählen (in Prozent)	

M. Bestimmen Sie, zu welchen Textabschnitten jeder der folgenden Gedanken gehört. Begründen Sie Ihre Wahl.

Mit Fleiß ins Chaos

„Die meisten Kommilitonen können nur eines: büffeln, büffeln, büffeln"

„Studium ist staubig: hochgeistige Gespräche, aber menschliche Defizite"

„Ich hatte nicht erwartet, in Hörsälen und Bibliotheken so eingepfercht zu werden"

„Was ich als Bildungsminister als allererstes ändern würde? Die Mensa!"

NACH DEM LESEN

STELLUNGNAHMEN UND INTERPRETATIONEN

Nehmen Sie zu den folgenden Fragen und Meinungen Stellung.

1. Was hat Sie an dieser Reportage über die deutschen Universitäten am meisten überrascht? ... entsetzt? ... enttäuscht?

2. Ist die deutsche Universität tatsächlich „mit ihrer Weisheit am Ende," wie die *Stern*-Reporter berichten? Was spricht dafür? Was spricht dagegen?

3. Vergleichen Sie Ihre Universität mit den deutschen Universitäten. Wie ist die Situation an Ihrer Universität? In der Bibliothek? In der Mensa? In den Hörsälen? In den Labors? In den Studentenwohnheimen? Bei der Einschreibung? Bei der Kursauswahl? In der Uni-Klinik? Was sind die größten Gemeinsamkeiten und Unterschiede?

4. Was halten Sie von dem System des „Numerus Clausus"? Ist dieses System den Studenten gegenüber gerecht? Ist es ungerecht? Welche Probleme werden durch den NC gelöst? Mit welcher anderen Methode könnte man diese Probleme lösen?

5. Können Sie sich eine „Zentralstelle für die Vergabe von Studienplätzen" (ZVS) in den USA vorstellen? Begründen Sie Ihre Meinung.

6. Sind Sie auch der Meinung, daß man mit einem Universitätsstudium einen gehobenen sozialen Status erwerben kann? Gibt es auch Alternativen?

7. Welche Gründe haben Sie zu Ihrem Universitätsstudium bewogen?

8. Für viele deutsche Studenten sind „persönliche Beziehungen, heimatliche Bindungen" und vor allem „Lebensqualität" die Hauptkriterien bei der Wahl ihres Studienortes. Nach welchen Kriterien haben Sie Ihre Universität und Ihren Studienort ausgewählt? Welche Rolle spielte das Studienangebot und die Qualifikation der Professoren bei Ihrer Entscheidung?

9. Wie verstehen Sie persönlich das Konzept der akademischen Freiheit? Gibt es sie an Ihrer Universität?

10. Der Text nennt mehrere Studenten-Typen. Fallen Sie selbst in die Kategorie eines dieser Typen? Mit welchen Attributen würden Sie sich selber als Student(in) beschreiben?

11. Was halten Sie von den Hochschuleingangsprüfungen *ACT* und *SAT*? Welchen Wert haben diese Prüfungen? Warum sind sie nützlich? Warum nicht?

12. Welche Note würden Sie Ihrem Studienberater oder Ihrer Studienberaterin geben? Schenkt er (sie) Ihnen genügend Zeit und persönliche Aufmerksamkeit? Leitet er (sie) gut durch das „Labyrinth des Universitätsbetriebs"?

13. Haben Sie schon einmal daran gedacht, die Universität zu wechseln oder sogar Ihr Universitätsstudium abzubrechen? Aus welchen Gründen?

14. Können Sie sich als Student mit dem Gefühl der Anonymität, von der die Reportage berichtet, identifizieren? Geben Sie Beispiele.

15. Was halten Sie von „Elite-Universitäten"? Welche Universitäten in den USA fallen in diese Kategorie? Aus welchen Gründen? Welche Vor- und Nachteile haben diese Universitäten? Ist solch ein Bildungskonzept undemokratisch?

16. Wenn Sie vier der sieben Reformpläne, die am Ende des Textes genannt werden, verwirklichen könnten, welche vier würden Sie wählen und warum? Inwieweit sind diese vier besser als die restlichen drei Pläne?

17. Erklären Sie in Ihren eigenen Worten, was Mark Twain meint, wenn er schreibt: „Bildung ist das, was übrigbleibt, wenn der letzte Dollar weg ist."

GESPRÄCHSRUNDE

A. Ihre Gruppe soll der Hochschulrektorenkonferenz (HRK) einen Bericht über die steigenden Studentenzahlen und über die damit verbundenen Probleme liefern. Inkorporieren Sie die Zahlen aus dem folgenden Schaubild und auch zusätzliche Informationen aus dem Text in den Einführungsteil Ihrer Reportage. Im Hauptteil des Berichts präsentieren Sie Beispiele konkreter Probleme an Ihrer eigenen Universität und Vorschläge zu ihrer Verbesserung.

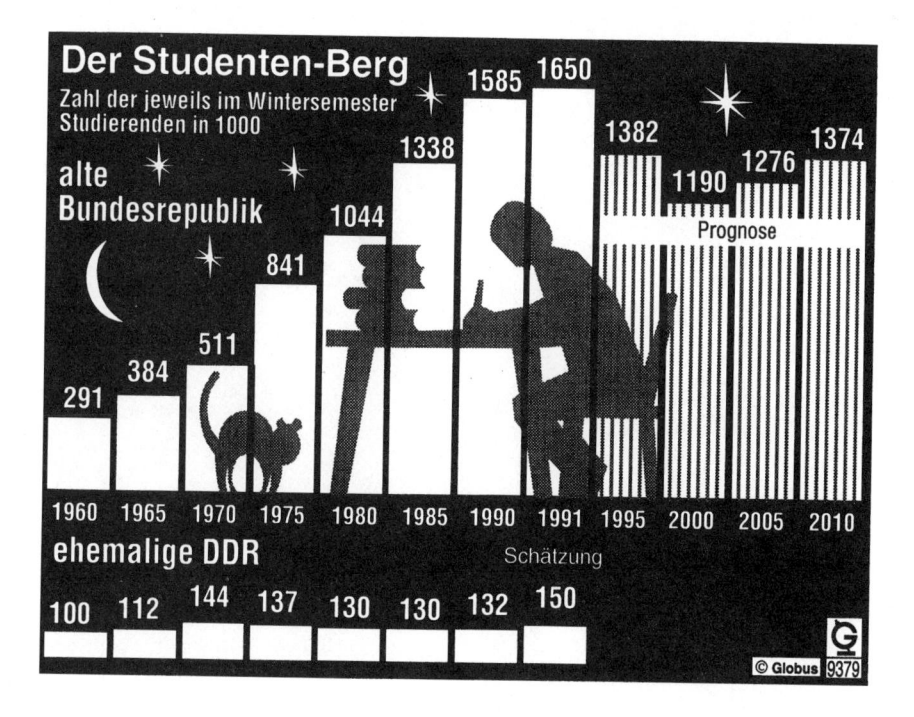

Der Studenten-Berg
Zahl der jeweils im Wintersemester Studierenden in 1000

alte Bundesrepublik

Jahr	1960	1965	1970	1975	1980	1985	1990	1991	1995	2000	2005	2010
alte BRD	291	384	511	841	1044	1338	1585	1650	1382	1190	1276	1374

(1995–2010: Prognose)

ehemalige DDR (Schätzung)

Jahr	1960	1965	1970	1975	1980	1985	1990	1991
DDR	100	112	144	137	130	130	132	150

© Globus 9379

Mit Fleiß ins Chaos

B. Besprechen Sie in Ihrer Gruppe die Stärken und Schwächen der *Stern*-Reportage. Könnten die Reformvorschläge am Ende der Reportage die Probleme aus der Welt schaffen? Schreiben Sie abschließend Ihr eigenes Epigramm zum Begriff „Bildung."

Bildung ist ...

C. Debattieren Sie das Für und Wider einer „Freischuß-Regelung" an Ihrer Hochschule. Fassen Sie die Hauptpunkte in einem „Thesenpapier" zusammen, und vergleichen Sie sie mit den Thesen anderer Gruppen.

D. Führen Sie eine Studenten-Umfrage durch, bezüglich der Motive zum Hochschulstudium und zur Wahl des Studienortes. Stellen Sie Ihre Ergebnisse der Klasse in statistischer Form vor.

E. Einigen Sie sich in der Gruppe auf einige wichtige Bereiche des Studentenlebens, die Sie im Klassenforum mit einem kritischen Bericht und einer Photo-Collage präsentieren werden. Verfassen Sie erklärende Kommentare zu jedem Bild der Collage.

SCHRIFTLICHES

A. Bei Mark Twain heißt es: „Bildung ist das, was übrigbleibt, wenn der letzte Dollar weg ist." Der römische Philosoph Seneca hat eine ähnliche Meinung: „Nicht für die Schule, sondern für das Leben lernen wir." Stimmen Sie diesen Weisheiten zu? Was verstehen Sie unter Bildung, und wie versuchen Sie Ihr Bildungsziel zu erreichen?

B. Karrierestreben – Statusdenken – Degenerierte Alma mater. Welche Aufgaben muß die Universität für den Studenten und für die Gesellschaft erfüllen? Nehmen Sie dazu kritisch Stellung.

C. Keine Lust zum Lernen! Hat es einen Sinn zu arbeiten? Legen Sie Ihre Gedanken zu den positiven und negativen Aspekten der Arbeit dar.

TESTEN SIE IHR WISSEN

1. *Was waren die „Freien Künste" (Artes Liberales)?*
   - a) ☐ Sieben Studienfächer, die nur für Freie, nicht für Sklaven, gelehrt wurden
   - b) ☐ Sieben Studienfächer, die nur für Männer, nicht aber für Frauen, gelehrt wurden
   - c) ☐ Sieben Studienfächer, die von allen Menschen frei studiert werden durften

2. *In welchem Land benötigen Studenten die längste Zeit für ihr Studium?*
   - a) ☐ Japan
   - b) ☐ USA
   - c) ☐ Deutschland
   - d) ☐ Italien

3. *Wer schrieb das erste Buch über Deutschland mit dem Titel Germania?*
   - a) ☐ Aristoteles (384–322 v. Chr.)
   - b) ☐ Marcus Tullius Cicero (106–43 v. Chr.)
   - c) ☐ Cornelius Tacitus (55–116 n. Chr.)
   - d) ☐ Karl der Große (742–814 n. Chr.)

4. *In welcher Stadt wurde die erste deutsche Universität gegründet?*
   - a) ☐ Heidelberg
   - b) ☐ Freiburg
   - c) ☐ Prag
   - d) ☐ Wittenberg

5. *Erhalten Schüler, ebenso wie Studenten, auch Förderungsgeld nach dem Bafög?*
   - a) ☐ Ja
   - b) ☐ Nein

6. *Wie hoch ist der Anteil ausländischer Schüler an der Gesamtschülerzahl in Deutschland?*
   - a) ☐ 1,7 %
   - b) ☐ 4,3 %
   - c) ☐ 7,9 %
   - d) ☐ 10,3 %

7. *Welche Person war kein Pädagoge?*
   - a) ☐ Carl Gustav Jung
   - b) ☐ Rudolf Steiner
   - c) ☐ Johann Pestalozzi
   - d) ☐ Wilhelm von Humboldt

8. *Wann und wo wurden in einem deutschsprachigen Land zum ersten Mal Frauen offiziell zum Universitätsstudium zugelassen?*
   - a) ☐ 1798 in Heidelberg
   - b) ☐ 1822 in Wien
   - c) ☐ 1864 in Zürich
   - d) ☐ 1903 in Berlin

9. *Wie hoch ist die Quote der Studienabbrecher in Deutschland?*
   - a) ☐ 25 %
   - b) ☐ 40 %
   - c) ☐ 55 %

ERGEBNIS: $\dfrac{}{9}$ = ____ %

THEMA 3

UNSERE UMWELT

Kuhweide vor dem Atomkraftwerk Brokdorf.

KAPITELVORSCHAU

RUND FÜNF MILLIARDEN MENSCHEN LEBEN AUF DER ERDE, ETWA ZEHN MILLIARDEN MENSCHEN WERDEN ES IM JAHRE 2040 SEIN. WIRD DER PLANET ERDE ALLE MENSCHEN ERNÄHREN KÖNNEN? DIE ÜBERBEVÖLKERUNG UND DER LEBENSSTIL DES MAXIMALEN KONSUMS HABEN ZU EINER WELTWEITEN VERSEUCHUNG VON WASSER, LUFT UND ERDE GEFÜHRT. DIE FOLGEN: ENERGIEQUELLEN SCHWINDEN, DAS WELTKLIMA STEIGT, WÄLDER WERDEN VERNICHTET, PFLANZEN- UND TIERARTEN STERBEN AUS. WIR ALLE MÜSSEN UMDENKEN, WOLLEN WIR NICHT DEN NACHFOLGENDEN GENERATIONEN DIE LUFT ZUM ATMEN UND DAS WASSER ZUM LEBEN NEHMEN.

WIE UMWELTBEWUSST SIND SIE?

1. Was halten Sie von Umweltschutzaktivisten?

   a) ☐ Das sind alle fanatische Idioten
   b) ☐ Sie stören mich nicht
   c) ☐ Sie kämpfen für eine gute Sache

2. Achten Sie beim Kauf eines elektrischen Haushaltsgeräts auf seinen Energieverbrauch?

   a) ☐ Ja, immer
   b) ☐ Fast immer
   c) ☐ Selten
   d) ☐ Nie

3. *Stellen Sie manchmal im Winter das Heizungsthermostat zurück?*

   a) ☐ Ja, zur Nacht
   b) ☐ Ja, wenn ich zur Arbeit gehe
   c) ☐ Ja, nachts und wenn ich zur Arbeit gehe
   d) ☐ Nein, ich mag es warm im Haus

4. *Recyceln Sie?*

   a) ☐ Nein
   b) ☐ Nur Aluminium
   c) ☐ Nur Papier
   d) ☐ Nur Glas
   e) ☐ Nur Plastik
   f) ☐ Ja, alles

5. *Wären Sie froh, wenn es in Ihrem Garten keine Käfer, Ameisen, Würmer und Insekten mehr gäbe?*

   a) ☐ Weiß nicht
   b) ☐ Nein
   c) ☐ Das kommt auf den Insektentyp an
   d) ☐ Ja, sehr

6. *Schadet der Umweltschutz der Wirtschaft?*

   a) ☐ Ja, sehr
   b) ☐ Ja, in manchen Bereichen
   c) ☐ Überhaupt nicht

7. *Rauchen Sie?*

   a) ☐ Ja, sehr stark
   b) ☐ Ja, stark
   c) ☐ Ja, manchmal
   d) ☐ Nein

8. *Würden Sie im Supermarkt einen höheren Preis für ein umweltfreundliches Produkt bezahlen, das Sie normalerweise billiger kaufen können?*

   a) ☐ Auf keinen Fall
   b) ☐ Das kommt auf das Produkt an
   c) ☐ Bin nicht sicher
   d) ☐ Ja

9. *Sie sind alleinstehend und haben endlich genug Geld gespart, um Ihr Traumauto zu kaufen. Welchen Wagen kaufen Sie?*

   a) ☐ Einen Kleinwagen
   b) ☐ Einen Mittelklassewagen
   c) ☐ Einen Luxuswagen

10. *Eine internationale Ölfirma weigert sich, die Säuberungskosten für die Ölverschmutzung durch einen ihrer Öltanker zu übernehmen. Was tun Sie?*

    a) ☐ Nichts
    b) ☐ Ich gebe meine Benzinkreditkarte der Firma zurück
    c) ☐ Ich kaufe das Benzin einer anderen Firma

SELBSTEINSCHÄTZUNG:

Von den zehn Fragen haben mich die folgenden zwei am meisten über mein Umweltverhalten nachdenklich gemacht, weil …

a) _____

b) _____

TEXT 1

NATURSCHUTZ

VOR DEM LESEN

WISSENSAKTIVIERUNG UND HYPOTHESENBILDUNG

A. Definieren Sie in höchstens zwei Sätzen die folgenden Begriffe:

Ökologie: _____

Naturschutz: _____

Tierschutz: _____

Umweltschutz: _____

Artenschutz: _____

Biotopschutz: _____

Ökosystem: _____

Population: _____

B. Studieren Sie das folgende Schaubild sehr genau. Dann ordnen Sie alle Begriffe in der rechten Spalte einem Begriff in der linken Spalte zu.

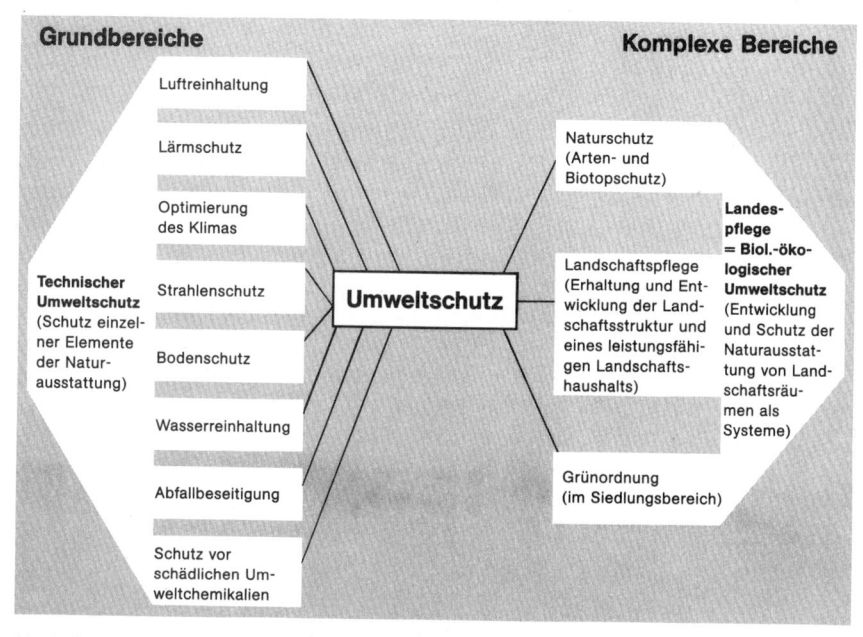

Grundbereiche — Komplexe Bereiche

Technischer Umweltschutz (Schutz einzelner Elemente der Naturausstattung):
- Luftreinhaltung
- Lärmschutz
- Optimierung des Klimas
- Strahlenschutz
- Bodenschutz
- Wasserreinhaltung
- Abfallbeseitigung
- Schutz vor schädlichen Umweltchemikalien

Umweltschutz

Komplexe Bereiche:
- Naturschutz (Arten- und Biotopschutz)
- Landschaftspflege (Erhaltung und Entwicklung der Landschaftsstruktur und eines leistungsfähigen Landschaftshaushalts)
- Grünordnung (im Siedlungsbereich)

Landespflege = Biol.-ökologischer Umweltschutz (Entwicklung und Schutz der Naturausstattung von Landschaftsräumen als Systeme)

Bereiche des Umweltschutzes. Aus: Stirhmann, W.: *Naturschutz*. Unterricht Biologie, 9. Jg., 1985, S. 4.

1. ___ Ökologie
2. ___ Ökosystem
3. ___ Umweltschutz
4. ___ Artenschutz
5. ___ Tierschutz
6. ___ Biotopschutz
7. ___ Naturschutz
8. ___ Population

a. Luftreinhaltung
b. Lärmschutz
c. Optimierung des Klimas
d. Strahlenschutz
e. Bodenschutz
f. Wasserreinhaltung
g. Abfallbeseitigung
h. Schutz vor schädlichen Umweltchemikalien
i. Landschaftspflege
j. Schutz von Grünflächen in Städten

Naturschutz

C. Lösen Sie das Umwelt-Kreuzworträtsel. Zwanzig Begriffe sind darin waagerecht und senkrecht versteckt.

```
I A N L E U T E X L U N T K O M I K E R A M
M I L U Y P O L A A V W A L D S T E R B E N
M P B F O A R L A N Ö R G Ä L N U R B A L A
I N A T U R K U N D E V E R E I N Z E L N T
S M O V R T E M T S T A D A M E N E N L Ö U
S I W E T E L I E C H T E N S T E I U R N R
I C H R E I T E R H O S E L Ä E L S M A T S
O H A S I E E Z L A N D T A G N Y I W X A C
N A R C L N L E A F U Ü O G E H P G E T R H
S E S H W E L N A T U R D E N K M A L I A U
S L A M E S E L M S G E I G E Ü H N T S U T
C A M U I T Ö K O S Y S T E M C A D M C M Z
H U E T S T A G R C H U N D E K U C I H W A
U S O Z O N X Z P H O T O O X I D A N Z E N
T E E Ü B E L K U A R B E I T A O I D L G
Z A U N U M W E L T A U S S C H U S S A T E
G L Y G E Y S I R Z A H N O T E M T T C P N
E E B E R N O T A G Ü U E G N Y E E E H O E
S T I C K O X I D E W T R Ü B E N N R Z L A
E W L V E R R A T B A N N W A L D I S I I B
T O D E L X E Ö D I R E K T O R A T T E T T
Z I E R A T I E R E M I T Z Ö K O L O G I E
P E R A H M S A R T E N T O D A L B P E K U
```

ORIENTIERUNG MIT LESENOTIZEN

A. Lesen Sie jeden Themenabschnitt mindestens zweimal gründlich durch, und vervollständigen Sie die folgenden Lückentexte.

ÖKOLOGIE

Ökologie ist _____. Sie untersucht _____ und _____. Ökologie untersucht auch, wie die _____ funktionieren. Sie hat mit _____ nichts zu tun.

NATURSCHUTZ

Naturschutz ist _____. Er basiert auf den _____ der Ökologie. Für den Naturschutz sind auch _____ Faktoren wichtig. Naturschutz arbeitet mit _____, die es den Menschen verbieten, Grashüpfer, Käfer oder Kaulquappen mit nach Hause zu nehmen.

Naturschutz ist angewiesen auf viele _____, die die Arten genau _____ und _____ Aussagen machen.

NATURSCHUTZ UND UMWELTSCHUTZ

Der Naturschutz versucht die _____ Prozesse am Laufen zu erhalten, damit die Welt _____ bleibt. Zusammenfassend kann man sagen, der Naturschutz ist ein Schutz _____ und _____ dem Menschen. Naturschutz ist nur möglich, wenn der Mensch weite _____ nicht betreten darf. Naturschutz ist eng mit _____, _____ und _____ verbunden.

UMWELTSCHUTZ

Umweltschutz ist _____ durch Wissenschaft und Technik. Der Umweltschutz versucht durch _____ die Umweltzerstörung zu korrigieren. Umweltschutz ist nicht billig: er kostet _____ und _____. Umweltschutz hat eine enge Beziehung mit _____.

ARTENSCHUTZ

Artenschutz ist der Schutz von _____ und _____. Schon früh gab es die ersten _____. Artenschutz ist eine Methode des _____. Auf Grönland z.B. schießen die Kinder der Eskimos auf _____. In tropischen Gebieten sind z.B kaum noch _____ zu sehen, dafür aber gibt es viele _____ im Delta des Parana und des Rio Uruguay. Zum Schutz der Arten ist das _____ geschlossen worden. Seltene _____ und _____ werden nun an den Grenzen konfisziert. Artenschutz ist eng mit _____ verbunden.

BIOTOPSCHUTZ

Der Biotopschutz hat eine enge Beziehung mit dem _____ und dem _____. Der Biotopschutz garantiert, daß ein _____ mit einer vernünftigen _____ für seltene Tiere und Pflanzen vorhanden ist. Z. B. der seltene Weißstorch verlangt als Lebensraum ausgedehnte _____ und eine charakteristische _____.

B. Vergleichen Sie die Definitionen von „Ökologie", „Naturschutz", „Umweltschutz", „Artenschutz" und „Biotopschutz" mit Ihren eigenen Definitionen auf der Seite 110. Wo sind Gemeinsamkeiten, wo Unterschiede zu finden? Welchen Begriff haben Sie am präzisesten definiert?

C. Wie beantwortet der Text die folgenden Fragen?

1. Wie alt ist die wissenschaftliche Ökologie?
2. Warum hat die Ökologie mit der Umweltverschmutzung primär nichts zu tun?
3. Was verbieten die Naturschutzgesetze den Kindern?
4. Warum ist der Tierschutz oft naturschutzfeindlich?
5. Was war historisch der Beginn des Artenschutzes?
6. Was geschah mit Tierarten, die nicht geschützt wurden?
7. Was ist das „Washingtoner Artenabkommen"? Welche Ausnahmen gewährt das internationale Artenabkommen?
8. Welches Beispiel gibt der Text für die „Entfremdung des Menschen von der Natur"?

HERMANN REMMERT
PROFESSOR FÜR BIOLOGIE AN DER UNIVERSITÄT LAHNBERGE

Naturschutz

Der Begriff Ökologie

1 Ökologie ist eine nunmehr über hundert Jahre alte strenge Naturwissenschaft, sie ist keine Heilslehre. Sie untersucht, welche Faktoren für das Vorkommen von Pflanzen, Tieren und Mikroorganismen entscheidend sind, sie untersucht, wie die Populationen dieser Organismen langfristig auf einem
5 ungefähr gleichmäßigen Niveau gehalten werden, und studiert als Synthese aus beidem, wie unsere Ökosysteme funktionieren [...]

An Umweltverschmutzung dachte man dabei nicht, und noch heute hat die wissenschaftliche Ökologie mit Umweltverschmutzung primär nichts zu tun. Das ist gut und berechtigt so: wir wissen noch immer viel zu wenig über
10 das normale Funktionieren in unseren Ökosystemen. Ebenso wie die medizinische Wissenschaft ja zunächst das normale Funktionieren des menschlichen Körpers analysieren und kennen muß, so muß die Ökologie das normale Funktionieren unseres Raumschiffs Erde bis in Einzelheiten kennen, ehe wirkliche Heilungsvorschläge bei Umweltverschmutzung gemacht
15 werden können.

Naturschutz – angewandte Ökologie

Nach einem Wort von Wolfgang Erz ist der Naturschutz mit der Ökologie etwa so verwandt wie die Technik mit der Physik. Ebenso wie ein Physiker sich nur begrenzt für das Funktionieren von technischen Apparaturen interessiert und nur begrenzt daran denkt, solche selbst zu konstruieren, sondern daran, die Grundlagen zu erforschen, aufgrund derer technische Apparaturen erst konstruiert werden können, ebenso erforscht der Ökologe die Grundlagen, aufgrund derer Naturschutz bei uns möglich ist. Naturschutz basiert also auf den Grundlagen der Ökologie, man muß jedoch andere Grundlagen – wie etwa sozioökonomische Faktoren – mit in die Betrachtung einbeziehen [...]

Der Naturschutz muß also notgedrungen auf ungenügenden Grundlagen aufbauen. Da er aber in kürzester Zeit möglichst gute Ergebnisse bringen möchte, schießt er heute vielfach übers Ziel hinaus. So verhindern die neuen Naturschutzgesetze z.B., daß ein Kind Grashüpfer, Käfer oder Kaulquappen aufheben und mit nach Hause nehmen darf. Bei strenger Befolgung wird ein Kind nie die Zerbrechlichkeit der freien Natur erfahren. Es wird nie erfahren, wie gefährdet die Systeme sind, von denen wir alle abhängen. Es wird nur die Situation im Wald, im Feld, am Wasser einschätzen als „alles ist verboten". Damit ziehen wir eine neue Generation von Menschen heran, denen jeglicher Sinn für Natur und für Naturschutz fehlen muß. Wenn es dann schon so weit ist mit unseren lebenden Mitgeschöpfen, dann hat das Bemühen um eine Erhaltung keinen Sinn mehr. Dann ist alles nicht mehr notwendig. Es muß möglich sein, daß Kinder Pflanzen und Tiere im Freien erfassen im wahrsten Sinne des Wortes. Der Naturschutz ist angewiesen auf viele Fachleute, die das unendliche Heer der Pflanzen und Tiere (insbesondere Schnecken und Insekten) genau kennen. Ohne genaue Artenbestimmung sind ökologische Aussagen und naturschützerische Aussagen vielfach sinnlos.

Tierschutz ist nicht Naturschutz

Mit dem Naturschutz verwechselt wird häufig der Tierschutz, der, obwohl unbestritten notwendig, eigentlich keinerlei Berührungspunkte mit dem Naturschutz hat. Besonders in seinen heutigen extremen Formen ist der Tierschutz eher als naturschutzfeindlich anzusehen. Wenn Tierschützer beispielsweise aus Nerzfarmen die Tiere „befreien", so ist dieses die übelste Tierquälerei, denn „befreite" Nerze haben in der Freiheit keinerlei Überlebenschance und gehen elendig zugrunde. Falls aber einer unter Hunderten einmal überleben sollte, so stört er eindeutig das ökologische Beziehungsgefüge.

Naturschutz und Umweltschutz

Der Umweltschutz schließlich ist die heute absolut notwendige Wissenschaft und Technik von der Begrenzung von Umweltschäden, die durch die heutigen, viel zu vielen Menschen und ihre Technik entstehen. Der Umweltschutz versucht, diese Schäden mit technischen Mitteln zu minimieren oder, wenn sie entstehen, wieder aufzufangen. Der Naturschutz versucht, die ökologischen Prozesse zu erhalten, die die Entstehung des Menschen und all der Ökosysteme um ihn erlaubten. Der Umweltschutz versucht, durch technische Hilfsmittel diese Systeme, wenn sie durch den Menschen und seine Tätigkeit zerstört sind, zu korrigieren. Der Umweltschutz versucht also letzten Endes das gleiche, was der Naturschutz versucht, aber seine Tätigkeit ist nicht kostenfrei: sie kostet Energie und Material. Der Naturschutz dagegen versucht, die ökologischen Prozesse, die sowieso in einer ungestörten Welt ablaufen würden, am Laufen zu erhalten und damit die Welt bewohnbar zu halten.

Das sind die Ziele. Sie werden häufig nicht genügend gesehen, und sie werden häufig nicht erreicht. Man muß sie jedoch sehen, wenn man die einzelnen Disziplinen beurteilen will [...]

Der Naturschutz ist also ein Schutz für den Menschen, aber er ist auch ein Schutz vor dem Menschen. Der Mensch zerstört zu leicht, was er unbewußt liebt. Naturschutz ist nur möglich, wenn der Mensch aus weiten Gebieten ausgesperrt bleibt. Wir können Naturschutz nur betreiben, wenn diese freiwillige Übereinkunft der Menschen wirklich durchsetzbar ist.

Artenschutz

Der Naturschutz begann, als verantwortungsbewußte Menschen erstmalig sahen, daß Tiere und Pflanzen unserer Heimat zunehmend verschwanden. Es waren spektakuläre Arten – Edelweiß, Stein- und Seeadler, weißer und schwarzer Storch, Kranich, Trollblume, sibirische Schwertlilie, Frauenschuh und Türkenbund. Die Menschen machten darauf aufmerksam, dann gab es die ersten Schutzbestimmungen; das Sammeln der Blumen für den Handel, dann das Sammeln der Blumen überhaupt und schließlich die Jagd auf bestimmte Tierarten wurden verboten. Wir bezeichnen diese Methode des Naturschutzes heute als den Artenschutz [...]

In Ländern, wo dieser Gedanke des Vogelschutzes die Menschen noch nicht erfaßt hat, wandert man durch eine völlig tierleere Landschaft. Das ist auf Grönland so, wo die Kinder der Eskimos sich im Jagen üben, indem sie mit Gewehren auf alles Lebendige in der unmittelbaren Umgebung der Siedlung Jagd machen. Das ist bei relativ kleinen Siedlungen an der Ostküste von Grönland genauso der Fall wie bei den großen städtischen Siedlungen mit

Hochhäusern an der Westküste (Nuuk): Die Siedlungen sind umgeben von herrlicher Tundra, aber man sieht kein Tier, man findet nur in großer Zahl Patronenhülsen in der Vegetation liegen. Das gilt in gleicher Weise natürlich auch in tropischen Gebieten. In der Nähe der 12-Millionenstadt Buenos Aires vereinigen sich die Riesenflüsse des Parana und des Rio Uruguay zum Rio de la Plata; im Vereinigungsgebiet haben wir ein Delta von mehr als 100 qkm Feuchtland. Hier stehen unendlich viele Wochenendhäuser, Clubhäuser, Vereinshäuser von Segelvereinen und Rudervereinen, und man kann mit einem Motorboot die Kanäle durchfahren. Ich habe das getan, aber ich habe während einer vielstündigen Fahrt nur einen einzigen, sehr scheuen Reiher gesehen und sonst nichts an Vögeln – von ein paar sehr kleinen, sehr scheuen Individuen abgesehen, die ich nicht so schnell und auf so große Entfernung identifizieren konnte. Patronenhülsen gibt es mehr.

Der Artenschutz hat also dort Erhebliches bewirkt, wo dem Menschen klar gemacht wurde, daß ein Vernichten der Vögel sinnlos, schädlich und ethisch nicht vertretbar ist, und wo allein diese vom Menschen geleistete Vernichtung für den Rückgang der Vögel verantwortlich ist.

Aus diesem Grunde ist das Washingtoner Artenschutzabkommen geschlossen worden, dem inzwischen alle wichtigen Kulturnationen beigetreten sind. Es besagt, daß seltene Pflanzen und Tiere sowie ihre Teile (etwa Stoßzähne von Elefanten) nicht mehr über Grenzen gebracht werden dürfen und an jeder Grenze ersatzlos einzuziehen sind. Ausnahmen können nur mit einer speziellen Genehmigung der Behörde des Herkunftslandes gewährt werden (so exportiert Südafrika, wo der Elefantenbestand noch immer sehr groß und völlig ungefährdet ist, legal Elfenbein in genau kontrollierter Menge, und dies Elfenbein ist wohl das einzige, welches derzeit legal auf dem internationalen Markt ist).

Biotopschutz

Aus all dem ergibt sich: Ein Artenschutz ist nur möglich, wenn für die betreffenden Arten auch ein Lebensraum mit einer vernünftigen Nahrungsbasis vorhanden ist. Schutz von Arten ohne Lebensraum mit genügender Nahrungsbasis kann nur für eine kurze Übergangszeit möglich sein. Mit dem Erhalten der Lebensräume für bestimmte Tiere aber ergibt sich etwas anderes: Die eine Art, die wir schützen, deren Bestand wir bewahren, etwa der Weißstorch, verlangt als Lebensraum ausgedehnte Naßwiesen mit Fröschen, Kleinfischen, mit Insekten (wie Libellen) und natürlich eine sehr charakteristische Pflanzenwelt [...]

Mehlschwalbennester werden noch heute von Hauswänden abgestochert, weil man den Kot dieser Tiere nicht will. Storchnester werden wegen des Kotes von einem Dach abgestoßen. Beides ist innerhalb der letzten 10 Jahre in der Bundesrepublik geschehen. Das ist nicht nur eine Gesetzesübertretung, das ist eine so tiefgreifende Entfremdung der betreffenden Menschen von der Natur, daß diese Geisteshaltung für das Überleben der Menschheit gefährlich sein kann. Hier hat Aufklärungsarbeit einzusetzen. Der Mensch hat zu lernen, daß Naturschutz kein egoistisches Ziel irgendeiner Gruppe ist, sondern der Versuch, für unsere Kinder und Kindeskinder ein Überleben zu sichern. Naturschutz hört an den eigenen vier Wänden nicht auf: Er sollte dort anfangen.

INTENSIVES TEXTSTUDIUM

FRAGEBOGEN

A. Erklären Sie die vom Autor hergestellte Analogie zwischen der Medizin und der Ökologie.

B. Warum ist die Ökologie keine Heilslehre? Begründen Sie Ihre Antwort mit Beispielen aus dem Text.

C. Erläutern Sie in eigenen Worten, wie der Autor die Analogiepaare Ökologie – Naturschutz und Physik – Technik versteht.

D. „Der Naturschutz ... schießt ... heute vielfach übers Ziel hinaus". Was bedeutet dieser Satz? Welche Haltung nimmt der Autor zum Naturschutz ein? Welche konkreten Beispiele gibt er für diese These?

E. Wie verstehen Sie das Argument im letzten Satz des Abschnitts „Tierschutz ist nicht Naturschutz"? Wie kann ein befreiter Nerz das ökologische Beziehungsgefüge stören?

F. Erklären Sie den Satz: „Der Naturschutz versucht, die ökologischen Prozesse zu erhalten ...". Welche ökologischen Prozesse sind gemeint? Sind diese ökologischen Prozesse notwendig für das menschliche Überleben? Geben Sie spezifische und konkrete Beispiele.

G. Welche Voraussetzung muß erfüllt sein, um effektiv Naturschutz zu betreiben?

H. Was wurde dem Menschen durch das Sterben der Vögel klar gemacht? Warum hat dies solange gedauert?

I. Welche Geisteshaltung kann für das Überleben der Menschen gefährlich sein? Warum ist diese Geisteshaltung als „tiefgreifende Entfremdung des Menschen von der Natur" zu verstehen? Welche beiden Beispiele gibt der Autor? Welche anderen Beispiele können Sie aus Ihrer persönlichen Erfahrung hinzufügen?

J. Lösen Sie das folgende Rätsel. Wie viele Begriffe haben Sie richtig erraten?

```
☐ Biolog. Dimension      ☐ Wissenschaft von      ☐ Lebewesen, die in
  eines Lebensrau-         der Beziehung des       allen wesentlichen
  mes: Vorkommen und       Organismus zu seiner    Merkmalen überein-
  Beziehung von Pflanzen   umgebenden Umwelt.      stimmen und miteinander eine
  und Tieren an einem                              Fortpflanzungsgemein-
  bestimmten Ort.                                  schaft bilden.

☐ Die Wirkungsfak-      Welche Begriffe gehören  ☐ Handlungen und
  toren für Lebe-       zu den umstehenden         gesetzliche Rege-
  wesen, die deren      Beschreibungen?            lungen, mit denen dem
  Lebensbedingungen                                Menschen seine natürli-
  und das Verhalten     **1. Umwelt**              che Umwelt erhalten bzw.
  bestimmen; als soge-  **2. Naturschutz**         wiederhergestellt werden
  nannte Eigenwelt      **3. Umweltschutz**        soll, um ihn vor Schäden
  nicht von einem Lebe- **4. Ökologie**            zu bewahren.
  wesen auf ein anderes **5. Population**
  übertragbar.          **6. Ökosystem**
                        **7. Art**
                        **8. Biotop**

☐ Die Beschreibung      ☐ Handlungen und        ☐ Gruppe von Lebe-
  von Lebewesen           Gesetze, die das        wesen, die an einem
  unterschiedlicher Arten Ziel haben, die natürli- Ort leben und zur glei-
  im Zusammenhang         che bzw. naturnahe      chen Art gehören.
  ihres gemeinsamen       Umwelt zu erhalten.
  Lebensraumes – als
  Einheit betrachtet.
```

NACH DEM LESEN

STELLUNGNAHMEN UND INTERPRETATIONEN

A. Nehmen Sie zu den folgenden Fragen und Gedanken Stellung.

1. Sind Sie, wie Professor Remmert, der Meinung, daß die Ökologie „das normale Funktionieren unseres Raumschiffs Erde bis in Einzelheiten kennen" muß? Warum? Warum nicht?

2. Wie würden Sie sich fühlen, wenn vieles, was in der freien Natur zu erleben ist, per Gesetzgebung im Namen der Natur verboten wird? Haben wir dann als naturfreudige Menschen das Ziel vollkommen aus den Augen verloren?

3. Würden Sie lieber Ihrem Kind die seltenen Tiere und Pflanzen unseres Planeten in der freien Natur zeigen oder hinter Gittern im Zoo und hinter dicken Glasscheiben im Arboretum?

4. Glauben Sie auch, wie Professor Remmert, daß einige Naturschutzgesetze zu extrem und daher naturschutzfeindlich sind? An welche Gesetze denken Sie?

5. Können Sie sich vorstellen, durch eine völlig tierleere Landschaft zu wandern? Welche Gefühle hätten Sie dabei?

6. Ein Thema im Text ist Tierquälerei. Kennen Sie Beispiele der Tierquälerei? Welche? Welche Behandlung von Tieren schockiert Sie am meisten?

7. „Ein Tier fühlt Schmerz genau wie ein Mensch." Was halten Sie von Versuchstests mit Tieren und von Vivisektion?

8. Ist ein Mensch, der in einer Großstadt lebt, von der Natur entfremdet? Sind Sie persönlich noch mit der Natur verbunden? Was erfreut Sie in der Natur am meisten? In welcher Art Landschaft fühlen Sie sich wohl? In welcher fühlen Sie sich nicht wohl?

9. Was verstehen Sie persönlich unter Naturschutz? Welche Ziele sollte er verfolgen? Was sind die Nachteile des Naturschutzes?

B. Schauen Sie sich das Schaubild „Der tropische Regenwald ist unersetzlich" an, und beantworten Sie die folgenden Fragen.

1. Welchen Textabschnitt illustriert das Schaubild am besten?

2. Für welche Kategorie des Naturschutzes ist der Tropenschutz ein gutes Beispiel?

3. Was bedeutet „Der Tropenwald ist eine Kinderstube des Lebens"?

4. Der Text im Schaubild nennt konkrete Folgen der Vernichtung tropischer Gebiete. Welche?

5. Welche Folgen der Vernichtung tropischer Gebiete enthält das Schaubild, die nicht im Text genannt werden?

6. Welche Folgen könnte die Abholzung des Regenwaldes außerdem haben, besonders für die Tierwelt, für die Menschen und für die internationale Wirtschaft?

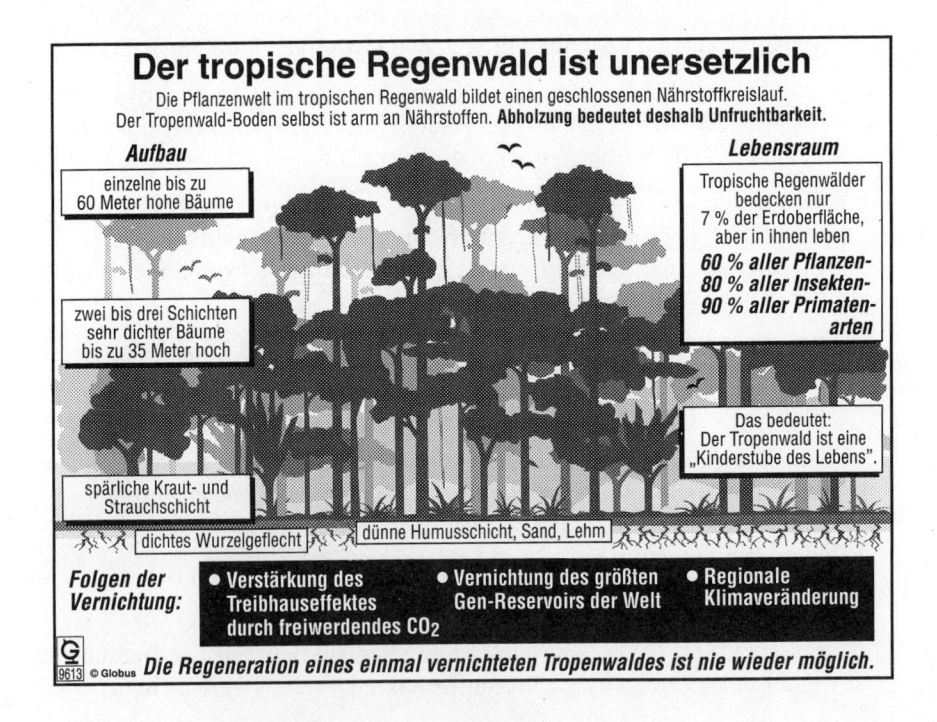

Der tropische Regenwald ist unersetzlich

Die Pflanzenwelt im tropischen Regenwald bildet einen geschlossenen Nährstoffkreislauf. Der Tropenwald-Boden selbst ist arm an Nährstoffen. **Abholzung bedeutet deshalb Unfruchtbarkeit.**

Aufbau
- einzelne bis zu 60 Meter hohe Bäume
- zwei bis drei Schichten sehr dichter Bäume bis zu 35 Meter hoch
- spärliche Kraut- und Strauchschicht
- dichtes Wurzelgeflecht
- dünne Humusschicht, Sand, Lehm

Lebensraum
Tropische Regenwälder bedecken nur 7 % der Erdoberfläche, aber in ihnen leben
60 % aller Pflanzen-
80 % aller Insekten-
90 % aller Primaten-
arten

Das bedeutet: Der Tropenwald ist eine „Kinderstube des Lebens".

Folgen der Vernichtung:
- Verstärkung des Treibhauseffektes durch freiwerdendes CO₂
- Vernichtung des größten Gen-Reservoirs der Welt
- Regionale Klimaveränderung

Die Regeneration eines einmal vernichteten Tropenwaldes ist nie wieder möglich.

GESPRÄCHSRUNDE

A. Das Washingtoner Artenabkommen schützt bestimmte Tierarten vor dem Aussterben, indem es Quoten zur Jagd von Tieren aufstellt, z.B. zur Jagd nach Walen. Was halten Sie von solchen Quoten? Sind sie wirklich notwendig? Das Artensterben ist schließlich ein natürlicher Vorgang, wie es das Aussterben des Dinosauriers beweist. Teilen Sie die Gruppe in „Tierschützer" und „Tierschutzgegner" ein. Bringen Sie plausible Argumente zu beiden Standpunkten, und erstatten Sie der Klasse Bericht.

B. Ein Philosoph hat einmal gesagt: „Wenn der Mensch ein Mensch sein will, muß er mit Tieren zusammenleben." Teilen Sie Ihre Gruppe in zwei Fraktionen ein. Als „Repräsentanten der Tiere" sammeln Sie Beispiele dafür, wie das Tier dem Menschen nicht nur ein Freund und Helfer ist, sondern dem Menschen überlegen ist. Als „Repräsentanten der Menschen" sammeln Sie Beispiele dafür, wie der Mensch dem Tier überlegen ist, und welche konkrete Verantwortung er für das Tier hat.

C. Sie sind Naturforscher in Alaska. Als Repräsentant der westlichen Kultur erklären Sie den Kindern der Eskimos, daß das Vernichten von Tieren zur Jagdübung sinnlos und verantwortungslos ist. Beachten Sie aber bei Ihrer Argumentation, daß die Jagd seit Jahrhunderten ein fester Bestandteil der Eskimokultur ist. Welche Argumente bringen Sie vor?

D. Als Mutter und Vater einer kinderreichen Familie sind Sie schockiert, daß Ihr Kind keine „Grashüpfer, Käfer oder Kaulquappen aufheben und mit nach Hause nehmen darf". Besprechen Sie mit anderen Eltern in der Elterngruppe „Kind und Natur", was Ihr Kind konkret von „Mutter Natur" lernen kann, warum die Tiere „Lehrer" für Ihr Kind sind, und warum die Natur eine „Künstlerin" ist. Fassen Sie Ihre Gedanken in einem Gruppenprotokoll zusammen.

E. Recherchieren Sie in der Bibliothek das Programm einer Umweltschutzgruppe (z.B. Sierra Club, Greenpeace, Humane Society, International Whaling Commission, International Fur Trade Confederation usw.), und stellen Sie es kritisch dem Rest der Klasse vor.

SCHRIFTLICHES

A. Lieber Herr Jäger! Schreiben Sie aus der Perspektive eines Tieres (Storch, Robbe, Panda Bär, Walroß usw.) einen Brief an den Jäger, mit der Bitte, den Tieren gegenüber verantwortlich zu sein. Behandeln Sie auch die Rechte der Tiere, die Verpflichtungen der Menschen gegenüber den Tieren und den heutigen Stand des Tierschutzes.

B. Umweltschutz schadet der Wirtschaft. Setzen Sie sich kritisch mit diesem Argument gegen den Umweltschutz auseinander.

C. Entwerfen Sie ein Flugblatt mit einem Werbetext für den Besuch einer Natur- und Umweltschutzveranstaltung oder für den Besuch in einem Zoo.

D. Warum ist ein Zoo wichtig? Welche Lehrfunktion hat ein Zoo?

E. Schreiben Sie eine Erzählung mit folgendem Anfang:

Liebe Tochter/Lieber Sohn!
Es bedrückt mich zutiefst, daß du nie ein Edelweiß, einen weißen Storch und viele andere wunderbare Tier- und Pflanzenarten zu sehen bekommst ...

F. Naturschutz – Artenschutz – Biotopschutz – Umweltschutz. Klären Sie den Inhalt dieser Begriffe, grenzen Sie diese Begriffe gegeneinander ab, ordnen Sie sie nach ihrer Wichtigkeit, und beurteilen Sie kritisch ihren praktischen Nutzen.

»Ich jedenfalls verleih' nie wieder etwas!«

TEXT 2

DIE 7 TODSÜNDEN

VOR DEM LESEN

WISSENSAKTIVIERUNG UND HYPOTHESENBILDUNG

A. Welche Bilder entstehen vor Ihren Augen, wenn Sie den Zentralbegriff „Todsünde" in seinen zusammengesetzten Teilen (Tod + Sünde) lesen?

B. Der Titel „Die 7 Todsünden" ist allen anderen Einzelüberschriften (1 – Wüsten werden wachsen; 2 – Gift in der Nahrung usw.) übergeordnet und spielt eine Rolle für den gesamten Text. Warum wurde die symbolische Zahl 7 gewählt? Nennen Sie einen anderen wichtigen Text, in dem die Zahl 7 auch eine besondere Rolle spielt.

C. Lesen Sie den folgenden Titeltext „Die 7 Todsünden". Mit welchen spezifischen Problemen soll sich der Leser kritisch auseinandersetzen?

Die 7 Todsünden

Fünf Milliarden Menschen leben auf der Erde – und bringen sie um. Verseuchen Wasser, Luft und Boden, holzen die Wälder ab. Vom Umweltgipfel in Rio ist keine Wende zu erwarten. Der STERN hat internationale Experten befragt, was zu tun ist.

WIE LANGE HALTEN WIR DAS NOCH AUS?

D. Welches Ziel verfolgt die Frage „Wie lange halten wir das noch aus"? Wie ist der Ton in der Frage? Ist er sachlich, emotional, verzweifelt, ernsthaft, ironisch, die Zukunft fürchtend, appellierend, ermahnend?

E. Das Zeitverb „aushalten" in der Frage „Wie lange halten wir das noch aus?" deutet auf eine bestimmte Zeit der Menschheitsgeschichte hin. Welcher Zeitpunkt ist gemeint?

F. Welchen Inhalt erwarten Sie in jedem der sieben Texte zu bestimmten Umwelt - „Todsünden"? Tragen Sie Ihre Erwartungen an jeden Text in das folgende Geo-Schema ein. Nachdem Sie jeden Text mehrmals gründlich gelesen und in der Klasse diskutiert haben, kommen Sie bitte auf das Geo-Schema zurück, und vervollständigen Sie es mit den im Text enthaltenen Fakten. Vergleichen Sie Ihre Erwartungen mit den Fakten.

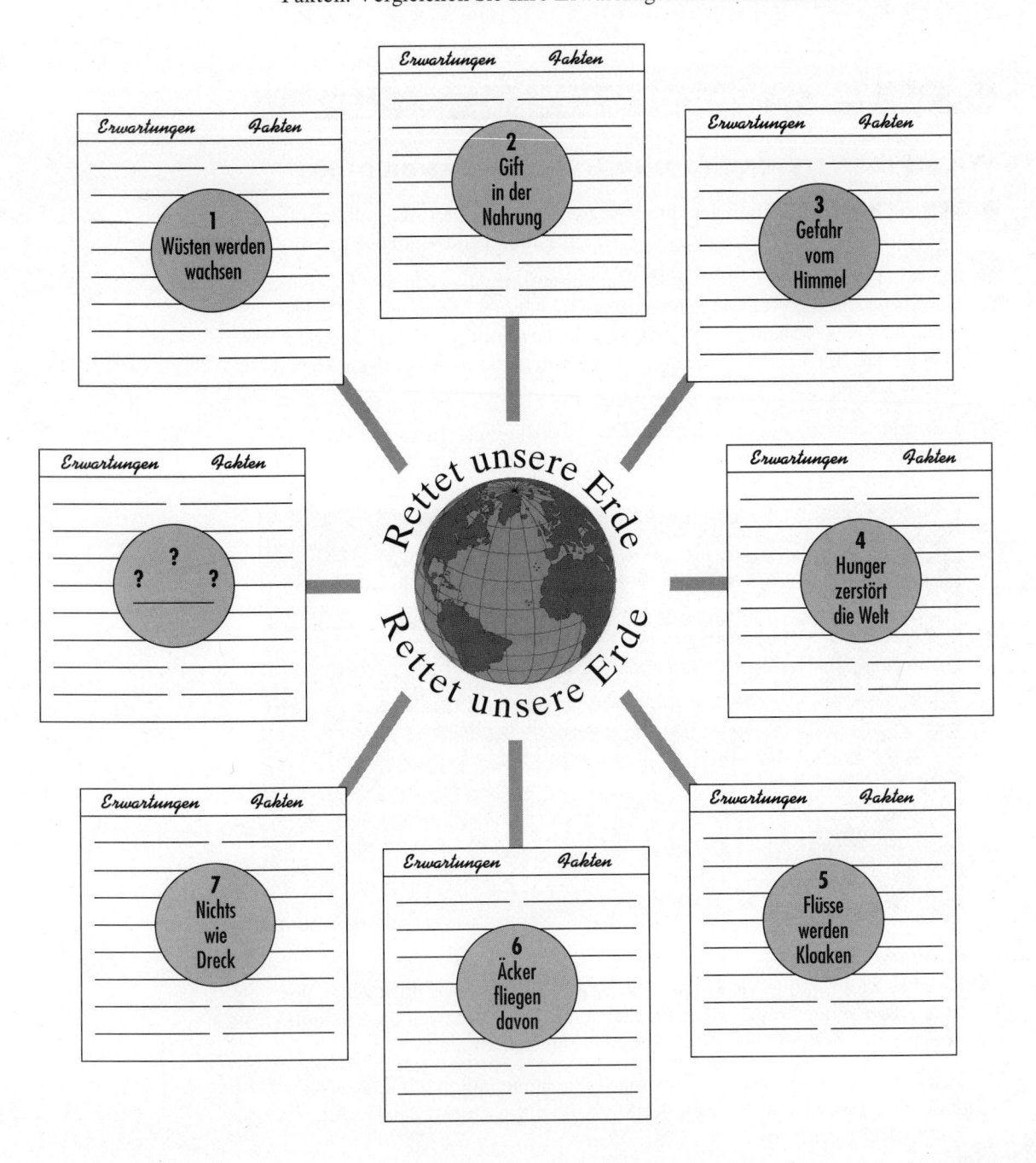

Rettet unsere Erde

1. Wüsten werden wachsen
2. Gift in der Nahrung
3. Gefahr vom Himmel
4. Hunger zerstört die Welt
5. Flüsse werden Kloaken
6. Äcker fliegen davon
7. Nichts wie Dreck

(Erwartungen / Fakten)

124 Thema 3

ORIENTIERUNG MIT LESENOTIZEN

Lesen Sie die folgenden Fragen, ohne sie zu beantworten. Versuchen Sie, aus der Art der Fragen, den Inhalt des Lesetextes einzugrenzen. Erst wenn Sie den Text komplett gelesen haben, versuchen Sie, die folgenden Fragen zu beantworten.

❶ WÜSTEN WERDEN WACHSEN

1. Was versteht man unter „Treibhauseffekt"? Welche Konsequenzen hat er für unseren Planeten, und was kann gegen ihn getan werden?
2. Warum gilt das Kohlendioxid (CO_2) als die Hauptursache für den Treibhauseffekt, und welche Möglichkeiten hat die Menschheit, den Treibhauseffekt einzudämmen oder ganz zu beseitigen?

❷ GIFT IN DER NAHRUNG

1. Zu welchen Gefahren für Menschen, Tiere und Pflanzen führt die Pestizidanwendung in der Landwirtschaft?
2. Wie läßt sich die Pestizidgefahr beseitigen?

❸ GEFAHR VOM HIMMEL

1. Welche „Gefahr vom Himmel" bedroht die Menschheit?
2. Wofür ist die Ozonschicht wichtig?

❹ HUNGER ZERSTÖRT DIE WELT

1. Welche Probleme resultieren aus einer globalen Überbevölkerung?
2. Warum ist die Armut in der Dritten Welt auch ein Problem für die reichen Länder?

❺ FLÜSSE WERDEN KLOAKEN

1. Was ist das „Wasserproblem", und durch welche Statistiken wird das Problem illustriert?
2. Wie kann das Wasserproblem weltweit gelöst werden?

❻ ÄCKER FLIEGEN DAVON

1. Was ist Erosion, wodurch wird sie bewirkt, und welche Gefahren hat sie für das Überleben der Menschheit?
2. Welches Schutzprogramm hat die amerikanische Regierung mit Erfolg verwirklicht?

❼ NICHTS WIE DRECK

1. Welche konkreten Alternativen zur Reduzierung von Müll werden im Text genannt?
2. Was ist Giftmüll, und wie wird er oft in den Industrieländern beseitigt?

Die 7 Todsünden

Die 7 Todsünden

PROFESSOR HARTMUT GRASSL
KLIMAFORSCHER AM MAX-PLANCK INSTITUT FÜR METEOROLOGIE IN HAMBURG

❶ Wüsten werden wachsen

Wenn die Menschheit nichts gegen den von ihr verursachten **TREIBHAUSEFFEKT** unternimmt, steigen die Temperaturen bis Ende des nächsten Jahrhunderts global um durchschnittlich drei Grad. Die Folgen: Die Wüsten werden sich ausdehnen, Zahl und Stärke tropischer Wirbelstürme zunehmen, und der Meeresspiegel wird um etwa einen halben Meter steigen. Vor allem werden sich die Klimazonen um Hunderte von Kilometern verschieben. Dadurch wird sich das Artensterben noch mehr beschleunigen. Und weil sich die Wälder und Nutzpflanzen in den armen Ländern der Welt nicht schnell genug der Klimaveränderung anpassen können, drohen Hungersnöte.

Um das zu vermeiden, muß der Ausstoß von Kohlendioxid (CO_2) schleunigst verringert werden – vor allem in den reichen Industriestaaten. Denn CO_2, das beim Verfeuern von Erdöl, Kohle und Gas entsteht, ist der Hauptschuldige für den Treibhauseffekt. Einmal in der Luft, läßt das Gas den Sonnenschein zwar ungehindert zur Erde durch, bremst aber die Wärmerückstrahlung in den Weltraum.

Wir müssen lernen, sparsamer mit den fossilen Brennstoffen umzugehen, etwa durch den Ausbau der Fernwärme, durch bessere Wärmedämmung beim Hausbau oder die Verlagerung von Gütertransporten auf die Schiene. Außerdem sollten die durch das Verfeuern von Benzin, Heizöl oder Erdgas entstehenden Umweltschäden mit in den Brennstoffpreis eingerechnet werden, um der noch zu teuren Sonnen- und Windenergie eine Chance zu geben.

DR. MICHAEL BRAUNGART
HAMBURGER UMWELTINSTITUT

❷ Gift in der Nahrung

Pflanzen„schutz"mittel nennen die Pestizid-Produzenten ihre Chemikalien zur Tötung von Tieren und Pflanzen. Weltweit verseuchen **PESTIZIDE** das Grundwasser. Dabei gibt es für zwei Drittel von ihnen keine standardisierten Nachweisverfahren, auch nicht für ihre Zerfallsprodukte, die oftmals weit gefährlicher sind als die Pestizide selbst.

Pestizide schädigen die oftmals schlecht ausgebildeten Anwender vor allem in den Entwicklungsländern. Sie reichern sich in Nahrungsmitteln an, beeinträchtigen das Immunsystem und verursachen Allergien und Krebs.

Dabei gäbe es Lösungen: Zum Beispiel könnten diese Chemikalien so mit „Sollbruchstellen" ausgestattet sein, daß sie in ungefährliche Stoffe zerfallen, statt sich in Nahrungsketten anzureichern oder über gefährliche Zerfallsprodukte den Menschen zu schaden.

Vor etwa drei Jahren hatten Fachleute der beiden weltgrößten Produzenten Ciba Geigy und Bayer Konzepte entwickelt, wie Chemie-Unternehmen trotz weniger Pestizid-Produktion mehr Geld verdienen können: indem sie den Bauern statt der Gifte Versicherungen gegen das Risiko von Mißernten verkaufen. Oder einen Service zur sparsamen Anwendung der Gifte. Es ist bei diesen Planspielen geblieben.

Was aber ist tatsächlich zu tun? Städte, Gemeinden, Bund und Länder sollten ihre öffentlichen Einrichtungen (Krankenhäuser, Schulen) nur mit Lebensmitteln versorgen, die ohne Pestizide hergestellt wurden.

Würde die Bundesregierung ihre eigenen Gesetze ernst nehmen, müßten Pestizide sowie deren Abbauprodukte ausnahmslos verboten werden, sobald sie im Grundwasser nachweisbar sind.

Wenn sich die Pestizid-Industrie nicht reformfähig zeigt, bleibt nichts anderes übrig, als die Pestizid-Anwendung vollständig zu unterbinden.

DR. DIETER PERNER
MITARBEITER DER ABTEILUNG FÜR
LUFT-CHEMIE AM
MAX-PLANCK-INSTITUT IN MAINZ

❸ *Gefahr vom Himmel*

Die Zerstörung am Himmel geht weiter. Über Europa hat nach Satellitenmessungen in den vergangenen Jahren die **OZONSCHICHT** um sechs bis acht Prozent abgenommen. Bis zum Jahr 2000, so fürchten einige meiner Kollegen, könnte der globale Schutzschild gegen die krebserregende Ultraviolettstrahlung der Sonne bis zu einem Drittel dünner werden. Daran würde auch ein sofortiger Stopp der Herstellung aller chlorhaltigen Gase wie der Fluorchlorkohlenwasserstoffe (FCKW) nichts ändern.

Ein Effekt wäre erst in etwa zehn Jahren zu spüren. So lange brauchen FCKW, um von den unteren Luftschichten in 25 bis 30 Kilometer Höhe zu steigen. Dort wird durch die Sonnenstrahlen das ozonzerstörende Chlor aktiviert. Noch einmal 70 bis 100 Jahre dürfte es nach einem FCKW-Produktionsstopp dauern, bis die Ozonschicht wieder ihre einstige Stärke erreicht.

Bisher aber steigt die weltweite Herstellung von FCKW. Ein regelrechtes Ozonloch wie über der Antarktis wird es über dem Nordpol trotzdem nicht geben. Dazu sind die Wettervorgänge zu unterschiedlich. Doch sind chemische Vorgänge über der winterlichen Arktis dafür verantwortlich, daß der Ozonschirm über Europa dünner wird.

Meiner Meinung nach müssen die FCKW weltweit verboten werden. Das müßte auch für die meisten Ersatzstoffe gelten, weil viele ebenfalls das ozonzerstörende Chlor enthalten, wenn auch weniger. Ihr einziger Vorteil: Sie wirken nicht so lange nach. Ihr Produktionsstopp würde die Ozonschicht sofort entlasten.

MAHBUB UL HAQ
SONDERBERATER DER VEREINTEN
NATIONEN, EHEMALIGER FINANZ-
UND PLANUNGSMINISTER
VON PAKISTAN

❹ *Hunger zerstört die Welt*

In den vergangenen 40 Jahren hat sich die Weltbevölkerung mehr als verdoppelt. 5,3 Milliarden Menschen leben

heute auf der Erde, in 40 Jahren werden
es zehn Milliarden sein. Die daraus
entstehende Belastung für die Umwelt
wird katastrophal sein.

Die **BEVÖLKERUNGSEXPLO-
SION** muß deshalb dringend ver-
langsamt werden: Bis zum Jahr 2000
sollten mindestens 80 Prozent aller
Menschen im zeugungsfähigen Alter mit
den Methoden der Geburtenkontrolle
vertraut sein.

Aber das allein genügt nicht. Denn
die Frage ist, ob der Planet es verkraftet,
wenn der materielle Wohlstand der
reichen Länder auf die ganze Welt
ausgedehnt würde. Klare Antwort: nein.
Der Norden mit einem Fünftel der
Weltbevölkerung verbraucht 70 Prozent
der Weltenergie, 75 Prozent aller
Metalle, 85 Prozent des Holzes und kon-
sumiert 60 Prozent der Nahrungsmittel.
Würden die gleichen materiellen
Standards für den Süden gelten, würden
das Zehnfache der fossilen Brennstoffe
und etwa das Zweihundertfache der
Rohstoffe verbraucht.

Wer die globalen Umweltprobleme
lösen will, muß das Armutsproblem
lösen. Wenn die Armen, um zu überleben, weiter Wälder abholzen und ihre
Natur ausbeuten, wird die daraus resul-
tierende Verringerung der Weltsauer-
stoffreserven und die Umweltver-
seuchung alle treffen.

Überbevölkerung und Überkonsum
müssen wegen der immer kostbarer werdenden Ressourcen gleichrangig behandelt
werden: Es kann nicht ein Wachstums-
modell für den Süden und ein anderes für
den Norden geben.

PROFESSOR HARTWIG DE HAEN
BEIGEORDNETER
GENERALDIREKTOR UND LEITER
DER LANDWIRTSCHAFTSABTEILUNG
DER FAO IN ROM

❺ *Flüsse werden Kloaken*

Wasser wird knapp. Von den rund 1,4
Milliarden Kubikkilometern **WASSER**
der Erde sind nur drei Prozent als
Trinkwasser geeignet und verfügbar.
97 Prozent ist Salzwasser. Der Druck
auf die Wasserreserven ist enorm.
Das Bevölkerungswachstum wird den
Wasserbedarf der Dritten Welt weiter
steigen lassen. Für Asien rechnet man
für den Zeitraum von 1970 bis zum
Jahre 2000 mit einem Plus von mehr als
50 Prozent.

Die Landwirtschaft ist mit 73 Prozent
der weltweit größte Verbraucher, und
gerade bei ihr geht viel zuviel Wasser
verloren. Der Welternährungsrat der
FAO schätzt, daß – wegen unzulänglicher
Bewässerungssysteme – 60 Prozent nutz-
los versickern. Außerdem sind 20 bis 30
Millionen Hektar bewässerten Bodens
mittlerweile so versalzen, daß dort kein
Getreideanbau mehr möglich ist.

Die Industrie verschlingt 21 Prozent,
von denen 87 Prozent als Abwasser ver-
lorengehen, weil es nicht aufbereitet
wird. Nur sechs Prozent wird als
Trinkwasser sowie zum Kochen und
Waschen benötigt. Aber 1,2 Milliarden
Menschen verfügen nicht über sauberes
Trinkwasser und sind in ständiger
Gefahr, deshalb krank zu werden. Schon
heute können sich zwei Drittel der
Menschheit, vor allem in Asien und

Afrika, nicht einmal 50 Liter pro Tag leisten (im Unterschied zu 300 bis 400 Litern in den reichen Industrieländern).

Zu fordern sind weniger Luxuskonsum von Wasser, wassersparende Technologien, sparsamere und effektivere Bewässerung von Feldern sowie ein Menschenrecht auf Trinkwasser.

LESTER R. BROWN
LEITER DES WORLDWATCH INSTITUTE FÜR UMWELTFRAGEN IN WASHINGTON

❻ *Äcker fliegen davon*

Erstmals in der Geschichte der Menschheit wird durch Ausdehnung der Landwirtschaft und durch Waldvernichtung mehr fruchtbarer Boden zerstört, als die Natur neu schaffen kann. Weltweit geht ein Drittel der Ackerkrume durch **EROSION** verloren, wird vom Wind verweht, vom Wasser weggeschwemmt, bis zu 25 Milliarden Tonnen im Jahr, was dem Weizengürtel Australiens entspricht. Dabei müssen wir jährlich 97 Millionen Menschen mehr versorgen – und den zunehmenden Getreidekonsum (USA: 800 Kilo pro Kopf und Jahr; Indien: 200 Kilo) befriedigen.

Das zwingt zum Anbau in erosionsgefährdeten Zonen wie Berghängen und Trockengebieten. In Afrika ist vielerorts die entscheidende Schwelle bereits überschritten: Das Ackerland kann die Bevölkerung nicht mehr ernähren. In Äthiopien zum Beispiel starben in zehn Jahren zwei Millionen Menschen den Hungertod. Zudem sinken die landwirtschaftlichen Erträge in Afrika jedes Jahr um ein Prozent. Dies kann zur Katastrophe führen, wenn wir nicht das Bevölkerungswachstum bremsen.

Neue Pflanzenzüchtungen und Anbaumethoden helfen da wenig, auch Schutzprogramme nicht – außer in den Vereinigten Staaten. Hier wurden seit 1985 zehn Prozent der Anbauflächen, die am meisten erosionsbedroht waren, in Gras- und Waldland umgewandelt.

Die Farmer werden zur Bodenkonservierung gezwungen, indem man ihnen die Streichung von Subventionen androhte. Ergebnis: Der Verlust an Böden wurde um ein Drittel (600 Millionen Tonnen) verringert. So wurde nicht nur ein „Brotkorb" erhalten, aus dem ein Sechstel der Weltgetreideernte stammt, sondern auch ein Vorbild für andere Länder, etwa am Mittelmeer, geschaffen.

DR. HEINRICH FREIHERR VON LERSNER
PRÄSIDENT DES UMWELTBUNDESAMTES IN BERLIN

❼ *Nichts wie Dreck*

Die Wegwerfgesellschaft droht an ihrem eigenen **MÜLL** zu ersticken. Jedes Jahr hinterlassen wir in den alten Bundesländern 23 Millionen Tonnen Hausmüll, das sind 374 Kilo pro Kopf. Jahrzehntelang haben die Menschen Waren produziert, ohne sich Gedanken über die Entsorgung der Überreste zu machen. Zahlen mußte dafür allein die Umwelt.

Der Ausweg kann nur heißen: Hersteller, Handel und Verbraucher müssen Müll vermeiden, wo immer es geht. Recycling, die Wiederverwertung von Müll, ist die schlechtere Alternative – aber immer noch besser als Verbrennung, das Deponieren oder das Verschieben ins Ausland.

Es ist unzumutbar, daß die reichen Länder ihre Abfälle über Hunderte von Kilometern unter erheblichem Energieaufwand ins arme Ausland verschachern.

Doch gerade der Export von Giftmüll nimmt zu, weil dessen Entsorgung in den Industrieländern zu teuer geworden ist. Schon jetzt läßt sich mit illegalem Müllhandel genausoviel Geld verdienen wie mit Drogen- oder Waffengeschäften.

Die bisherigen Kontrollen sind völlig unzureichend. Ich hoffe, daß in der Zukunft nur derjenige am Weltmarkt bestehen kann, der nicht nur seine Produkte anbietet, sondern auch die umweltgerechte Entsorgung der Rückstände.

Unsere Verpackungsverordnung ist dazu ein erster Schritt. Ob der Grüne Punkt sich jedoch bewährt, muß sich erst herausstellen. Bisher funktioniert das Duale System erst an zu wenigen Orten.

INTENSIVES TEXTSTUDIUM

FRAGEBOGEN

A. Vergleichen Sie die Gefahren des Treibhauseffektes im Lesetext mit denen im Schaubild „Der Treibhaus-Effekt".

1. Von welchen Gefahren spricht der Text, die nicht im folgenden Schaubild genannt werden?

2. Welche Gefahren enthält das Schaubild, die nicht im Text genannt werden?

3. Welcher Satz im Lesetext entspricht den Phasen Nr. 1 und Nr. 3?

4. Welcher Satz im Lesetext entspricht der Phase Nr. 2?

5. Welcher Satz im Lesetext entspricht der Phase Nr. 5?

B. Analysieren Sie das Schaubild „Die Auswirkung des Treibhauseffektes" anhand der folgenden Fragen.

1. Welche Länder werden bis zum Jahr 2040 keinen Temperaturanstieg erfahren? Was könnte der Grund dafür sein?

2. Wo gibt es den größten Temperaturanstieg – nördlich oder südlich des Äquators?

3. Was wird sich mehr erhitzen – Landmassen oder Gewässer? Geben Sie spezifische Beispiele.

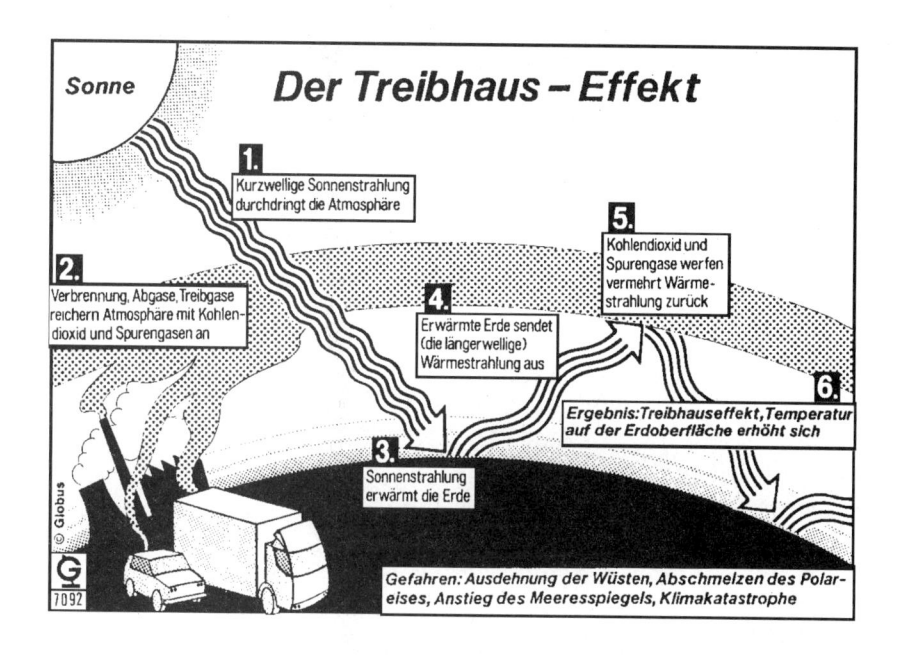

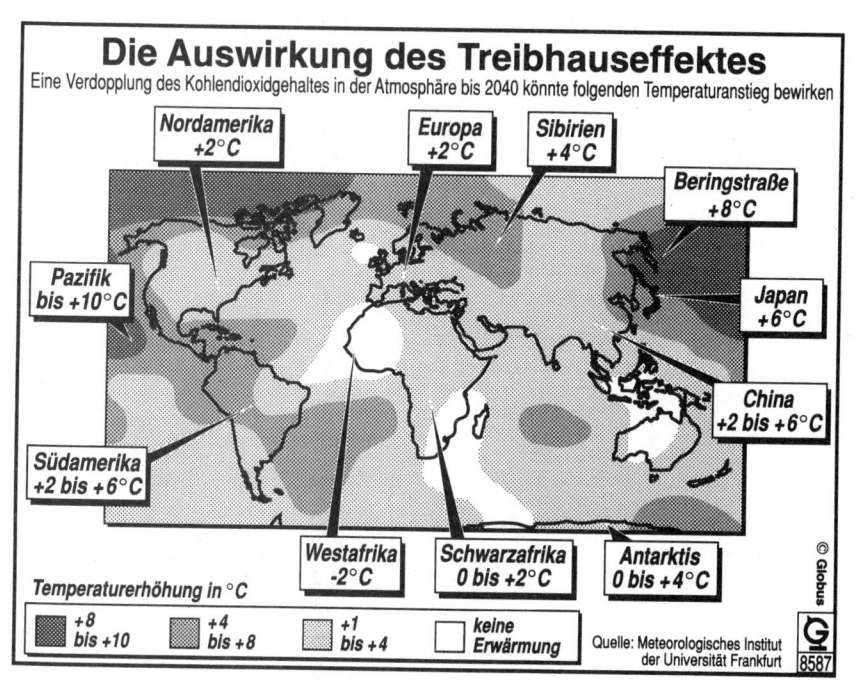

C. In welchem Text wird die ökonomische und ökologische Zukunft der Dritten Welt detailliert besprochen? Nehmen Sie kritisch Stellung zu der Besprechung.

D. Welcher Absatz faßt am besten die zentrale Aussage des Textes „Flüsse werden Kloaken" zusammen? Rechtfertigen Sie Ihre Meinung.

Die 7 Todsünden **131**

E. Warum lautet die Textüberschrift nur „Wüsten werden wachsen", wenn doch Professor Graßl von mehreren gefährlichen Konsequenzen des Treibhauseffektes berichtet?

F. Lesen Sie den zweiten Absatz von „Wüsten werden wachsen", und entwerfen Sie anhand der darin enthaltenen Informationen eine Graphik mit dem Titel „Der Entstehungsprozeß des Treibhauseffektes".

G. Vervollständigen Sie die folgenden Tabellen. Bestimmen Sie die in den Texten genannten Ursachen und Folgen der Umweltprobleme, und tragen Sie alle von den Autoren genannten Vorschläge, Forderungen und Lösungen in die Tabellen ein.

1 DER TREIBHAUSEFFEKT

Ursachen / Folgen	Vorschläge / Forderungen / Lösungen
• Globaler Temperaturanstieg	• Verringerung des CO_2 Austoßes

2 PFLANZENSCHUTZMITTEL

Ursachen / Folgen	Vorschläge / Forderungen / Lösungen
• Verseuchung des Grundwassers	• Zerfall von Pestiziden in ungefährliche Stoffe

3 ZERSTÖRUNG DER OZONSCHICHT

Ursachen / Folgen	Vorschläge / Forderungen / Lösungen
• Abnahme der Ozonschicht von bereits 6% bis 8% durch Fluorchlorkohlenwasserstoffe (FCKW)	• Weltweites Verbot von FCKW

Thema 3

4 BEVÖLKERUNGSEXPLOSION

Ursachen / Folgen	Vorschläge / Forderungen / Lösungen
• Globale Überbevölkerung	• Verlangsamung der Bevölkerungsexplosion

5 KNAPPHEIT DES TRINKWASSERS

Ursachen / Folgen	Vorschläge / Forderungen / Lösungen
• Knappheit an sauberem Trinkwasser	• Weniger Luxuskonsum von Trinkwasser

6 EROSION

Ursachen / Folgen	Vorschläge / Forderungen / Lösungen
• Weltweiter Verlust von fruchtbarem Ackerboden	• Erhaltung des landwirtschaftlichen Ackerlandes (Bodenkonservierung)

7 MÜLL

Ursachen / Folgen	Vorschläge / Forderungen / Lösungen
• Weltweite Zunahme von Hausmüll	• Vermeidung von Müll durch ...

Die 7 Todsünden

[Schaubild: "FCKW – Killer der Ozon-Schicht"]

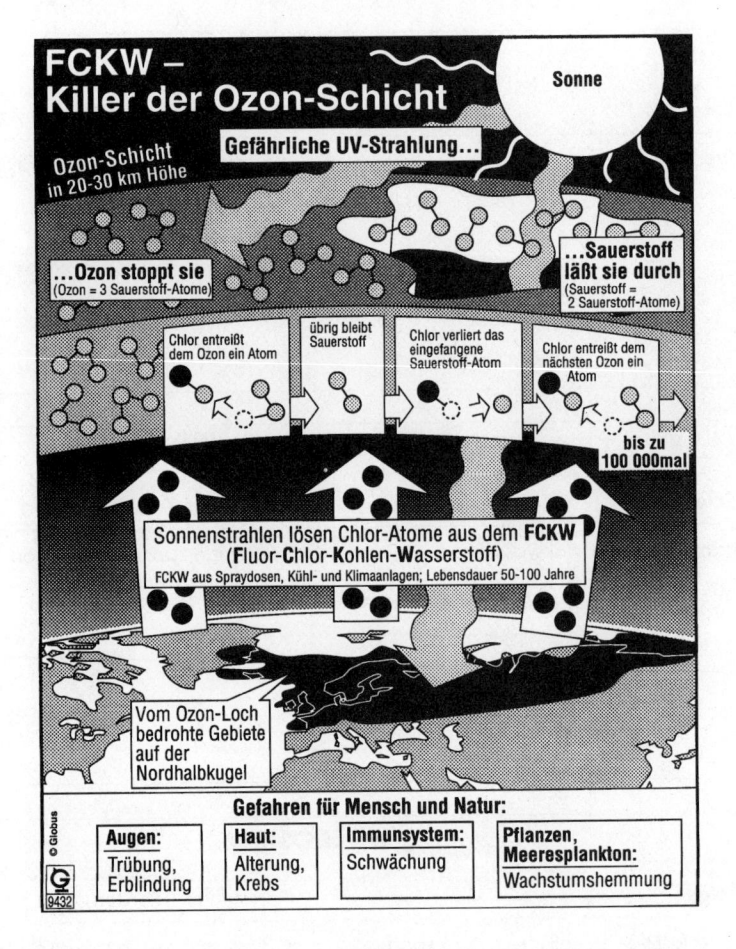

H. Studieren Sie das Schaubild „FCKW – Killer der Ozon-Schicht", und beantworten Sie die folgenden Fragen.

1. Welchen Text illustriert das folgende Schaubild am besten?

2. In welchen Produkten ist die chemische Verbindung FCKW enthalten?

3. In wieviel Meter Höhe befindet sich die Ozonschicht?

4. Können Sie spezifische Details aus dem Lesetext im Schaubild finden?

   a. Wieviel Zeit braucht FCKW, um die Ozonschicht zu erreichen?

   b. Über welcher geographischen Region befindet sich das größte Ozonloch? Welchen Grund gibt der Text hierfür?

   c. Welche Wirkungen hat FCKW auf Mensch und Umwelt?

I. Zu welchem Text paßt das Schaubild „Raumschiff Erde"? Welcher Kontinent wird bis zum Jahr 2025 das prozentual größte/kleinste Bevölkerungswachstum haben? Um wieviel Prozent handelt es sich?

J. Welcher der sieben Texte tritt am stärksten für die Reduzierung von Energieverbrauch ein?

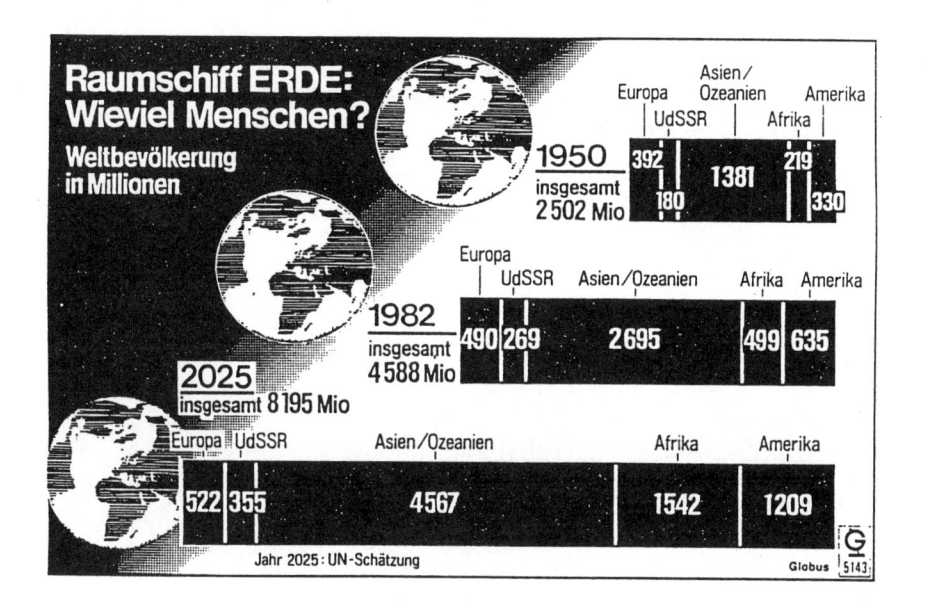

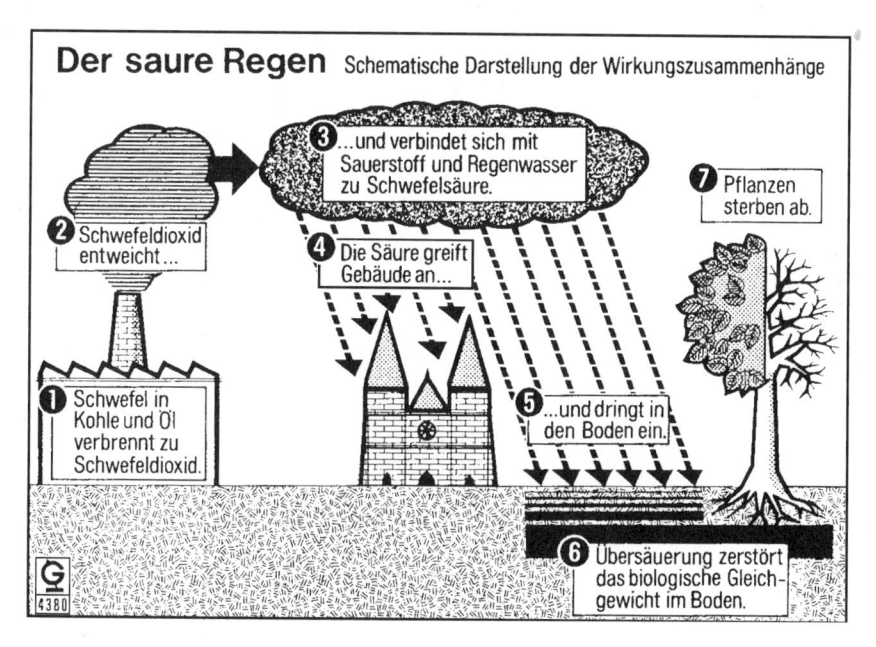

K. Schauen Sie sich das Schaubild „Der saure Regen" an, und beantworten Sie die folgenden Fragen.

1. Zu welchem Lesetext paßt das Schaubild am besten?

2. Die siebte Phase beschreibt die Gefahr des sauren Regens: „Pflanzen sterben ab". Erklären Sie so präzise wie möglich, warum das Pflanzensterben auch eine Gefahr für den Menschen ist.

3. Außer dem Pflanzensterben, welche anderen Folgen könnte der saure Regen haben? Geben Sie Beispiele.

Die 7 Todsünden

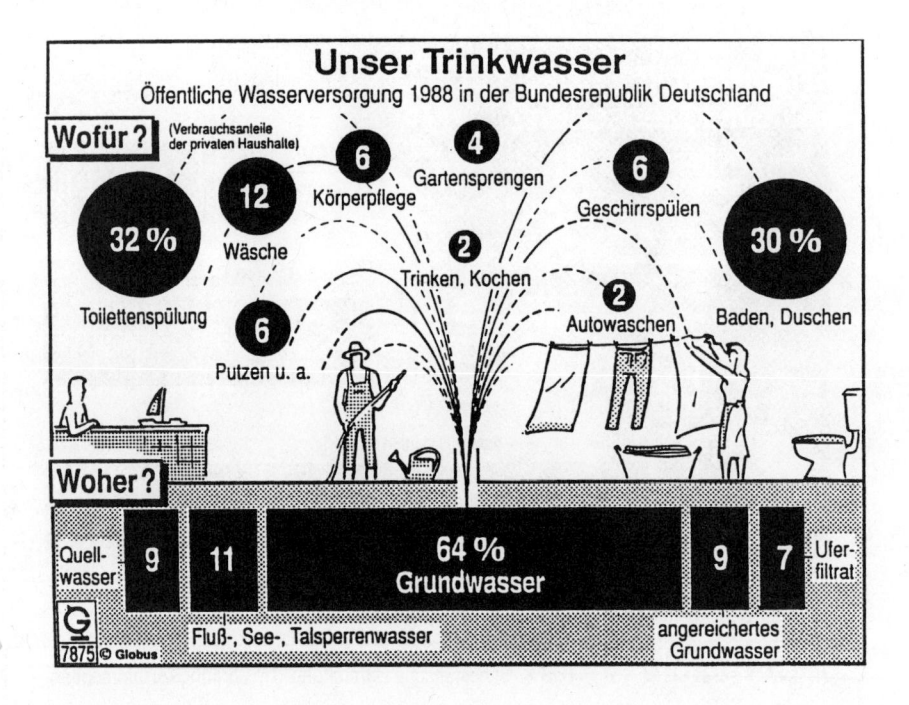

Unser Trinkwasser
Öffentliche Wasserversorgung 1988 in der Bundesrepublik Deutschland

Wofür? (Verbrauchsanteile der privaten Haushalte)

- 32 % Toilettenspülung
- 12 Wäsche
- 6 Körperpflege
- 4 Gartensprengen
- 2 Trinken, Kochen
- 6 Geschirrspülen
- 2 Autowaschen
- 30 % Baden, Duschen
- 6 Putzen u. a.

Woher?

| Quellwasser | 9 | 11 | 64 % Grundwasser | 9 | 7 | Uferfiltrat |

Fluß-, See-, Talsperrenwasser — angereichertes Grundwasser

7875 © Globus

L. Analysieren Sie das Schaubild „Unser Trinkwasser".

1. Wieviel Prozent des Wassers, das 1988 von privaten Haushalten in Deutschland verbraucht wurde, wurde nicht als Trinkwasser verbraucht?

2. Der Lesetext „Flüsse werden Kloaken" stellt als Grundforderung: „Weniger Luxuskonsum von Wasser". Welche Prozentzahlen im Schaubild reflektieren Ihrer Meinung nach einen Luxuskonsum von Wasser? Warum? Bei welchen Tätigkeiten könnte Wasser gespart werden?

M. Im Text „Flüsse werden Kloaken" wird der „Luxuskonsum von Wasser" unter mehreren Gesichtspunkten kritisch betrachtet. Geben Sie drei Beispiele, und erklären Sie Ihren eigenen Standpunkt.

N. Welches sind die charakteristischen Merkmale der Erosion? Welche Beispiele führt der Autor an, um seine Argumente zu verstärken?

O. Analysieren Sie die Greenpeace-Reklame „Schluß mit den Müllexporten".

1. Zu welchem Text paßt die Reklame?

2. Ist es richtig, daß die Bundesrepublik Deutschland ihren Giftmüll nur „ins arme Ausland" verschachert? Was spricht dagegen?

3. Wieviel Tonnen Giftmüll wurden 1990 in Deutschland produziert?

4. Erklären Sie, was Greenpeace konkret mit seinen Forderungen meint, insbesondere mit der Forderung nach „umweltschonender Produktion".

5. An welches Land allein exportierte Deutschland soviel Giftmüll wie die USA im Jahre 1988 insgesamt exportierten?

Schluß mit den Müllexporten

Deutschland ist Weltmeister im Export von Giftmüll

552.000 Tonnen Giftmüll wurden 1990 über deutsche Grenzen verschoben – und zwar mit staatlichem Segen*. Das ist ein Zehntel der gesamten deutschen Jahresmenge. Diese amtliche Zahl umfaßt nicht die versuchten und tatsächlich durchgeführten Exporte nach:

Argentinien, Belize, Brasilien, China, El Salvador, Griechenland, Guatemala, Guayana, Hongkong, Indien, Irland, Italien, Kenia, Kongo, Marokko, Mauretanien, Namibia, Paraguay, Polen, Portugal, Rumänien, Saudi-Arabien, Somalia, Sowjetunion, Spanien, Südafrika, Taiwan, Tschechoslowakei, Türkei, Tunesien, Venezuela und Zaire (dokumentiert von Greenpeace 1988-92).

Das ist aber noch nicht alles: Weitere 500.000 Tonnen Giftmüll gingen von West- nach Ostdeutschland.

* Zum Vergleich: Die USA exportierten im Jahr 1988 141.000 Tonnen.

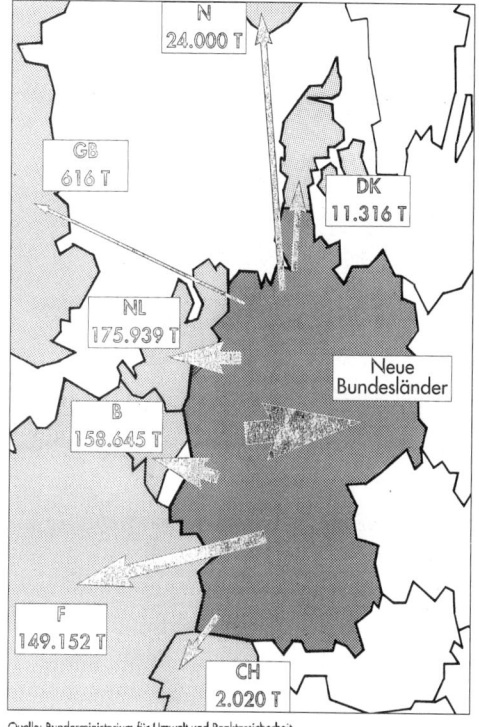

Kartenbeschriftungen:
- N: 24.000 T
- GB: 616 T
- DK: 11.316 T
- NL: 175.939 T
- B: 158.645 T
- F: 149.152 T
- CH: 2.020 T
- Neue Bundesländer

Quelle: Bundesministerium für Umwelt und Reaktorsicherheit

Greenpeace fordert:
- **SCHLUß MIT DEN GIFTMÜLLEXPORTEN!**
- **JEDES LAND MUß DIE VERANTWORTUNG FÜR SEINEN MÜLL SELBST ÜBERNEHMEN!**
- **UMWELTSCHONENDE PRODUKTION UND STOFFKREISLÄUFE OHNE MÜLL!**

Greenpeace bekämpft alle internationalen Müllgeschäfte – legale und illegale – rund um die Welt.

Wenn Sie Hinweise für uns haben oder mehr wissen möchten, rufen Sie Greenpeace an: Andreas Bernstorff und Ingo Bokermann: 040 - 31 18 60 oder Matthias Voigt: 030 - 23 15 342.

Greenpeace e.V., Vorsetzen 53, 2000 Hamburg 11, Tel. (040) 3 11 86-0, Zweigbüro Berlin, Hannoversche Str. 1, 1040 Berlin, Tel. (030) 312 63 96 Berlin-Ost, Tel. 28 28 340

GREENPEACE

---

6. An welche europäischen Länder exportierte Deutschland keinen Giftmüll?

7. Exportierte Deutschland im Jahre 1990 mehr Giftmüll an andere Länder in Europa oder an Länder in der Dritten Welt?

Die 7 Todsünden

Die Sache mit dem grünen Punkt

Verpackungsverordnung macht Druck:

● Hersteller und Händler müssen ab 1.1.1993 ihre Verkaufsverpackungen zurücknehmen und wiederverwerten

● Rücknahmepflicht entfällt, wenn ein neues System das Einsammeln, Sortieren und Verwerten von Verkaufsverpackungen ausreichend gewährleistet

Wirtschaft reagiert:

Gründung der Verwertungsgesellschaft mbH „Duales System Deutschland"

„Duales System Deutschland" vergibt **grüne Punkte** an Verpackungshersteller

Verpackungshersteller zahlen dafür eine Gebühr an das „Duale System"

Mit den Gebühren wird ein zweites Entsorgungs- und Verwertungssystem neben der öffentlichen Müllabfuhr aufgebaut

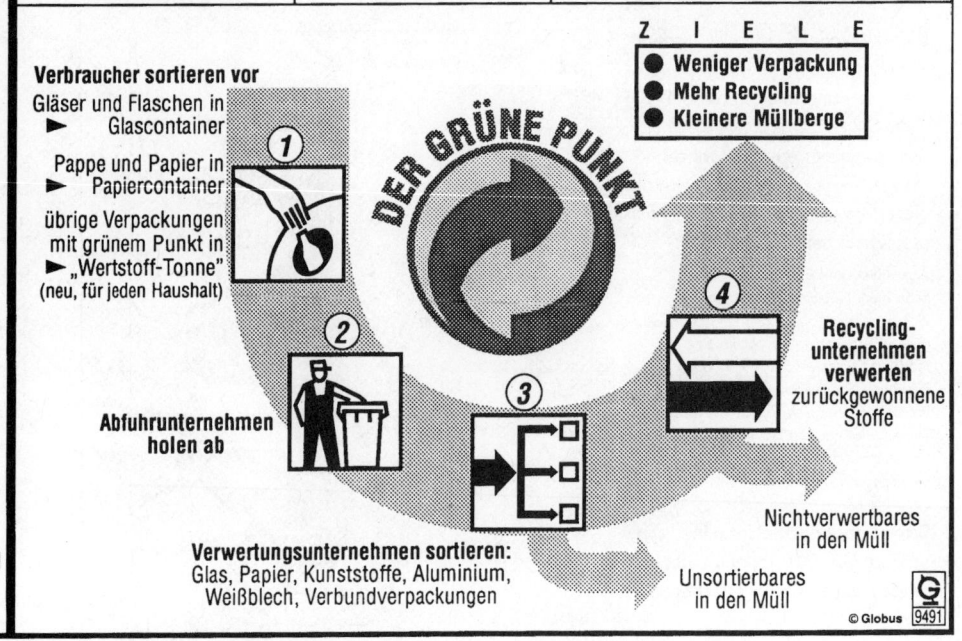

ZIELE
● Weniger Verpackung
● Mehr Recycling
● Kleinere Müllberge

Verbraucher sortieren vor
Gläser und Flaschen in
► Glascontainer
Pappe und Papier in
► Papiercontainer
übrige Verpackungen mit grünem Punkt in
► „Wertstoff-Tonne"
(neu, für jeden Haushalt)

① ② **Abfuhrunternehmen holen ab**

③ **Verwertungsunternehmen sortieren:** Glas, Papier, Kunststoffe, Aluminium, Weißblech, Verbundverpackungen

④ **Recyclingunternehmen verwerten** zurückgewonnene Stoffe

DER GRÜNE PUNKT

Nichtverwertbares in den Müll
Unsortierbares in den Müll

© Globus 9491

P. Lesen Sie das Schaubild „Die Sache mit dem grünen Punkt", und beantworten Sie die folgenden Fragen.

1. In welchem Text wird über das „Duale System" und über den „Grünen Punkt" gesprochen?

2. Was ist das „Duale System Deutschland"?

3. Wer zahlt Geld, um grüne Punkte zu kaufen? Was wird mit diesem Geld gemacht?

4. Welche Konsequenzen hat es für die Produzenten, wenn sie keine grünen Punkte kaufen?

5. Erklären Sie, wie das System „Der grüne Punkt" weniger Verpackung verursacht.

Q. Welcher Text enthält die schärfste Kritik an unserer Wegwerfgesellschaft? Suchen Sie die entsprechenden Textstellen.

R. Lesen Sie alle Lesetexte noch einmal genau durch, und nennen Sie die wichtigsten Probleme der Umweltschutzpolitik. Erläutern Sie die Probleme anhand von charakteristischen Beispielen.

NACH DEM LESEN

STELLUNGNAHMEN UND INTERPRETATIONEN

Nehmen Sie zu den folgenden Fragen und Gedanken Stellung.

1. Mein Energieverbrauch – Ein persönliches Profil.

   a. Sind Sie ein großer Energieverbraucher? Ist Ihr Verhalten umweltfreundlich? Denken Sie an einen typischen Tagesablauf, und erstellen Sie eine Liste mehrerer Tätigkeiten, für die Sie Energie verbrauchen.

Tätigkeit	Energiequelle
rasieren	Elektrizität

   b. Nennen Sie Produkte, die Sie an einem typischen Tag verwenden oder konsumieren, und für deren Produktion Energie notwendig war. Aus welchem Rohmaterial wurden sie hergestellt? Welche Produkte benutzen Sie nur einmal, bevor Sie sie wegwerfen?

Produkt	Rohmaterial (Ressource)	Gebrauch
Einkaufstüte (Papier)	Holz	1x

   c. Ist Ihr tägliches Leben umweltfreundlich oder umweltfeindlich? Welche Tätigkeiten würden Sie ändern, um Energie und Ressourcen zu sparen? Auf welche Produkte würden Sie nur ungern verzichten? Was würden Sie auf keinen Fall ändern?

2. Finden Sie die Folgen des Treibhauseffektes beunruhigend? Was können Sie als Privatperson dagegen unternehmen?

Die 7 Todsünden

3. Glauben Sie, daß Sonne und Wind angemessene Quellen alternativer Energieerzeugung sind? Welche anderen umweltfreundlichen Energien gibt es?

4. Welcher der sieben Texte hat Sie am meisten beunruhigt? Wie hat die darin enthaltene Umweltbedrohung Ihre eigene Zukunftsvision beeinflußt und verändert?

5. Finden Sie, daß die Argumente, die jeder der sieben Texte zum Schutz der Umwelt anführt, überzeugend sind? Welche Umweltprobleme sind nicht intensiv und überzeugend genug behandelt worden?

6. Welche Gesetze zur Reduzierung der Schadstoff-Emission und zur Umweltentlastung würden Sie als Präsident(in) der USA erlassen? Sollten Ihre Gesetze auch für die anderen führenden Industriestaaten gelten?

7. Glauben Sie, daß es den Ländern der Welt möglich ist, eine globale Verantwortung für die Umwelt, für soziale Gerechtigkeit und für Demokratie zu entwickeln? Welche Voraussetzungen müssen in der Welt erfüllt sein, um diese Ziele zu erreichen?

8. Glauben Sie, daß nationale und internationale Umweltgesetze je die Probleme aller Länder der Welt bewältigen werden? Stellen Sie einige Überlegungen darüber an, inwiefern das nicht geschehen wird.

9. Würden Sie Früchte kaufen, die weniger perfekt und appetitlich aussehen, aber ohne Pestizide und Herbizide gezüchtet wurden? Wie könnte man die Landwirtschaft dazu bringen, Früchte und Gemüse organisch, d.h. ohne Pflanzenschutzmittel anzubauen? Wie könnte man den Käufer dazu bringen, diese Früchte und nicht die „perfekten", chemisch behandelten Früchte zu kaufen?

10. Was ist Ihrer Meinung nach heutzutage das größte Umweltproblem? Wie würden Sie dieses Problem bekämpfen?

11. Ist es wirklich die Aufgabe der reichen Länder, das Armutsproblem weltweit zu lösen? Ist es nötig, die Handelsbeziehungen zwischen den reichen und den armen Ländern grundlegend neu zu gestalten? Warum?

12. Würden Sie einer politischen Partei (oder Politikern), die kein aktives Interesse an dem Schutz der Umwelt haben, Ihre Stimme geben? Warum? Warum nicht?

13. Würden Sie auf Ihr Auto verzichten und mit anderen Menschen eine Fahrgemeinschaft bilden? Würden Sie beim Kauf einer Waschmaschine, eines Wäschetrockners oder eines anderen elektrischen Haushaltsgeräts auf seinen Energieverbrauchswert achten?

14. Sollen Produkte, die nicht umweltfreundlich sind, vom Staat verboten werden? Welche Argumente sprechen dafür, welche dagegen?

15. Welche neuen Erkenntnisse haben Sie aus der Beschäftigung mit den Texten gewonnen? Welchen Beitrag können Sie zum Schutz der Umwelt in Ihrem Alltag leisten? Geben Sie konkrete Beispiele.

GESPRÄCHSRUNDE

A. Es ist Ihre Aufgabe, dem Umweltminister Vorschläge zur Lösung der globalen Umweltverschmutzung zu unterbreiten. Diskutieren Sie in Gruppenarbeit die wichtigsten Umweltprobleme, und erstellen Sie eine Liste mit konkreten Lösungen zu jedem Problem. Mit Hilfe der Liste geben Sie dann dem Umweltminister einen mündlichen Bericht.

B. Besprechen Sie in Ihrer Gruppe Nutzen und Gefahren der landwirtschaftlichen Produktionsmethoden für Lebensmittel. Arbeitet die Landwirtschaft menschen-, tier- und umweltfreundlich oder nicht?

C. Wirtschaftswachstum und technischer Fortschritt in den reichen Industrieländern haben nicht nur Befürworter, sondern in zunehmendem Maße auch Gegner. Bilden Sie zwei Gruppen, sammeln Sie die Argumente beider Gruppen, und setzen Sie sich mit ihnen auseinander.

D. Organische oder chemische Produkte? – Entwerfen Sie in Gruppenarbeit einen Fragebogen zum Konsum- und Freizeitverhalten der Amerikaner. Denken Sie besonders an die Bereiche „Verschmutzung", „Leben in der Stadt", „Pflanzen- und Tierwelt", „Haushalt" und „Gesundheit".

SCHRIFTLICHES

A. Technik über alles? Soll man der Technik überall Eintritt erlauben, oder soll in speziellen Landschaften die Pflanzen- und Tierwelt erhalten bleiben?

B. Warum schreiben Sie nichts darüber, Herr Redakteur? Wählen Sie eines der sieben Umweltthemen, und geben Sie eine kurze Zusammenfassung des Problems. Dann argumentieren Sie für die weite Bekanntmachung des Problems in der Presse.

C. Wirtschaft und Politik stehen in einer Wechselbeziehung zueinander. Zeigen Sie das an konkreten Beispielen aus den sieben Texten.

D. Eulen oder Arbeitsplätze? Ist Umweltschutz und Wirtschaftswachstum gleichzeitig möglich?

E. Das sollten Sie wissen! Wählen Sie ein noch nicht besprochenes Umweltproblem aus Ihrem Lebensumkreis. Schreiben Sie einen Leserbrief an die örtliche Tageszeitung, in dem Sie das Problem und verschiedene Lösungen diskutieren.

F. Lieber Herr ...! Wählen Sie eine Meinungsäußerung eines der Experten. Schreiben Sie einen zustimmenden oder ablehnenden Kommentar.

G. Hilfe! Man will unseren Wald vernichten! Sie leben in einer Großstadt, die von einem großen Waldgebiet umgeben ist. Der Wald soll abgeholzt werden, und ein Atomkraftwerk (Flughafen/Golfplatz/Kaufhaus/Autobahn/Wohngebiet) soll auf diesem Gebiet errichtet werden. Schreiben Sie einen Leserbrief an den *Stern*, und erörtern Sie, wie man diesen Plan verhindern kann.

TEXT 3

DIE ZERSTÖRUNG DER UMWELT ...

VOR DEM LESEN

WISSENSAKTIVIERUNG UND HYPOTHESENBILDUNG

A. Warum verwendet der Autor die drei Schlußpunkte am Ende des Titels „Die Zerstörung der Umwelt ..."?

B. Der Satz „Ohne auf Details einzugehen, wollen wir doch die namhaftesten Sünden kurz beim Namen nennen" zeigt die duale Intention des Autors: Zum einen wird der Autor mehrere Umwelt-„Sünden" benennen, zum anderen möchte er nicht allzu sehr auf Details eingehen. Was denken Sie, welche Umweltsünden der Autor besprechen wird? Tragen Sie Ihre Erwartungen hier ein.

Erst wenn Sie den Text gelesen haben, vervollständigen Sie die Kategorien **Besprochene Umweltprobleme** und **Lösungskriterien**.

Erwartete Umweltsünden	Besprochene Umweltprobleme	Lösungskriterien

ORIENTIERUNG MIT LESENOTIZEN

A. Überfliegen Sie den Text, und vervollständigen Sie die folgende Struktur-Graphik, indem Sie die Zentralbegriffe in 1–12 eintragen.

1. Unheilsgespenste ⟨ _____
  _____

2. _____ → Auto → _____
  _____

3. Industrie- und _____ ↗ *Totales Recycling*
  → _____ von ⟨ _____
  _____
  _____

4. Abholzen von _____ → _____

5. Verbauung von Agrarland → _____
  _____

6. Weltkatastrophen ⟨ *Atomunfälle* _____
  _____

7. _____ → *Rauchen*
  → _____
  → _____ ↘ *Kohlendioxyde*
  verwandte Gase

8. Kohlendioxyde → Temperaturanstieg →
  → _____
  → _____
  → *Anstieg des Meerespiegels*
  → _____
  → *Hurrikane*

9. tödliche (Auto-) Gase ⟨ _____
  _____

Die Zerstörung der Umwelt **143**

10. Indianer Nordamerikas } _____
   _____
   _____
   _____
   _____
   _____
   _____

11. Technologie → _____

                                    → _____
12. _____ → neue Krankheiten → _____
                                    → _____

B. Zerlegen Sie den Text anhand der Struktur-Graphik in seine Aufbauteile. Bestimmen Sie die Einleitung, den Hauptteil und den Schlußteil. Falls einer dieser Teile nicht vorhanden sein sollte, schreiben Sie diesen Teil selber. Tragen Sie Ihre Lösungskriterien in die Tabelle auf Seite 142 ein.

RUDOLF BÄHLER
Die Zerstörung der Umwelt ...

... und die Bevölkerungsexplosion bilden die beiden größten Unheilsgespenste, die auf uns zukommen. Alle Bewohner der industrialisierten Welt tragen tagtäglich zur Umweltzerstörung bei, die einen mehr, die andern weniger.

Ohne auf Details einzugehen, wollen wir doch die namhaftesten Sünden kurz beim Namen nennen, Literatur und Meinungen dazu finden Sie tonnenweise.

Der Straßenverkehr – besonders der individuelle – ist ein besonders heißes Eisen. Wer verzichtet schon freiwillig auf den motorisierten Untersatz? Nur sehr wenige, kaum 1% der Leute, und das genügt niemals.

Im Februar 1968 verkaufte ich meinen Wagen und fahre seither Fahrrad, und ich kann trotzdem recht und gut leben. Ende der sechziger Jahre galt man noch als exotische Erscheinung auf einem Fahrrad. Fünfundzwanzig Jahre später war das Fahrrad wieder „in", doch daß man mit dem Fahrrad auch ohne Gestank und Lärm einkaufen kann, das haben erst wenige erkannt. Zugegeben, mit einem Auto kann man nun mal viel mehr laden und weiter entfernt einkaufen gehen.

Wer aufs Auto verzichtet, muß sich entsprechend nach einem geeigneten Wohnsitz umsehen. Sicher sind nicht alle in der Lage, in der Nähe eines Einkaufszentrums und der Eisenbahn zu wohnen.

"Wir sind der größte Hersteller von Atemschutzgeräten"

Viele Leute sind sich klar darüber, daß es mit dem Straßenverkehr in dieser Form nicht weitergehen kann, aber sie bleiben beim Benzinesel. Daß uneinsichtige Menschen gar eine Autopartei gründeten, grenzt an Selbstzerstörung und Wahnsinn. Wie kann man nur mit verbundenen Augen dem Abgrund entgegenstreben! Vergessen wir nicht, daß der öffentliche Verkehr (Flugzeuge, Bahnverkehr, Straßenfahrzeuge) immer noch ein zu hohes Maß an Verschmutzung verursacht.

Industrie- und Heizungsabgase werden wohl am ehesten saniert werden können. Was aber mit den Abfällen? Das totale Recycling muß kommen, und Giftabfälle müssen vollständig wiederaufbereitet werden. Die Vergiftung von Flüssen, Seen und Weltmeeren muß sofort unterbunden werden. Das Abholzen von Wäldern darf nur noch bei gleichzeitiger Wiederaufforstung möglich sein. Die Verbauung von gutem Agrarland muß möglichst vermieden oder ganz eingestellt werden. Die Landwirte sollen wieder biologisch produzieren dürfen und müssen. Katastrophen wie Atom- und Chemieunfälle sollten schon gar nicht möglich sein.

Die Luftreinhaltung hat höchste Priorität. Luft ist Leben, und eine hochgradig verschmutzte Luft bedeutet unser Ende. Wenn jemand neben Ihnen raucht, und Sie dadurch gezwungen werden, eine nikotingeschwängerte Dreckluft einzuatmen, dann ist der Moment der Unzumutbarkeit gekommen. Wer sich das Recht herausnimmt, die bereits stark angeschlagene Luft noch zusätzlich zu verpesten, sollte dafür zur Rechenschaft gezogen werden.

Immer noch wird Raucherwerbung betrieben, eine groteske Situation, die kontraproduktiv und zynisch zugleich wirkt: praktisch eine Aufforderung zur Luftverschmutzung!

Die Zerstörung der Umwelt

Und auf dem Gehsteig sind es die Abgase der zahllosen Autos, die wir einatmen müssen – und die Verursacher brausen ungestraft an uns vorbei. Was so ein Auto an Gift ausstößt, erfahren diejenigen, die die Abgase ins eigene Wageninnere umleiten. Innerhalb kurzer Zeit ist das Leben der oder des Wageninsassen ausgelöscht. Und sowas müssen wir in verdünnter Form täglich einatmen.

Wenn einmal das Verursacherprinzip funktioniert, wird das Autofahren unerschwinglich für den Normalverbraucher! Auch das müssen wir erkennen, aber andererseits ist die Luft unser Lebenselexier, ohne Luft kein Leben!

Im Jahr 1990 wurden auf unserer Erdkugel nicht weniger als 22 Milliarden Tonnen Schadstoffe, vorwiegend Kohlendioxyde und verwandte Gase in die Luft gesetzt.

Die Folge davon ist nicht nur schlechte Luft, sondern noch viel mehr: der Temperaturanstieg verursacht bekanntlich das Schmelzen der Polkappen, den Anstieg der Meeresspiegel und kann zu Riesenkatastrophen führen. Noch kann kein Wissenschaftler genaue Angaben liefern, vielmehr existieren, wie immer, oft sehr unterschiedliche Meinungen dazu. Die in letzten Jahren in Mitteleuropa aufkommenden Stürme und Hurrikane sind ein weiteres Anzeichen für eine Klimaänderung.

Wer Auto fährt, muß sich bewußt werden, daß der Ausstoß seines Wagens nicht nur tödliche Gase beinhaltet, sondern auch unsere Lebensgrundlage zerstört.

Jährlich sterben auf diesem Planeten 100.000 Arten von Pflanzen und Tieren aus. Für sie findet tatsächlich der Untergang statt. Was nützt all der Fortschritt, wenn wir uns dabei langsam zugrunde richten? Alternativen sind nicht nur gefragt, sondern sehr dringlich!

Das Waldsterben ist eines der alarmierendsten Vorkommnisse unserer Zeit!

Wer sich darüber hinwegsetzt, handelt nicht nur fahrlässig, sondern auch sträflich. Sträflich, weil die Zukunft mit Füßen getreten wird. Was nützt all der Fortschritt, wenn wir gleichzeitig unsere Lebensgrundlagen zerstören? Denn nach dem Wald ist der Mensch dran!

Der Wald ist unsere Lunge, und das kann nahezu wörtlich genommen werden.

Die Zeit ist gekommen, um sich ernsthaft die Frage zu stellen, ob nun der Wald unserem Wohlstand, unserer Bequemlichkeit geopfert werden soll? Die Indianer Nordamerikas kannten die vollkommene Lebensharmonie zwischen dem Menschen und der Natur. Sie wurden von den materiell besessenen Einwanderern aus Europa wie die Bisons rücksichtslos abgeschlachtet, ihre Lebensphilosophie kaum wahrgenommen, als faul, primitiv, wild, abergläubisch und unzivilisiert abgetan. Erst hunderte Jahre später erkennen einige Vertreter der weißen Rasse, wer wirklich primitiv und „dumm" war und es immer noch ist. Wie beim Krebs wird auch hier nur das Symptom behandelt, nicht aber die Ursache.

„Greenpeace", Grüne, Alternative und wie sie alle heißen mögen, zeigen den Weg, den wir alle gehen müssen. Die Probleme sind längst erkannt, Lösungen vielfach gegeben, aber es ändert sich wenig oder nichts.

Warum?

Weil der Mensch erst schaltet, wenn ihm das Wasser am Hals steht. Der Umdenkungsprozeß braucht seine Zeit, erfahrungsgemäß dauert dies Generationen. Es kann nicht erwartet werden, daß die bestehende Technologie verschwindet, vielmehr muß diese in eine neue, umweltgerechte Technologie integriert werden. Das stellt alle, insbesondere aber die Wissenschaftler und Politiker vor große Aufgaben und die Suche nach Problemlösungen, die mehrheitlich realisierbar sind. Politiker und Wissenschaftler vom heutigen Format sind nicht fähig, diese Herausforderung zu bewältigen, Ausnahmen natürlich ausgenommen.

Verseuchte Nahrungsmittel verursachen neue Krankheiten – insbesondere Immunschwächen – wie zum Beispiel Aids, Krebs etc. Da muß man sich ernsthaft die Frage stellen, ob so das Leben noch Spaß macht? Ist das nun das Resultat einer verpfuschten Zivilisation? Nein, der Mensch ist durchaus anpassungsfähig und kann sich ändern, aber ohne sanfte Gewalt tut er's nun mal nicht.

INTENSIVES TEXTSTUDIUM

FRAGEBOGEN

A. Warum beginnt der erste Satz unkonventionellerweise mit einer dreifachen Punktsetzung? Welche Absicht verfolgt der Autor damit?

B. Was meint der Autor mit den folgenden Sätzen?

1. „ ... ist ein besonders heißes Eisen."

2. „ ... galt man noch als exotische Erscheinung."

3. „ ... aber sie bleiben beim Benzinesel."

4. „ ... weil die Zukunft mit Füßen getreten wird."

5. „Der Wald ist unsere Lunge."

6. „Denn nach dem Wald ist der Mensch dran!"

7. „ ... wenn ihm das Wasser am Hals steht."

8. „ ... aber ohne sanfte Gewalt tut er's nun mal nicht."

C. Unterstreichen Sie alle Textstellen, in denen der Autor Kritik an den Umweltsünden ausübt.

D. Welchen Umweltproblemen schenkt der Autor größere Aufmerksamkeit? Wie rechtfertigt er das? Finden Sie hierzu vier Beispiele.

E. Welche Intention verfolgt der Text? Geben Sie präzise Beispiele, wie sowohl die sprachliche Form als auch der Inhalt des Textes die Intention des Autors akzentuieren.

F. Welches Bild entsteht vor Ihren Augen, wenn Sie im achten Absatz die Formulierung „eine nikotingeschwängerte Dreckluft" lesen? Zu welchem Handeln wird der Leser aufgefordert?

G. Finden Sie Textstellen, in denen der Autor dem Leser konkrete Lösungen anbietet. Gibt der Autor sachliche und reale Informationen? Welche Lösungen sind nicht akzeptabel oder nicht durchführbar?

H. Wählen Sie ein Argument, das Sie interessant finden, und demonstrieren Sie die logische Struktur der Gedanken. Beantworten Sie dabei die folgenden Fragen: *Wann* gibt der Autor eine Definition des zentralen Problems? *Wo* sind dem zentralen Problem andere Probleme beigeordnet? *Welche* Lösungskriterien bietet der Autor an? Durch *welche* Faktoren werden die Lösungskriterien eingeschränkt? *Welche* Folgen werden demonstriert? *Wie* werden Beispiele angeführt? *Wie* inkorporiert der Autor persönliche Kommentare?

I. Rudolf Bähler gibt die folgenden – im Lesetext allerdings nicht abgedruckten – Lösungsvorschläge zu den Umweltproblemen. Spielen Sie „Hangman". Viel Spaß beim Raten.

1. T _ _ _ l _ s R _ _ _ _ _ _ _ _ g
2. A _ f _ f _ _ _ _ _ u _ g w _ l _ _ _ _ t
3. _ i o _ _ g _ _ _ _ _ _ r _ c k _ _ _ _ _
4. K _ i _ _ _ _ _ m _ _ _ f t
5. E _ _ k _ d _ _ a _ _ _ _ e w _ l _ _ _ t
6. S _ a _ _ _ _ e _ _ _ _ r _ _ _ _

NACH DEM LESEN

STELLUNGNAHMEN UND INTERPRETATIONEN

Nehmen Sie zu den folgenden Fragen und Gedanken Stellung.

1. Der Text beginnt mit dem Satz „Alle Bewohner der industrialisierten Welt tragen tagtäglich zur Umweltzerstörung bei." Wie tragen Sie persönlich dazu bei?

2. Der Text enthält diesen Satz: „...verseuchte Nahrungsmittel verursachen neue Krankheiten – insbesondere Immunschwächen". Welche Anforderungen stellen Sie an Ihre Nahrungsmittel?

3. Eine These des Autors ist: „Erst stirbt der Wald, dann stirbt der Mensch." Hat der Autor recht? Hat er unrecht? Geben Sie konkrete Beispiele aus dem Naturkreislauf, die für oder gegen diese These sprechen. Inkorporieren Sie in Ihre Antwort die Informationen aus dem Schaubild unten.

4. In China gilt das Gesetz, daß jede Familie nur ein Kind haben darf. Um die Bevölkerungsexplosion zu beenden, fordert der Autor (im Lesetext nicht abgedruckt) die weltweite Durchsetzung der Einkind-Familie. Hat der Staat das Recht Geburten zu regulieren? Hat nicht jeder Mensch das moralische Recht zu bestimmen, wieviele Kinder er oder sie haben möchte? Führen Sie Argumente zu beiden Standpunkten an.

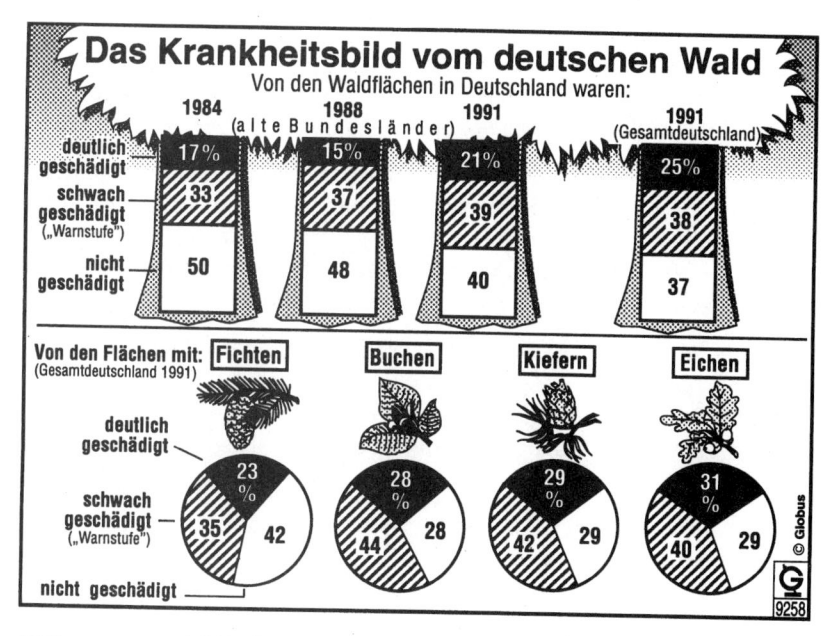

Das Krankheitsbild vom deutschen Wald

Von den Waldflächen in Deutschland waren:

	1984	1988 (alte Bundesländer)	1991	1991 (Gesamtdeutschland)
deutlich geschädigt	17%	15%	21%	25%
schwach geschädigt („Warnstufe")	33	37	39	38
nicht geschädigt	50	48	40	37

Von den Flächen mit: (Gesamtdeutschland 1991)

	Fichten	Buchen	Kiefern	Eichen
deutlich geschädigt	23%	28%	29%	31%
schwach geschädigt („Warnstufe")	35	44	42	40
nicht geschädigt	42	28	29	29

© Globus 9258

1992 waren nur noch 32% der Bäume nicht geschädigt und 41% zeigten schwache Schädigungen.

Die Zerstörung der Umwelt

5. Haben Tiere auch Rechte? Wäre es Ihnen egal, wenn Katzen, Hunde, Pferde oder Kühe aussterben würden?

6. Zur Luftreinhaltung fordert der Autor das „Verursacherprinzip". Was ist das Verursacherprinzip, welche Beispiele gibt der Autor dafür, und welche weiteren Beispiele könnte man noch anführen?

7. Der Autor fordert am Ende den „Verzicht auf gefährliche Energieträger, wie z.B. Atomkraft". Können und sollen wir tatsächlich auf die Atomenergie verzichten? Ist das überhaupt realistisch?

8. Welchen Aspekt der Umweltkrise verfolgen Sie mit besonderer Aufmerksamkeit? Welche Hoffnungen und Ängste bezüglich der Naturzerstörung haben Sie persönlich für die Zukunft?

9. Würden Sie der Umwelt zuliebe auf Ihr Auto verzichten und Fahrrad fahren? Würden Sie mit anderen Personen zusammen eine Fahrgemeinschaft bilden oder öfter den Bus benutzen?

10. Das Verhältnis des Menschen zur Natur, so der Autor, erfordert einen Umdenkungsprozeß. Was ist damit gemeint?

11. Sind die Lösungskriterien am Ende des Textes realistisch (siehe **I.**, S. 148), oder sind sie utopisch? Begründen Sie Ihre Antwort.

GESPRÄCHSRUNDE

A. Als kommunalpolitisch engagierte(r) Bürger(in) Ihrer Stadt wollen Sie ein Konzept zur umweltgerechten Stadtplanung entwerfen. Fotografieren Sie diverse umweltunfreundliche Objekte in Ihrer Stadt. Dann besprechen Sie mit den anderen Gruppenmitgliedern, welche konkreten Änderungen notwendig sind, um die Stadt menschen-, tier- und naturfreundlicher zu gestalten.

B. Der Lesetext enthält den Satz „Die Indianer Nordamerikas kannten die vollkommene Lebensharmonie zwischen dem Menschen und der Natur". In Gruppenarbeit recherchieren Sie in der Bibliothek Beispiele aus Religion und Kultur der Indianer, welche die Harmonie von Mensch und Natur bezeugen. Erstatten Sie der Klasse einen Bericht.

C. Recherchieren Sie in Gruppenarbeit die wichtigsten Atom- und Chemieunfälle der jüngsten Zeit, und erstatten Sie über jeden Unfall der Klasse einen Dokumentarbericht. Schenken Sie dabei den Ursachen der Katastrophe und den Folgen für Mensch und Natur besondere Beachtung.

D. Der Text spricht davon, daß Tier- und Pflanzenwelt die Lebensgrundlage des Menschen bilden. Suchen Sie Beispiele aus der Medizin, Ernährungswissenschaft, Architektur usw., die diese These dokumentieren.

E. Sie sind stolz darauf, aus Eigeninitiative umweltfreundlich zu handeln. Leider handeln nicht viele Menschen so verantwortlich wie Sie. Diskutieren Sie in Ihrer Gruppe, inwiefern ein fundiertes ökologisches und wirtschaftspolitisches Grundwissen die Voraussetzung für umweltbewußtes Verhalten im Alltag ist.

F. Immer mehr Menschen beklagen sich über die Verkehrskatastrophe in den großen amerikanischen Innenstädten. Als Verkehrsminister wollen Sie das Problem endgültig lösen. Rufen Sie Ihre Kabinettsmitglieder in einer Krisensitzung zusammen, und diskutieren Sie Möglichkeiten und Wege, den absoluten Verkehrszusammenbruch in den Städten zu vermeiden. Fassen Sie die Ergebnisse Ihrer Diskussion in einem 10-Punkte Programm zusammen.

G. Als Präsident der Fluggesellschaft *Trans World Travel* haben Sie bereits das Rauchverbot auf kontinentalen Flügen eingeführt. Nun wollen Sie das Rauchverbot auf interkontinentalen Flügen einführen. Erstellen Sie in Gruppendiskussion einen Katalog von Argumenten für und gegen das Rauchen.

SCHRIFTLICHES

A. Nehmen Sie kritisch Stellung zur folgenden Aussage: „Ohne staatliche Interventionen in die private Industrie, d.h. ohne staatliche Restriktionen und Regulationen, kann das Problem der Umweltverschmutzung nicht bewältigt werden."

B. **Um Himmels willen, nur ein Kind!?** Sie sind bestürzt, daß sich der Staat mit „sozialisierter Geburtenkontrolle" in Ihr Leben einmischt, und Ihnen per Gesetz verbietet, mehr als ein Kind zu haben. Schreiben Sie einen gut argumentierten Protestbrief an die Regierung in Washington.

C. Schreiben Sie zu zehn verschiedenen Umweltproblemen kurze Kommentare, die als Werbematerial den verschiedenen Medien zugeschickt werden sollen; z.B. „Ohne Luft kein Leben!" oder „Nach dem Wald stirbt der Mensch" usw.

Welchen Eindruck macht dieses Bild auf Sie? Würden Sie gern in dieser Stadt wohnen und arbeiten? Warum? Warum nicht?

Die Zerstörung der Umwelt

TEXT 4

NEUE ENERGIEN

VOR DEM LESEN

WISSENSAKTIVIERUNG UND HYPOTHESENBILDUNG

A. Der Titel „Neue Energien" impliziert, daß die alten Energieformen problematisch geworden sind, und „in zweihundert Jahren wird man nur noch den Kopf schütteln, wenn die Energien und die Verschmutzung am Ende des zwanzigsten Jahrhunderts zur Sprache kommen." Welche „alten" Energieformen kennen Sie? Von welchen „neuen" Energieformen könnte der Text handeln? Tragen Sie Vor- und Nachteile dieser Energien in die folgende Tabelle ein.

Energiequellen	Vorteile	Nachteile
alte Energien		
neue Energien		

B. Der erste und der letzte Satz sagen schon viel über den Inhalt des Textes und die Intention des Autors aus. Lesen Sie beide Sätze, und nennen Sie spezifische Probleme, die Sie im Text finden werden.

ORIENTIERUNG MIT LESENOTIZEN

Lesen Sie die folgenden Fragen, ohne sie zu beantworten. Versuchen Sie, aus der Art der Fragen, den Inhalt des Lesetextes einzugrenzen. Erst wenn Sie den Text komplett gelesen haben, versuchen Sie, die folgenden Fragen zu beantworten.

1. Welche Verschwendung nennt der Autor schon im ersten Abschnitt? Welche Gründe nennt er dafür?
2. Welche Energiequelle wird bisher nicht weitgehend genutzt?
3. Warum vergleicht der Autor das Reisen mit der Bahn und das Reisen mit dem Flugzeug? Zu welchem Ergebnis kommt er?

4. Was sieht der Autor als die „einzig richtige Lösung" angesichts des Autofahrens?

5. Welche alternativen Energien sind immer noch problematisch für die Wissenschaftler? Warum?

6. Worüber werden die Menschen in zweihundert Jahren „nur noch den Kopf schütteln"?

RUDOLF BÄHLER
Neue Energien

1   Ohne Energie läuft gar nichts, Ende! Die Menschheit hat erst einen kleinen Bruchteil der verfügbaren Energien ausgebeutet. Die Sonneneinstrahlung auf die Erdoberfläche macht rund 55 Milliarden Megawatt aus. Und diese Energie bleibt weitgehend ungenutzt. Welche Verschwendung!

5   Während die Wasserkraft gut genutzt wird, kann dies von der Windenergie nicht behauptet werden. Alkohol kann als Treibstoff weitaus bessere Dienste leisten als für Ihre Gesundheit. Der Ausstoß an Schadstoffen durch die fossilen Erzeugnisse ist enorm. Flugreisen sind nur noch über größere Distanzen und über die Meere tolerierbar, Kurzstrecken können mit Schnellbahnen besser, sauberer, lautloser und erst recht viel
10 preiswerter zurückgelegt werden. Heute schon sind Vergleiche zwischen der Bahn und dem Flugzeug stets zugunsten der Bahn ausgefallen, wenn man die Stadtmitte als Ziel nimmt und all die Wartezeiten an den Flughäfen dazuaddiert.

Autofahren zum Zeitvertreib ist nicht nur Energieverschwendung, sondern auch Umweltverschmutzung. Daß auf diesen Luxus eine Treibstoffumweltsteuer erhoben wird,
15 dürfte nur eine Frage der Zeit sein. Mancherorts ist man schon soweit. Das Verursacherprinzip mag für viele hart sein, es ist aber die einzig richtige Lösung.

Und im Erdinnern haben wir genug Wärme, um alle Häuser der Welt während Jahrhunderten zu heizen. Sodann ist auch Licht und Zeit eine verwertbare Energie, nur fehlt den Menschen noch weitgehend das „know how". Nicht zu vergessen die kosmi-
20 schen Strahlungen und Magnetkräfte, die aus dem All auf uns gerichtet sind und mangels Kenntnissen brachliegen. Kälte kann ebenfalls als Energie gewonnen werden. Und der Mensch hat die Atomenergie – aus Uran- und Wasserstoff-Kraft – entwickelt. Die Rohstoffe dafür finden wir nicht zuletzt auf dem Mond und auf den erdnahen Planeten. Die Energiefrage ist durchaus lösbar und stellt für fähige Wissenschaftler eine große
25 Herausforderung dar. Ohne Energie dreht sich nicht einmal die Erde und das wäre verheerend.

Der Trend im neuen Jahrtausend geht in Richtung neuer und umweltfreundlicher Energien. Die Herausforderung ist riesengroß, Lösungen aber möglich. In zweihundert Jahren wird man nur noch den Kopf schütteln, wenn die Energien und die Verschmutzung
30 am Ende des zwanzigsten Jahrhunderts zur Sprache kommen.

Leben neben einem Braunkohlewerk in Bitterfeld, Ostdeutschland. Warum lebt diese Frau hier? Welche Gedanken gehen ihr durch den Kopf? Spekulieren Sie über die Lebens- und Wohnsituation der Frau.

INTENSIVES TEXTSTUDIUM

FRAGEBOGEN

A. Lesen Sie den Text gründlich durch, und unterstreichen Sie alle elf Textstellen, in denen Energiequellen genannt werden. Vergleichen Sie die Energieformen im Text mit Ihren Antworten in der Tabelle oben. Wie viele Energiequellen haben Sie richtig erraten?

Energiequellen

1. _____
2. _____
3. _____
4. _____
5. _____
6. _____
7. _____
8. _____
9. _____
10. _____
11. _____

Deutschlands erste Solartankstelle in Darmstadt. Im Hintergrund sehen Sie die Sonnenkollektoren. Können Sie sich vorstellen, in einigen Jahren ein Solarstromauto zu fahren? Was wären die Vorteile eines solchen Autos, was seine Nachteile?

B. Der Text nennt zwei Energiequellen, die der Mensch bereits intensiv nutzt. Welche sind das?

C. Lesen Sie noch einmal den Text. Konzentrieren Sie sich diesmal auf die Informationen, die dem Leser zu jeder Energiequelle angeboten werden. Welche Energiequellen werden positiv, welche negativ bewertet? Zu welchen Energien bekommt der Leser zusätzliche Informationen? Zu welchen Energien bekommt er keine zusätzlichen Informationen?

D. Der Autor schreibt: „Kälte kann ebenfalls als Energie gewonnen werden." Wie ist das möglich? Erklären Sie das.

E. Mit welchen Adjektiven und Substantiven kann man die Darstellungsform des Textes beschreiben? Begründen Sie Ihre Antworten anhand von Textbeispielen.

F. Zu der Produktion von einigen Energien sind Rohstoffe nötig. Welche Rohstoffe braucht man für welche Energien? Wo werden die Rohstoffe gefunden?

Neue Energien

G. Analysieren Sie das Schaubild „Zukunftshoffnung: Alternative Energien", und beantworten Sie die folgenden Fragen.

1. Welche alternativen Energien im Schaubild werden im Text nicht genannt?

2. Welche der fünf alternativen Energien ist am unverläßlichsten? Warum?

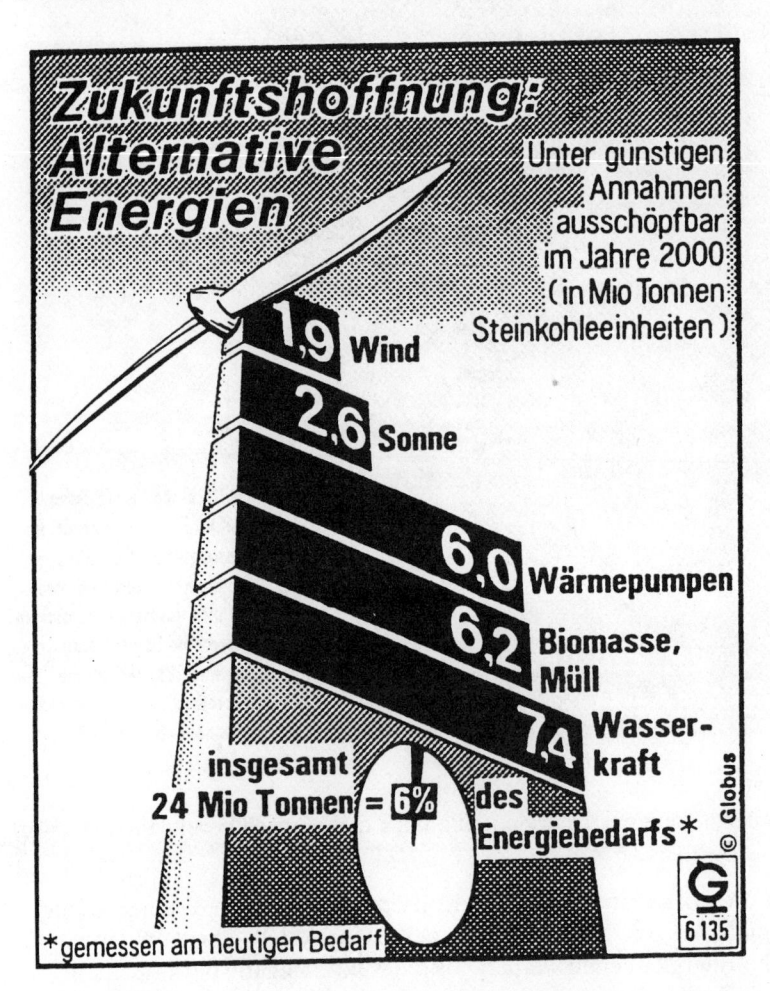

Zukunftshoffnung: Alternative Energien

Unter günstigen Annahmen ausschöpfbar im Jahre 2000 (in Mio Tonnen Steinkohleeinheiten)

- 1,9 Wind
- 2,6 Sonne
- 6,0 Wärmepumpen
- 6,2 Biomasse, Müll
- 7,4 Wasserkraft

insgesamt 24 Mio Tonnen = 6% des Energiebedarfs*

*gemessen am heutigen Bedarf

© Globus
G 6135

H. Welche Vision vom „neuen Jahrtausend" hat der Autor? Welche Hoffnungen und Ängste zur Energieversorgung bringt der Text zum Ausdruck?

I. Welche Meinungen vertritt der Autor ganz offen? Hat er recht? Hat er unrecht? Nehmen Sie kritisch Stellung.

J. Zur Luftreinhaltung fordert der Autor das „Verursacherprinzip".

1. Was ist das Verursacherprinzip? Welches Beispiel gibt der Autor dafür im Text, und welche weiteren Beispiele könnte man noch anführen?

2. Analysieren Sie die folgende Graphik.

   a. Welche Sätze im Text beschreiben den Inhalt der Graphik?

   b. Bestätigt das Schaubild die Aussagen des Autors zum Energieverbrauch von Eisenbahn, Flugzeug und Auto?

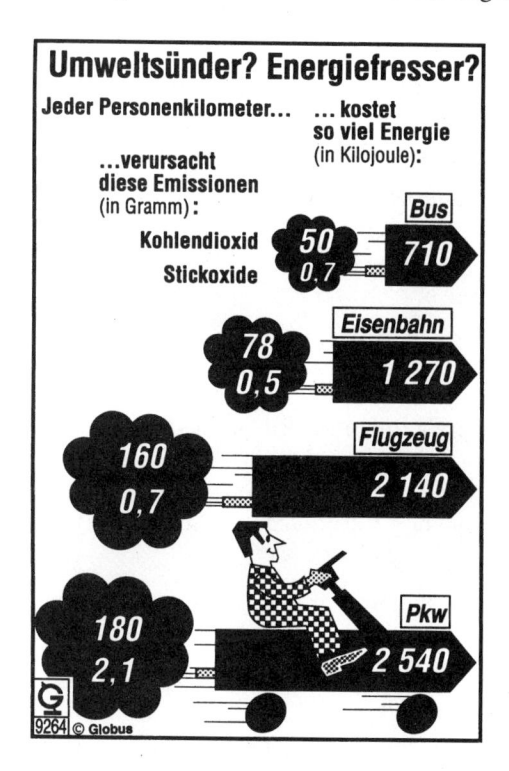

Umweltsünder? Energiefresser?

Jeder Personenkilometer...

...verursacht diese Emissionen (in Gramm):

...kostet so viel Energie (in Kilojoule):

Kohlendioxid
Stickoxide

Bus: 50 / 0,7 — 710
Eisenbahn: 78 / 0,5 — 1 270
Flugzeug: 160 / 0,7 — 2 140
Pkw: 180 / 2,1 — 2 540

NACH DEM LESEN

STELLUNGNAHMEN UND INTERPRETATIONEN

Nehmen Sie zu den folgenden Fragen und Gedanken Stellung.

1. Finden Sie, daß die Argumente für neue Energien vom Autor beweiskräftig präsentiert wurden?

2. Der Autor verwendet mehrmals den Begriff „Umweltverschmutzung". Konkretisieren und präzisieren Sie diesen Begriff. Was könnte jeder einzelne zur Verminderung der Umweltverschmutzung beitragen?

3. Worin sehen Sie Sinn und Aufgabe der Wissenschaftler im nächsten Jahrtausend? Welche Wege können fähige Wissenschaftler gehen, um die Energiefrage zu lösen und alternative, umweltfreundliche Energien zu finden und zu nutzen?

Neue Energien

4. Sind die vom Autor genannten neuen Energien plausible Alternativen? Erwägen Sie Für und Wider dieser alternativen Energien.

5. „Das Problem von heute ist nicht die Atomenergie, sondern das Herz des Menschen." – Was meinte Albert Einstein mit diesem Ausspruch? Stimmen Sie mit Einsteins Meinung überein? Wenn ja, warum? Wenn nein, warum nicht?

6. Würden Sie das „Verursacherprinzip" begrüßen, auch wenn der Konsument höhere Steuern (z.B. höhere Benzinsteuer, höhere Tabaksteuer, höhere Elektrizitätssteuer usw.) bezahlen müßte?

7. Was macht die Einführung alternativer, umweltfreundlicher Energien absolut dringlich? Welche Schwierigkeiten entstehen dabei?

GESPRÄCHSRUNDE

A. Als junge(r) Wissenschaftler(in) bekommen Sie vom Umweltministerium in Washington den Auftrag, neue Energien zu aktivieren, die nicht die Umwelt verschmutzen. Besprechen Sie mit den anderen Wissenschaftlern in Ihrer Gruppe, wie der Plan zu realisieren ist. Welche Forderungen stellen Sie an die Politik, an die Wirtschaft, an den Verbraucher? Warum sind Ihre Lösungen von höchster Wichtigkeit?

B. Sie sind Befürworter der Benzinsteuer. Leider teilen die anderen Autofahrer in Ihrer Gruppe nicht Ihre Meinung. Diskutieren Sie Für und Wider einer Verbrauchersteuer zur Rettung der Umwelt, und legen Sie der Klasse einen 10-Punkte Plan vor.

C. Auf einem populären Autoaufkleber in Deutschland steht: „Atomkraft – Nein Danke!" Teilen Sie Ihre Diskussionsgruppe in „Atomkraft-Gegner" und „Atomkraft-Befürworter" ein, und erarbeiten Sie plausible Argumente zu beiden Standpunkten.

SCHRIFTLICHES

A. **Der Tag, an dem die Lichter ausgingen.** Inwiefern hat die Elektrizität unser Leben erleichtert? Beschreiben Sie einen Alltag ohne Elektrizität.

B. **Ein Tag im Leben einer typisch amerikanischen Familie im Jahre 2084.** Schreiben Sie einen Science-Fiction-Aufsatz über das Leben mit ultramodernen Energien.

C. Werben Sie in einem Artikel an Ihre örtliche Tageszeitung dafür, daß schnellstens neue, umweltfreundliche Energien gefunden werden müssen. Entwerfen Sie zu dem Text ein Werbeplakat.

D. **Das Jahr: 2184 – Der Ort: Planet Venus.** Berichten Sie Ihren Kindern über die fatalen Umweltfehler der vorangegangenen Generationen. Verfassen Sie einen wertenden Rückblick auf das Jahr 1994.

TEXT 5

KLAGE

VOR DEM LESEN

WISSENSAKTIVIERUNG UND HYPOTHESENBILDUNG

A. Über welche tragischen Ereignisse im Leben und in der Welt klagen die Menschen? Vervollständigen Sie das Assoziogramm.

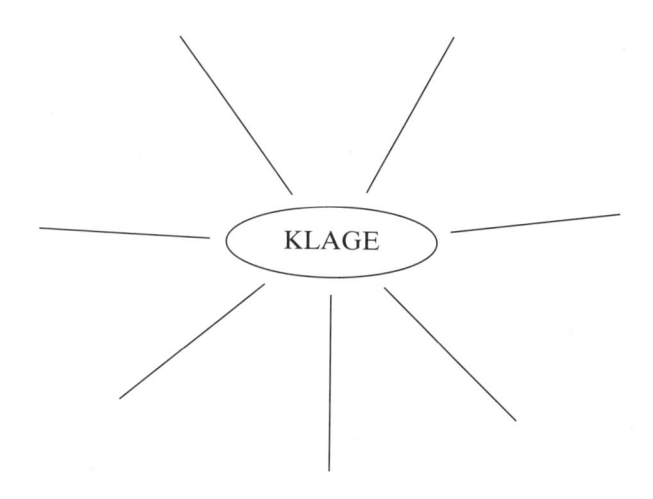

KLAGE

B. Aus welcher Textquelle sind diese Sätze entnommen: *Der Mensch, Ebenbild Gottes. „Machet euch die Erde untertan."*? Wer spricht dort die Worte: „Machet euch die Erde untertan"?

C. Erklären Sie den Sinn beider Sätze im Detail.

D. Verbinden Sie gedanklich den Gedichttitel mit der ersten Strophe. Welchen Inhalt erwarten Sie in dem Gedicht? Hat der Mensch die Worte Gottes befolgt?

E. Zu welchem Verhalten wird der Mensch mit dem Satz „Machet euch die Erde untertan" aufgefordert? Was soll der Mensch tun? Wie soll er es tun? Spekulieren Sie über konkrete Inhalte des Gedichts, und vervollständigen Sie die folgende Tabelle.

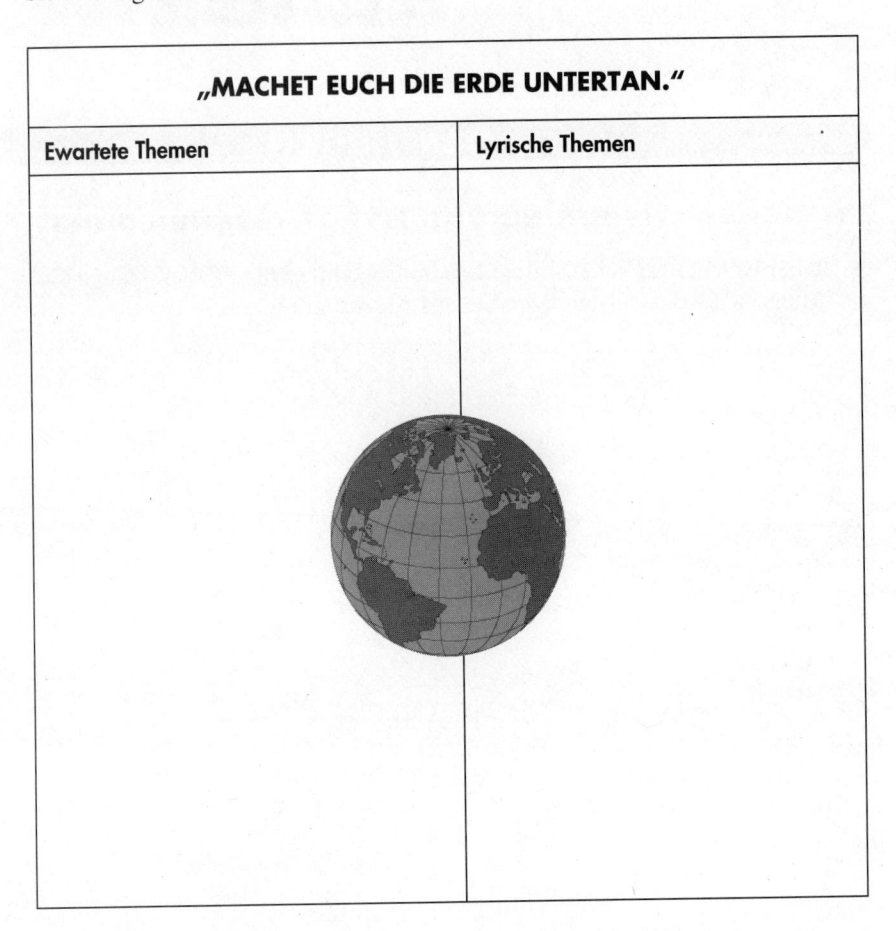

„MACHET EUCH DIE ERDE UNTERTAN."	
Ewartete Themen	Lyrische Themen

F. Worüber klagt die Dichterin? Welche Gründe könnte sie gehabt haben, dieses Gedicht zu schreiben?

ORIENTIERUNG MIT LESENOTIZEN

A. Überfliegen Sie das Gedicht. Welche Strophen befassen sich mit

- den Elementen Wasser, Luft und Erde?
- dem Verhalten des Menschen gegenüber der Tierwelt?
- der Wirtschaft?

B. Unterstreichen Sie alle

- Adjektive, die die Erde beschreiben.
- Verben, die das Handeln des Menschen charakterisieren.

C. Beantworten Sie die Fragen zum Inhalt des Gedichts.

1. Wie interpretiert der Mensch den Aufruf „Machet euch die Erde untertan"?
2. „Blut trieft von seinen Händen" – Von wessen Händen? Warum?
3. Wer ist „der Zauberlehrling"?
4. Warum frißt der „Moloch Technik" den Zauberlehrling?
5. Was ist die „größte Sünde"?
6. Welche Strophe ist die Antithese zur ersten Strophe?

LIESELOTTE ZOHNS
KLAGE

1 Der Mensch,
Ebenbild Gottes.
„Machet euch
die Erde untertan."

5 Quält sie,
schindet sie,
beutet sie aus.
Holzt ihre
herrlichen Wälder ab.

10 Legt ihre
fruchtspendenden
Flüsse trocken.
Vernichtet ihre
lebensgebenden Ozeane.

15 Nehmt ihr die Luft
zum Atmen.
Zerstört die Sterne. –

Blut trieft
von seinen Händen.
20 Robben totprügeln,
Wale torpedieren.
Edelkatzen erschießen,
Elefanten jagen.
Mastvieh in Boxen.
25 Singvogel-Mord.
Tierversuche.

Insektengifte.
Unkrautvertilger.
Obstspritzen.
30 Kunstdünger.
Mastfutter.

Der Moloch
Technik
frißt
35 den Zauberlehrling.

Allesfresser, Mensch.
Brudermörder, Mensch.
Gequälte, zerquälte Erde.
Blutgetränkt
40 von allen deinen Geschöpfen.

Der ebenbildliche Mensch,
ein luziferischer Macher.
Seine größte Sünde –
Habgier. –

INTENSIVES TEXTSTUDIUM

FRAGEBOGEN

A. Strukturieren Sie das Gedicht, und begründen Sie die Struktur.

B. Vergleichen Sie die erste und die letzte Strophe. Welche Beziehung besteht zwischen beiden Strophen?

C. „Machet euch die Erde untertan" ist ein Befehl.

1. Bestimmen Sie die acht weiteren Befehle in dem Gedicht.

_____   _____

_____   _____

_____   _____

_____   _____

2. Warum folgen diese Befehle sofort auf den ersten Befehl?

3. Warum haben die acht Befehle keine Anführungszeichen, wie der erste Befehl?

D. Das Gedicht enthält fünf Charakterisierungen des Menschen. Finden Sie sie. Welche Progression ist in den Bildern zu erkennen?

1. _____
2. _____
3. _____
4. _____
5. _____

E. Zu einzelnen Versen:

1. Welcher Vers bietet das grausamste Bild von der Erde? Warum?

2. Welcher Vers ist eine Anspielung auf ein Gedicht Goethes? Wie heißt das Gedicht? Was geschieht in Goethes Gedicht?

3. „Jeder Lehrling hat einen Meister." Wer ist der Lehrling? Wer ist der Meister? Was hat der Meister gezaubert? Was hat der Lehrling gezaubert? Was ist das Verhältnis von „Moloch" und „Lehrling"?

F. Beschreiben Sie die Wortwahl und die Wahl der lyrischen Bilder. Was ist der stilistische Effekt?

G. An welche biblische Person erinnert „Brudermörder"? Wer ist der Ermordete? Was war die Motivation des Mörders? Erklären Sie die intendierte Analogie zu dem Gedicht.

NACH DEM LESEN

STELLUNGNAHMEN UND INTERPRETATIONEN

Nehmen Sie zu den folgenden Fragen und Gedanken Stellung.

1. Welches lyrische Bild hat Sie am meisten betroffen? Warum?

2. Stimmen Sie mit der Klage der Dichterin überein? Begründen Sie Ihren Standpunkt.

3. Ist die moderne Technik tatsächlich ein vom Menschen geschaffenes Monster, das nun den Menschen beherrscht? Ist die Technik ein Fluch oder ein Segen? Geben Sie anschauliche Beispiele.

4. Die moderne Technik bringt dem Menschen mehr Macht – verlangt aber auch mehr Verantwortung und eine höhere Moral von ihm. Sind die Menschen immer verantwortlich mit ihrem technischen Wissen umgegangen? Geben Sie konkrete Beispiele aus der Geschichte für oder gegen die These.

5. In der Bibel steht: „Machet euch die Erde untertan!" (1 Genesis 1, 26–28). Hat der Mensch das Recht, die Natur-, Tier- und Pflanzenwelt unbegrenzt auszubeuten?

6. Gibt es Weltreligionen, die eine andere Ethik gegenüber der Natur lehren? Welche? Geben Sie spezifische Beispiele.

7. Was wird in diesem Gedicht kritisiert? Der Mensch? Die Moral des Menschen? Die Technik? Unsere Haltung zur Natur? Zu unseren Mitmenschen? Nehmen Sie Stellung, und geben Sie Beispiele.

8. Ist der Mensch das „Ebenbild Gottes" oder ist er „ein luziferischer Macher"? Welche Antwort gibt die Dichterin?

9. Ist dieses Gedicht ein politisches Gedicht? Wenn ja, warum? Wenn nein, warum nicht? Welchen Ton hat das Gedicht?

GESPRÄCHSRUNDE

A. Erfinden Sie in Gruppenarbeit lyrische Bilder für ein kurzes Gegengedicht, in dem Sie eine Utopie beschreiben, in der zwischen Gott, Mensch und Natur Harmonie besteht. Lesen Sie Ihr Gedicht der Klasse vor.

B. Setzen Sie Ihr Gedicht in ein kurzes Video um. Geben Sie der Erde, den Wäldern, den Ozeanen, den Sternen und den Tieren eine eigene Stimme. Schreiben Sie in der Gruppe ein kurzes Drehbuch, filmen Sie den Dialog und die Naturbilder, und stellen Sie Ihr Video der Klasse zur Kritik vor.

C. Diskutieren und malen Sie zu dem Gedicht in Gruppenarbeit ein Bild, eine Bilderserie oder eine Cartoonserie für einen Kinderbuchverlag. Erfinden Sie dazu passende Bildtexte in einer einfachen Sprache, die für die Kinder verständlich ist.

SCHRIFTLICHES

A. Schreiben Sie eine längere Version des Gedichts in Aufsatzform.

1. **Der Moloch und der Zauberlehrling (1. Teil)**
   Erörtern Sie mit Beispielen, wie es dazu kam, daß der Moloch den Zauberlehrling auffraß.

2. **Wie der Zauberlehrling zum Meister wurde (2. Teil)**
   Führen Sie Ihren Aufsatz fort, und beschreiben Sie detailliert die magische Wandlung, durch die der Zauberlehrling zum Meister wird. Besprechen Sie, wie die Menschen ein moralisches Gewissen entwickeln und nun mit ihren Mitmenschen und mit der Natur in Harmonie leben.

B. Habgier – die größte Sünde? Erklären Sie Ihren Standpunkt anhand spezifischer Beispiele.

TESTEN SIE IHR WISSEN

1. *Tiere und Pflanzen haben sich in großer Vielfalt entwickelt. Wie verteilen sich die Arten?*

   a) ☐ Es gibt mehr Tierarten
   b) ☐ Es gibt mehr Pflanzenarten
   c) ☐ Es gibt etwa gleich viel Tier-und Pflanzenarten

2. *Welches Land zahlt am meisten für den Umweltschutz?*

   a) ☐ Deutschland
   b) ☐ USA
   c) ☐ Frankreich
   d) ☐ Japan

3. *Heute leben etwa 5,5 Milliarden Menschen auf der Erde. Wie hoch wird die Weltbevölkerung im Jahre 2050 sein?*

   a) ☐ 7,5 Milliarden
   b) ☐ 10 Milliarden
   c) ☐ 12,5 Milliarden

4. *Die Chemikalie FCKW (**F**luor-**C**hlor-**K**ohlen-**W**asserstoff), die z.B. aus Spraydosen und Klimaanlagen entweicht, zerstört die Ozonschicht. Dadurch entsteht eine enorme UV-Strahlung der Sonne. Welche Gefahren hat die UV-Strahlung für Mensch und Natur?*

   a) ☐ Trübung der Augen und Erblindung
   b) ☐ Schwächung des Immunsystems
   c) ☐ Alterung der Haut und Krebs
   d) ☐ Wachstumshemmung der Haare und Haarausfall
   e) ☐ Wachstumshemmung der Pflanzen

5. *Welches Transportmittel verursacht die größte Schadstoffemission pro gefahrenem Kilometer?*

   a) ☐ Bus
   b) ☐ Eisenbahn
   c) ☐ Flugzeug
   d) ☐ Pkw

6. *Was bezeichnet man als „Problemmüll"?*

   a) ☐ Altpapier
   b) ☐ Farben
   c) ☐ Altglas
   d) ☐ Altbatterien

7. *Was bezeichnet man als nicht erneuerbare Energiequelle?*

   a) ☐ Öl
   b) ☐ Kohle
   c) ☐ Wasser
   d) ☐ Wind
   e) ☐ Gas

8. *Welchen Anteil an den Schadstoffemissionen, die für das Waldsterben verantwortlich sind, hat der Autoverkehr?*

   a) ☐ Gar keinen
   b) ☐ 10%
   c) ☐ 30%
   d) ☐ 50%
   e) ☐ 75%

ERGEBNIS: $\frac{\quad}{8}$ = %

THEMA 4

DEUTSCHLAND

Der Plenarsaal des neuen Bundestages in Bonn. Mit seinen 662 Mitgliedern ist der Deutsche Bundestag das größte demokratisch gewählte Parlament der Welt.

KAPITELVORSCHAU

DEUTSCHLAND UND DIE DEUTSCH-SPRACHIGEN LÄNDER – VIELE VERBINDEN DAMIT DIE ALPENROMANTIK DER SCHWEIZ, DIE BLÜTE KLASSISCHER MUSIK IN ÖSTERREICH UND DAS DEUTSCHE MÄRCHENLAND DER GEBRÜDER GRIMM. DEUTSCHLAND IST MEHR. JAHRZEHNTELANG TRENNTE DIE DEUTSCH-DEUTSCHE MAUER DIE FREI-HEITLICH-DEMOKRATISCHE WELT DES WESTENS VON DER KOMMUNISTISCHEN WELT DES OSTENS. HEUTE SIND DIE DEUTSCHEN LÄNDER HOFFNUNG AUF EIN BESSERES LEBEN FÜR HUNDERTTAUSENDE VON KRIEGSFLÜCHTLINGEN, ASYLSUCHENDEN, AUSLANDSDEUTSCHEN UND AUSLÄNDISCHEN ARBEITNEHMERN. DIE FOLGENDEN TEXTE BESCHREIBEN GEFÜHLE, HOFFNUNGEN, ÄNGSTE UND TRÄUME ZUM THEMA „DENK ICH AN DEUTSCHLAND ..."

WIE VERTRAUT SIND SIE MIT DEUTSCHER LANDESKUNDE?

1. *In welcher Stadt wurde Johann Wolfgang von Goethe geboren?*

   a) ☐ Frankfurt
   b) ☐ Weimar
   c) ☐ Leipzig

2. *Hat die neutrale Schweiz eine Armee?*

   a) ☐ Ja
   b) ☐ Nein

3. *An welche Stadt denken Sie bei diesen Spezialitäten?*

   __ A. Marzipan   1. Basel
   __ B. Würstchen   2. Lübeck
   __ C. Lebkuchen   3. Nürnberg
   __ D. Schnitzel   4. Frankfurt
   __ E. Leckerli   5. Königsberg
   __ F. Klops   6. Wien

4. *In welcher Stadt kann man Wein im größten Ratskeller der Welt trinken?*

   a) ☐ Zürich
   b) ☐ Bremen
   c) ☐ Leipzig
   d) ☐ Graz

5. *Wer komponierte diese musikalischen Stücke?*

   __ A. Die Walküre
   __ B. Mondscheinsonate
   __ C. Matthäuspassion
   __ D. Die Zauberflöte
   __ E. Die Schöpfung

   1. Ludwig van Beethoven
   2. Johann Sebastian Bach
   3. Joseph Haydn
   4. Richard Wagner
   5. Wolfgang Amadeus Mozart

6. *Welches Museum befindet sich in welcher Stadt?*

   __ A. Alte Pinakothek
   __ B. Germanisches Nationalmuseum
   __ C. Pergamon-Museum
   __ D. Wallraf-Richartz-Museum

   1. München
   2. Nürnberg
   3. Köln
   4. Berlin

7. *Wer sagt zu wem: „Zwei Seelen wohnen, ach! in meiner Brust, die eine will sich von der andern trennen ..."?*

   a) ☐ Nathan zum Derwisch (Lessing)
   b) ☐ Wilhelm Tell zu seiner Frau (Schiller)
   c) ☐ Emilia Galotti zu Orsina (Lessing)
   d) ☐ Faust zu Wagner (Goethe)

8. *Welche Stadt hat einen Schlüssel im Stadtwappen als Symbol dafür, daß die Stadt für den Welthandel offen ist?*

   a) ☐ Rostock
   b) ☐ Hamburg
   c) ☐ Bremen
   d) ☐ Kiel

9. *Mit welchen Städten werden diese Komponisten assoziiert?*

   __ A. Mozart   1. Bayreuth
   __ B. Strauss   2. Leipzig
   __ C. Bach   3. Salzburg
   __ D. Wagner   4. Bad Ischl
   __ E. Lehar   5. Wien

SELBSTEINSCHÄTZUNG:

a) Ich bin sehr vertraut mit deutscher Landeskunde, denn ich habe ___ von 9 Fragen richtig erraten.

b) Ich bin nur wenig vertraut mit deutscher Landeskunde, denn ich habe nur ___ von 9 Fragen richtig erraten.

c) Ich bin mit deutscher Landeskunde überhaupt nicht vertraut, weil ___.

d) _____

TEXT 1

DREI FREUNDE

VOR DEM LESEN

WISSENSAKTIVIERUNG UND HYPOTHESENBILDUNG

A. Die Geschichte „Drei Freunde" wird mit diesen Sätzen eingeleitet:

> Wir waren drei Freunde. Keine besonders dicken Freunde, aber eben doch gute Freunde, wie das unter Schuljungen üblich ist. Wir spielten gemeinsam Fußball, gingen gemeinsam ins Kino und trieben gemeinsam Unfug. Später, als wir älter wurden, fuhren wir im Urlaub gemeinsam zelten, gingen gemeinsam zum Tanz und verliebten uns in die gleichen Mädchen. Nun sollte man meinen, daß es bei so viel Gemeinsamkeit kaum zu nennenswerten Meinungsverschiedenheiten kommen kann.

1. Welche wichtigen Informationen aus der Vorgeschichte der „drei Freunde" werden dem Leser schon bekannt gegeben?

2. Welches Wort setzt ein negatives prognostisches Signal im Hinblick auf die kommenden Ereignisse?

3. Versuchen Sie zu erraten, welche Probleme zwischen den drei Freunden entstehen könnten.

B. Das Ende der Geschichte lautet so:

> Heute, nach der Wende, würde mich wirklich interessieren, wie sich jemand fühlt, der von Menschen, die jetzt öffentlich als Betrüger und Folterknechte entlarvt wurden, zum Töten anderer Menschen veranlaßt wurde.

1. Welche Wörter sind Signalworte im Hinblick auf die Handlung der Geschichte?

_____

_____

_____

_____

2. Versuchen Sie zu erraten, wie die Freundschaft der „drei Freunde" wohl verlaufen sein könnte. Tragen Sie dazu Ihre Hypothesen in die Tabelle ein.

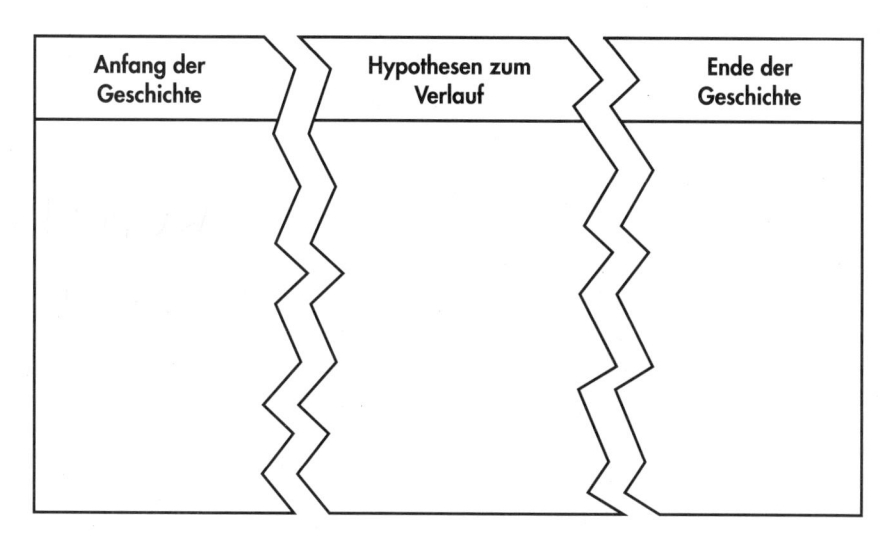

Anfang der Geschichte	Hypothesen zum Verlauf	Ende der Geschichte

ORIENTIERUNG MIT LESENOTIZEN

Lesen Sie die folgenden Fragen, ohne sie zu beantworten. Versuchen Sie, aus der Art der Fragen, den Inhalt des Lesetextes einzugrenzen. Erst wenn Sie den Text komplett gelesen haben, versuchen Sie, die folgenden Fragen zu beantworten.

1. In welchen Punkten gibt es Meinungsverschiedenheiten zwischen den drei Freunden?
2. Was sollte die Berliner Mauer für die DDR-Bürger und für alle Völker der Welt dokumentieren?
3. Welches Gesetz spaltete die DDR-Jugend in zwei Gruppen? Worin unterscheiden sich beide Gruppen ideologisch?
4. Wie verläuft der berufliche Weg von Eberhardt?
5. Wovon erzählte Eberhardt seinen Freunden Joachim und Wolfgang im Urlaub?
6. An welchen Informationen war Wolfgang besonders interessiert?
7. Über welches Ereignis wird eines Tages in der Presse berichtet?
8. Was erfuhr Joachim durch die Briefe seines Freundes Wolfgang?
9. Wofür hat Joachim Verständnis, wofür hat er kein Verständnis?
10. Wie entwickelt sich die Freundschaft zwischen Eberhardt und Joachim nach dem Grenzvorfall?
11. Welche Frage beschäftigt den Autoren weiterhin? Wird diese Frage beantwortet?

Drei Freunde

[handwritten left margin: Bundes-Republik Deutschland (West & Jetzt)]

[handwritten right margin: Deutsche Demokratische Republik (Ost)]

Mehr als 200 Flüchtlinge wurden an der Berliner Mauer erschossen. Eines dieser Opfer war der 18jährige Bauarbeiter Fechter, der hier am 18. August 1962 über den Stacheldraht getragen wird.

JOACHIM KLECKER
DIPLOM-CHEMIKER AUS DER EHEMALIGEN DDR
Drei Freunde

1 Wir waren drei Freunde. Keine besonders dicken Freunde, aber eben doch gute Freunde, wie das unter Schuljungen üblich ist. Wir spielten gemeinsam Fußball, gingen gemeinsam ins Kino und trieben gemeinsam Unfug. Später, als wir älter wurden, fuhren wir im Urlaub gemeinsam zelten, gingen gemeinsam zum Tanz und verliebten uns in die gleichen Mäd-
5 chen. Nun sollte man meinen, daß es bei so viel Gemeinsamkeit kaum zu nennenswerten Meinungsverschiedenheiten kommen kann.

Aber gerade in einem Punkt gab es unterschiedliche Auffassungen, und zwar zur politischen Situation.

Durch den Bau der Mauer [Wall] dokumentierte die kommunistische Regierung der DDR
10 für alle Welt sichtbar, daß sie die Spaltung Deutschlands für alle Zeiten als gewollt betrachtet. Der Bau der Mauer war ein solches Beispiel dafür, daß die Mächtigen, wenn sie nicht über ausreichende Argumente der Vernunft verfügen, hemmungslos ihre Macht einsetzen, um politisch Andersdenkende zu disziplinieren.

Nachdem die Mauer gebaut war, konnte in der DDR die Wehrpflicht als Gesetz
15 eingeführt werden. Junge Männer, die keine Lust hatten, diesem verlogenen Staat zu dienen, hatten nun keine Möglichkeit mehr, in die BRD auszuweichen. Aber es gab auch

170   Thema 4

junge Männer, die glaubten, daß das Ehrenkleid, wie die Uniform blasphemisch genannt wurde, anzulegen, ihre patriotische Pflicht sei.

So verpflichtete sich Eberhardt, wie einer meiner Freunde hieß, den Diktatoren in der DDR für 20 Jahre, also quasi ein Leben lang, zu dienen. Im Jahre 1968 wurde er beauftragt, mit der Waffe in der Hand jeden wehrlosen DDR-Bürger am Verlassen des Landes zu hindern.

Eberhardt, wenn er auf Urlaub war, und wir ein Glas Bier zusammen tranken, erzählte gern davon, was er bei der Armee für Heldentaten vollbrachte. Er versäumte keine Gelegenheit darauf zu verweisen, daß er Geheimnisträger sei, prahlte aber andererseits damit, daß Eingeweihte wie er wissen, wie man die Sicherheitsanlagen überwinden könnte.

Wolfgang, der zweite meiner Freunde, war an solchen Gesprächen immer lebhaft interessiert. Durch ironische, aber naiv klingende Fragen veranlaßte er Eberhardt zu immer neuen Prahlereien. Auf diese Weise erfuhren wir nach und nach Einzelheiten über Standort der Einheit von Eberhardt sowie Verlauf und Sicherungseinrichtungen der Grenze.

Dann, eines Tages, geschah das Unfaßbare. Es begann damit, daß in Presse und Rundfunk die lakonische Information über zwei Grenzverletzer bekanntgegeben wurde. Durch westliche Medien erfuhr man, zwei junge Männer hatten einen Fluchtversuch unternommen. Einer sei dabei wahrscheinlich erschossen worden, während der andere sich, wenn auch verletzt, in die Freiheit retten konnte. Durch Wolfgangs Eltern erfuhr ich, daß er derjenige war, dem die Flucht gelang. Auf einmal ergab alles einen Sinn. Wolfgang hatte versucht, alles erforderliche Wissen für den Fluchtversuch aus Eberhardt herauszulocken.

Wolfgang schilderte mir später in einem Brief, wie er mit einem Kumpel zusammen im Grenzabschnitt, in welchem Eberhardt Dienst tat, versucht hatte, die Sperranlagen zu überwinden. Als sie von Eberhardt entdeckt wurden, gab sich Wolfgang in der Hoffnung auf Eberhardts Loyalität zu erkennen. Als sie jedoch der Aufforderung Eberhardts, sich festnehmen zu lassen, nicht nachkamen, schoß Eberhardt auf seinen alten Freund. Natürlich habe ich Verständnis dafür, daß Eberhardt schoß, denn anderenfalls drohte eine strenge Bestrafung. Aber mußte er tödliche Schüsse abgeben? Eberhardt erzählte nur, daß er für heldenhaftes Verhalten im Dienst ausgezeichnet worden sei. Diese Prahlerei konnte er sich einfach nicht verkneifen. Über Wolfgang und seine Bitte, ihn laufen zu lassen, sagte er aber nichts.

In der folgenden Zeit konnte ich mich einfach nicht mehr überwinden, den freundschaftlichen und ungezwungenen Kontakt mit Eberhardt weiter zu pflegen. Offensichtlich ging es anderen ebenso. Eberhardt geriet immer mehr in die Isolation. Als er mich dann direkt fragte, warum ich seine Gesellschaft meide, konnte ich nur antworten, den Umgang mit Helden nicht gewöhnt zu sein.

Eberhardts Besuche wurden immer seltener, und schließlich habe ich nichts mehr von ihm gehört.

Heute, nach der Wende, würde mich wirklich interessieren, wie sich jemand fühlt, der von Menschen, die jetzt öffentlich als Betrüger und Folterknechte entlarvt wurden, zum Töten anderer Menschen veranlaßt wurde.

Drei Freunde **171**

INTENSIVES TEXTSTUDIUM

FRAGEBOGEN

A. Lesen Sie den Text sorgfältig durch. Unterstreichen Sie alle Wörter und Sätze, aus denen die persönliche Einstellung des Autors gegenüber der Politik, der Ideologie und der Menschenverachtung der kommunistischen Regierung ersichtlich ist. Präzisieren Sie in Ihren eigenen Worten seine persönliche Einstellung zu jedem Sachverhalt. Vervollständigen Sie die Tabelle.

Zeile	Wörter/Sätze	Einstellung des Autors

B. Im dritten Absatz nennt der Autor den Grund für den Bau der deutsch-deutschen Mauer. Erklären Sie seinen Gedanken.

C. Warum nennt der Autor die ehemalige DDR einen „verlogenen Staat"? Welche Legitimation für diese Charakterisierung gibt uns die Geschichte? Geben Sie spezifische Beispiele.

D. Warum wurde die Uniform der DDR-Soldaten „Ehrenkleid" genannt?

E. Welche Informationen hatte Eberhardt als „Geheimnisträger" des kommunistischen Grenz-Militärs in der ehemaligen DDR? Geben Sie drei Beispiele aus dem Text.

F. Welche Themen aus dem sechsten und siebten Textabschnitt werden im neunten Textabschnitt wiederholt?

G. Was meint der Autor, wenn er über Eberhardt schreibt: „Diese Prahlerei konnte er sich einfach nicht verkneifen."

H. Welchem Typus könnte man die Geschichte zuordnen? Ist die Geschichte lehrhaft, utopisch, kämpferisch, melodramatisch? Welche anderen Adjektive und Substantive wären passend? Begründen Sie Ihre Antwort mit Textbeispielen.

I. Was, glauben Sie, war die Intention Joachim Kleckers, diese Geschichte zu schreiben? Welche Textstellen machen die Absicht des Verfassers deutlich?

NACH DEM LESEN

STELLUNGNAHMEN UND INTERPRETATIONEN

Nehmen Sie zu den folgenden Fragen und Gedanken Stellung.

1. Was ist Ihre Reaktion auf die Ereignisse in der Geschichte? Was finden Sie bemerkenswert daran, was bestürzend?

2. Haben Sie auch „dicke" Freunde, mit denen Sie Ihre Freizeit zusammen verbringen? Sind Ihre engsten Freunde überwiegend Frauen oder Männer? Sind es Freunde aus Ihrer Kindheit oder neugewonnene Freunde aus jüngster Zeit? Wie verbringen Sie und Ihre Freunde die Freizeit?

3. Sind Ihre engsten Freunde überwiegend älter oder jünger als Sie? Welche Wirkung haben diese Freunde auf Sie, die andere Leute nicht haben? Was kann ein Außenstehender über Sie persönlich lernen, wenn er sich die Freunde ansieht, mit denen Sie sich umgeben?

4. Was ist Ihre persönliche Definition von Freundschaft? Welchen Stellenwert nimmt die Freundschaft zu anderen Menschen in Ihrem Leben ein? Was würden Sie im Namen der Freundschaft alles tun? Was würden Sie auf keinen Fall tun? Geben Sie Beispiele.

5. Können Sie sich an den 9. November 1989 – an den Tag, als über Nacht die Berliner Mauer fiel – zurückerinnern? Welche Fernsehbilder von diesem Tag sind Ihnen noch in Erinnerung? Welche Gedanken und Empfindungen hatten Sie damals?

6. Welche symbolische Bedeutung hatte die deutsch-deutsche Mauer für Sie? Was können und sollten die Menschen aus der politischen Teilung von Staaten lernen? Was werden Sie eines Tages Ihren Kindern darüber erzählen?

7. Glauben Sie, daß ein Staat das Recht besitzt, seinen Bürgern die „korrekte" politische Gesinnung vorzuschreiben? Wenn ja, wie soll der Staat vorgehen? Wenn nein, was kann der Einzelne tun, um sich vor der manipulativen „Staatsideologie" zu schützen?

8. Würden Sie von sich selber sagen, daß Sie ein patriotischer Mensch sind? Wie verstehen Sie Ihren Patriotismus, und bei welchen Gelegenheiten demonstrieren Sie ihn?

9. Wie hätten Sie an Eberhardts Stelle gehandelt? Hätten Sie auf Ihren Schulfreund geschossen? Begründen Sie Ihre Antwort.

10. Wenn Sie als Richter ein Urteil über Eberhardts Tat sprechen müßten, wie würde Ihr Urteil lauten – schuldig oder nicht schuldig? Begründen Sie Ihre Entscheidung.

GESPRÄCHSRUNDE

A. Besprechen Sie in der Gruppe Ihr Verständnis von Freundschaft. Welche Forderungen stellen Sie an einen „wahren" Freund oder an eine „wahre" Freundin? Was müssen Menschen gemeinsam haben, um Freunde zu sein? Was kann unterschiedlich sein? Wie weit würden Sie für eine Freundschaft gehen? Wie weit nicht? Einigen Sie sich in der Gruppe auf die fünf wichtigsten Kriterien, und tragen Sie sie als „Definitionen" der Klasse vor.

B. Teilen Sie Ihre Gesprächsrunde in die Gruppe der Patrioten und die Gruppe der Nicht-Patrioten auf. Diskutieren Sie, in welchen Situationen und bei welchen Fragen man ein Patriot seines Heimatlandes sein muß, und bei welchen Gewissensfragen man ein Recht auf Widerstand hat.

C. Eberhardt – Held oder politisches Opfer? Verteilen Sie in der Gruppe die folgenden Rollen: Die drei Freunde, ein Richter, ein Rechtsanwalt, der Staatsanwalt, die Jury. Bringen Sie Argumente für und gegen das Verhalten Eberhardts an der Grenze. Diskutieren Sie, ob er richtig und verantwortlich gehandelt hat, und welche Konsequenzen andere Handlungsweisen für Eberhardt gehabt hätten. Führen Sie die Gerichtsszene der Klasse vor.

SCHRIFTLICHES

A. Eine tiefe Freundschaft. Beschreiben Sie Ihre Freundschaft zu einem Menschen. Schildern Sie die Eigenschaften dieses Menschen, die Situationen, in denen sich die gemeinsame Freundschaft bewährte und Ihr heutiges Verhältnis zu dieser Person.

B. Ein Angeber. Geben Sie eine Charakterbeschreibung von einem Angeber und von dem Verhalten dieser Person in verschiedenen Lebenssituationen.

C. Wer die Wahl hat, hat die Qual. Beschreiben Sie eine Situation, in der Sie zwischen zwei wichtigen Entscheidungsfragen wählen mußten. Schildern Sie Zweifel und Bedenken, Ihre Entscheidung und die Folgen. Eröffnen Sie Ihren Aufsatz mit diesen Worten:

> *Vor einiger Zeit stand ich vor einer wichtigen Entscheidung. Damals war ich mir nicht sicher, ob es nicht besser wäre, ...*

D. Die Peitsche ersetzt die Vernunft. Diskutieren Sie Beispiele aus der Geschichte, die bezeugen, „daß die Mächtigen, wenn sie nicht über ausreichende Argumente der Vernunft verfügen, hemmungslos ihre Macht einsetzen, um politisch Andersdenkende zu disziplinieren." Erörtern Sie die Gültigkeit (Ungültigkeit) dieser These für die politische Gegenwart und die möglichen Verhaltensweisen für den Einzelnen.

E. Abenteuer der Flucht. Schreiben Sie einen fiktiven Zeitungsartikel, und beschreiben Sie die Gründe zur Flucht, die Vorbereitung, die Ereignisse beim Fluchtversuch und das weitere Schicksal des politischen Flüchtlings.

TEXT 2

DEUTSCHLAND

VOR DEM LESEN

WISSENSAKTIVIERUNG UND HYPOTHESENBILDUNG

A. Welche Themen, Probleme, Fragen und Fakten fallen Ihnen ein, wenn Sie an das moderne Deutschland denken?

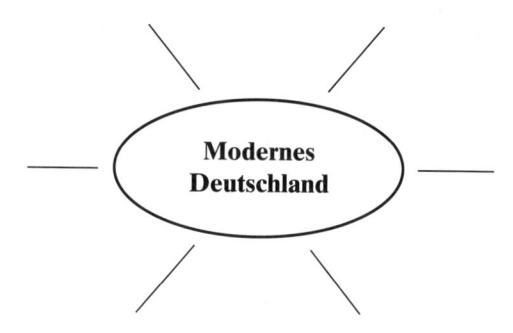

Modernes Deutschland

B. Der Autor beginnt sein Gedicht mit den folgenden Zeilen:

> Deutschland gibt es nicht.
> Das muß man verstehen.
> Deutschland existiert nicht.
> Es ist ein Konstrukt.
> Es gibt Flüsse, Seen, Wälder, Vögel, die fliegen.
> Aber es gibt keine Grenzen.
> Die Natur geht nicht her und sagt: Hier beginnt Deutschland.
> Es sind Menschen, die so tun.
> [...]
> Dem Grashalm ist es wurscht, wo er wächst, und
> der Wind weht, wohin er will.

1. Erkennen Sie einen zentralen Grundgedanken in diesen Zeilen? Welche Zeile drückt diesen Gedanken am besten aus?

2. Wer spricht in diesen Zeilen? Zu wem?

3. Ist die Grundeinstellung des Autors zu Deutschland kritisch oder preisend? Aus welchen Worten erkennen Sie seine Einstellung?

Warum wurden Deutschlands Grenzen so oft verändert? Welche geschichtlichen Ereignisse fallen Ihnen zu den vier Landkarten ein? Welche politischen Persönlichkeiten assoziieren Sie mit den einzelnen historischen Epochen?

4. Zwei Motivbereiche stehen antithetisch zueinander. Welche Bereiche sind es? Sechs Gegenstände gehören zu einem dieser Motivbereiche. Welche sind es? Welche unterschiedlichen Standpunkte zu Deutschland lassen sich erkennen?

```
_____   | Deutschland |   _____
```

5. Der Leser erfährt, was Deutschland nicht ist. Wie, glauben Sie, wird das Gedicht weitergehen? Welche Themen werden entwickelt?

ORIENTIERUNG MIT LESENOTIZEN

Lesen Sie die folgenden Fragen, ohne sie zu beantworten. Versuchen Sie, aus der Art der Fragen, den Inhalt des Lesetextes einzugrenzen. Erst wenn Sie den Text komplett gelesen haben, versuchen Sie, die folgenden Fragen zu beantworten.

1. Welche Worte ersetzen und definieren „Deutschland"?
2. Welchen Sinn haben politische Staaten? Mit welchen Objekten werden Staaten verglichen?
3. Was beschreibt der Autor als „bloße Theorie"? Warum?
4. Welchen psychischen Effekt hat der Staat auf das Selbstgefühl einer patriotischen Person?

Deutschlands Länder
Einwohnerzahlen in Millionen

- Schleswig-Holstein 2,6 (Kiel)
- Hamburg 1,6
- Mecklenburg-Vorpommern 1,9 (Schwerin)
- Bremen 0,7
- Niedersachsen 7,4 (Hannover)
- Sachsen-Anhalt 2,9 (Magdeburg)
- Brandenburg 2,6 (Potsdam)
- Berlin 3,4
- Nordrhein-Westfalen 17,3 (Düsseldorf)
- Sachsen 4,8 (Dresden)
- Hessen 5,7 (Wiesbaden)
- Thüringen 2,6 (Erfurt)
- Rheinland-Pfalz 3,8 (Mainz)
- Saarland 1,1 (Saarbrücken)
- Baden-Württemberg 9,8 (Stuttgart)
- Bayern 11,4 (München)

Waren Sie schon einmal in Deutschland, Österreich oder in der Schweiz? Wenn ja, beschreiben Sie Ihre Erlebnisse. Wenn nein, entwerfen Sie eine Traumreise durch diese Länder.

5. Welchen menschlichen „Mangel" kritisiert der Autor? Was sind die Auswirkungen dieses Mangels auf den psychischen „Mechanismus" eines nationalistischen Menschen?

6. Welche negativen und gefährlichen Werte kann ein „deutschnationalistisches Denken" hervorbringen?

7. Wen erfreut ein „vereinigtes Deutschland"? Wie werden diese Menschen charakterisiert?

8. Wer erlangt materiellen Profit aus dem „Konzept" Deutschland?

9. Welches ist die „eigentliche Frage" des Autors? Welche Antwort gibt der Autor auf seine Frage?

10. Welches positive mitmenschliche Handeln und welche guten Charaktereigenschaften sollte ein „gesundes" Nationalgefühl bei den Bürgern erzeugen?

11. Wer ist vielleicht nicht zu „geistiger Flexibilität" fähig?

12. Welche Beispiele gibt der Autor für das „begrenzte persönliche Denken" eines nationalistischen Menschen? Was wird durch solch ein „begrenztes Denken" geschaffen? Was wird nicht geschaffen?

13. Was fordert der Autor am Ende von jedem Deutschen?

WERNER KÖLBL

Deutschland

1 Deutschland gibt es nicht.
Das muß man verstehen.
Deutschland existiert nicht.
Es ist ein Konstrukt.
5 Es gibt Flüsse, Seen, Wälder, Vögel, die fliegen.
Aber es gibt keine Grenzen.
Die Natur geht nicht her und sagt: Hier beginnt Deutschland.
Es sind Menschen, die so tun.
Menschen sagen: Das hier ist Holland und
10 dies hier ist Luxemburg.
Aber real gibt es weder das eine noch das andere.
Beides existiert nur in den Gehirnen von Menschen.
Deutschland ist eine Bedeutung.
Es ist ein Gedächtnisinhalt.
15 Eine Übereinkunft von Menschen.
Mehr nicht.
Dem Grashalm ist es wurscht, wo er wächst, und
der Wind weht, wohin er will.
Und das hat Bedeutung.
20 Denn wir nähren uns nicht von Deutschland,
sondern von Brot, das diese Erde uns läßt.
Deutschland, wenn überhaupt,
ist eine Organisationseinheit.
Es hilft, das menschliche Zusammenleben
25 freundlicher und wohlgefälliger zu gestalten.
Darum gibt es Staaten.
So wie in der Küche Gabeln und Teller
griffbereit in verschiedenen Schubladen
zu finden sind,
30 so sind auch Staaten unterstützende Gebilde;
ein Handwerkszeug, die Menschheit mit gutem Essen zu versorgen.
Man pflegt nicht nur das Geschirr und läßt die Gabeln verdrecken.
In guten Familien verhungern die Kinder nicht.
Freilich ist das bloße Theorie.
35 Menschen haben Staaten zu einer Quelle des
Kummers gemacht und in Blut gegossen.

Staaten dienen dazu, das eigene Ich aufzuplustern.
Je erhabener die Nation,
desto aufgeblähter die Brust.
40 Menschen ohne Selbstwertgefühl brauchen
die identifizierende Mitgliedschaft im
Golfclub oder in einer Grande Nation.
Beides aber hilft nicht über den Mangel
hinweg, der wir sind.
45 Unser Denken reagiert immer aus dem Mangel.
Das Denken selbst tritt ins Bewußtsein,
wo Entzug und Widerstand spürbar sind.
Das Denken denkt immer das, was nicht existiert.
Und das Denken, der Mangel schafft sich
50 Neid, Konkurrenz, Angst und Wettbewerb;
ein Gegeneinander, das stets nach mehr giert.
Mehr Geld, Ruhm, Karriere, Territorium.
Aber dieser Mechanismus funktioniert nicht.
Man kann auf diese Weise die ganze Welt
55 erobern und bleibt doch innerlich leer
und zerrissen zwischen äußerem Reichtum
und inwendiger Not.
Ein vereintes Deutschland mag diejenigen
kurzzeitig erfreuen, die in Kategorien
60 der Vergangenheit denken;
aber dann ist man mehr an den eigenen
Wortwelten interessiert
als an einem guten Leben mit sich und
anderen.
65 Deutschland, in welchen Grenzen auch immer,
löst überhaupt nichts.
Deutschland ist eine Illusion.
Es ist ein momentan wirkender Reiz.
Und wie jeder Reiz
70 vergeht auch dieser in der Zeit.
Deutschland ist ein Irrtum.
Es mag den Geschäftemachern dienlich sein,
den Politikern, den Geldverdienern.
Profiteuren, materiell wie ideell.

75 Aber die eigentliche Frage ist:
Ist die Hypothese „Deutschland" geeignet,
etwas Hilfreiches zur Welt beizutragen?
Wenn ja, dann „Deutschland" über alles.
Wenn nein, dann brauchen wir etwas anderes.
80 „Deutschland", für mich ist das eine
Arbeitsbedingung.
Und keine nationale Erhebung spekulativer Gefühlswelten.
Und wie jedes Werkzeug, ist auch „Deutschland"
zu prüfen, wofür es taugt und wofür nicht.
85 Dann findet man angemessenen Gebrauch daran.
Denn es geht ja nicht darum, ein „Deutschland"
zu produzieren,
sondern es zu nützen, um etwas Wertvolleres
herzustellen.
90 Wärme, Verbundenheit, Mitgefühl.
Ein menschliches Zusammensein in
Freundlichkeit und Wohlwollen.
Wenn „Deutschland" hierzu beiträgt, gut;
und wenn nicht, dann muß man sich ein
95 anderes ausdenken.
Das verlangt geistige Flexibilität.
Möglicherweise sind Politiker und Parteigenossen
dazu nicht fähig.
Sie sind eingebunden in ihre Ideen und
100 Vorstellungen, und obwohl sie das Wort
„Deutschland" beständig im Munde führen,
sind sie an Deutschland faktisch nicht
interessiert.
Ihnen mag an ihrer Vision gelegen sein,
105 an ihren schönen Wörtern,
aber nicht daran,
eine menschliche Kultur auf dieser Erde
zu schaffen.
Und das ist kein Vorwurf.
110 Ein Volk wählt seinen Vorstand im Einvernehmen
mit den eigenen Zielen.
Und in welch begrenztem Horizont ist das
persönliche Denken angesiedelt: ein neues Auto,
mehr Einkommen, Eigenheim.
115 Von solchem Denken wird nie Frieden, Freiheit
ausgehen.

Solch ein Denken schafft nur neue Grenzen,
Isolation und Konflikt ohne Ende.
Wir sind dieses Denken.
120 Und dieses Denken mißbraucht Deutschland,
wie Steffi Graf und Frauenmörder als
montagfüllende Schlagzeile.
Als Sensation im banalen Alltag.
Deutschland, das ist ein Pseudo-Thema;
125 ein Abwehrmechanismus.
Das Denken, das sich Deutschland erschaffen hat,
wird keine Not je beenden.
Staaten leisten das nicht.
Man muß das eigene Denken untersuchen,
130 das sich in Nationen und Individuen spaltet
und Elend und Einsamkeit produziert.
Man muß in das eigene Denken eindringen,
in die Funktionsweise des eigenen Wesens.
Dann fällt Deutschland ab,
135 wie Regen von wassersatten Wolken.

INTENSIVES TEXTSTUDIUM

FRAGEBOGEN

A. *Zur Textart:* Ist der Text wirklich ein „Gedicht"? Welche formalen Aspekte (Klang, Metrum, Rhythmus, Bild- und Wortwahl usw.) sprechen dafür, welche sprechen dagegen?

B. *Zur Struktur:* In welche gedanklichen Einzelabschnitte läßt sich das Gedicht strukturieren? Numerieren Sie die Abschnitte, und geben Sie jedem Abschnitt eine Überschrift, die den Hauptgedanken wiedergibt. Begründen Sie Ihre Gliederung.

C. *Zum Inhalt:* Der Autor nennt elf abstrakte Begriffe zum Thema „Deutschland ist …". Jeder Begriff wird mit anschaulichen Beispielen illustriert und erklärt. Tragen Sie die elf Begriffe und ihre erklärenden Beispiele unten ein.

Zeile	Deutschland ist …	Erklärende Beispiele
4	… ein Konstrukt.	• Nationale Grenzen existieren nicht in der Natur. • Grenzen sind menschliche Konstrukte.

D. *Zur Interpretation:* Erklären Sie in Ihren eigenen Worten, welche Gedanken der Autor in den folgenden Sätzen ausdrückt. Wenn nötig, führen Sie in Ihrer Antwort auch Beispiele an, die über den Text hinausgehen.

1. „Deutschland existiert nicht. Es ist ein Konstrukt." (3-4)

   _____

2. „Denn wir nähren uns nicht von Deutschland, sondern von Brot …" (20-21)

   _____

3. „… so sind auch Staaten unterstützende Gebilde." (30)

   _____

182   Thema 4

4. „Menschen haben Staaten zu einer Quelle des Kummers gemacht und in Blut gegossen." (35-36)

5. „Je erhabener die Nation, desto aufgeblähter die Brust." (38-39)

6. „Ein Volk wählt seinen Vorstand im Einvernehmen mit den eigenen Zielen." (110-111)

7. „... und dieses Denken mißbraucht Deutschland, wie Steffi Graf und Frauenmörder als montagfüllende Schlagzeile." (120-122)

8. „Man muß das eigene Denken untersuchen, das sich in Nationen und Individuen spaltet und Elend und Einsamkeit produziert." (129-131)

9. „Dann fällt Deutschland ab, wie Regen von wassersatten Wolken." (134-135)

E. Untersuchen Sie den Text anhand der folgenden Gesichtspunkte.

1. Der Autor vergleicht Deutschland mit einem „Handwerkszeug" (31) und mit einem „Werkzeug" (83). Erklären Sie diesen Vergleich.

2. Warum nennt der Autor Deutschland eine „Hypothese"? Unterstreichen Sie alle Textstellen, in denen das Wort „Denken" vorkommt. Der Autor postuliert eine enge Beziehung zwischen patriotischem Nationalgefühl und der „Funktionsweise des eigenen Denkens" (132-133). Erklären Sie diese Korrelation mit Beispielen aus dem Text.

3. Aus welcher Textstelle erkennt man, daß der Autor den Politikern nicht viel Vertrauen schenkt? Welche Kritik übt er an ihnen?

4. An mehreren Stellen im Text appelliert der Autor an den Leser, nicht nur in politisch-nationalistischen Kategorien zu denken, sondern ein humanes, mitmenschliches Denken zu entwickeln. Wie wird unsere Welt besser, wenn der Mensch dieses Ziel erreicht? Geben Sie Beispiele aus dem Text.

5. Der Autor spricht viel von den negativen Aspekten eines deutschen Nationalgefühls und Nationalbewußtseins. Welches sind die positiven Aspekte, die er nennt?

F. Nennen Sie drei Adjektive und/oder Substantive, die das Gedicht und die Haltung des Autors treffend beschreiben. Welchen Gedanken im Gedicht finden Sie zu radikal? Geben Sie Beispiele.

NACH DEM LESEN

STELLUNGNAHMEN UND INTERPRETATIONEN

Nehmen Sie zu den folgenden Fragen und Gedanken Stellung.

1. Stellen Sie sich vor, dieser Text hätte den Titel „Die Vereinigten Staaten von Amerika". Glauben Sie, daß es ein unpatriotischer Text wäre? Begründen Sie Ihre Antwort.

2. Ist ein Staat nur eine „Organisationseinheit" und eine „Arbeitsbedingung", die das Zusammenleben und -arbeiten der Bürger reguliert, oder gibt es etwas, was alle Bürger eines Staates ideell zusammenhält? Wenn ja, was ist es?

3. „Je erhabener die Nation, desto aufgeblähter die Brust." – Stimmen Sie mit dem Autor überein, daß das Selbstwertgefühl eines Menschen durch sein Nationalgefühl gesteigert wird? Nennen Sie Situationen, in denen man sich gut fühlt, weil man Deutscher (Franzose, Amerikaner usw.) ist.

4. Kennen Sie einen Menschen ohne Selbstwertgefühl? Wodurch entsteht dieser Mangel? Sind Sie selbst ein Mensch mit hohem oder niedrigem Selbstwertgefühl? Erklären Sie Ihren Standpunkt.

5. Ist eine Nation wirklich nur ein Denk-„Konstrukt" und ein Abwehrmechanismus, der „neue Grenzen, Isolation und Konflikt ohne Ende schafft"? Wenn ja, geben Sie Beispiele aus der Geschichte. Wenn nein, geben Sie plausible Gegenargumente.

6. Lieben Sie Ihr Heimatland? – Erläutern Sie Ihr Verhältnis zu Ihrem Land.

7. Soll man kein Nationalgefühl und Stolz für sein Heimatland haben? Gibt es Beispiele aus der Geschichte für eine „fanatische Inflation des Nationalgefühls"? Welche Folgen hätte das für das Land, seine Bewohner, die Welt? Welche Gefühle empfinden Sie selber für Ihr „Vaterland"?

8. Was, glauben Sie, meint der Autor mit diesem Satz: „Ein vereintes Deutschland mag diejenigen kurzzeitig erfreuen, die in Kategorien der Vergangenheit denken"? Auf welche Kategorien der Vergangenheit spielt der Autor an? Geben Sie Beispiele aus der Geschichte.

9. Wie stehen Sie zu dem „vereinten Deutschland"? Kann Deutschland „etwas Hilfreiches zur Welt beitragen"? Was? Welche Rolle könnte Deutschland auf der internationalen Bühne spielen? Machen Sie konkrete Vorschläge.

10. Der Autor plädiert dafür, „eine menschliche Kultur auf dieser Erde zu schaffen." Was verstehen Sie darunter?

11. Würden Sie den Autor, anhand des Textes, als „Deutschen", „Europäer" oder als „Weltbürger" bezeichnen? Welche Textstellen erlauben eine solche Beschreibung?

GESPRÄCHSRUNDE

A. Funktionsweise des eigenen Denkens: Meine Nation – mein Leben – mein Traum. Erzählen Sie der Gruppe, was Sie sich von Ihrem Leben und der Zukunft erhoffen. Versuchen Sie durch persönliche Fragen die Denkweise anderer Gruppenmitglieder zu erforschen, sowie die Gründe, die zu ihrer Denkweise führen. Notieren Sie sich stichpunktartig die wichtigsten Aussagen und geben Sie ein „psychologisches Denkprofil" eines Ihrer Mitstudenten.

B. Gesunder Patriotismus vs. fanatischer Nationalismus. Besprechen Sie Beispiele von nationalem Fanatismus aus der Geschichte. Anschließend erstellen Sie zwei Listen: eine mit fünf Hauptgefahren, die aus einem fanatischen Nationalbewußtsein entstehen können und eine mit fünf positiven Aspekten von patriotischen Gefühlen. Vergleichen Sie Ihre Gruppenergebnisse in der Klasse.

C. Das vereinte Deutschland: Chance und Gefahr. Stellen Sie sich vor, Sie sind, ähnlich wie Werner Kölbl, Bürger und Kritiker des „neuen Deutschland". Erstellen Sie in Gruppenarbeit eine Wunschliste für die Zukunft Deutschlands und Europas und eine Liste der Wege, die zu Fehlern führen könnten. Erstatten Sie der Klasse Bericht.

SCHRIFTLICHES

A. Erörtern Sie mittels spezifischer Beispiele aus der Geschichte die mögliche Korrelation von fanatischem Nationalismus und politischer Aggression.

B. Wo …, da ist mein Heimatland. Beschreiben Sie Ihre Gedanken, Ihre Gefühle und Ihr persönliches Verhältnis zu Ihrem Heimatland.

C. Nationale Grenzen und die neue Weltordnung. Ermöglichen oder verhindern die neuen Nationalstaaten auf der Welt das Erreichen einer „menschlichen Kultur auf dieser Erde"? Geben Sie eine kritische Zukunftsvision unserer Welt in zwanzig Jahren.

TEXT 3

BRIEF DES PLATON

VOR DEM LESEN

WISSENSAKTIVIERUNG UND HYPOTHESENBILDUNG

A. Vervollständigen Sie den Lückentext. Wenn nötig, benutzen Sie eine Enzyklopädie.

Steckbrief

Name: Platon (oder Plato)
Geburtsort: Athen
Geburtsland: _____
geboren: 427 v. Chr.
gestorben: _____
Eltern: Mutter: Periktione,
Vater: Ariston
Platons Lehrer: _____
Platons Schüler: _____

Platon sollte zuerst den Namen „Aristokles" erhalten, wie sein Großvater. Wegen seiner _____ Schultern entschieden sich seine Eltern jedoch für den Namen Platon. Sein Name kommt von dem griechischen Wort „platys", was „breit" bedeutet. Platon wurde zu einem der wichtigsten _____ in Griechenland und zu allen Zeiten überhaupt. Platons großer Lehrer war _____.

Sokrates, geboren im Jahre 470 v. Chr., lebte in selbstgewählter Armut und belehrte seine Mitbürger auf den Straßen und Sportplätzen Athens. Die Staatsform in Athen war die Demokratie, in der alle Bürger die gleichen _____ hatten. Doch nicht alle Einwohner Athens waren Staatsbürger, und so waren Sklaven und unfreie Bauern von der Demokratie ausgeschlossen. Sokrates lehrte, daß jeder Mensch durch Erziehung ein mündiger Mensch werden und zum selbständigen Denken und Handeln erzogen werden könnte. Weil dieser Gedanke zu revolutionär war und die „Demokratie der Aristokratie" gefährdete, wurde Sokrates 399 v. Chr. ins Gefängnis geworfen und später vergiftet.

Nach dem Tode seines großen Lehrers kam Platon zu der Überzeugung, daß es für die griechischen Städte keine Rettung mehr vor dem Untergang geben könnte, bis zu der Zeit, in der in einem „idealen Staat" entweder „die Könige Philosophen werden könnten oder die Philosophen Könige". Platon verließ Athen und ging auf Reisen durch ganz Griechenland, Süd_____ und sogar _____, das ein Land auf dem afrikanischen Kontinent ist. Er besuchte den Königshof des Tyrannen Dionys in Syrakus, wurde später von Dionys gefangen genommen, kam nach Sparta, wo er als Sklave verkauft wurde.

Im Jahre 387 v. Chr. kehrte Platon nach Athen zurück und gründete die _____, die das Zentrum der Wissenschaft und Philosophie der damaligen Welt wurde. Hier lehrte er vierzig Jahre lang und schrieb seine wichtigsten Werke: _____, _____ und _____. Viele dieser Werke sind in Dialogform geschrieben. Platon starb im Jahre _____ v. Chr., im Alter von achtzig Jahren.

Platon hatte viele berühmte Schüler. Der berühmteste von allen war _____. Dieser Schüler (384-322 v. Chr.) beschäftigte sich mit Fragen der Ethik und Politik und systematisierte die drei „klassischen Staatsformen": 1. Die Herrschaft aller Bürger (_____), 2. Die Herrschaft weniger Bürger (_____) und 3. Die Herrschaft eines Einzelnen (_____).

B. Spekulieren Sie:

1. An wen richtet Platon seinen Brief?

2. Was war die politische Lage in Athen zu Sokrates' Zeit? Welche Gemeinsamkeiten, glauben Sie, bestanden zwischen der demokratischen Staatsform in Athen und der Staatsform in der ehemaligen „Deutschen Demokratischen Republik" (DDR)?

3. Warum wählt der Autor die Briefform? Welche Vorteile bietet sie?

ORIENTIERUNG MIT LESENOTIZEN

Zu der Zeit, als der Autor, Heinz Neumann, den „Brief des Platon" verfaßt, sind die Bundesrepublik Deutschland und die Deutsche Demokratische Republik zwar schon geographisch vereinigt, aber werden noch nicht von einem gemeinsamen Parlament regiert. Am Sonntag, dem 18. März 1990, wählt die DDR in freier Wahl ihre Übergangsregierung. Die Wahl zum ersten gemeinsamen Parlament ist für den 2. Dezember 1990 angesetzt. Die Gedanken des Autors kreisen um diesen bevorstehenden „Wahlsonntag", und er macht sich Gedanken, wer in einem neuen Deutschland die politische Macht erlangen wird („Wer wird sie diesmal heimführen, die begehrten Trophäen ‚Volkssouveränität' und ‚Rechtsstaatlichkeit'?"). In subtiler Weise stellt der Autor die Frage, ob die neugewählte demokratische Regierung wirklich demokratisch sein wird. Ein Ton der Skepsis durchzieht den Text.

Das Jahr der Deutschen

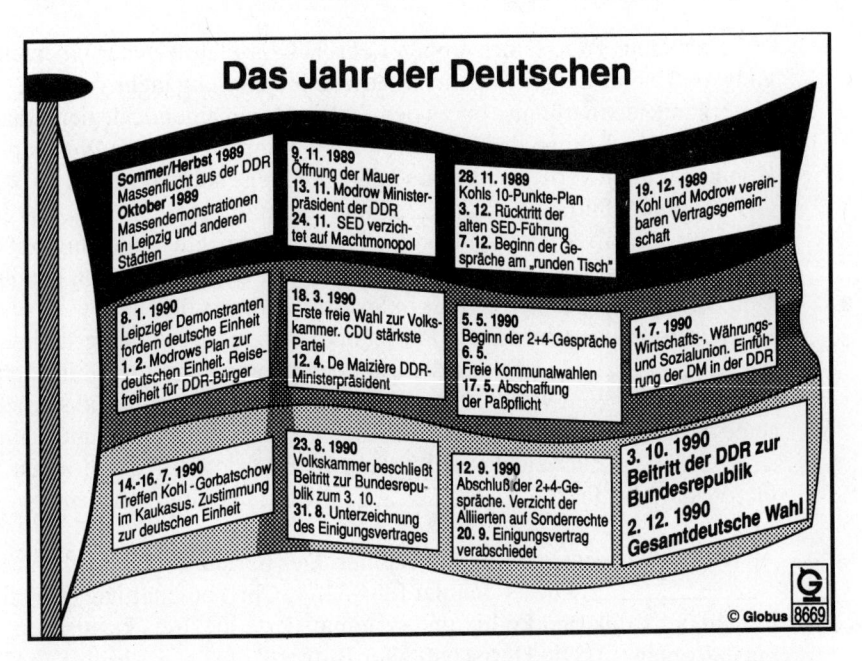

Sommer/Herbst 1989 Massenflucht aus der DDR
Oktober 1989 Massendemonstrationen in Leipzig und anderen Städten

9. 11. 1989 Öffnung der Mauer
13. 11. 1989 Modrow Ministerpräsident der DDR
24. 11. SED verzichtet auf Machtmonopol

28. 11. 1989 Kohls 10-Punkte-Plan
3. 12. Rücktritt der alten SED-Führung
7. 12. Beginn der Gespräche am „runden Tisch"

19. 12. 1989 Kohl und Modrow vereinbaren Vertragsgemeinschaft

8. 1. 1990 Leipziger Demonstranten fordern deutsche Einheit
1. 2. Modrows Plan zur deutschen Einheit. Reisefreiheit für DDR-Bürger

18. 3. 1990 Erste freie Wahl zur Volkskammer. CDU stärkste Partei
12. 4. De Maizière DDR-Ministerpräsident

5. 5. 1990 Beginn der 2+4-Gespräche
6. 5. Freie Kommunalwahlen
17. 5. Abschaffung der Paßpflicht

1. 7. 1990 Wirtschafts-, Währungs- und Sozialunion. Einführung der DM in der DDR

14.-16. 7. 1990 Treffen Kohl - Gorbatschow im Kaukasus. Zustimmung zur deutschen Einheit

23. 8. 1990 Volkskammer beschließt Beitritt zur Bundesrepublik zum 3. 10.
31. 8. Unterzeichnung des Einigungsvertrages

12. 9. 1990 Abschluß der 2+4-Gespräche. Verzicht der Alliierten auf Sonderrechte
20. 9. Einigungsvertrag verabschiedet

3. 10. 1990 Beitritt der DDR zur Bundesrepublik
2. 12. 1990 Gesamtdeutsche Wahl

© Globus 8669

Welche historischen Daten und Ereignisse aus diesem Schaubild werden im „Brief des Platon" genannt?

1. Welche Haltung gegenüber der herrschenden Regierung haben Sokrates, Jesus von Nazareth, Rosa Luxemburg und Gandhi gemeinsam?

2. Aus welchem Grund hat Sokrates die Jugend unterrichtet? Was wollte er dadurch erreichen? Was war die Folge der athenischen Regierung auf die Tätigkeit des Sokrates?

3. Wie charakterisiert der Autor die Regierung in Athen zur Zeit des Sokrates? Wie beschreibt der Autor die Regierung im modernen Deutschland? Welche Gemeinsamkeiten bestehen zwischen beiden Regierungsformen?

4. Der vierte Absatz beschreibt die Bürgerrechte, die Sokrates für jeden Bürger der Antike forderte. Welche Bürgerrechte sind es?

5. Haben, nach Meinung des Autors, die Bürger des modernen Deutschland diese Bürgerrechte? Was haben sie nicht?

6. Welches Verhältnis besteht zwischen Parlament und Bürgern im modernen Deutschland?

7. Der sechste Abschnitt beschreibt die Veränderung im Charakter eines Politikers, sobald er politische Macht erlangt und ins Parlament gewählt wird. Inwiefern verändern sich sein Verhalten und seine politischen Interessen?

8. Wird sich, nach Meinung des Autors, das politische System grundlegend ändern?

HEINZ NEUMANN
DIPLOM-MATHEMATIKER AUS DER EHEMALIGEN DDR

Brief des Platon

Lieber Sokrates!

Nun schau ihn Dir an, den Jahrmarkt unseres Lebens. Für ein paar Silberlinge bekommst du Gesten, die zu Deiner Zeit noch gut einen Schierlingsbecher wert waren. Ist halt nicht mehr so einfach heutzutage, berühmt zu werden. Menschenzensur ist abgeschafft, und die Ideenguillotine überlebt man nicht so leicht. Entweder du wirst totgeschwiegen oder totgeredet. Und dann kannst du noch von Glück reden, wenn du nicht aus Versehen „im Namen" desselben „Volkes" rehabilitiert wirst, das dich ein Vierteljahr zuvor verurteilt hat. Wolltest also damals schon die Jugend aufwiegeln, gegen die Götter der athenischen Sklavenhalterdemokratie. Haben nach Dir noch andere versucht. Jesus von Nazareth, Rosa Luxemburg, Gandhi …

Auch wir proben gerade den „Aufbruch", probieren, sagte ich, kann sein, wir bekommen ein neues Theater und eine neue Besetzung, aber gespielt wird weiter das alte Stück. Du kennst es ja: „Im Namen des Volkes". Manche Stücke sind eben zu schwach, um aus eigener Kraft vom Spielplan herunterzukommen.

Wer wird sie diesmal heimführen, die begehrten Trophäen „Volkssouveränität" und „Rechtsstaatlichkeit"? Wer sie haben wollte, hat sie noch immer bekommen – meistbietend, denn wählerisch waren sie noch nie, die Edel-Damen des demokratischen Gewerbes. Und die Demokratie? Frag' Sisyphos …

Du meinst, was im Namen des Volkes geschehen soll, wisse niemand besser als das Volk selbst, und plädierst noch immer für die dreistufige Volksgesetzgebung, für die permanente Mündigkeit des Bürgers über den Wahlsonntag hinaus? Sogar die Erarbeitung der neuen Verfassung möchtest Du dem Volk übertragen und nicht dem erlesenen Gremium erlesener Aristokraten? – Ja weißt Du überhaupt, was Du da verlangst mit Deiner DEMOKRATIE-INITIATIVE? – Glaubst Du, ein Parlament würde sich so etwas bieten lassen, dieses ständige Reinreden mittels Bürgerinitiativen, Volksbegehren und -entscheid? Als ob es nicht schon reicht, wenn die Finanzoligarchie …

Naja, ein angeordneter „Volksentscheid" mit feststehenden Ergebnissen, das ginge noch, aber gegen solche plebiszitären Typen wie Dich wird man sich schon zu schützen wissen. Man ist ja in keiner Partei mehr vor ihnen sicher …

„Wählen" – das heißt bei uns nicht „Stimme leihen", sondern „Stimme abgeben" und zwar so schnell wie möglich und ohne viel zu fragen, und dann herrsch Ruhe im Land. Unser Volk ist mündig genug, sich seinen nächsten Vormund selbst zu wählen. Das könnte Dir so passen, „Popularvorbehalt" und „Alle Staatsgewalt geht vom Volke aus …" – sind doch blaue Redeblümlein! Wenn Du im Parlament säßest, würdest Du anders reden. Du kennst das doch noch: Der Geduckte von heute ist der Tyrann von morgen. Und – sanft ruht die Gewohnheit der Macht auf der Macht der Gewohnheit. Und Du weißt, was aus Deinen Schülern wurde: Sklaven, die noch immer brav mit ihrem silbernen Kettchen spielen würden, hätten sie nicht zufällig in Nachbars Garten goldene gesehen. Also übe Dich bitte in Geduld – gilt übrigens heute als „sokratische" Tugend – und frag später noch mal, sofern Dir dann überhaupt noch jemand Gehör schenken wird.

40 Na gut, ich will Dir ein letztes Mal die Freude machen, obwohl, „Anstiftung zum selbständigen Denken und Handeln", das kann teuer werden; was soll's, schick sie zu mir, Deine „Sturmgesellen" – keiner soll später sagen können, man hätte ihn nicht gewarnt, und er habe wie immer „von alledem nichts gewußt" – aber nur noch bis zum 18. März, dann hast Du abgegessen, mein Lieber, die Kette war eh schon viel zu lang ...

45 Dein Platon

INTENSIVES TEXTSTUDIUM

FRAGEBOGEN

A. Suchen Sie alle stilistischen Ausdrucksmittel, die man gewöhnlich in einem Brief findet. Wie viele können Sie finden? Welche stilistischen Briefelemente sind nicht vorhanden?

Stilistische Elemente

_____

_____

_____

_____

Nicht vorhandene Elemente

_____

_____

_____

_____

B. Tragen Sie alle zwölf Textstellen, die sich auf Sokrates, seine Lehren und seine Zeit beziehen, ein.

1. _____
2. _____
3. _____
4. _____
5. _____
6. _____
7. _____
8. _____
9. _____
10. _____
11. _____
12. _____

C. Untersuchen Sie den Text auf die folgenden Fragen hin.

1. Wie läßt sich aus den Textstellen oben das politische Klima zur Zeit des Sokrates beschreiben? Welche Analogie versucht der Autor herzustellen?

2. Wer ist Sisyphos? Welche Strafe bekam er von Zeus, dem Vater aller Götter? Sisyphos und Zeus repräsentieren symbolisch zwei Gruppen in der politischen Hierarchie des neuen Deutschland. Welche Gruppen sind es? Welche „Bestrafung" bekommt die eine Gruppe von der anderen?

3. Der vierte Absatz beschreibt den Demokratie-Gedanken von Sokrates. Fassen Sie in Ihren eigenen Worten zusammen, was die „Demokratie-Initiative" ist. Welche Rolle spielt das Parlament? Welche Rolle spielen die Bürger? Ist das Parlament an der politischen Meinung des Volkes interessiert?

4. Im vierten Absatz wird der letzte Gedanke nicht zu Ende geführt. Warum gebraucht der Autor dieses stilistische Mittel? Mit welchen Worten könnte der Satz beendet werden? Begründen Sie Ihre Wahl aus dem inhaltlichen Kontext.

5. Warum werden Sokrates' Demokratie-Prinzipien „Popularvorbehalt" und „Alle Staatsgewalt geht vom Volke aus" vom Autoren als „blaue Redeblümlein" bezeichnet? Wie bezeichnet man einen solch kritischen Schreibstil?

6. „Schick sie zu mir, Deine Sturmgesellen." Von wem werden die Bürger der ehemaligen DDR als „Sturmgesellen" bezeichnet? Welche Vorstellung von den DDR-Bürgern wird durch diese Bezeichnung negativ akzentuiert? Zu wem sollen sie kommen? Sind die „Sturmgesellen" willkommen?

D. Der Autor drückt viele seiner Gedanken, Ideen und Kritikpunkte nicht direkt und leicht verständlich aus. Er verbirgt seine Aussage in assoziativen Wortformulierungen und in komplexen Bildern, die eine starke Suggestionskraft haben. In welchen Textstellen macht der Autor die folgenden Aussagen?

Der Autor sagt, daß …

1. … in dem „neuen Deutschland" alle Bürger das Recht haben, frei ihre politische Meinung zu äußern. Oppositionelle Schriften und Reden werden nicht mehr verboten, wie in der alten DDR.

   _____

2. … viele DDR-Bürger im „neuen Deutschland" geprüft werden, ob sie früher Kommunisten waren und dafür verurteilt werden.

   _____

3. … alle DDR-Bürger, die anti-kommunistisch gesinnt waren von dem totalitären DDR-Regime verurteilt wurden. Im „neuen Deutschland" sind sie plötzlich willkommen.

   _____

4. … das „neue Deutschland" nun neue Politiker bekommt, die sich aber überhaupt nicht von den alten Politikern unterscheiden.

   _____

Brief des Platon

5. ... die politisch Mächtigen in dem neuen Staat käuflich und korrupt sind, und nur ihre eigenen materiellen Interessen vertreten und nicht die Interessen des Volkes.

6. ... die Bürger alle Lasten und Probleme des neuen Staates auf ihren Schultern tragen müssen.

7. ... das neue Parlament an einer echten, demokratischen Mitbestimmung nicht interessiert ist.

8. ... das Volk selber das Recht haben soll, den Inhalt der neuen, gesamtdeutschen Verfassung zu bestimmen.

9. ... in der DDR die Wahlen von der Regierung manipuliert wurden.

10. ... unterdrückte Menschen, wenn sie politische Macht über andere Menschen erhalten, oft selbst zu Unterdrückern werden.

11. ... die DDR-Bürger die Revolution nicht aus tiefer politischer Überzeugung durchgeführt haben. Sie waren nur fasziniert von dem materiellen Wohlstand im Westen und wollten daran teilhaben.

12. ... die neugewonnene demokratische Freiheit nach dem Wahlsonntag wieder eingeschränkt wird. Dann wird das Volk wieder – wie ein Hund – an der Leine geführt.

NACH DEM LESEN

STELLUNGNAHMEN UND INTERPRETATIONEN

Nehmen Sie zu den folgenden Fragen und Gedanken Stellung.

1. Welche Verständnisschwierigkeiten hat Ihnen der „Brief des Platon" bereitet? Welche Textstellen haben Sie immer noch nicht so recht verstanden?

2. Was haben Sie über die antike Zeit und über das politische Denken des Sokrates neu gelernt?

3. Inwiefern sind die demokratischen Ideen des Sokrates auch heute noch die Grundlagen unseres rechtlichen und staatlichen Systems?

4. Ist die Demokratie tatsächlich die beste Staatsform? Begründen Sie Ihre Antwort anhand von Beispielen.

5. Der Autor behauptet, daß die Politiker nicht mehr die Interessen der Wähler repräsentieren, sobald sie gewählt worden sind. Sind Sie auch dieser Meinung? Geben Sie Beispiele.

6. Welcher Unterschied besteht zwischen „Stimme leihen" und „Stimme abgeben" bei der Wahl? Was meint der Autor? Was meinen Sie?

7. „Menschenzensur" und „Ideenguillotine". Soll die Presse in einem demokratischen Staat vollkommen frei sein? Wenn nein, über welche Themen sollte die Presse nicht berichten dürfen?

8. Wählen Sie ein Zitat aus dem Text, um das politische Denken Sokrates' am treffendsten zu charakterisieren. Begründen Sie Ihre Wahl.

9. Sind Sie durch die Schule und Ihr Elternhaus zum „selbständigen Denken und Handeln" erzogen worden? Was versteht man darunter? Beschreiben Sie konkrete Situationen aus dem Leben und Berufsalltag.

10. Der Autor kritisiert, daß in Deutschland einige wenige finanzstarke Personen – eine „Finanzoligarchie" – die politische Macht hat. Stimmt das? Stimmt das nicht? Welchen Einfluß auf die Politik und die Politiker haben die großen Geldgeber in unserem Land? Geben Sie anschauliche Beispiele.

11. Warum hat der Autor die Form des Briefes gewählt? Welche Vorteile bietet die Briefform im Hinblick auf die Argumentationsstruktur und Wortwahl?

GESPRÄCHSRUNDE

A. Teilen Sie Ihre Gruppe in die „Demokraten", die „Monarchen und Aristokraten" und die „Diktatoren" auf. Diskutieren Sie, welche Staatsform die beste ist. Welche Elemente beinhalten die einzelnen Staatsformen? Wo sind die Grenzen? Welches ist die humanste, toleranteste, effektivste Staatsform?

B. Teilen Sie Ihre Diskussionsgruppe in „Liberale" und „Konservative" auf. Diskutieren Sie die Vor- und Nachteile eines liberalen (konservativen) Staates, und konzentrieren Sie sich besonders auf soziale und wirtschaftliche Fragen, auf Probleme des Zusammenlebens und auf die Stellung der Presse.

SCHRIFTLICHES

A. **Die Welt ist ein politisches Theater, in dem neue Spieler immer wieder das alte Stück spielen.** Legen Sie Ihre Gedanken zu diesem Thema mit Beispielen aus der jüngsten Geschichte dar.

B. **Alle Staatsgewalt geht vom Volke aus.** Schreiben Sie einen ablehnenden oder zustimmenden Aufsatz.

C. **Der Geduckte von heute ist der Tyrann von morgen.** Führen Sie Beispiele aus der Weltgeschichte an, die diese These belegen. Zeigen Sie in sachlicher Argumentation, ob dieser Satz auch heute noch Gültigkeit hat.

TEXT 4

MEIN BERLIN

VOR DEM LESEN

WISSENSAKTIVIERUNG UND HYPOTHESENBILDUNG

A. Welche geschichtlichen Ereignisse verbinden Sie mit der Stadt Berlin?

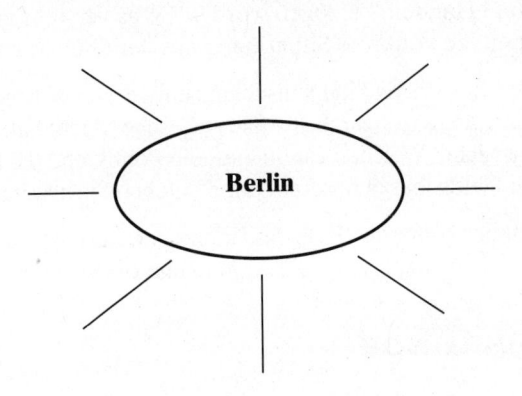

B. Welche Haltung des Sängers zu Berlin verrät der Liedtitel? Welchen Inhalt erwarten Sie?

_____
_____
_____
_____
_____
_____

ORIENTIERUNG MIT LESENOTIZEN

A. Die fünf Strophen des Gedichts sind in Unordnung geraten. Überfliegen Sie schnell die Strophen, und suchen Sie **Signalworte** zur Geschichte der Stadt Berlin oder **Daten** zum Leben des Sängers. Rekonstruieren Sie die richtige Reihenfolge der Strophen, und bezeichnen Sie sie mit den Buchstaben A–E.

☐ Ich weiß, daß auf der Straße hier kein einz'ger Baum mehr stand,
Ruinen in den Himmel ragten, schwarz und leergebrannt.
Und über Bombenkrater ging ein Wind von Staub und Ruß.
Ich stolperte in Schuhen, viel zu groß für meinen Fuß,
Neben meiner Mutter her, die Feldmütze über den Ohr'n,
Es war Winter '46, ich war vier und hab' gefror'n,
Über Trümmerfelder und durch Wälder von verglühtem Stahl.
Und wenn ich heut die Augen schließe, seh' ich alles noch einmal.

☐ Da war'n die sprachlosen Jahre, dann kam die Gleichgültigkeit,
Alte Narben, neue Wunden, dann kam die Zerrissenheit.
70er Demos und die 80er Barrikaden, Kreuzberg brennt!
An den Hauswänden Graffiti, Steine sind kein Argument.
Hab' ich nicht die Müdigkeit und die Enttäuschung selbst gespürt?
Habe ich nicht in Gedanken auch mein Bündel schon geschnürt?
All die Reden, das Taktieren haben mir den Nerv geraubt,
Und ich hab' doch wie ein Besess'ner an die Zukunft hier geglaubt.

☐ Ich weiß, daß auf der Straße hier kein einz'ger Baum mehr stand,
Ruinen in den Himmel ragten, schwarz und leergebrannt.
Jetzt steh' ich hier nach so viel Jahr'n und glaub' es einfach nicht.
Die Bäume, die hier steh'n, sind fast genauso alt wie ich.
Mein ganzes Leben hab' ich in der halben Stadt gelebt.
Was sag' ich jetzt, wo ihr mir auch die and're Hälfte gebt?
Jetzt steh' ich hier, und meine Augen sehen sich nicht satt
An diesen Bildern, Freiheit, endlich Freiheit über meiner Stadt!

☐ Da war'n Schlagbäume, da waren Straßensperren über Nacht,
Dann das Dröhnen in der Luft, und da war die ersehnte Fracht
Der Dakotas und Skymasters, und sie wendeten das Blatt.
Und wir ahnten, die Völker der Welt schauten auf diese Stadt.
Da war'n auch meine Schultage in dem roten Backsteinbau,
Lange Strümpfe, kurze Hosen, und ich wurd' und wurd' nicht schlau.
Dann der Junitag, als der Potsdamer Platz in Flammen stand,
Ich sah Menschen gegen Panzer kämpfen mit der bloßen Hand.

☐ Da war meine „Sturm- und Drangzeit", und ich sah ein Stück der Welt,
Und kam heim und fand, die Hälfte meiner Welt war zugestellt,
Da war'n Fenster hastig zugemauert und bei manchem Haus
Wehten zwischen Steinen noch die Vorhänge zum Westen raus.
Wie oft hab' ich mir die Sehnsucht, wie oft meinen Verstand,
Wie oft hab' ich mir den Kopf an dieser Mauer eingerannt.
Wie oft bin ich dran verzweifelt, wie oft stand ich sprachlos da,
Wie oft hab' ich sie geseh'n, bis ich sie schließlich nicht mehr sah!

Mein Berlin

B. Der Refrain des Liedes ist auch ein Kuddelmuddel. Untersuchen Sie besonders die **mittleren** und **letzten** Zeilen in jeder Strophe und bestimmen Sie, welcher Refrain sich logisch an jede Strophe anschließt. Tragen Sie die Nummern 1–5 in die Kreise ein.

○ Das war mein Berlin.
Wachttürme, Kreuze, verwelkte Kränze, die die Stadt durchzieh'n.
Das war mein Berlin.

○ Das war mein Berlin.
Menschen, die im Kugelhagel ihrer Menschenbrüder flieh'n.
Das war mein Berlin.

○ Das ist mein Berlin!
Gibt's ein schön'res Wort für Hoffnung, aufrecht gehen, nie mehr knien!?
Das ist mein Berlin!

○ Das war mein Berlin.
Den leeren Bollerwagen übers Kopfsteinpflaster zieh'n,
Das war mein Berlin.

○ Das war mein Berlin.
Widerstand und Widersprüche, Wirklichkeit und Utopien.
Das war mein Berlin.

C. Lesen Sie nun Ihr zusammengepuzzeltes Lied gründlich. Geben Sie jeder Strophe mit ihrem Refrain einen Schlagzeilentitel, der den Hauptgedanken zusammenfaßt. Tragen Sie Ihre Antworten in die Tabelle ein.

Strophe	Schlagzeilentitel
1	
2	
3	
4	
5	

D. Lesen Sie die folgenden Fragen, ohne sie zu beantworten. Versuchen Sie, aus der Art der Fragen, den Inhalt des Lesetextes einzugrenzen. Erst wenn Sie den Text komplett gelesen haben, versuchen Sie, die folgenden Fragen zu beantworten.

1. Mit welchem historischen Ereignis beginnt das Lied?

2. Wie alt ist der Junge? Wie sieht die Umgebung und der Alltag seiner Kindheit aus?

3. An welche beiden historischen Ereignisse während seiner Schulzeit erinnert sich der Junge?

4. Mit welcher literarischen Epoche vergleicht der Sänger seine Teenager Jahre? Was findet er vor, als er nach Berlin zurückkehrt?

5. Welche Zeit folgt auf die „sprachlosen Jahre"? Welche Gedanken hat der Liedermacher Reinhard Mey zu den Ereignissen dieser Jahre? Wie alt ist er nun wohl?

6. Welche Hoffnung hat der Sänger auch in den Jahren der „Enttäuschung" nie aufgegeben?

7. Von welchem historischen Ereignis handelt die letzte Strophe? Welche Gedanken und Gefühle empfindet Reinhard Mey dabei? Was werden die Bürger der Stadt nie mehr tun müssen?

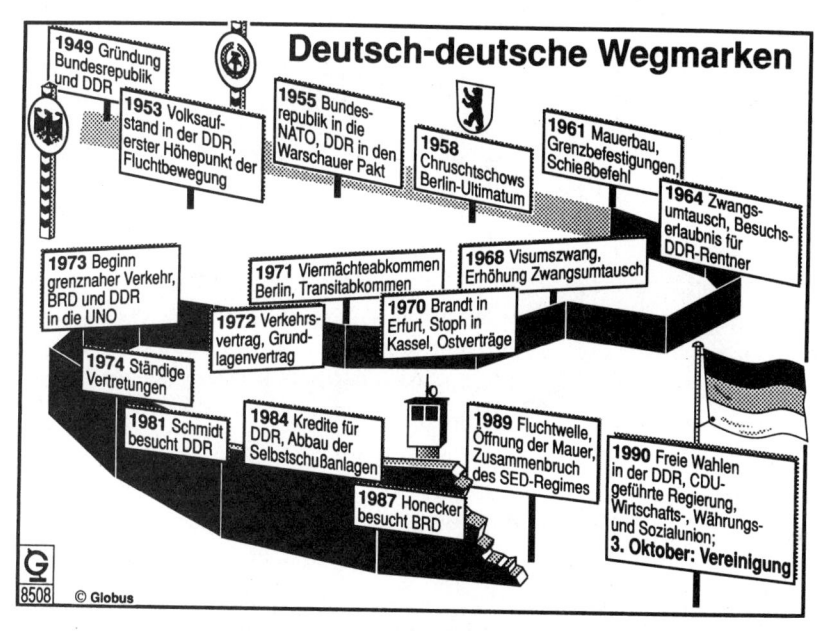

Deutsch-deutsche Wegmarken

- **1949** Gründung Bundesrepublik und DDR
- **1953** Volksaufstand in der DDR, erster Höhepunkt der Fluchtbewegung
- **1955** Bundesrepublik in die NATO, DDR in den Warschauer Pakt
- **1958** Chruschtschows Berlin-Ultimatum
- **1961** Mauerbau, Grenzbefestigungen, Schießbefehl
- **1964** Zwangsumtausch, Besuchserlaubnis für DDR-Rentner
- **1968** Visumszwang, Erhöhung Zwangsumtausch
- **1970** Brandt in Erfurt, Stoph in Kassel, Ostverträge
- **1971** Viermächteabkommen Berlin, Transitabkommen
- **1972** Verkehrsvertrag, Grundlagenvertrag
- **1973** Beginn grenznaher Verkehr, BRD und DDR in die UNO
- **1974** Ständige Vertretungen
- **1981** Schmidt besucht DDR
- **1984** Kredite für DDR, Abbau der Selbstschußanlagen
- **1987** Honecker besucht BRD
- **1989** Fluchtwelle, Öffnung der Mauer, Zusammenbruch des SED-Regimes
- **1990** Freie Wahlen in der DDR, CDU-geführte Regierung, Wirtschafts-, Währungs- und Sozialunion; 3. Oktober: Vereinigung

© Globus 8508

Welche dieser Daten und Ereignisse werden im Lied „Mein Berlin" genannt?

REINHARD MEY
LIEDERMACHER

Mein Berlin

[1]
1 Ich weiß, daß auf der Straße hier kein einz'ger Baum mehr stand,
Ruinen in den Himmel ragten, schwarz und leergebrannt.
Und über Bombenkrater ging ein Wind von Staub und Ruß.
Ich stolperte in Schuhen, viel zu groß für meinen Fuß,
5 Neben meiner Mutter her, die Feldmütze über den Ohr'n,
Es war Winter '46, ich war vier und hab' gefror'n,
Über Trümmerfelder und durch Wälder von verglühtem Stahl.
Und wenn ich heut die Augen schließe, seh' ich alles noch einmal.

Das war mein Berlin.
10 Den leeren Bollerwagen übers Kopfsteinpflaster zieh'n,
Das war mein Berlin.

[2] Da war'n Schlagbäume, da waren Straßensperren über Nacht,
Dann das Dröhnen in der Luft, und da war die ersehnte Fracht
Der Dakotas und Skymasters, und sie wendeten das Blatt.
15 Und wir ahnten, die Völker der Welt schauten auf diese Stadt.
Da war'n auch meine Schultage in dem roten Backsteinbau,
Lange Strümpfe, kurze Hosen, und ich wurd' und wurd' nicht schlau.
Dann der Junitag, als der Potsdamer Platz in Flammen stand,
Ich sah Menschen gegen Panzer kämpfen mit der bloßen Hand.

20 Das war mein Berlin.
Menschen, die im Kugelhagel ihrer Menschenbrüder flieh'n.
Das war mein Berlin.

[3] Da war meine „Sturm- und Drangzeit", und ich sah ein Stück der Welt,
Und kam heim und fand, die Hälfte meiner Welt war zugestellt,
25 Da war'n Fenster hastig zugemauert und bei manchem Haus
Wehten zwischen Steinen noch die Vorhänge zum Westen raus.
Wie oft hab' ich mir die Sehnsucht, wie oft meinen Verstand,
Wie oft hab' ich mir den Kopf an dieser Mauer eingerannt.
Wie oft bin ich dran verzweifelt, wie oft stand ich sprachlos da,
30 Wie oft hab' ich sie geseh'n, bis ich sie schließlich nicht mehr sah!

Das war mein Berlin.
Wachttürme, Kreuze, verwelkte Kränze, die die Stadt durchzieh'n.
Das war mein Berlin.

[4] Da war'n die sprachlosen Jahre, dann kam die Gleichgültigkeit,
35 Alte Narben, neue Wunden, dann kam die Zerrissenheit.
70er Demos und die 80er Barrikaden, Kreuzberg brennt!
An den Hauswänden Graffiti, Steine sind kein Argument.
Hab' ich nicht die Müdigkeit und die Enttäuschung selbst gespürt?
Habe ich nicht in Gedanken auch mein Bündel schon geschnürt?
40 All die Reden, das Taktieren haben mir den Nerv geraubt,
Und ich hab' doch wie ein Besess'ner an die Zukunft hier geglaubt.

Das war mein Berlin.
Widerstand und Widersprüche, Wirklichkeit und Utopien.
Das war mein Berlin.

[4] 45 Ich weiß, daß auf der Straße hier kein einz'ger Baum mehr stand,
Ruinen in den Himmel ragten, schwarz und leergebrannt.
Jetzt steh' ich hier nach so viel Jahr'n und glaub' es einfach nicht.
Die Bäume, die hier steh'n, sind fast genauso alt wie ich.
Mein ganzes Leben hab' ich in der halben Stadt gelebt.
50 Was sag' ich jetzt, wo ihr mir auch die and're Hälfte gebt?
Jetzt steh' ich hier, und meine Augen sehen sich nicht satt
An diesen Bildern, Freiheit, endlich Freiheit über meiner Stadt!

Das ist mein Berlin!
Gibt's ein schön'res Wort für Hoffnung, aufrecht gehen, nie mehr knien!?
55 Das ist mein Berlin!

Reinhard Mey, Deutschlands bekanntester Chansonsänger, wurde am 21. Dezember 1942 in Berlin geboren. Seine Mutter ist Lehrerin, sein Vater Jurist. Die Kindheit und Schulzeit verbrachte Mey in Berlin, wo er 1963 das deutsche Abitur und das französische Baccalaureat am französischen Gymnasium machte. Seit seiner ersten Single 1965 erschienen bisher 17 Studio-LPs und mehrere Live-LPs. Mey schreibt Chansons in deutscher, französischer und holländischer Sprache. Seine französischen LP's wurden mit bedeutenden Chanson-Preisen ausgezeichnet, und Mey-Texte erschienen in mehreren französischen Schulbüchern. Der Sänger und Lyriker ist passionierter Pilot und lebt mit seiner Frau und seinen drei Kindern in Berlin.

INTENSIVES TEXTSTUDIUM

FRAGEBOGEN

A. Das Lied hat einen historischen Inhalt, ist aber auch autobiographisch. Sehen Sie sich die Bilder an, und bestimmen Sie, welche Textstellen durch die Bilder illustriert werden. Ein Bild für ein wichtiges Ereignis fehlt. Dafür steht das Fragezeichen. Welches Ereignis ist es?

Zeile(n): ?~25-30

Zeile(n): ? 16

Zeile(n): 27-28 ?

Zeile(n): ?~53

Zeile(n): ?

Zeile(n): 23-30 ✓

Zeile(n): ?~46

Zeile(n): 17-19 ~14 ✓

200 Thema 4

Zeile(n): 7-12   *Zeile(n):* 1-6 (5) ~50   *Zeile(n):* 34-41 ~50

B. „Und wenn ich heut die Augen schließe, seh' ich alles noch einmal." Lesen Sie nun das ganze Lied mit Blick auf die lyrischen Details. Schließen Sie die Augen, und versuchen Sie mit dem Autor „mitzufühlen." Was sieht, hört, riecht, schmeckt und fühlt er? Welche Farben herrschen im Berliner Stadtpanorama vor?

MEIN BERLIN						
Strophe	Sehen	Hören	Riechen	Fühlen	Schmecken	Farben
1.						
2.						
3.						
4.						
5.						

Mein Berlin

C. Suchen Sie alle Stellen im Lied, in denen Reinhard Mey einen Einblick in seine Gedanken und Gefühle zur Zeitsituation und zu seiner persönlichen Lebenssituation gewährt. Dann wählen Sie zu jeder Strophe ein Substantiv, welches seine Gefühlslage am besten wiederspiegelt.

Substantiv

1. _____
2. _____
3. _____
4. _____
5. _____

D. Welche Aussage verbirgt sich in den folgenden Sätzen? Drücken Sie den Gedanken in Ihren eigenen Worten aus.

1. „Über Trümmerfelder und durch Wälder von verglühtem Stahl" (7)

   _____.

2. „Dann das Dröhnen in der Luft, und da war die ersehnte Fracht" (13)

   _____.

3. „Und wir ahnten, die Völker der Welt schauten auf diese Stadt" (15)

   _____.

4. „Ich sah Menschen gegen Panzer kämpfen mit der bloßen Hand" (19)

   _____.

5. „Menschen, die im Kugelhagel ihrer Menschenbrüder flieh'n" (21)

   _____.

6. „Da war meine ‚Sturm- und Drangzeit' " (23)

   _____.

7. „Und kam heim und fand, die Hälfte meiner Welt war zugestellt" (24)

   _____.

8. „Kreuze, verwelkte Kränze, die die Stadt durchzieh'n" (32)

   _____.

9. „Steine sind kein Argument" (37)

   _____.

10. „Habe ich nicht in Gedanken auch mein Bündel schon geschnürt?" (39)

    _____.

11. „All die Reden, das Taktieren haben mir den Nerv geraubt" (40)

    _____.

E. Untersuchen Sie das Reimschema. Wann verwendet der Dichter Reime mit dunklen Vokalen? Wie viele? Wann verwendet er helle Reime? Wie viele? Welcher stilistische Effekt wird dadurch erzielt?

F. Welches lyrische Bild drückt am eindrucksvollsten die Verzweiflung aus, die der Dichter über die Teilung Berlins empfindet?

G. Der Anblick der Mauer, der Wachttürme, der Kreuze und der Kränze hält in dem Dichter die Abscheu vor der Menschenverachtung eines inhumanen DDR-Staates lebendig. Wie drückt er aus, daß zu gewissen Zeiten dieses Gefühl in ihm an Stärke verlor?

H. Vergleichen Sie die erste mit der letzten Strophe. Was haben beide Strophen gemeinsam? Worin unterscheiden sie sich? Inwiefern spielt Zeit eine Rolle?

	Gemeinsamkeiten	Unterschiede
Erste Strophe		
Letzte Strophe		

I. Auf welche Bilder bezieht sich der Dichter, wenn er schreibt: „Meine Augen sehen sich nicht satt an diesen Bildern, Freiheit, endlich Freiheit über meiner Stadt"?

Mein Berlin

NACH DEM LESEN

STELLUNGNAHMEN UND INTERPRETATIONEN

Nehmen Sie zu den folgenden Fragen und Gedanken Stellung.

1. Welches lyrische Bild hat die stärkste Aussagekraft? Welches Bild würden Sie malen, wenn Sie ein Künstler wären? Begründen Sie Ihre Antwort.

2. Welche anderen Bilder und Ereignisse ruft das Lied bei Ihnen hervor? Hat ein Mitglied Ihrer Familie oder ein Freund je an einem Krieg teilgenommen? Was haben diese Menschen über ihre Erlebnisse im Krieg erzählt, über die Menschen und die Kriegslandschaft?

3. An welches Ereignis der jüngsten Geschichte erinnert Sie der Satz: „Ich sah Menschen gegen Panzer kämpfen mit der bloßen Hand"?

4. Können Sie sich vorstellen, eines Morgens aufzuwachen und festzustellen, daß über Nacht eine Barriere durch ihre Straße gebaut wurde, die Sie nun von Ihren Nachbarn, Ihren Freunden und Ihren Familienmitgliedern auf der anderen Seite trennt? Was würden Sie fühlen und denken? Würden Sie Widerstand leisten?

5. Die freie Äußerung der Meinung, die Demonstration und der Protest sind Rechte in der Demokratie. Haben Sie je an einer Demonstration oder an einem aktiven Protest teilgenommen? Was war der Anlaß? Welche Gründe haben Sie dazu bewogen? Was halten Sie von Demonstrationen?

6. Präsident Bill Clinton und Schauspielerin Jane Fonda haben öffentlich gegen die Teilnahme der USA am Vietnamkrieg protestiert. Sollte man gegen sein Heimatland protestieren, während es militärisch in einen Krieg verwickelt ist?

7. Die Freiheitsstatue wurde zum Symbol für Millionen von Menschen. Was bedeutet „Freiheit" für Sie persönlich? Wie frei ist ein „freier" Mensch wirklich? Welche Freiheiten hat er, welche nicht?

8. Warum, glauben Sie, hat Reinhard Mey dieses Lied geschrieben? Was waren seine Gründe und seine Motivation? An wen ist sein Lied gerichtet? In welche Stimmung werden Sie durch das Lied versetzt?

GESPRÄCHSRUNDE

A. Ein *Rolling Stone* Interview mit Reinhard Mey. Erstellen Sie in der Gruppe einen Katalog der drei wichtigsten Fragen zu jeder Strophe. Tragen Sie einer anderen Gesprächsgruppe Ihre Fragen vor, und lassen Sie die Mitglieder dieser Gruppe darauf antworten, als ob sie Herr Mey wären.

B. Auf der Suche nach ... Entscheiden Sie sich für ein aktuelles soziales oder politisches Thema, welches diese Komponenten hat: „Widerstand und Widersprüche – Wirklichkeit und Utopien". Diskutieren Sie Antworten zu den folgenden Fragen:

1. Warum ist das gewählte Thema aktuell?

2. Was ist das Problem? Was sind seine Konsequenzen?

3. Welche Widersprüche liegen diesem Problem zugrunde? Welcher Widerstand ist nötig?

4. Was werden die negativen Folgen sein, wenn dem Problem nicht genügend Beachtung geschenkt wird?

5. Welche der Lösungen sind utopisch? Kann diese Utopie eines Tages Wirklichkeit werden? Welche Schritte sind bis dahin notwendig?

Abschließend geben Sie Ihren Mitstudenten einen zusammenfassenden Bericht.

C. Die Sturm- und Drangzeit meiner Jugend. Erzählen Sie der Gruppe ein verrücktes Erlebnis aus Ihrer Jugend-, Schüler- oder Studentenzeit. Anschließend lassen Sie ein anderes Gruppenmitglied dieses Erlebnis der Klasse weitererzählen.

SCHRIFTLICHES

A. Martin Luther King und Mahatma Gandhi vertraten das Prinzip des passiven Widerstandes. Andere politische Führer, wie der frühe Malcolm X und Lenin, plädierten für den aktiven Widerstand, die (revolutionäre) Anwendung von Gewalt und für das Prinzip: Der Zweck heiligt die Mittel. Ist Gewalt gegen den Staat und gegen Menschen ethisch zu rechtfertigen? Wann und unter welchen Umständen? Wann nicht?

B. Mein ...! Beschreiben Sie Ihre Jugend und Ihre Stadt in drei Strophen zu je sechs Zeilen mit einem sich wiederholenden Refrain.

C. Berlin – gibt's ein schön'res Wort für Hoffnung? Wählen Sie ein anderes Symbol der Hoffnung und erklären Sie, warum es für Hoffnung steht, und welche Hoffnungen und Träume für die Zukunft damit verbunden sind.

TEXT 5

DIE NEUE ZEIT

VOR DEM LESEN

WISSENSAKTIVIERUNG UND HYPOTHESENBILDUNG

A. Welche Ideen, Hoffnungen, Wünsche, Ängste und Träume will Rebecca Braunert, eine 20jährige Studentin aus dem westlichen Teil Deutschlands, mit Ihrem Gedichttitel „Die neue Zeit" zur Sprache bringen? Spekulieren Sie.

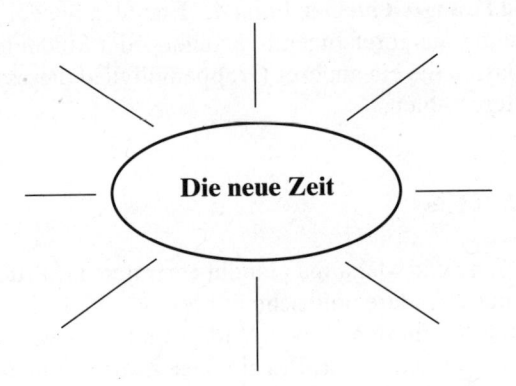

Die neue Zeit

B. Alle vier Strophen beginnen mit den Worten „Es wird eine Zeit kommen, in der …". Tragen Sie unten die vier Themen ein, die Sie in jeder Strophe erwarten. Vergleichen Sie Ihre Antworten mit denen anderer Studenten.

1. Es wird eine Zeit kommen, in der _____
   _____.

2. Es wird eine Zeit kommen, in der _____
   _____.

3. Es wird eine Zeit kommen, in der _____
   _____.

4. Es wird eine Zeit kommen, in der _____
   _____.

C. Die folgenden Substantive sind dem Gedicht entnommen. Sehen Sie Zusammenhänge zwischen den Worten? Welche? Welche Gedanken haben Sie selber beim Lesen dieser Worte?

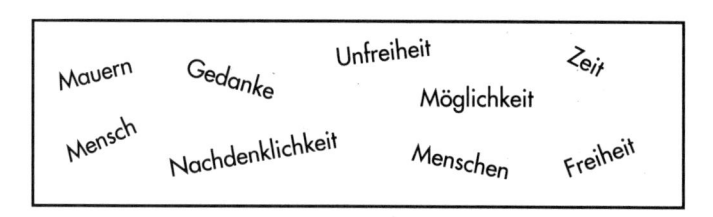

> Mauern   Gedanke   Unfreiheit   Zeit
> Mensch   Nachdenklichkeit   Möglichkeit   Menschen   Freiheit

ORIENTIERUNG MIT LESENOTIZEN

A. Versuchen Sie, die Substantive aus dem Kasten in die richtigen Lücken einzusetzen. Bestimmen Sie den Sinn aus dem Kontext, und achten Sie auch auf die grammatikalische Übereinstimmung von Verb, Substantiv und Artikel. Benutzen Sie die Wörter *Zeit (4x), Gedanke (3x), Menschen (3x), Freiheit (2x), Mauern (3x)*.

Es wird eine _____ kommen, in der _____ fallen

– Als wären sie nicht mehr nötig –

Und _____ werden die _____ abtragen

Und ein _____ wird verlorengehen

Es wird eine _____ kommen, in der _____ an _____ glauben

– Als gebe es keine _____ mehr –

Und sie werden sie nutzen, ihre _____

– Als wäre das normal –

Es wird eine _____ kommen, in der _____ frei sind

– Als gebe es keine andere _____ –

Wie kann ein _____ sonst auch leben

Und die _____ wird verlorengehen

Es wird eine _____ kommen, in der keine _____ mehr fallen

– Als gebe es keine _____ mehr –

Denn ein _____ ist verlorengegangen

– Als wäre er nicht mehr nötig –

Die neue Zeit

REBECCA BRAUNERT
20JÄHRIGE STUDENTIN AUS RHEINLAND-PFALZ

Die neue Zeit

1 Es wird eine Zeit kommen, in der Mauern fallen
– Als wären sie nicht mehr nötig –
Und Menschen werden die Mauern abtragen
Und ein Gedanke wird verlorengehen

5 Es wird eine Zeit kommen, in der Menschen an Freiheit glauben
– Als gebe es keine Unfreiheit mehr –
Und sie werden sie nutzen, ihre Freiheit
– Als wäre das normal –

Es wird eine Zeit kommen, in der Menschen frei sind
10 – Als gebe es keine andere Möglichkeit –
Wie kann ein Mensch sonst auch leben
Und die Nachdenklichkeit wird verlorengehen

Es wird eine Zeit kommen, in der keine Mauern mehr fallen
– Als gebe es keine Mauern mehr –
15 Denn ein Gedanke ist verlorengegangen
– Als wäre er nicht mehr nötig –

INTENSIVES TEXTSTUDIUM

FRAGEBOGEN

A. Lesen Sie das Gedicht noch einmal gründlich, und geben Sie interpretative Antworten zu den folgenden Fragen.

1. Was wäre in der neuen Zeit nicht mehr nötig?

2. Welcher Gedanke würde verlorengehen?

3. Gibt es in der neugewonnenen Freiheit trotzdem noch Unfreiheit?

4. In der Zeit ohne Mauern wird die „Nachdenklichkeit" verloren gehen. Die Nachdenklichkeit worüber?

5. Welcher Gedanke ist verlorengegangen in der neuen Zeit, in der keine Mauern mehr fallen?

_____

B. Analysieren Sie das Gedicht auf seine stilistischen Merkmale hin. Wie sind die einzelnen Strophen gebaut, wie das ganze Gedicht? Erkennen Sie eine Symmetrie?

C. Wie ist das Gedicht thematisch gegliedert? Welcher zentrale Gedanke durchzieht das Gedicht? Wie wird dieser Gedanke in den einzelnen Strophen ergänzt oder abgegrenzt?

D. Welcher historische Augenblick könnte der Anlaß für das Gedicht gewesen sein? Begründen Sie Ihre Antwort aus dem Gedicht.

E. Welcher Satz in der ersten Strophe wird in der letzten Strophe wiederholt? Was unterscheidet beide Sätze grammatikalisch? Was versucht die Autorin mit der grammatikalischen Änderung zu erreichen? Erklären Sie die Sinnveränderung.

F. Warum verwendet die Autorin die zwei Konjunktive in der letzten Strophe? Welche beiden Ideen werden dadurch verdeutlicht?

G. Spekulieren Sie, was für ein Mensch die 20jährige Rebecca Braunert sein könnte. Wie könnte ihr Alltag aussehen? Was für ein Welt- und Menschenbild hat sie? Was für ein Mensch ist sie?

NACH DEM LESEN

STELLUNGNAHMEN UND INTERPRETATIONEN

Nehmen Sie zu den folgenden Fragen und Gedanken Stellung.

1. Das zentrale Bild des Gedichts sind die **Mauern**. Von welchen Mauern spricht die Dichterin?

2. Welche politischen Weltereignisse machen Ihnen am meisten Sorgen?

3. Braucht ein Mensch die „Nachdenklichkeit" zu seinem Glück, oder sind die Nichtwissenden die glücklichsten Menschen? Begründen Sie Ihre Antwort.

4. Beschreiben Sie Ihre eigene Vision von der „neuen Zeit". Wie sieht sie aus? Was erhoffen Sie sich von ihr?

Die neue Zeit

GESPRÄCHSRUNDE

A. Besprechen Sie in Gruppenarbeit einen wichtigen „Gedanken" aus Ihrer persönlichen Lebens- oder Arbeitswelt, der nicht verloren gehen darf. Begründen Sie die Wichtigkeit dieses Gedankens vor Ihrer Klasse.

B. Stellen Sie in Gruppendiskussion mehrere Hypothesen auf, wie die „neue Zeit" aussehen wird. Begründen Sie Ihre Wahl, und vergleichen Sie Ihre Hypothesen mit denen anderer Gruppen.

SCHRIFTLICHES

A. Erinnern Sie sich an einen persönlichen Lebensabschnitt, der für Sie selber, für ein Mitglied Ihrer Familie oder einen Freund zu Ende gegangen ist (z.B. Jugendzeit, Gesundheit, Kinder verlassen das elterliche Haus, Zerstörung einer erinnerungsreichen Landschaft usw.). Schreiben Sie nun ein kurzes Gedicht. In den ersten drei Strophen legen Sie dar, was in der „alten Zeit" zu Ende gegangen ist. In der letzten Strophe beschreiben Sie Ihre Zukunftsvision der „neuen Zeit". Welcher Gedanke wird neugeboren?

B. Die Mauer ist gefallen. Nun ist es an der Zeit, die Mauern in den Köpfen der Menschen abzureißen. Reflektieren Sie kritisch diese Erkenntnis, und entwickeln Sie Ihre Gedanken mit detaillierten Beispielen.

C. Der Gedanke, den die Zeit vergaß – Erinnerte Träume. Beschreiben Sie für Ihre Autobiographie eine Episode aus Ihrer Vergangenheit. Beginnen Sie Ihren Erlebnisbericht mit diesem Prolog:

> *Starker Regen prasselt an meine Fensterscheiben. Ich bin unruhig und schaue auf die Uhr. Es ist kurz nach Mitternacht. Ich möchte einschlafen, doch tausende von Gedanken ziehen durch meinen Kopf. Vor mir liegt mein Tagebuch. Ich nehme den Federhalter und erinnere mich zurück an die Zeit, als man mir sagte, ich solle nie ...*

TESTEN SIE IHR WISSEN

1. *Wie viele Jahre waren beide deutsche Staaten durch die Mauer geteilt?*
   a) ☐ 28 Jahre
   b) ☐ 36 Jahre
   c) ☐ 45 Jahre

2. *In der Berliner „Luftbrücke" wurde*
   a) ☐ Berlin fast täglich von amerikanischen, französischen und sowjetischen Flugzeugen bombardiert.
   b) ☐ der Ostsektor Berlins von sowjetischen Flugzeugen gegen die Angriffe der Westmächte geschützt.
   c) ☐ der Westsektor Berlins mit Lebensmitteln, Medikamenten und Kohle von amerikanischen und britischen Flugzeugen versorgt.

3. *Der „Stasi" (Staatssicherheitsdienst) der ehemaligen DDR war*
   a) ☐ die politische Polizei zur Überwachung der Bevölkerung, der Verwaltungen und der Betriebe.
   b) ☐ der militärische Geheimdienst.
   c) ☐ die Verkehrs- und Kriminalpolizei.

4. *Wer war der erste Bundeskanzler der Bundesrepublik Deutschland?*
   a) ☐ Willy Brandt
   b) ☐ Konrad Adenauer
   c) ☐ Helmut Schmidt

5. *In welchem Jahr wurde über Nacht die Berliner Mauer errichtet?*
   a) ☐ 1948
   b) ☐ 1956
   c) ☐ 1961

6. *Welches Amt wurde dem in Deutschland geborenen Physiker Albert Einstein im Jahre 1952 von David Ben-Gurion angeboten?*
   a) ☐ Das Amt des israelischen Botschafters in Washington
   b) ☐ Das Amt des israelischen Präsidenten
   c) ☐ Das Amt des Präsidenten der Universität von Tel Aviv

7. *Wer sagte: „Alle freien Menschen, wo immer sie auch leben mögen, sind Bürger Berlins. Als freier Mensch bin ich darum stolz auf diese Worte: Ich bin ein Berliner"?*
   a) ☐ General George Patton
   b) ☐ Winston Churchill
   c) ☐ John F. Kennedy
   d) ☐ Konrad Adenauer

8. *In welchem Land ist nicht nur Deutsch die offizielle Landessprache?*
   a) ☐ Schweiz
   b) ☐ Österreich
   c) ☐ Deutschland
   d) ☐ Liechtenstein

9. *Wie hieß der DDR-Staatsratsvorsitzende, der für den Schießbefehl an der Grenze und für Verbrechen an der Menschheit vor Gericht gestellt wurde?*
   a) ☐ Walter Ulbricht
   b) ☐ Ernst Thälmann
   c) ☐ Karl Liebknecht
   d) ☐ Erich Honecker

ERGEBNIS: $\frac{}{9}$ = ___ %

THEMA 5

DIE VEREINIGTEN STAATEN VON EUROPA

Banknoten der EG-Mitgliedsstaaten und eine 5-Ecu-Münze auf der Europaflagge.

KAPITELVORSCHAU

Europa – der Kontinent mit 645 Millionen Einwohnern, fast 70 Sprachen und bislang 34 Staaten – ein Mosaik von Völkern, Kulturen, Religionen, Demokratien, Monarchien und Diktaturen. Seit dem 1. Januar 1993 sind zwölf Länder und 340 Millionen Europäer in der Europäischen Gemeinschaft vereint. Wie kam es nach einer Geschichte von Kriegen dazu? Welche Ereignisse prägten diesen Kontinent von der Frühzeit bis zur Moderne? Antworten zu diesen und anderen Fragen bieten die folgenden Texte.

WIE GUT KENNEN SIE EUROPA?

1. *In welcher Stadt befindet sich die älteste Synagoge Europas?*

   a) ☐ Verona, Italien
   b) ☐ Reims, Frankreich
   c) ☐ Worms, Deutschland

2. *Wie viele Staaten gehören bislang zu Europa?*

   a) ☐ 23
   b) ☐ 31
   c) ☐ 34

3. *Diese Ausdrücke bedeuten „Wie geht es Ihnen?" Welcher Ausdruck kommt aus welcher Sprache?*

   __ A. Come sta?
   __ B. Hogy van?
   __ C. Pos iste?
   __ D. Comment allez-vous?
   __ E. Jak Się Pan(i) czuje?
   __ F. Hoe maakt U het?
   1. Ungarisch
   2. Polnisch
   3. Niederländisch
   4. Griechisch
   5. Italienisch
   6. Französisch

4. *Wo ist die Mona Lisa von Leonardo da Vinci ausgestellt?*

   a) ☐ Louvre, Paris
   b) ☐ Eremitage, Leningrad
   c) ☐ St. Peter Basilika, Rom
   d) ☐ Prado, Madrid

5. *Welche berühmte Person gehört zu welcher Stadt?*

   __ A. James Joyce
   __ B. Franz Kafka
   __ C. El Greco
   __ D. Sophokles
   __ E. Dostojewksi
   __ F. Dante
   __ G. Rembrandt
   __ H. Hans Christian Andersen
   __ I. Charles Dickens
   __ J. Jean Jacques Rousseau
   1. Prag
   2. Genf
   3. Amsterdam
   4. Athen
   5. Florenz
   6. Kopenhagen
   7. London
   8. Sankt Petersburg
   9. Dublin
   10. Toledo

6. *Welches ist die größte Kirche Europas?*

   a) ☐ Notre Dame, Paris
   b) ☐ Winchester Cathedral, Winchester
   c) ☐ Stephansdom, Wien
   d) ☐ St. Peter Basilika, Rom

7. *Welche Länder verbindet der neue Ärmelkanaltunnel?*

   a) ☐ Dänemark – Schweden
   b) ☐ Frankreich – England
   c) ☐ Italien – Griechenland

8. *An welchen Flüssen liegen diese Städte?*

   __ A. Wien   1. Themse
   __ B. Paris   2. Elbe
   __ C. London   3. Moldau
   __ D. Dresden   4. Donau
   __ E. Prag   5. Seine

9. *In welchem europäischen Land wechselte nach dem zweiten Weltkrieg am häufigsten die Regierung?*

   a) ☐ Italien
   b) ☐ Norwegen
   c) ☐ Polen
   d) ☐ Irland

SELBSTEINSCHÄTZUNG:

a) Ich kenne Europa gut, weil ich ____ von 9 Fragen richtig erraten habe.

b) Ich kenne Europa nur ein wenig, denn ich habe nur ____ von 9 Fragen richtig erraten.

c) Ich kenne Europa überhaupt nicht, weil ich lediglich ____ Fragen richtig erraten habe.

d) _____

TEXT 1

EUROPA HAT GESCHICHTE

VOR DEM LESEN

WISSENSAKTIVIERUNG UND HYPOTHESENBILDUNG

A. Welche Völker, Kulturgruppen, Religionen, Königshäuser, große Politiker und historischen Ereignisse assoziieren Sie mit Europa?

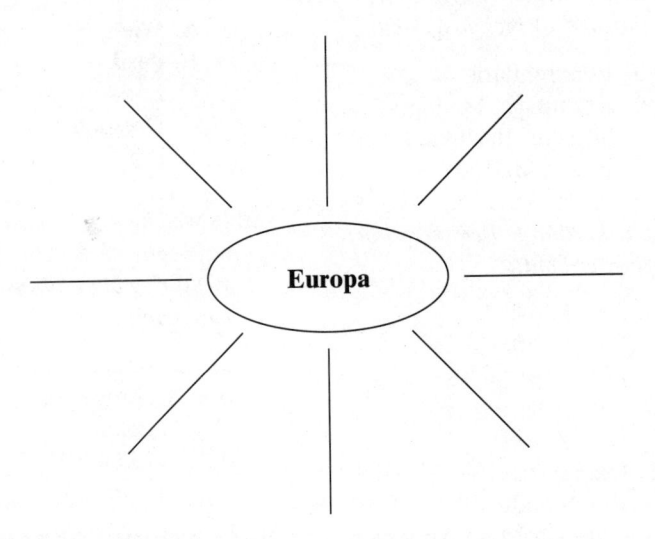

Europa

B. Die Überschrift dieses Textes lautet schlicht „Europa hat Geschichte". Stellen Sie sich vor, Sie hätten die Aufgabe, einen Überblick über die europäische Geschichte in nur drei Minuten zu geben. Welche historischen Höhepunkte und Entwicklungen von der Frühzeit zur Moderne würden Sie hervorheben?

C. Lesen Sie aufmerksam den Titeltext auf Seite 216. Welche Hauptinformationen werden gegeben? Welche Schlüsselworte enthält der Titeltext? Spekulieren Sie, welche Themen und historischen Persönlichkeiten wohl im folgenden Haupttext besprochen werden?

D. Der Text „Europa hat Geschichte" ist in sieben Abschnitte untergliedert, deren Überschriften unten angegeben sind. Notieren Sie sich zu jeder Überschrift die Informationen, die Sie im jeweiligen Abschnitt erwarten.

ÜBERSCHRIFTEN	ERWARTUNGEN	TEXTINFORMATION
Steckbrief Europa		
Europa – sagenhaft		
Europäische Geschichte in acht Minuten		
Die europäischen „Großmächte"		
Der Beginn der Nationalstaaten		
Das Ende europäischer Vormachtstellung		
Deutschland, das geographische Zentrum Europas		

ORIENTIERUNG MIT LESENOTIZEN

Die Geschichte Europas – Ein Überblick. Vervollständigen Sie den Lückentext. Lesen Sie nicht nur den Satz vor der Lücke, sondern auch den Satz danach.

Europa ist einer der sieben _____. Mit 10,01 Millionen Quadratkilometern ist Europa der _____ kleinste Erdteil nach Australien. Jedoch mit seiner Gesamtbevölkerung von 645 Millionen Menschen ist Europa der _____ größte Kontinent nach Asien.

Der Name Europa hat seine Wurzeln in der _____ Mythologie. Zeus, der _____ aller Götter und Menschen raubte in der Gestalt eines _____ die Königstochter namens Europa und trug sie auf seinem Rücken nach Kreta. Aus diesem Grund wird der europäische Kontinent oft mit der Zeichnung eines Stieres dargestellt. In den Anfängen, noch vor _____ Geburt, wurde Europa zuerst stark von der _____ Kultur und später von der _____ Kultur beeinflußt. Nach dem Fall Roms fogte im Westen der Einfluß der _____ Kultur und im Osten der Einfluß des _____ Reiches mit seiner Hauptstadt Konstantinopel.

Im 17. Jahrhundert wurde _____ zur europäischen Großmacht. Das Schloß des Sonnenkönigs Ludwigs XIV. in Versailles wurde im _____ Architekturstil erbaut. _____ mit seiner Königsfamilie der Habsburger wurde im 17. Jahrhundert die zweite europäische „Supermacht" in Europa, und unter seinem König, Friedrich dem Großen, entstand – neben Frankreich und Österreich – eine dritte

Europa hat Geschichte **215**

europäische Großmacht mit dem Namen _____. Im Jahre 1789 fiel die
französische Monarchie in der _____ _____. Die Ideen von
_____, _____ und _____ haben sogar die Verfassung der USA
beeinflußt. Unter dem Imperator _____ wurde Frankreich nun die
stärkste Macht auf dem europäischen Festland.

Durch die Gründung des Deutschen Reiches unter dem preußischen
Kanzler _____ im Jahre 1871 wurde die Idee eines deutschen
Nationalstaates Wirklichkeit. Chauvinistischer Nationalismus war auch
ein Grund, warum in den Jahren 1914–1918 der _____ _____ ausbrach. Mit dem Eintritt der _____ in diesen Krieg spielte zum ersten
Mal eine außereuropäische Macht eine wichtige Rolle auf dem europäischen Kontinent.

Unter Hitler und dem _____ Regime in Deutschland entbrannte
in den Jahren _____ bis _____ der Zweite Weltkrieg. Nach dem
Ende des Zweiten Weltkriegs wurden die USA und die Sowjetunion die
neuen Supermächte in der Welt. Deutschland wurde geteilt, und der nun
folgende Ost-Westkonflikt führte zum „Kalten Krieg" und schließlich zum
Bau der Berliner Mauer im Jahre _____. Mit dem Fall der Berliner
Mauer im Jahre _____ und mit der _____ beider Teile
Deutschlands kam das Ende des „Kalten Krieges".

Deutschland, das im _____ Europas liegt, ist auch der geographische Mittelpunkt der Europäischen Gemeinschaft (EG), in der seit dem
1. Januar 1993 Europa – wenn auch nicht politisch, so doch wirtschaftlich –
vereinigt ist. 12 Länder, 340 Millionen EG-Bürger, 9 Sprachen: Ein neues
Kapitel in der europäischen Geschichte hat begonnen.

Europa hat Geschichte

*Frieden ist nichts Selbstverständliches – schon gar nicht in Europa.
Europas Geschichte ist eine Geschichte von Kriegen. 100jährigen,
30jährigen, 7jährigen Kriegen, die ganze Städte, halbe Völker vernichteten. Dieser Kontinent hat in seiner Geschichte mehr Kriegs- als
Friedensjahre erlebt. Deutschland, das Zentrum Europas, war fast
immer betroffen.*

Steckbrief Europa

Europa – gemessen am geographischen Umfang ist es mit 10,01
Millionen Quadratkilometern der zweitkleinste Erdteil. Gemessen an
der Zahl seiner Bewohner ist Europa – nach Asien – der zweitgrößte
aller Erdteile. 645 Millionen Menschen bewohnen diese reich gegliederte westliche „Halbinsel" der riesigen Festlandmasse Asiens. Und
weil Europa eigentlich nur ein Anhängsel Asiens ist, spricht man

Entführung der Europa: Römisches Fresko aus Pompeji. Ausgestellt im Museo Nazionale in Neapel.

gelegentlich von „Euroasien". Gemeint ist damit das gesamte Festland
15 von der fernöstlichen Pazifikküste bis zum Atlantik in Portugal.
  Aus geographischer Sicht mag das auch stimmen. Aber die Menschen, die in diesem westlichen Teil des Riesenerdteils Eurasien leben, haben ihre eigene, ja ihre ur-eigene Geschichte.

Europa – sagenhaft

20 Was den Namen „Europa" betrifft, so spielt dabei die griechische Insel Kreta eine wesentliche Rolle: In der griechischen Sagenwelt war Zeus der Vater aller Götter und Menschen. In der Gestalt eines Stieres raubte er Europa, die Tochter des Königs Agenor, und trug sie auf seinem Rücken nach Kreta. Dort stand er plötzlich als

Europa hat Geschichte

schöner Jüngling vor ihr. Einer ihrer Söhne hieß Minos. Er war König von Kreta, und seiner Mutter Europa wurden auf der Mittelmeerinsel göttliche Ehren zuteil. Nach ihr wurde schließlich der Erdteil Europa genannt.

Europäische Geschichte in acht Minuten

In der Tat wurzelt die europäische Kultur weitgehend im griechischen und später römischen Lebensbereich. Die Ursprünge gehen also bis in das 2. Jahrtausend vor Christi Geburt zurück.

Bis in das 5. Jahrhundert nach Christi Geburt war das Römische Reich Träger dieser griechisch-römischen Kultur, und in der Zeit der Völkerwanderung übernahmen germanische Stämme im Westen Europas die Vorherrschaft, während im Osten das Byzantinische Reich enstand.

Mit der Gründung des Fränkischen Reiches verlagerte sich der politische Schwerpunkt aus dem Mittelmeerraum in den Norden. Hier verschmolzen die Reste der antiken Kultur mit den germanisch-christlichen Vorstellungen zur abendländischen Kultur. Im Fränkischen Reich kam es zu einem Ausgleich der romanischen und germanischen Bevölkerungsteile, und seine politischen Einrichtungen wurden zur gemeinsamen Grundlage fast aller abendländischen Staaten.

Diese kulturelle Einheit Europas kam im 14./15. Jahrhundert mit der Ausbreitung des türkischen Osmanen-Reiches ins Wanken. Der Abwehrkampf gegen die Türken wurde zur Angelegenheit der gesamten Christenheit, der sich auch das Russische Reich in Moskau anschloß, so daß auch Rußland seit Peter dem Großen Anschluß an das europäische Staatensystem gewann.

Die europäischen „Großmächte"

Die spanischen Eroberungskriege in der Neuen Welt im 16. Jahrhundert und die Einbuße der habsburgischen Vormachtstellung im 17. Jahrhundert ließen Frankreich schließlich zur Großmacht werden. Ludwig XIV., der Sonnenkönig, ist wohl der bekannteste Regent dieser Zeit. Sein Prachtschloß in Versailles zeugt noch heute von der damaligen Macht des französischen Königreichs.

Die Beschränkung der Habsburger auf ihre Hausmacht in Wien ließ Österreich neben Frankreich zu einer weiteren Großmacht in Europa werden. Und das Interessengeflecht in Europa wurde noch dichter, als im 18. Jahrhundert Preußen den Kreis der, wie wir heute sagen würden, „Supermächte" erweiterte. Vor allem Friedrich der Große hat Preußen mächtig werden lassen.

Inzwischen hatte Großbritannien die spanische Kolonialmacht abgelöst, und in London war man darauf bedacht, auf dem Kontinent das politische Gleichgewicht zu halten. Das heißt, die britische Krone förderte Preußen, um das Übergewicht Frankreichs zu bremsen.

Gegen Ende des 18. Jahrhunderts schuf die Französische Revolution die ersten Voraussetzungen für die demokratischen Strukturen unserer modernen Staaten der Gegenwart. So hat die Verfassung der Vereinigten Staaten von Amerika wesentliche Ideen der Französischen Revolution („Freiheit, Gleichheit, Brüderlichkeit") übernommen.

Aber der Kampf um die Vormachtstellung in Europa ging weiter. Mit der Absicht, das kontinentale Europa nach dem Vorbild Karls des Großen unter französischer Vorherrschaft zu einigen, eroberte Napoleon I. fast ganz Zentraleuropa und machte es bis auf die Randgebiete, zu denen vor allem Großbritannien als Hauptwidersacher Napoleons gehörte, von sich abhängig. Nach der Niederlage Napoleons gewann das russische Zarenreich vor allem im südöstlichen Europa starken Einfluß, der im sogenannten Krimkrieg (1853-1856) durch Frankreich und Großbritannien zurückgedrängt wurde.

Der Beginn der Nationalstaaten

Gegen Ende des 19. Jahrhunderts gewann die Idee des Nationalstaates immer breiteren Raum: Im Südosten wurde sie vom Vordringen des russischen Panslawismus gefördert, und in Mitteleuropa bekam sie 1871 ihr Gewicht durch die Gründung des Deutschen Reiches durch Otto von Bismarck.

Zwar konnte der Friede nach dem deutsch-französischen Krieg 1870-1871 über gut 40 Jahre erhalten bleiben, aber es war nicht zuletzt chauvinistischer Nationalismus, der 1914 zum Ersten Weltkrieg führte. Dieser erste Weltkrieg hatte für Europa weitreichende historische Konsequenzen. Er beendete nach über 3000 Jahren die Vormachtstellung Europas in der Welt!

Das Ende europäischer Vormachtstellung

Welcher bedeutende Einschnitt in der Geschichte Europas sich zu Beginn unseres Jahrhunderts ereignete, das kann man erst richtig und voll erfassen, wenn man daran denkt, daß dieser Erdteil über drei Jahrtausende die Weltgeschichte entscheidend bestimmt hat. Und nun gibt es plötzlich andere Regionen dieser Erde, die in der Lage sind, die Geschicke unserer Welt maßgebend zu gestalten.

Gaskrieg (1. Weltkrieg: 1914–1918).

Als am 6. April 1917 die Vereinigten Staaten von Amerika dem Deutschen Reich den Krieg erklärten, trat damit erstmals eine außereuropäische Macht in Europa auf. Den USA schlossen sich die meisten mittel- und südamerikanischen Staaten an, und im August 1917 folgte schließlich auch noch China. Der Krieg hatte weltweiten Umfang angenommen. Im gleichen Jahr traten nach der Niederlage des russischen Zarenreiches die Bolschewiki hervor, und damit erschienen die beiden Mächte, nämlich die USA und die Sowjetunion, fast gleichzeitig auf dem europäischen Feld. Ihnen sollte aus der Schwächung Europas dreißig Jahre später eine entscheidende Rolle auf diesem Kontinent zufallen.

Der Zweite Weltkrieg, der durch Hitlers ungehemmte Gewaltpolitik ausgelöst wurde, verschärfte diese Situation noch: Die Sowjetunion, nach dem Ersten Weltkrieg noch zurückgedrängt, stieß nun bis Mitteleuropa vor und steigerte zugleich ihren Einfluß in Asien. Die Vereinigten Staaten von Amerika wurden nach dem offen ausgebrochenen Gegensatz zwischen Ost und West zur Schutzmacht Westeuropas. Beide Mächte, die USA und die Sowjetunion, traten als die beherrschenden Weltmächte hervor, und die europäischen Staaten, durch die Opfer und Verluste des Krieges schwer getroffen, waren zu selbständiger Politik kaum imstande. Hatte schon der Krieg von 1914/18 einen Machtverlust für Europa gebracht, so wurden die Staaten Europas nun nach dem Zweiten Weltkrieg zum politischen Feld der Weltmächte, deren Einflußbereiche diesen Kontinent in seiner Mitte durchschneiden. In seiner Mitte: Das heißt, mitten durch Deutschland!

Aus der Sicht der kommunistischen Führung der Sowjetunion nutzte Moskau die Chance, die mittel- und südosteuropäischen Gebiete, die der Sowjetunion durch die Ereignisse des Krieges zugefallen waren, seinem Einfluß zu erhalten. Mehr und mehr löste sich die Sowjetunion von ihren Kriegsverbündeten und schloß damit auch ihre Besatzungszone von dem übrigen Deutschland ab. Es kam zur staatlichen Teilung Deutschlands, und die Unmöglichkeit der Verständigung zwischen Kommunismus und freiheitlicher Demokratie führte zum Ost-Westkonflikt. Mit dem Beginn des Abbaus des „Eisernen Vorhangs", des Symbols der Teilung Europas, im Jahr 1989, zeichnete sich nun auch das Ende des Ost-Westkonflikts ab.

Deutschland, das geographische Zentrum Europas

3000 Jahre europäische Geschichte, das sind 3000 Jahre kulturelle Blüte und Perioden voller Lebensqualität. Das sind aber auch Jahrhunderte voller Unruhe, gekennzeichnet durch immer wiederkehrende Kämpfe um Vormachtstellungen. Seien es die Unterwerfungskriege der Römer gegen die Gallier und Germanen, oder seien es die Glaubenskriege des 17. Jahrhunderts oder die Befreiungskriege des beginnenden 19. Jahrhunderts gegen Napoleon, ganz zu schweigen von den beiden verheerenden Weltkriegen unseres Jahrhunderts.

Deutschland, das Zentrum Europas, war fast immer betroffen, wenn es um gewaltsame Auseinandersetzungen ging. Doch ist das so verwunderlich, wenn man bedenkt, daß dieses Deutschland im Zentrum Europas liegt? In der Tat ist es der geographische Mittelpunkt eines Erdteils, der von so vielen Volksstämmen bewohnt wird. Eines Erdteils, in dem allein an die 70 Sprachen gesprochen werden! Schon immer gingen durch dieses Land alle wichtigen Handelswege. Aber – und auch das muß erwähnt werden – alle wichtigen Heerstraßen führten ebenfalls durch dieses zentraleuropäische Gebiet.

INTENSIVES TEXTSTUDIUM

FRAGEBOGEN

A. Die Geschichte Europas – Zahlen, Daten, Fakten. Lesen Sie noch einmal gründlich alle Abschnitte. Tragen Sie dann die wichtigsten Zahlen, Daten und Fakten zur europäischen Geschichte in die folgende Zeittafel ein. Es wird ein kurzes „Mosaik" europäischer Geschichte entstehen, auf das Sie bei Ihren mündlichen Vorträgen und Aufsätzen später zurückkommen können.

Europa

Fläche: _____   Anzahl der Sprachen: _____

Bewohnerzahl: _____   Herkunft des Namens „Europa": _____

- 2000 v. Chr. – 400 n. Chr.
- 700 n. Chr. – 900 n. Chr.
- 14. – 15. Jh.
- 16. Jh.
- 17. Jh.
- 18. – 19. Jh.
- 19. – 20. Jh.

B. Untersuchen Sie den Text anhand der folgenden Fragen.

1. Warum nennt man Europa auch „Eurasien"?
2. Wie bekam Europa seinen Namen?
3. Welche Kulturepoche bezeichnet man als den Anfang der europäischen Kultur?
4. Was geschah während der Zeit der Völkerwanderung in Europa?
5. Aus welchem Grund verlagert sich der politische und kulturelle Schwerpunkt aus dem Süden Europas in den Norden? Was sind die Folgen dieser Entwicklung?
6. Wann wurde die religiöse und kulturelle Einheit Europas zum ersten Mal bedroht?
7. Welche historischen Entwicklungen vollziehen sich vom 16. Jahrhundert bis zum Ende des 18. Jahrhunderts? Geben Sie mindestens vier Beispiele aus dem Text.
8. Welche drei politischen Großmächte bestimmen die Politik Europas nach den Napoleonischen Kriegen?
9. Wann entstand die Idee des Nationalstaates?
10. Welchem Krieg folgte die Gründung des Deutschen Reiches unter dem preußischen Kanzler Otto von Bismarck?
11. Wann kam es zum ersten Mal in der europäischen Geschichte zu einer Einmischung einer nicht-europäischen Macht in die Politik Europas? Was waren die politischen Folgen für Europa?
12. Wie entstand der Ost-Westkonflikt? Welches Ereignis steht symbolisch für diesen Konflikt? Wie endete der Konflikt?
13. Wie viele Sprachen werden in Europa gesprochen?

SCHRIFTLICHES

Stellen Sie sich vor, Sie hätten die Macht, ein bestimmtes historisches Ereignis aus der europäischen Geschichte zu ändern. Wie wäre die Geschichte Europas und der Welt anders verlaufen, wenn dieses Ereignis anders oder überhaupt nicht stattgefunden hätte? Inwiefern wäre unsere Welt heute anders?

DER WEG ZUM BINNENMARKT

Es war die Politik der kleinen Schritte. 42 Jahre dauerte es, bis aus den bescheidenen Anfängen der Europäischen Zahlungsunion der gemeinsame Binnenmarkt wurde. Näher kamen sich im Laufe der Zeit vor allem die Währungen der Mitgliedsländer. Eine Chronik der europäischen Währungsintegration.

1950 Die Europäische Zahlungsunion (EZU):

Die Europäische Zahlungsunion (EZU) nimmt ihre Arbeit auf. Als Clearing-Stelle ermöglicht die EZU einen multilateralen Zahlungsausgleich im Nachkriegs-Europa. Außerdem geben die beteiligten Staaten einander kurzfristige Zahlungsbilanzkredite.

1957 Der EWG-Vertrag:

Der EWG-Vertrag fördert eine Koordinierung der Währungspolitiken. Ein Währungsausschuß wird eingerichtet, und die Wechselkurse werden als eine Angelegenheit von gemeinsamem Interesse definiert.

1958 Europäische Investitionsbank:

Die Europäische Investitionsbank (EIB) wird als selbständiges Kreditinstitut der EWG mit Sitz in Luxemburg gegründet.

1959 Europäisches Währungsabkommen:

Nachdem die volle Währungskonvertibilität in den meisten europäischen Staaten erreicht ist, wird die EZU vom Europäischen Währungsabkommen abgelöst, das einen Hilfsfonds für vorübergehende Zahlungsbilanzschwierigkeiten einrichtet und die Regeln des multilateralen Zahlungsausgleich (BIZ) festschreibt.

1964 Rat der Notenbankchefs:

Am 8.Mai 1964 wird der Ausschuß der Präsidenten der Zentralbanken der Mitgliedsstaaten der EWG gegründet. Der Ausschuß entwickelt sich in den Folgejahren zu einer zentralen Institution der geld- und kreditpolitischen Koordinierung in Europa.

1970 Der Werner-Plan:

Ein Sonderausschuß unter Leitung des luxemburgischen Ministerpräsidenten Werner verabschiedet einen Stufenplan für eine Wirtschafts- und Währungsunion bis Ende der siebziger Jahre. Die Ziele: unauflösbare Konvertibilität der EWG-Währungen untereinander, völlige Freizügigkeit des Geld- und Kapitalverkehrs innerhalb der Gemeinschaft, unveränderliche Wechselkurse ohne Schwankungsbreiten, Zusammenlegung der Währungsreserven, zentral gesteuerte Kredit- und Währungspolitik.

1972 Europäische Währungsschlange:

Im März 1972 beschließt der EWG-Ministerrat, die Schwankungsbreiten der EWG-Währungen untereinander auf 4,5 Prozent zu begrenzen. Die Notenbanken vereinbaren zur Sicherung dieses Ziels Marktinterventionen. Damit ist die Europäische Währungsschlange geboren. Als nach 1973 die Phase der international frei schwankenden (floatenden) Wechselkurse beginnt, erzwingt die Währungsschlange das sogenannte Gruppenfloaten.

1974 Konvergenz und Stabilitätsrichtlinie:

Am 18. Februar 1974 fordern die EG-Wirtschafts- und Finanzminister als Voraussetzung für die weitere Währungsintegration einen hohen Grad an wirtschaftlicher Konvergenz in der EWG (Konvergenzentscheidung) und ein möglichst hohes Maß an Stabilität, Vollbeschäftigung und Wachstum (Stabilitätsrichtlinie).

Der Ecu: 1975 wird die Kunstwährung Ecu eingeführt. Anfang der achtziger Jahre ist der Ecu eine wichtige Anleihe-Währung.

1975 European Currency Unit:

Der Ecu (European Currency Unit) wird als Kunstwährung eingeführt. Die Einzelwährungen der EG-Mitglieder bilden, je nach Wirtschaftskraft gewichtet, den neuen Währungskorb. Obwohl der Ecu anfangs nur als politisches Symbol der europäischen Unitaristen gesehen wird, arriviert er in den achtziger Jahren zu einer wichtigen Anleihe-Währung und zu einem internationalen Zahlungsmittel.

1978 Der D-Mark-Block:

Von den zwischenzeitlich neun Mitgliedern der Europäischen Währungsschlange ist nur noch der D-Mark-Block übrig: Deutschland, die Niederlande, Dänemark, Belgien/Luxemburg und assoziiert Norwegen. Immer mehr Länder sind ausgeschieden, weil sie wegen der fortschreitenden Inflation den Außenwert ihrer Währungen nicht in der Bandbreite der Schlange halten konnten.

1979 Europäisches Währungssystem:

Auf Initiative des französischen Präsidenten Giscard d'Estaing und des Bundeskanzlers Helmut Schmidt wird das Europäische Währungssystem (EWS) gegründet. Der Europäische Rat beschließt am 12. März 1979, das EWS am folgenden Tag in Kraft zu setzen. Zwischen den Mitgliedswährungen sind feste, aber anpassungsfähige Wechselkurse mit einer Schwankungsbreite von 2,25 Prozent in beide Richtungen einzuhalten, die gegenüber der neuen Europäischen Währungseinheit (Ecu) festgelegt sind. Während die Mitgliedswährungen also mit einer Bandbreite an den Ecu gebunden sind, schwankt dieser frei gegenüber dem Dollar und anderen Währungen.

1981 Erste Ecu-Anleihe:

Die italienische Telekommunikationsgesellschaft Stet legt die erste auf Ecu lautende Anleihe auf. Es setzt in den Folgejahren eine stürmische Entwicklung des Ecu in seiner privaten Verwendung ein. Binnen eines Jahrzehnts wird der Ecu fünftgrößte Anleihe-Währung der Welt.

1985 Das Weißbuch:

Die EG-Kommission definiert in einem Weißbuch das Ziel, unwiderrufliche Schritte zur Schaffung eines einheitlichen Binnenmarktes einzuleiten. Davon besonders betroffen ist der Finanz- und Währungsbereich.

1986 Einheitliche Europäische Akte:

Der Integrationsprozeß beschleunigt sich nach der Unterzeichnung der Einheitlichen Europäischen Akte 1986 schneller als erwartet. Das politische Ziel der Europäischen Union wird darin konkret festgeschrieben. Außerdem werden erste Regelungen zur Schaffung einer künftigen Währungsunion eingeleitet.

1987 Die erste Ecu-Münze:

Belgien läßt mehrmals zahlungsfähige Ecu-Münzen aus Anlaß der 30. Wiederkehr des Gründungstages der EG prägen.

1989 Der Delors-Plan:

Die Delors-Kommission legt ihren Abschlußbericht vor. Er sieht einen Dreistufenplan vor. Zunächst sollen die Wirtschafts- und Währungspolitiken der einzelnen Mitgliedsländer stärker koordiniert werden, ehe eine Europäische Zentralbank gegründet wird. Erst in einer abschließenden dritten Phase soll dann eine Gemeinschaftswährung an die Stelle der nationalen Währungen treten.

1991 EG-Gipfel Maastricht:

Im niederländischen Maastricht einigen sich die Regierungschefs der EG-Mitgliedstaaten über den Modus zur Schaffung der Währungsunion.

1992 Das Frankreich-Referendum:

Bei einer Volksabstimmung in Frankreich spricht sich eine knappe Mehrheit für die Maastrichter Abkommen aus.

Europa hat Geschichte

TEXT 2

WIRTSCHAFTSMACHT EUROPA

VOR DEM LESEN

WISSENSAKTIVIERUNG UND HYPOTHESENBILDUNG

STERN EXTRA

Europäischer Binnenmarkt: Zum Start gibt's blaue Briefe ● Interview: Hans-Peter Stihl über die Aussichten der Unternehmer ● Europäischer Gerichtshof: Konsequent auf Gemeinschaftskurs ● Übersicht: Was sich 1993 und später alles ändert ● Lebensmittel: Europa bittet zu Tisch ● Interviews: Ex-Kartellamtspräsident Wolfgang Kartte über Fusionskontrolle, VW-Europabetriebsrat Hans-Jürgen Uhl über den Mangel an Arbeitnehmerrechten ● Offene Grenzen: Freie Bahn für die Mafia ● Euro-Währung: Es fehlt am Kleingeld ● Eurokratie: Brüsseler Kabinettstücke

A. Die Illustrierte *Stern* brachte eine Extra-Reportage zum Thema „Das vereinigte Europa". Sie sehen hier die Inhaltsangabe dieser Reportage.

1. Welche Spezialthemen bietet die Reportage?

2. Welche verschiedenen Textsorten enthält die Reportage?

3. Wie ist die Reportage inhaltlich strukturiert?

4. Welchen Artikel würden Sie als ersten lesen, wenn Sie die gesamte Reportage vor sich hätten? Für welche Themen in dieser Reportage interessieren Sie sich am meisten oder am wenigsten? Begründen Sie Ihre Antwort.

B. Europoly. Bilden Sie kleine Gruppen und spielen Sie „Europoly". Versuchen Sie gemeinsam so viele Lücken wie möglich auszufüllen. Zum Schluß vergleichen Sie bitte Ihre Antworten mit denen Ihrer Kommilitonen.

DÄNEMARK	
Einwohner:	
Hauptstadt:	
Sprache(n):	Dänisch
Währung:	
Nachbarländer:	
Nationalfarben:	weißes Kreuz auf rotem Hintergrund

Einwohner:	378 000
Hauptstadt:	
Sprache(n):	
Währung:	
Nachbarländer:	Deutschland, Belgien, Frankreich
Nationalfarben:	

		BELGIEN	
Einwohner:	3,5 Millionen	Einwohner:	
Hauptstadt:	Dublin	Hauptstadt:	
Sprache(n):	Englisch	Sprache(n):	
Währung:		Währung:	
Nachbarländer:		Nachbarländer:	
Nationalfarben:		Nationalfarben:	schwarz, gold, rot

FRANKREICH			
Einwohner:		Einwohner:	57,2 Millionen
Hauptstadt:	Paris	Hauptstadt:	
Sprache(n):	Französisch	Sprache(n):	Englisch
Währung:		Währung:	Pfund
Nachbarländer:		Nachbarländer:	
Nationalfarben:		Nationalfarben:	

		SPANIEN	
Einwohner:	10,3 Millionen	Einwohner:	
Hauptstadt:	Lissabon	Hauptstadt:	
Sprache(n):		Sprache(n):	Spanisch
Währung:		Währung:	Pesete
Nachbarländer:		Nachbarländer:	
Nationalfarben:		Nationalfarben:	rot, gelb, rot

		NIEDERLANDE	
Einwohner:	57,7 Millionen	Einwohner:	15,0 Millionen
Hauptstadt:		Hauptstadt:	
Sprache(n):		Sprache(n):	
Währung:	Lire	Währung:	Gulden
Nachbarländer:		Nachbarländer:	
Nationalfarben:		Nationalfarben:	rot, weiß, blau

GRIECHENLAND			
Einwohner:		Einwohner:	
Hauptstadt:		Hauptstadt:	Bonn/Berlin
Sprache(n):	Griechisch	Sprache(n):	
Währung:		Währung:	
Nachbarländer:		Nachbarländer:	
Nationalfarben:	Weißes Kreuz auf blauem Hintergrund, blaue und weiße Streifen	Nationalfarben:	

Wirtschaftsmacht Europa

C. Lesen Sie aufmerksam den Titeltext der *Stern* Extra-Reportage.

> ## Wirtschaftsmacht Europa
>
> Am 1. Januar 1993 ist es soweit: Der Europäische Binnenmarkt wird ins Leben gerufen. Dann bilden die zwölf EG-Staaten die größte Industrie- und Handelsmacht der Welt. Und obwohl noch viele Probleme ungelöst sind – ohne den Binnenmarkt stünde es um den Wohlstand und die politische Einigung in Europa schlechter.

1. Erschließen Sie aus dem Titeltext die Antworten zu den folgenden Fragen.

    Wer? _____

    Was? _____

    Warum? _____

    Wann? _____

2. Stellen Sie Hypothesen zu den folgenden Fragen auf.
    - Welche Folgen könnte die „Wirtschaftsmacht Europa" für die Wirtschaft Amerikas, besonders für den Import und Export der USA haben?
    - Welche praktischen Probleme könnten zwischen den zwölf europäischen EG-Staaten entstehen?
    - Welches Land oder welche Länder in Europa sollten (nicht) die Führung in der EG übernehmen? Begründen Sie Ihre Antwort.

D. **Europa-Test.** Zwölf europäische Staaten gehören zur Europäischen Gemeinschaft (EG). Seit dem 1. Januar 1993 teilen sich diese Staaten einen gemeinsamen Wirtschaftsmarkt, den europäischen Binnenmarkt. Elf weitere Länder wollen in die EG aufgenommen werden. Wie gut kennen Sie die Europäische Gemeinschaft?

1. **Die *Nicht-Mitglieder*.** Streichen Sie aus der Liste der europäischen Nationen alle die Staaten aus, die nicht Mitglied der Europäischen Gemeinschaft sind.

Malta	Belgien	Finnland	Niederlande
Kroatien	Rumänien	Großbritannien	Liechtenstein
Irland	Norwegen	Slowakei	Italien
Serbien	Luxemburg	Spanien	Albanien
Estland	Österreich	Ungarn	Griechenland
Lettland	Frankreich	Dänemark	Island
Schweden	Schweiz	Polen	San Marino
Litauen	Portugal	Deutschland	Tschechische Republik
Bulgarien	Vatikan	Ukraine	Slowenien

2. **Die EG-Landkarte.** Die zwölf EG-Länder sind auf der Karte mit einer Zahl gekennzeichnet. Identifizieren Sie die einzelnen Länder.

1. _____	7. _____
2. _____	8. _____
3. _____	9. _____
4. _____	10. _____
5. _____	11. _____
6. _____	12. _____

3. **Die EG-Autokennzeichen.** Welches Kennzeichen gehört zu welchem EG-Land?

(B) _____	(IRL) _____
(DK) _____	(I) _____
(D) _____	(L) _____
(GR) _____	(NL) _____
(E) _____	(P) _____
(F) _____	(GB) _____

Wirtschaftsmacht Europa

4. **Die Nationalfahnen der zwölf EG-Staaten.** Tragen Sie neben jede Nationalfahne das entsprechende Landeskennzeichen und die Farben der Fahnen ein. Benutzen Sie ein Lexikon oder den *World Almanac of Facts*, wenn Sie etwas nicht wissen.

I. Zum Start gibt's blaue Briefe

ORIENTIERUNG MIT LESENOTIZEN

Lesen Sie die folgenden Fragen, ohne sie zu beantworten. Versuchen Sie, aus der Art der Fragen, den Inhalt des Lesetextes einzugrenzen. Erst wenn Sie den Text komplett gelesen haben, versuchen Sie, die folgenden Fragen zu beantworten.

1. Der erste Untertitel lautet: „Zum Start gibt's blaue Briefe" (S. 233). Welcher Start ist gemeint? Warum sind die Briefe „blau"?

2. Welche Idee wurde euphorisch von dem deutschen Bundeskanzler Helmut Kohl und dem französischen Staatspräsidenten François Mitterrand begrüßt? Welche drei Beispiele für diese Idee führt der Text an?

3. Wie viele Europa-Gesetzesvorhaben sind bereits von der EG-Kommission vorgelegt worden? Wie viele davon sind noch nicht in der EG verwirklicht worden?

4. Warum bekamen die EG-Regierungen „blaue Briefe"? Was stand in den Briefen?

5. Welche beiden Gründe gibt es dafür, daß die „Personenkontrollen an den Grenzen" weiter bestehen?

6. In welchen drei Industriebereichen werden noch lange Zeit nationale Monopole bestehen bleiben?

7. Was bleibt nach wie vor in vielen Bereichen eingeschränkt?

8. Welche drei Produkte werden in den anderen EG-Staaten weiterhin billiger sein als in Deutschland?

9. Die verschiedenen EG-Länder werden auch in Zukunft unterschiedliche Produkt-Normen haben. Welches Produkt wird als Beispiel dafür angeführt?

10. Was kritisiert die Organisation der Europäischen Verbraucherverbände?

11. Warum ist beim Import und Export in der EG eine große Bürokratie notwendig? Welche vier Beispiele werden dafür im Text genannt?

12. Was befürchten viele Deutsche? Warum haben sie diese Befürchtung?

13. Welche Befürchtungen bestehen in den folgenden Industriebranchen?

   Spediteure: _____

   Handwerksmeister: _____

   Lebensmittelhändler: _____

14. Welche berufliche Freiheit besitzen die EG-Bürger schon seit vielen Jahren?

15. Was beweisen die ökonomischen Daten Europas, wenn man sie mit denen Amerikas und Japans vergleicht?

16. Für welches Jahr planen führende EG-Manager schon heute? Was ist die Prognose für die deutsche Industrie?

Die Europäische Gemeinschaft

BELGIEN
Fläche: 30 518 qkm
Einwohner: 10 Millionen
Ausländeranteil: 8,7 %
Einwohner je qkm: 328
Bruttoinlandprodukt
je Einwohner: 36 760 DM
Arbeitslosenquote: 8,3 %

DÄNEMARK
Fläche: 43 093 qkm
Einwohner: 5,1 Millionen
Ausländeranteil: 2,7 %
Einwohner je qkm: 118
Bruttoinlandprodukt
je Einwohner: 39 250 DM
Arbeitslosenquote: 9,7 %

DEUTSCHLAND
Fläche: 356 854 qkm
Einwohner: 79,7 Millionen
Ausländeranteil: 7,4 %
Einwohner je qkm: 223
Bruttoinlandprodukt
je Einwohner: 34 670 DM
Arbeitslosenquote: 4,7 %

SPANIEN
Fläche: 504 790 qkm
Einwohner: 39,2 Millionen
Ausländeranteil: 0,6 %
Einwohner je qkm: 78
Bruttoinlandprodukt
je Einwohner: 28 500 DM
Arbeitslosenquote: 17,1 %

PORTUGAL
Fläche: 91 970 qkm
Einwohner: 10,3 Millionen
Ausländeranteil: 0,9 %
Einwohner je qkm: 112
Bruttoinlandprodukt
je Einwohner: 19 460 DM
Arbeitslosenquote: 4,6 %

NIEDERLANDE
Fläche: 41 863 qkm
Einwohner: 15,0 Millionen
Ausländeranteil: 3,9 %
Einwohner je qkm: 358
Bruttoinlandprodukt
je Einwohner: 37 530 DM
Arbeitslosenquote: 6,0 %

FRANKREICH
Fläche: 543 965 qkm
Einwohner: 56,6 Millionen
Ausländeranteil: 7,9 %
Einwohner je qkm: 104
Bruttoinlandprodukt
je Einwohner: 39 150 DM
Arbeitslosenquote: 10,0 %

GRIECHENLAND
Fläche: 131 957 qkm
Einwohner: 10 Millionen
Ausländeranteil: 2,2 %
Einwohner je qkm: 76
Bruttoinlandprodukt
je Einwohner: 18 750 DM
Arbeitslosenquote: 7,0 %

GROSSBRITANNIEN
Fläche: 244 100 qkm
Einwohner: 57,2 Millionen
Ausländeranteil: 4,5 %
Einwohner je qkm: 234
Bruttoinlandprodukt
je Einwohner: 36 350 DM
Arbeitslosenquote: 11,0 %

LUXEMBURG
Fläche: 2 586 qkm
Einwohner: 378 000
Ausländeranteil: 26,3 %
Einwohner je qkm: 146
Bruttoinlandprodukt
je Einwohner: 46 320 DM
Arbeitslosenquote: 2,0 %

ITALIEN
Fläche: 301 277 qkm
Einwohner: 57,7 Millionen
Ausländeranteil: 1,7 %
Einwohner je qkm: 192
Bruttoinlandprodukt
je Einwohner: 37 460 DM
Arbeitslosenquote: 10,6 %

IRLAND
Fläche: 68 895 qkm
Einwohner: 3,5 Millionen
Ausländeranteil: 2,4 %
Einwohner je qkm: 51
Bruttoinlandprodukt
je Einwohner: 25 130 DM
Arbeitslosenquote: 18,1 %

Die Europäische Gemeinschaft

232 Thema 5

Wirtschaftsmacht Europa
Zum Start gibt's blaue Briefe

Keine Regierung der zwölf EG-Länder hat zum Auftakt des Europäischen Binnenmarkts ihre Hausaufgaben erledigt. Selbst den vielgerühmten freien Grenzübertritt wird es vorerst nicht geben. Von einem Fehlstart kann dennoch keine Rede sein.

Die Idee war großartig und wurde vor allem von Helmut Kohl und dem französischen Staatspräsidenten François Mitterrand geradezu euphorisch begrüßt. Im Juni 1985 präsentierte EG-Kommissionspräsident Jacques Delors das „Binnenmarkt-Programm", einen Katalog mit nahezu dreihundert Gesetzesvorhaben, durch die bis Ende 1992 ein grenzenloses Europa geschaffen werden sollte. Der freie Verkehr für Waren, Dienstleistungen und Personen war das Ziel. Die Schlagbäume innerhalb der Europäischen Gemeinschaft sollten fallen.

Heute herrscht eher Ernüchterung. Die Kommission in Brüssel hat zwar ihre Hausaufgaben gemacht und bis auf ein gutes Dutzend alle Europa-Gesetze vorgelegt. Doch erst gut 60 Prozent sind in den Mitgliedsstaaten der Gemeinschaft umgesetzt worden. Brüssel hat deshalb noch vor Weihnachten an die Regierungen „blaue Briefe" geschrieben. EG-Kommissar Martin Bangemann drohte sogar an, einzelne Staaten zu verklagen. Besonders peinlich: Die großartig angekündigte Aufhebung der Personenkontrollen an den Grenzen zum 1. Januar – ein Symbol für den Binnenmarkt – mußte auf unbestimmte Zeit vertagt werden. Hauptgründe: Die Politiker sind sich längst noch nicht einig, wie man mit den Asylanten verfahren und der grenzüberschreitenden Kriminalität Einhalt gebieten will.

Auch vieles andere haben die Regierungen noch nicht oder nur halbherzig auf den Weg gebracht, weil mächtige Industrie-Interessen dagegenstanden, oder weil sie selbst den Verlust an Macht und Einfluß fürchteten.

So werden auf Jahre hinaus wohl noch nationale Monopole existieren, die eigentlich hätten aufgelöst sein sollen – auf dem Energie- und Verkehrssektor beispielsweise oder bei der Telekommunikation. Der freie Wettbewerb, der nach klassischer Lehrmeinung das Warenangebot vergrössert und die Preise senkt, bleibt nach wie vor in vielen Bereichen eingeschränkt. Strom, Arzneimittel oder Lebensversicherungen etwa werden in anderen EG-Ländern bis auf weiteres billiger sein als bei uns.

Daneben wird es zahlreiche von Land zu Land unterschiedliche Normen geben.

MwSt.

Mehrwertsteuer-Normalsätze in Prozent

Land	%
DÄNEMARK	25
IRLAND	21
BELGIEN	19,5
ITALIEN	19
FRANKREICH	18,6
GRIECHENLAND	18
NIEDERLANDE	17,5
GROSSBRITANNIEN	17,5
PORTUGAL	16
LUXEMBURG	15
SPANIEN	15
DEUTSCHLAND	15

ab 1.1.93

Selbst die einheitliche Euro-Steckdose wird vorerst ein Traum bleiben, weil die Umrüstung europaweit einen dreistelligen Milliardenbetrag verschlingen würde.

Der Binnenmarkt werde letztlich nur ein Markt für Hersteller und Lieferanten sein, beklagt die Organisation der Europäischen Verbraucherverbände (BEUC) in Brüssel und bemängelt unter anderem, daß ärztliche und öffentliche Dienstleistungen nach wie vor nach nationalen Systemen geregelt sind. So sorgen die unterschiedlichen Mehrwert- und Verbrauchersteuersätze (für Alkohol, Tabak und Mineralöl) bei Aus- und Einfuhren für einen ungeheuren bürokratischen Aufwand, der jetzt nur vom Zoll auf die Finanzämter verlagert wird. Von kleineren Schönheitsfehlern im Binnenmarkt wie dem Verbot im erzkatholischen Irland, Antibabypillen zu besitzen, oder der Weigerung Englands, Hunde vom Festland auf die Insel zu lassen, mal ganz abgesehen.

Mangelnde Aufklärung hat überdies dazu beigetragen, daß in der Bevölkerung diffuse Ängste vor 1993 entstanden sind. So verbinden rund 90 Prozent der Deutschen das Stichwort Binnenmarkt mit der Befürchtung, daß sie nur verlieren können, weil angeblich der Wohlstand von den reicheren Nordstaaten auf die ärmeren Regionen im Süden verteilt wird, und die D-Mark in Gefahr ist.

Spediteure beklagen, holländische Billig-Konkurrenz würde ihnen das Wasser abgraben, Handwerksmeister zeichnen das Schreckensbild von ausländischen Wandergesellen, die in ihre geschützten Märkte eindringen und deutsche Arbeiter brotlos machen. Wieder andere glauben, via Binnenmarkt würden in den Regalen des deutschen Handels nun chemisch verseuchte, bestrahlte und schlichtweg ungenießbare Lebensmittel landen.

Die Kritik, daß die Politiker in den achtziger Jahren den Mund zu voll genommen haben und viele ihrer Versprechungen zumindest nicht rechtzeitig eingelöst haben, ist mehr als berechtigt. Befürchtungen hingegen, die Deutschen könnten an Wohlstand oder Gesundheit Schaden nehmen, sind unbegründet. Hans Peter Stihl, Präsident des Deutschen Industrie- und Handelstages: „Der Binnenmarkt wird für alle nur von Vorteil sein".

Schon heute ist vieles, was uns längst selbstverständlich erscheint (vom Italiener um die Ecke bis zum vielfältigen internationalen Warenangebot) das Ergebnis beharrlich vollzogener Europapolitik. Und wer will, kann sich bereits seit Jahren in jedem der zwölf EG-Länder einen Job suchen oder dort selbständig machen.

Der Vergleich ökonomischer Daten mit Amerika und Japan beweist zudem: Das vereinigte Europa ist seinen Konkurrenten auf den Weltmärkten um Längen voraus, hat eine höhere Industrieproduktion und ist die mit Abstand größte Handelsmacht.

Der Binnenmarkt, wenn er denn erst einmal vollendet ist, wird die wirtschaftlichen Perspektiven noch verbessern, meinen führende Manager, die regelmäßig im „Europe Business Monitor" befragt werden. Selbst das politische Desaster um den Vertrag von Maastricht hat ihren Optimismus nicht beeinträchtigt. 78 Prozent stellen sich bei ihrer Unternehmensplanung weiterhin auf eine Wirtschafts- und Währungsunion ab 1999 ein. Und auf die Frage, welches Land davon am meisten profitieren wird, sehen 71 Prozent der europäischen Unternehmensführer Deutschland vorn.

INTENSIVES TEXTSTUDIUM

FRAGEBOGEN

A. Was wird mit den folgenden Sätzen zum Ausdruck gebracht?

1. Die Schlagbäume innerhalb der Europäischen Gemeinschaft sollten fallen.
   _____

2. Heute herrscht eher Ernüchterung.
   _____

3. Der freie Wettbewerb, der nach klassischer Lehrmeinung das Warenangebot vergrößert und die Preise senkt.
   _____

4. Von kleineren Schönheitsfehlern ... mal ganz abgesehen.
   _____

5. Spediteure beklagen, holländische Billig-Konkurrenz würde ihnen das Wasser abgraben.
   _____

6. Die Kritik, daß die Politiker in den achtziger Jahren den Mund zu voll genommen haben ... ist mehr als berechtigt.
   _____

7. Das vereinigte Europa ist seinen Konkurrenten ... um Längen voraus.
   _____

B. Im Titeltext heißt es: „Von einem Fehlstart kann dennoch keine Rede sein."

1. Von welchem „Fehlstart" spricht der Autor?
   _____

2. Warum kann von einem Fehlstart keine Rede sein?
   _____

3. Wie viele Beispiele aus dem Text können Sie finden, die die These von dem Fehlstart widerlegen?

   Wie viele? _____. Nennen Sie fünf Beispiele.

   1. _____
   2. _____
   3. _____
   4. _____
   5. _____

Wirtschaftsmacht Europa

C. Der Text besteht aus zwölf Abschnitten. Analysieren Sie jeden Abschnitt im Hinblick auf die sprachliche und gedankliche Struktur.

1. **Kernaussage:** Beschreiben Sie den zentralen Gedanken in jedem Abschnitt.

2. **Gedankliche Reihenfolge:** Zeigen Sie an jedem Abschnitt, wie der Gedanke logisch weiterentwickelt wird: Bauen die Gedanken aufeinander auf? Wo werden neue Gedanken eingeführt? Erweitern oder kontrastieren diese neuen Gedanken das Zentralthema? Entstehen gedankliche Brüche?

3. **Sprachlicher Ausdruck:** Suchen Sie Worte und Wortwendungen – besonders im ersten Satz jedes Abschnitts – die dazu dienen, die Gedanken inhaltlich (d.h. kausal, konditional, konsekutiv, temporal, final) zu verklammern oder voneinander abzugrenzen.

D. Lesen Sie den ganzen Text noch einmal gründlich, und bestimmen Sie die Gesetzesvorhaben, die von der EG schon erfüllt und noch nicht erfüllt wurden.

Erfüllte Gesetzesvorhaben	Noch nicht erfüllte Gesetzesvorhaben

E. Vergleichen Sie den Anfang mit dem Ende des Textes. Welche Antworten bietet der Autor auf die Fragenkomplexe „Wohlstand" und „politische Einigung in Europa"?

II. Interviews

ORIENTIERUNG MIT LESENOTIZEN

A. Beantworten Sie die Fragen, während Sie „Kein Grund zur Aufregung" lesen.

1. Warum haben viele Deutsche Angst vor ausländischen Lebensmitteln? Welche beiden Gründe werden im Interview mit Udo Pollmer genannt?

2. Wie beurteilt Udo Pollmer die Qualität und die Nahrungszubereitung ausländischer Lebensmittel im Vergleich zu deutschen Lebensmitteln?

3. Wem dient das „Reinheitsgebot" für deutsche Lebensmittel wirklich?

4. Mit welchem Problem wird die deutsche Lebensmittelüberwachung konfrontiert?

B. Beantworten Sie die Fragen, während Sie „Kein Grund zur Angst" lesen.

1. Wovor haben viele Deutsche Angst? Ist diese Angst berechtigt? Welche Antwort gibt Hans Peter Stihl?

2. Welche beiden vorteilhaften Auswirkungen sieht Hans Peter Stihl durch den EG-Markt in der Zukunft garantiert?
3. Welche Branchen werden im EG-Markt die größten Gewinner sein?
4. Welche Industriebranche wird in der Zukunft in große finanzielle Schwierigkeiten geraten? Welche Konsequenzen ergeben sich daraus?

Interviews

„Kein Grund zur Aufregung"

STERN-Redakteur Rüdiger Jungbluth führte ein Gespräch mit Lebensmittelchemiker Udo Pollmer.

1 **STERN**: Droht in der Bundesrepublik Gefahr von ausländischen Lebensmitteln, die bisher bei uns verboten waren, ab 1993
5 aber zugelassen sind?
POLLMER: Das Lebensmittelrecht in anderen Staaten ist nicht schlechter als bei uns.
STERN: Und die Lebensmittel selbst?
10 **POLLMER**: Viele Deutsche können doch nicht schnell genug nach Frankreich oder Italien kommen, um mal richtig gut zu essen. Mein Eindruck ist, in
15 Ländern, wo die Menschen weniger Geld haben als bei uns, ist die Qualität eher höher. Die Nahrungszubereitung hat dort einen viel
20 höheren Stellenwert.
STERN: Ist denn auch die Angst vor bestrahlten Lebensmitteln unbegründet?
POLLMER: Die Deutschen sollten sich
25 nicht so aufregen. Auch bei uns werden ja Lebensmittel bestrahlt, zum Beispiel, um zu kontrollieren, ob Getränkedosen voll sind.

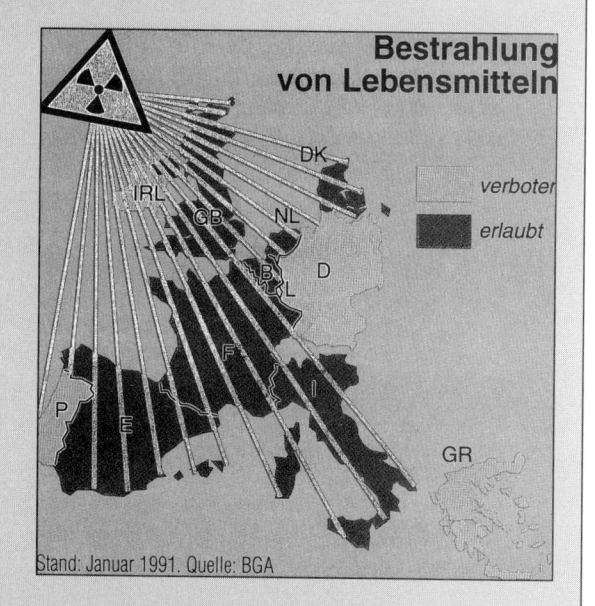

30 **STERN**: Für Unbehagen sorgen auch gentechnisch manipulierte Lebensmittel.
POLLMER: Bei vielen unserer Lebensmittel ist das genetische
35 Material bereits verändert worden, zum Beispiel durch gezielte radioaktive Bestrahlung. Und was, bitte, ist das Fleischschwein anderes als
40 eine durch Züchtung erzielte Mißbildung?

Bestrahlung von Lebensmitteln

verboten / erlaubt

Stand: Januar 1991. Quelle: BGA

STERN: Deutsche Hersteller sind an zahlreiche Reinheitsgebote gebunden ...

POLLMER: ... die weniger dem Verbraucher als der Wirtschaft dienen. Nach einem Reinheitsgebot war es beispielsweise verboten, aus deutscher Milch Tsatsiki herzustellen, weil ein deutsches Milchprodukt mit einem Fremdfett, dem wertvollen Olivenöl, verfälscht wird. Da greifen sich doch alle in Europa an den Kopf.

STERN: Erschwert es nicht die Überwachung, wenn künftig mehr ausländische Produkte in unseren Regalen stehen?

POLLMER: Das ist ein Problem. Wie soll die Lebensmittelüberwachung in Wanne-Eickel überprüfen, ob eine bestimmte Flüssigkeit dem portugiesischen Weingesetz entspricht? Es ist nicht selten vorgekommen, daß Waren, die im Ausland nicht verkauft werden durften, auf den zahlungskräftigen deutschen Markt kamen.

„Kein Grund zur Angst"

STERN-Mitarbeiter Helmut Sachau führte ein Gespräch mit Hans Peter Stihl, Präsident des Deutschen Industrie- und Handelstages, über die Aussichten der Unternehmer im Binnenmarkt.

STERN: Neunzig Prozent der Deutschen haben angeblich Angst vor dem Europäischen Binnenmarkt. Zu Recht?

STIHL: Ich bezweifle diese Zahl. Aber wie auch immer: Die Angst ist unberechtigt.

STERN: Profitieren die Deutschen vom Binnenmarkt?

STIHL: Ja, das Wirtschaftswachstum wird durch den EG-Binnenmarkt in den nächsten zehn Jahren um ein bis zwei Prozent höher ausfallen, als es ohne den Binnenmarkt der Fall wäre. Der EG-Markt bringt auch zusätzliche Arbeitsplätze.

STERN: Welche Branchen werden besondere Vorteile haben?

STIHL: Alle, Industrie und Dienstleistungsbetriebe, sogar die deutschen Landwirte, die zum Beispiel mehr Käse nach Frankreich exportieren, als wir von dort importieren.

STERN: Wird es auch Verlierer geben?

STIHL: Ich glaube schon, da der Wettbewerb in der Automobilindustrie noch härter wird. Von den vorhandenen europäischen Unternehmen werden vielleicht nur fünf übrigbleiben; welche das sind, ist noch nicht ausgemacht. Aber das hat nichts mit dem Binnenmarkt zu tun, in dem es niemand schwerer, sondern jeder leichter hat.

INTENSIVES TEXTSTUDIUM

FRAGEBOGEN

A. Nehmen Sie zu den folgenden Fragen zu „Kein Grund zur Aufregung" Stellung.

1. Gehen Sie zum Text „Zum Start gibt's blaue Briefe" zurück, und bestimmen Sie die zwei Abschnitte, auf die sich das Interview „Kein Grund zur Aufregung" bezieht. Welche Information wird im ersten Text gegeben? Wie wird diese Information im Interview erweitert? Was wird im ersten Text nicht erwähnt?

2. In welchem Abschnitt im Interview übt Udo Pollmer Kritik? Gegen wen ist diese Kritik gerichtet?

B. Nehmen Sie zu den folgenden Fragen zu „Kein Grund zur Angst" Stellung.

1. Gehen Sie zum Text „Zum Start gibt's blaue Briefe" zurück, und bestimmen Sie die zwei Abschnitte, auf die sich das Interview „Kein Grund zur Angst" bezieht. Welche Information wird im ersten Text gegeben? Wie wird diese Information im Interview erweitert? Was wird im ersten Text nicht erwähnt?

2. Welche Stellen im Interview bekräftigen Hans Peter Stihls Prognose, daß es im Europäischen Binnenmarkt „niemand schwerer, sondern jeder leichter hat"?

III. Es fehlt am Kleingeld

ORIENTIERUNG MIT LESENOTIZEN

Lesen Sie die folgenden Fragen, ohne sie zu beantworten. Versuchen Sie, aus der Art der Fragen, den Inhalt des Lesetextes einzugrenzen. Erst wenn Sie den Text komplett gelesen haben, versuchen Sie, die folgenden Fragen zu beantworten.

1. Am 1. Januar 1999 wird die EG-Währungsunion durchgeführt. Das Eurogeld „Ecu" wird dann die nationalen Währungen ersetzen. Die Produktion des geplanten Eurogeldes bringt praktische Probleme mit sich. Fünf praktische Probleme werden im Text genannt. Können Sie sie finden?

   1. _____
   2. _____
   3. _____
   4. _____
   5. _____

Wirtschaftsmacht Europa

2. Was soll mit den Nationalbanknoten und -münzen nach dem 1. Januar 1999 geschehen?

3. Welchen Namen für das neue Europa-Geld möchte Bundesfinanzminister Theo Waigel haben?

4. Wie widerlegen die Maastrichter Verträge den Plan des Ministers Waigel? Nennen Sie zwei Regelungen aus den Verträgen.

Es fehlt am Kleingeld

Zu den politischen Problemen der geplanten
Währungsunion kommen die praktischen.
Allein die Produktion des umstrittenen
Eurogeldes würde Jahre dauern.

Selbst wenn sich heute alle Europäer über eine gemeinsame Währung bis zur Jahrhundertwende einig wären: Ihre Einführung würde am nötigen Kleingeld scheitern.

Pro Kopf der 340 Millionen EG-Bürger werden, wie derzeit in der Bundesrepublik, 400 Münzen benötigt, schätzt die EG-Kommission – 136 Milliarden Stück.

Mindestens vier Jahre benötigen die europäischen Hersteller, um die Münz-Rohlinge zu produzieren. Hinzu kommt der Engpaß bei den Prägeanstalten. Weil Münzen eine lange Lebensdauer haben – im Schnitt vierzig Jahre –, werden kaum große Kapazitäten gebraucht. So hat die größte der fünf deutschen Prägeanstalten, die Stuttgarter Münze, 1991 rund 750 Millionen Geldstücke hergestellt. Wegen der deutschen Einheit wurden sogar kräftig Überstunden geschoben. Wollten die Stuttgarter das Kleingeld für Europa alleine prägen, wären sie bei diesem Tempo in 180 Jahren noch nicht fertig.

Aber auch wenn alle Münzanstalten Europas gemeinsam an der Einheitswährung arbeiteten, würde viel Zeit vergehen: „Vier bis fünf Jahre", schätzt Dieter Nedele, Leiter der Stuttgarter Münze. Hinzu komme ein Vorlauf von mindestens zwei Jahren von der Idee bis zur Auslieferung des ersten Geldstücks.

Ob's überhaupt dazu kommt? Nedele, der früher sehr optimistisch war, sind mittlerweile Zweifel gekommen: „Die Leute wollen dieses Geld doch gar nicht."

Bundesfinanzminister Theo Waigel bemüht sich zwar, die mit der Einführung des Eurogeldes verbundenen Befürchtungen zu entkräften. Noten und Münzen dürften auch „nationale Symbole" tragen, erklärt er in der Werbebroschüre „Stark wie die Mark". Und nicht Ecu solle es heißen („klingt fremd in unseren Ohren"), sondern lieber „Europa-Mark".

Auch nach dem Inkrafttreten der Währungsunion am 1. Januar 1999 wer-

den die Europäer ihre Franc, Gulden und Mark vorerst behalten, beschwichtigt Waigel all diejenigen, denen das Eurogeld viel zu schnell kommt. Der
55 Minister: „Es ist noch nicht entschieden, wann sie durch eine einheitliche Währung ersetzt werden."

Kennt er sie nicht, oder interpretiert er sie falsch? Die Maastrichter Verträge
60 sagen etwas ganz anderes. In Artikel 109 1 ist geregelt, daß spätestens 1999 für jene EG-Staaten, die bestimmte Stabilitätskriterien erfüllen, unwiderruflich die Wechselkurse festgelegt werden, zu
65 denen die nationalen Währungen „durch die Ecu ersetzt werden". Zum selben Zeitpunkt werde die Recheneinheit Ecu zu einer „eigenständigen Währung".

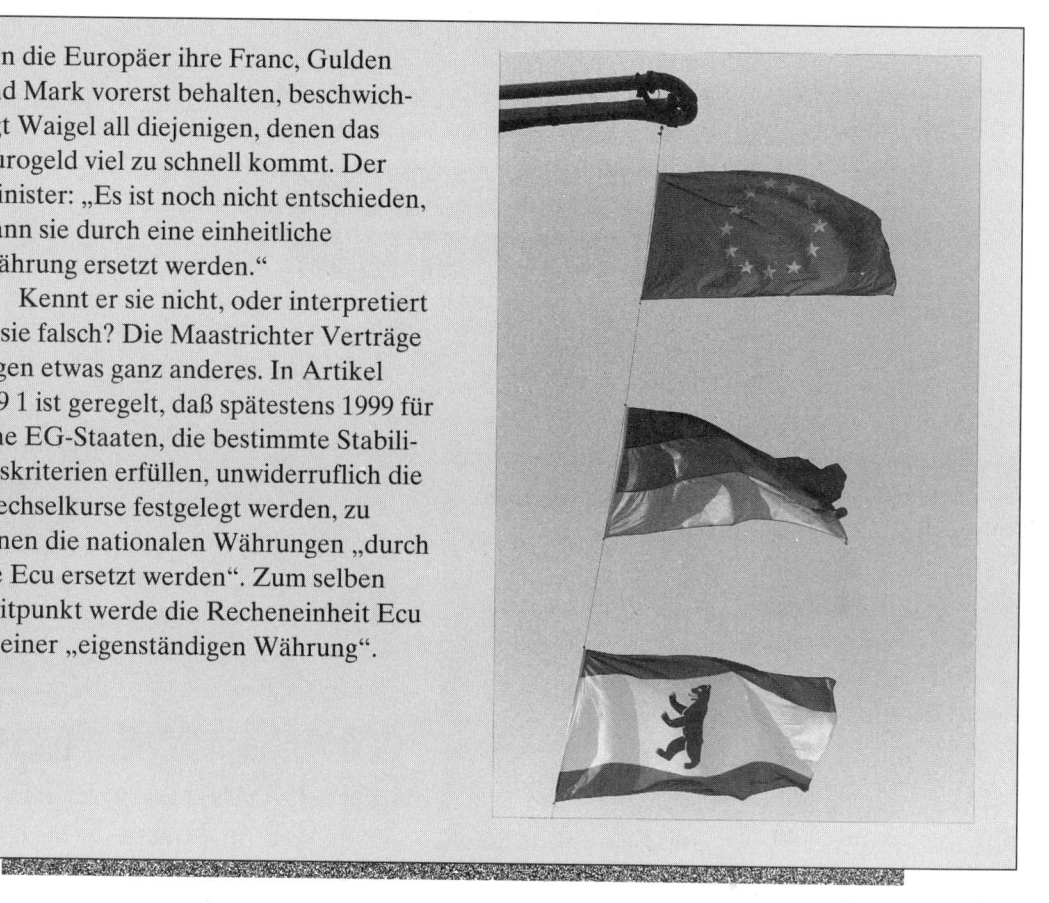

INTENSIVES TEXTSTUDIUM

FRAGEBOGEN

Nehmen Sie zu den folgenden Fragen Stellung.

1. Zu welchem Abschnitt im Text „Zum Start gibt's blaue Briefe" paßt der Artikel „Es fehlt am Kleingeld" am besten? Welche Information wird im ersten Text gegeben? Wie wird diese Information in dem Artikel erweitert? Was ist die zentrale Aussage des Textes? Welche Befürchtungen spricht der Text aus?

2. Werden bis zum Jahr 1999 die Wechselkurse aller EG-Staaten festgelegt, oder wird es auch Ausnahmen geben?

Wirtschaftsmacht Europa **241**

IV. STERN-EXTRA
Meinungen von gestern – Hoffnungen für morgen

DIE KOMMISSION DENKT, DER RAT LENKT

Die Institutionen der Europäischen Gemeinschaft, ihre wichtigsten Aufgaben, ihr Einfluß im EG-Machtgefüge

DER RAT

... ist das wichtigste Organ. Er besteht aus Fachministern aller EG-Länder, die über konkrete Sachfragen in den Bereichen Landwirtschaft, Verkehr, Umwelt, Finanzen usw. entscheiden. Mit zentralen Fragen befassen sich die Außenminister (Rat für allgemeine Angelegenheiten) und - mindestens zweimal pro Jahr - die Staats- und Regierungschefs (Europäischer Rat). Seit 1987 müssen Ratsentscheidungen - bis auf wenige Ausnahmefälle - nicht mehr einstimmig fallen.

DIE KOMMISSION

... mit Sitz in Brüssel ist quasi die Regierung der Gemeinschaft. An der Spitze stehen 17 „EG-Kommissare", darunter zwei Deutsche (Martin Bangemann und Peter Schmidhuber), ihr Präsident ist der Franzose Jacques Delors. Die Kommission unterbreitet dem Rat Vorschläge für gemeinschaftliche Richtlinien, bereitet den Haushalt vor, handelt Abkommen im Namen der Gemeinschaft aus, verwaltet die EG-Fonds.

DER EUROPÄISCHE GERICHTSHOF ...

... mit Sitz in Luxemburg wacht über die Einhaltung der EG-Rechtsvorschriften, entscheidet unter anderem bei Wettbewerbs-, Antidumping- und Schadensersatzklagen, kann Rechtsakte von Kommission und Rat für nichtig erklären und feststellen, daß sich Mitgliedsländer gegenüber der Gemeinschaft vertragswidrig verhalten. Den Gerichtshof bilden 13 Richter aus zwölf EG-Staaten, darunter der Deutsche Manfred Zuleeg.

DAS EUROPÄISCHE PARLAMENT ...

... in Straßburg hat zwar Kontrollfunktionen gegenüber der Kommission, der es mit Zweidrittelmehrheit sogar das Mißtrauen aussprechen kann, nicht aber gegenüber dem Rat, der in letzter Instanz entscheidet. Es prüft den EG-Haushaltsplan und kann ihn insgesamt ablehnen. Seine Stellung ist aber bei weitem nicht mit der nationaler Parlamente vergleichbar. Unter den 518 Abgeordneten (direkt gewählt) sind 81 Deutsche.

„Wir wollen weitergehen. Wir wollen, wenn es irgendwie geht, mit allen weitergehen. Aber weitergehen müssen wir in jedem Fall"
Karl Lamers, CDU, in der Maastricht-Debatte des Bundestages

„Die Idee Europas ist für mich nicht ein Problem, sondern eine Anregung"
Elizabeth Longford, englische Schriftstellerin

„Es gibt kein Demokratiedefizit in der Gemeinschaft. Das entscheidende Problem ist das Politikdefizit"
Martin Bangemann, Mitglied der EG-Kommission

„Es wird künftig schwieriger, nach Paris zu liefern als nach Hongkong"
Michael Fuchs, Präsident des Bundesverbandes des Deutschen Groß- und Außenhandels, über neue Probleme beim EG-Binnenmarkt

„Bei den Lebensmitteln wird auch künftig kein einziger gesundheitlich bedenklicher Stoff erlaubt sein"
Professor Dr. Arpad Somogyi, Leiter des Max-von-Pettenkofer-Instituts im Bundesgesundheitsamt und Mitglied des Wissenschaftlichen Lebensmittelausschusses der EG-Kommission

„Ein wirklicher Binnenmarkt ist nur mit mehr Wettbewerb zu haben"
Otto Schlecht, Ex-Staatssekretär im Bundeswirtschaftsministerium

„Die multinationalen kriminellen Syndikate verfügen über Kommunikationssysteme, von denen die Polizei und Justiz nur träumen können"
Jean Ziegler, Professor für Soziologie in Genf, über die „multikriminelle Gesellschaft"

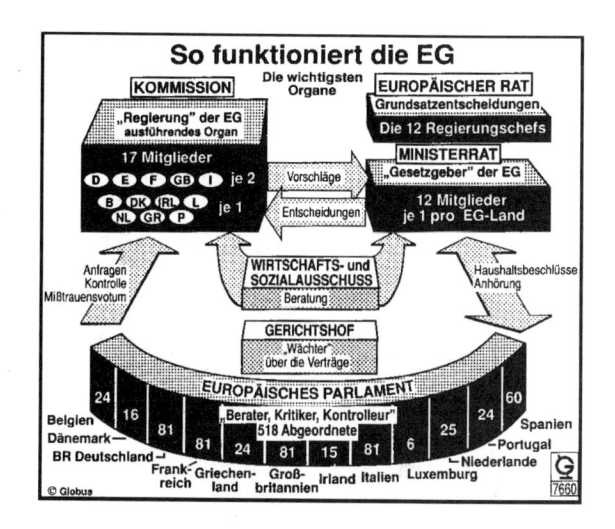

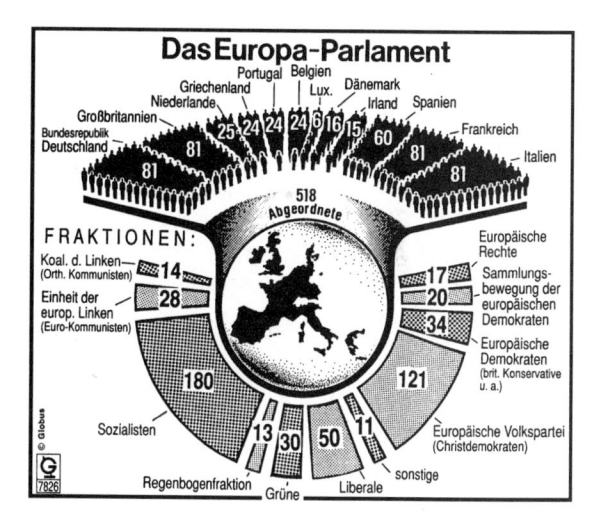

„Nun, ich höre überall sagen, im Radio, im Fernsehen, daß diese Europäische Zentralbank Herrin der Entscheidungen sein werde. Dies ist nicht wahr!"
François Mitterrand, französischer Staatspräsident, in einer Fernsehdebatte über die Unabhängigkeit einer Europäischen Zentralbank

Wirtschaftsmacht Europa

INTENSIVES TEXTSTUDIUM

FRAGEBOGEN

Lesen Sie sorgfältig die vier Texte mit dem Titel „Die Kommission denkt, der Rat lenkt". Welche Institution der Europäischen Gemeinschaft entscheidet über die folgenden Euro-Probleme?

1. Eine europaweite Geschwindigkeitsbegrenzung für europäische Autobahnen soll in Kraft gesetzt werden. Diese Institution entscheidet: _____

2. Diese Institution entscheidet über alle EG-Gesetzesvorhaben und kann sogar Geldstrafen an einzelne Staaten verhängen: _____

3. Der neue EG-Haushaltsplan wurde von der Kommission verabschiedet, doch wurde er von dieser Institution nicht akzeptiert. Diese Institution hat immer das letzte Wort: _____

4. Diese Institution arbeitet konsequent daran, dem EG-Recht Vorrang vor dem nationalen Recht zu geben: _____

5. Die Produktion der Eurowährung Ecu bis spätestens 1999 wurde von dieser Institution entschieden: _____

6. Der gewerbliche Personen- und Güteraustausch auf dem europäischen Binnenmarkt wird von dieser Institution rechtlich geregelt: _____

7. Mehrwertsteuersätze für Tabakwaren, Spirituosen, Wein und Bier werden von dieser Institution geregelt: _____

8. Diese Institution kontrolliert Europas Gesetzesvorhaben und prüft den EG-Haushaltsplan. In dieser Institution präsentieren die einzelnen EG-Staaten ihre politischen Initiativen: _____

9. Diese Institution berät über Richtlinien für Energiefragen, Verkehrsprobleme, Wasserversorgung, Fernmeldewesen und Verteidigungsprobleme: _____

10. Die europäische Wirtschafts- und Währungsunion wurde von dieser Institution entschieden: _____

11. Pläne für den freien Verkehr für Waren, Dienstleistungen und Personen auf dem europäischen Binnenmarkt wurden von dieser Institution unterbreitet: _____

12. Die Außenhandelspolitik der zwölf EG-Staaten ist Aufgabe dieser Institution: _____

13. In dieser Institution sitzen 518 Abgeordnete aus allen zwölf EG-Staaten: _____

14. Diese Institution hat einen Mehrwertsteuersatz von 14-20% vorgeschlagen. Die einzelnen EG-Staaten können ihre Mehrwertsteuer nur noch innerhalb dieses Regelsatzes festlegen: _____

NACH DEM LESEN

STELLUNGNAHMEN UND INTERPRETATIONEN

A. Nehmen Sie Stellung zu den folgenden Fragen, die sich auf den Text „Zum Start gibt's blaue Briefe" beziehen (S. 233–234).

1. Sind Sie auch, wie der Autor, der Meinung, daß die zwölf EG-Staaten „die größte Industrie- und Handelsmacht der Welt" bilden werden? Welche Vor- und Nachteile hat diese neue Wirtschaftsmacht für die Wirtschaft der USA und Japans? Könnten sich durch die neuen Realitäten die politischen Beziehungen zwischen den USA und den EG-Ländern verschlechtern oder verbessern? Inwiefern?

2. Aus welchen Gründen gibt es manchmal Interessenskonflikte oder sogar Handelskriege zwischen den großen Wirtschafts- und Industrienationen? Geben Sie Beispiele.

3. Stimmen Sie mit der Meinung von Hans Peter Stihl überein, der sagt, „der Binnenmarkt wird für alle nur von Vorteil sein"? Wenn ja, warum? Wenn nein, warum nicht?

4. Ein Programmziel der EG ist die Standardisierung von internationalen Produktnormen. Welche Produkte unterliegen noch immer verschiedenen Normen? Welche Schwierigkeiten hat dadurch ein europäischer Tourist in Amerika oder ein amerikanischer Tourist in Europa?

5. Ist es realistisch, daß die knapp dreihundert neuen Europa-Gesetze in allen Mitgliedsstaaten der EG umgesetzt werden können? Worin sehen Sie die größten Schwierigkeiten? Welche Hindernisse könnten dabei die Geschichte Europas und die unterschiedlichen Sprachen und Kulturen bilden?

6. Vergleichen Sie die EG-Staaten mit den USA bezüglich einer Politik des „freien Grenzübertritts". Welche Probleme gäbe es für die USA, wenn die Personenkontrollen an den Grenzen aufgehoben würden? Welche für die EG? Wie könnte man die Immigration von „wirtschaftlichen" Asylanten und von Kriminellen kontrollieren? Welche Lösungen sehen Sie?

7. Glauben Sie, daß eher die reicheren EG-Staaten des Nordens (England, Dänemark, Frankreich, Deutschland) oder die ärmeren EG-Staaten des Südens (Portugal, Griechenland) von dem Binnenmarkt profitieren werden? Begründen Sie Ihre Meinung.

8. Welches im Text erwähnte Europa-Problem wird am schwierigsten zu bewältigen sein? Worin sehen Sie die Lösung?

9. Was haben Sie Neues aus diesem Text gelernt? Was hat Sie am meisten überrascht? Mit welchen Europa-Zielen sind Sie einverstanden? Mit welchen nicht?

B. Nehmen Sie zu den folgenden allgemeineren Fragen Stellung.

1. Welche ausländischen Lebensmittel konsumieren Sie? Begründen Sie Ihre Antworten.

2. Halten Sie die Befürchtung vieler Deutscher, daß das reiche Deutschland die ärmeren EG-Staaten finanzieren muß, für berechtigt? Begründen Sie Ihre Antwort.

3. Was halten Sie von der für 1999 geplanten europäischen Währungsunion und von dem neuen Euro-Geld? Welche Vor- und Nachteile hat dies für Amerikaner, die Europa besuchen?

4. Welches der acht Zitate auf Seite 243 hat Sie am meisten erstaunt, nachdenklich gemacht oder beunruhigt? Vervollständigen Sie die folgenden Zitate mit Ihren eigenen Worten.

   a. „Die Idee Europas ist für mich nicht ... , sondern ..."
   b. „Es gibt kein Demokratiedefizit in der Gemeinschaft. Das entscheidende Problem ist ..."
   c. „Ein wirklicher Binnenmarkt ist nur mit mehr ... zu haben."

GESPRÄCHSRUNDE

A. Die Vereinigten Staaten von Europa? Betrachten Sie das folgende Schaubild, und diskutieren Sie, welche Faktoren die politische Einigung und die wirtschaftliche Zusammenarbeit schwierig machen. Was verbindet die Völker Europas, was trennt sie? Welche Probleme könnten in den nächsten zwanzig Jahren in Europa entstehen? Geben Sie der Klasse einen Bericht.

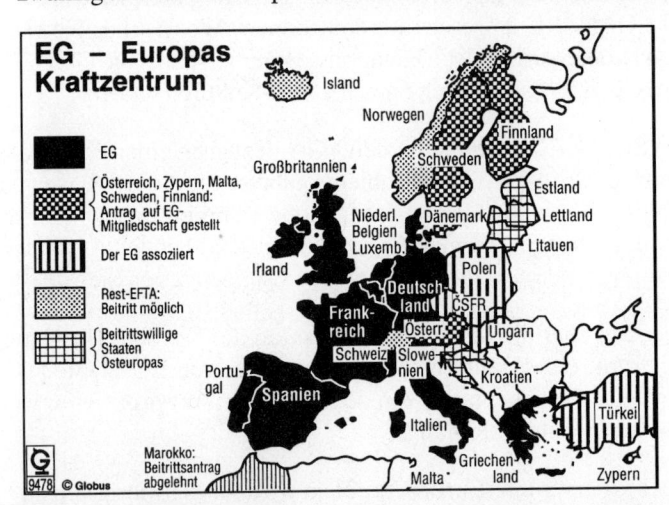

B. Wirtschaftsmacht Europa – Probleme und neue Möglichkeiten. Diskutieren Sie über einen oder mehrere Fragenkomplexe aus dem Text, z.B. freier Grenzverkehr, EG-Verkehrspolitik, freier Verkehr für Waren, Dienstleistungen und Personen usw. Definieren Sie das Problem, und präsentieren Sie Lösungen. Stellen Sie der Klasse Ihr 10-Punkte Reformprogramm vor.

SCHRIFTLICHES

A. Europa 2000: Die Zeit eilt, die Zeit teilt, die Zeit heilt. Welche Bedingungen müssen in Europa geschaffen werden, um eine echte und dauerhafte Partnerschaft zwischen den europäischen Völkern zu garantieren? Setzen Sie sich kritisch mit dem Problem der europäischen Integration auseinander.

B. „Die Idee eines Vereinigten Europas ist für mich kein Problem, sondern ..." Führen Sie diesen Satz weiter, und erläutern Sie Ihre Befürchtungen und Hoffnungen für die Völker Europas in den nächsten zwanzig Jahren.

C. Wirtschaftskolonialismus. Die ärmeren Mitgliedsstaaten der EG fürchten den Wirtschaftskolonialismus der „Großen Drei" (England, Frankreich, Deutschland). Zu recht oder zu unrecht?

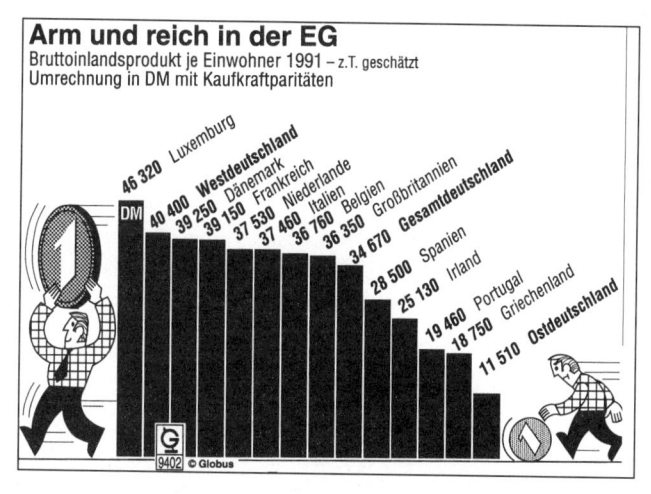

Arm und reich in der EG
Bruttoinlandsprodukt je Einwohner 1991 – z.T. geschätzt
Umrechnung in DM mit Kaufkraftparitäten

- 46 320 Luxemburg
- 40 400 Westdeutschland
- 39 250 Dänemark
- 39 150 Frankreich
- 37 530 Niederlande
- 37 460 Italien
- 36 760 Belgien
- 36 350 Großbritannien
- 34 670 Gesamtdeutschland
- 28 500 Spanien
- 25 130 Irland
- 19 460 Portugal
- 18 750 Griechenland
- 11 510 Ostdeutschland

D. Lesen Sie die folgenden Zitate, und nehmen Sie kritisch Stellung dazu. Welchem Zitat stimmen Sie ganz (gar nicht) zu? Welche Forderung halten Sie für eine Utopie? Welche Hoffnung haben Sie für die Entwicklung Europas bis zum Jahr 2020? Begründen Sie Ihre Antworten.

> *Wenn wir auf dem Weg nach Europa zurückgeworfen werden, dauert es länger als eine Generation, bis wir eine neue Chance erhalten. Europa liefe Gefahr, von seiner Vergangenheit eingeholt zu werden.*
> **Helmut Kohl, deutscher Bundeskanzler**

> *Europas Vergangenheit ist reich und vielfältig. Seine Zukunft, gestützt auf eine Föderation von individuellen Nationen, kann ein Beispiel sein für die Welt. Es könnte eine neue Renaissance sein.*
> **Sir Peter Hall, britischer Regisseur**

> *Der Aufbau Europas erfordert, daß sich die Bindungen zwischen den zwölf Staaten der Gemeinschaft verstärken, aber das verbietet ihnen nicht, daneben nationale Politik zu treiben.*
> **Roland Dumas, Frankreichs Außenminister**

> *Man kann die Idee Mitteleuropas für eine halsstarrige Träumerei halten, doch ohne Mitteleuropa bleiben alle unsere größeren Städte Endstation, Grenzstädte – und vielleicht sogar Frontstädte.*
> **György Konrad, ungarischer Schriftsteller**

VOLLENDET, ABER NICHT VOLLKOMMEN

Zum Jahreswechsel wird der Binnenmarkt in Europa Wirklichkeit. Doch trotz größeren Spielraums für die Wirtschaft und zahlreicher anderer Fortschritte bleibt das große Unternehmen noch Stückwerk

GRENZKONTROLLEN

Frühestens Mitte 1993 fallen die Grenzkontrollen völlig weg, da das »Schengener Abkommen« bislang noch nicht von allen Länderparlamenten ratifiziert wurde. Dänemark, Großbritannien und Irland wollen auch später noch kontrollieren. Der Zoll zieht aber zum Jahresbeginn ab. Nur wer danach mehr als 800 Zigaretten, zehn Liter Schnaps und 90 Liter Wein dabeihat, muß noch die Verbrauchssteuersätze im Einfuhrland zahlen.

MEHRWERTSTEUER

Weil die Mehrwertsteuersätze noch weit auseinanderliegen, müssen Warenlieferungen von einem Land in andere weiter exakt erfaßt werden. Die Kontrollen werden aber ab Januar 1993 von den Grenzen in die Unternehmen verlagert. Vorteil: keine Lkw-Staus mehr. Nachteil: mehr Papierkrieg in den Betrieben. Importeure und Exporteure müssen sämtliche Lieferungen den Finanzbehörden melden.

BANKEN

Ab 1993 können alle Banken europaweit tätig werden; zugelassen und kontrolliert werden sie nur im Heimatland. Das Angebot wird vielfältiger: In Frankreich gibt es Banken, die Arbeitslosen Kredite stunden. In Holland führen manche Institute Girokonten fast kostenlos. Beim Zahlungsverkehr über die Grenzen ist keine Verbesserung in Sicht. Experten befürchten, daß Banken versuchen werden, nationale Verbraucherschutzbestimmungen zu umgehen.

AUTOS

Ab 1993 dürfen Autos, die in einem EG-Land zugelassen sind, auch in allen anderen verkauft werden. Neuwagen müssen einen Drei-Wege-Katalysator haben. Abgasnormen für Dieselfahrzeuge werden in den nächsten Jahren verschärft. Ab 1994 werden neue Lkws und Busse nur noch mit Tempobegrenzern zugelassen. Busse dürfen nicht schneller als 100, Lkws nicht schneller als 85 km/h fahren. Ab Mitte 1996 gibt's den Euro-Führerschein.

LUFTVERKEHR

Fluggesellschaften können ab 1993 ihre Preise selbst festlegen; die europäischen Airlines dürfen künftig ferner alle Ziele in der Gemeinschaft anfliegen, die Lufthansa etwa kann auch die Route Rom–Madrid bedienen. Bei reinen Inlandsverbindungen wird der Wettbewerb erst ab 1997 freigegeben. Dann könnte British Airways Passagiere von Hamburg nach München befördern. Wahrscheinliche Folge: Preissenkungen.

AUFTRAGSWESEN

Aufträge der öffentlichen Hand müssen europaweit ausgeschrieben werden. Theoretisch müßte es für Unternehmen fortan leichter werden, an ausländische Aufträge heranzukommen. Vorteil für den Steuerzahler: Der Staat spart Geld, wenn die Konkurrenz der Anbieter wächst. Deutsche Firmen beklagen allerdings schon, daß sie im Ausland einer »Vorprüfung« unterzogen werden, die es bei uns nicht gibt.

FREIBERUFLER

Die Niederlassungsfreiheit für Ärzte gibt es seit 1979. EG-weit anerkannt werden auch die Abschlüsse von Apothekern, Architekten und Hebammen. Konkurrenz fürchten die deutschen Handwerker. Wer in Spanien sechs Jahre Friseur war, darf dieses Gewerbe auch bei uns ausüben. Anders als die deutschen Kollegen, braucht er dazu keinen Meisterbrief. Deutsche Gesellen aber werden europaweit an deutschen Ausbildungs-Standards gemessen.

NICHT-ERWERBSTÄTIGE

Auch Nicht-Erwerbstätige, wie Rentner und Studenten, dürfen sich in jedem EG-Land niederlassen. Um eine Aufenthaltserlaubnis zu bekommen, müssen sie jedoch einen Krankenversicherungsschutz sowie genügend Geld nachweisen. Spanien beklagte schon, daß die Zahl britischer Rentner zugenommen hat, die in Geldnöte gerieten und von der örtlichen Sozialhilfe aufgefangen werden mußten.

VERSICHERUNGEN

Der Wettbewerb für Versicherungen wird erst Mitte 1994 freigegeben. Preisgünstige englische Versicherer können dann ihre Policen auch in Deutschland verkaufen, ohne hierzulande eine Tochtergesellschaft gründen zu müssen; Deutsche könnten Autos und Hausrat in Frankreich oder Spanien billiger versichern. Tarife und Vertragsbedingungen müssen nicht mehr genehmigt werden.

HOCHSCHULABSCHLÜSSE

Hochschulgrade, die ein mindestens dreijähriges Studium voraussetzen, werden in allen zwölf EG-Ländern anerkannt; ebenso die Abschlüsse an deutschen Fachhochschulen. Wo Ausbildungsinhalte aber stark voneinander abweichen (zum Beispiel bei Juristen), können die nationalen Behörden von den Bewerbern Eignungsprüfungen oder sogar einen Anpassungslehrgang von bis zu drei Jahren verlangen.

FREIZÜGIGKEIT

Die EG-Bürger haben seit 1968 das Recht, in allen Ländern der Gemeinschaft zu arbeiten. Davon machen derzeit aber nur etwa 80 000 Bundesbürger Gebrauch, und es werden 1993 kaum viel mehr werden. Behindert wird die Mobilität vor allem durch Sprachbarrieren und unterschiedliche Sozialversicherungs-Systeme. Wie zum Beispiel Pflegeversicherungen der Wanderarbeiter in den einzelnen Ländern behandelt werden sollen, ist völlig ungeklärt.

ARZNEIMITTEL

Erst 1995 darf jedes Medikament, das in einem EG-Land zugelassen ist, auch in den anderen verkauft werden. Dann dürften die Preise bei uns sinken. Über den Vertrieb besonders sensibler Medikamente soll eine europäische Arzneimittelagentur entscheiden. Kritisch beurteilen die Verbraucherverbände, daß der Patentschutz von zehn auf 15 Jahre verlängert wurde, ein übermäßiger Schutz teurer »Originale« vor billigen Nachahmerprodukten.

248   Thema 5

TEXT 3

AUF DEM WEG ZU EUROPÄISCHEN DEUTSCHEN

VOR DEM LESEN

WISSENSAKTIVIERUNG UND HYPOTHESENBILDUNG

A. Welche beiden zentralen Themen des Textes werden bereits in der Überschrift genannt?

B. Die folgenden Exzerpte sind dem Text entnommen. Bestimmen Sie die logische Reihenfolge der Abschnitte, und bezeichnen Sie sie mit den Buchstaben A-E. Bestimmen Sie außerdem die Themen und Gedanken, die der Autor höchstwahrscheinlich **nach** dem Textexzerpt erörtern wird und Egon Winkelmanns politischen und beruflichen Lebenslauf, wie er sich aus den Textexzerpten rekonstruieren läßt. Arbeiten Sie mit Ihrem Nachbarn zusammen, und vergleichen Sie anschließend Ihre Antworten mit den Antworten der anderen Studenten.

1 ___ Lernen werden wir alle müssen, europäische Deutsche zu sein, Toleranz zu üben, ohne uns selbst zu verleugnen. Voneinander sollten wir lernen und dabei selbst etwas bieten. Nur so werden wir in einem geeinten Deutschland zu uns selbst finden.

2 ___ 1945 war ich siebzehn Jahre alt. Wie alle jungen Menschen hatte ich Wünsche, Hoffnungen, Träume von „Nie-wieder-Krieg" über „Leben-und-leben-lassen" bis zum Bau eines neuen, eines besseren Deutschland, frei von Diktatur, Angst und Schrecken.

3 ___ 1987 löste man mich als Botschafter ab, weil ich nicht den „Erwartungen" unserer Führung entsprochen hatte, die Gorbatschow mit falschen Bruderküssen umarmte und mit der ihr eigenen Überheblichkeit alles vom Tisch wischte, was nicht in die DDR-Mißwirtschaft paßte. Heute muß ich feststellen, daß ich aus Unkenntnis so manches verteidigt habe, was sich als wertlos erwies. Diesen Schock zu überwinden – dazu sollen auch diese Zeilen dienen.

4 __ Wie Millionen anderer Bürger hatte ich mich für den Osten – meine Heimat ist Sachsen –, für die DDR entschieden. Sie sollte eines Tages in einem geeinten Deutschland Beispiel sein für soziale Gerechtigkeit, für Frieden und Freundschaft mit allen Völkern.

5 __ Oh ja, wir haben mit bloßen Händen Trümmer beiseite geräumt, gehungert, gebaut, gelernt, studiert. Als Sohn eines Bauern stand mir alles offen. Wir haben geschuftet in dem Bewußtsein, daß wir eine gerechte Welt errichten werden, in der es niemals mehr Diktatur und Gewalt geben sollte.

Logische Reihenfolge: 1. ___ 2. ___ 3. ___ 4. ___ 5. ___

Themen und Gedanken: A _____

B _____

C _____

D _____

E _____

Politischer und beruflicher Lebenslauf: _____
_____

Orientierung mit Lesenotizen

Lesen Sie die folgenden Fragen, ohne sie zu beantworten. Versuchen Sie, aus der Art der Fragen, den Inhalt des Lesetextes einzugrenzen. Erst wenn Sie den Text komplett gelesen haben, versuchen Sie, die folgenden Fragen zu beantworten.

1. Welche Wünsche und Hoffnungen hegt Egon Winkelmann nach Kriegsende?
2. Welches Verhältnis hat der Autor zu den Nationalsozialisten? Wie steht er als Jugendlicher zu der Nazi-Ideologie?
3. Wo befindet sich der Autor während des Zweiten Weltkrieges?
4. Welche „Hoffnungen" und „Träume" hat der Autor für das „Neue Deutschland", d.h. für die junge DDR nach dem Krieg? Nennen Sie vier Beispiele aus dem Text.
5. Welche Fehler macht die kommunistische Regierung der DDR nach dem Krieg?
6. Welches politische Amt hält Egon Winkelmann in den achtziger Jahren?
7. Wie charakterisiert der Autor seine Vorgesetzten in der kommunistischen Partei?

8. Welchen Schock versucht der Autor zu überwinden?
9. Was motivierte Ihrer Meinung nach den Autor, diesen Text zu verfassen?
10. Welches Ziel stellt sich der Autor für den Rest seines Lebens? Was erhofft er sich von dem „Neuen Deutschland"?
11. Welche positiven Charaktereigenschaften müssen sich die „Neuen Deutschen" aneignen? Zu welchem Ziel?

EGON WINKELMANN
EHEMALIGER DDR-BOTSCHAFTER IN DER SOWJETUNION
LEBT IN BERLIN-OST

Auf dem Weg zu europäischen Deutschen

1945 war ich siebzehn Jahre alt. Wie alle jungen Menschen hatte ich Wünsche, Hoffnungen, Träume von „Nie-wieder-Krieg" über „Leben-und-leben-lassen" bis zum Bau eines neuen, eines besseren Deutschland, frei von Diktatur, Angst und Schrecken. Eingesponnen in faschistisches Gedankengut, konnte ich Zwang nie leiden, weigerte ich mich 1944, der SS beizutreten, lief von zu Hause fort, überstand das Kriegsende in einem Rüstungsbetrieb, suchte neue Freunde, schöpfte Hoffnung, wollte mitbauen an einem Deutschland in Frieden und Freiheit. Ich glaubte an das Neue im Osten meines Vaterlandes, hatte Freunde aller politischen Couleur, stand bald links, bin es noch heute.

Oh ja, wir haben mit bloßen Händen Trümmer beiseite geräumt, gehungert, gebaut, gelernt, studiert. Als Sohn eines Bauern stand mir alles offen. Wir haben geschuftet in dem Bewußtsein, daß wir eine gerechte Welt errichten werden, in der es niemals mehr Diktatur und Gewalt geben sollte. Ganz Deutschland war in dieses Träumen und Hoffen eingeschlossen, bis – ja bis zwei deutsche Staaten entstanden und ein einheitliches, demokratisches, von Waffen aller Art freies Deutschland in weite Ferne rückte. Die Geschichte muß richten, wer daran die Schuld trägt.

Wie Millionen anderer Bürger hatte ich mich für den Osten – meine Heimat ist Sachsen –, für die DDR entschieden. Sie sollte eines Tages in einem geeinten Deutschland Beispiel sein für soziale Gerechtigkeit, für Frieden und Freundschaft mit allen Völkern. Sie wäre es vielleicht geworden, wären die Menschen, die diesen Staat führten, ehrlich gewesen, hätten sie Klugheit und Vernunft walten lassen, hätten sie sich selbst und ihr Volk nicht abgeschottet und – wieder eine Diktatur errichtet. Tag und Nacht noch kreisen meine Gedanken um diese Fragen, um meinen Teil Schuld; denn ich habe die DDR seit 1962 auf internationalem Parkett vertreten, von 1981 bis 1987 als Botschafter in der UdSSR. Ich habe die DDR verteidigt und war doch nur Werkzeug in den Händen einiger weniger, wie ich mit Bitterkeit erkennen mußte.

Kollegen aus Ost und West werden sich erinnern: Wir haben debattiert, gestritten, Standpunkte vertreten, Gutes und weniger Brauchbares auf beiden Seiten abgewogen, manches verteidigt, was es nicht wert war, manches Gute dabei vergessen. Wenn auch nicht in jedem Fall politisch, menschlich waren wir uns stets nahe; wir waren tolerant und aufgeschlossen. Besonders seit Mitte der achtziger Jahre dachten wir daran, gemeinsam mit Gorbatschow und seiner Crew eine neue Welt zu bauen.

1987 löste man mich als Botschafter ab, weil ich nicht den „Erwartungen" unserer Führung entsprochen hatte, die Gorbatschow mit falschen Bruderküssen umarmte und mit der ihr eigenen Überheblichkeit alles vom Tisch wischte, was nicht in die DDR-Mißwirtschaft paßte. Heute muß ich feststellen, daß ich aus Unkenntnis so manches verteidigt habe, was sich als wertlos erwies. Diesen Schock zu überwinden – dazu sollen auch diese Zeilen dienen. Als Ruheständler bin ich dabei, mir alles von der Seele zu schreiben, was ich in den vierzig Jahren meines bewußten Lebens empfunden habe, Fehlverhalten aufzurechnen, mit mir und der Welt ins reine zu kommen, um eines Tages mit sauberem Gewissen meinen Kindern und Enkeln, meinen Mitmenschen Adieu sagen zu können.

Bis dahin werde ich mit meinen noch verbliebenen bescheidenen Kräften an einem Deutschland mitbauen, das niemals wieder Schrecken verbreiten, dessen heranwachsende Jugend weder Diktatur noch Krieg kennenlernen soll, dessen Nachbarn in Ruhe schlafen sollen; ein Deutschland, das in einem europäischen Haus eine ausgleichende Rolle spielt; ein europäisches Deutschland, dessen Bewohner von allen anderen Mitmenschen geachtet und Freund genannt werden können.

„... ich kann kein Volk mir denken, das zerrissener wäre wie die Deutschen. Handwerker siehst du, aber keine Menschen, Priester, aber keine Menschen, Herrn und Knechte, Jungen und gesetzte Leute, aber keine Menschen –", schrieb Hölderlin in seinem lyrisch-elegischen Bekenntnisroman „Hyperion". Und doch sind wir Menschen, hüben wie drüben, mit all unseren Problemen, Sorgen und Nöten. Schluß zu machen gilt es mit Zerrissenheit, mit unnatürlicher Teilung, mit ideologischen Klischees. Sie dürfen unser Bewußtsein in Zukunft nicht mehr täuschen. Lernen werden wir alle müssen, europäische Deutsche zu sein, Toleranz zu üben, ohne uns selbst zu verleugnen. Voneinander sollten wir lernen und dabei selbst etwas bieten. Nur so werden wir in einem geeinten Deutschland zu uns selbst finden.

INTENSIVES TEXTSTUDIUM

FRAGEBOGEN

A. Aus welcher Textstelle erkennt man, daß der Autor ...

1. ... 1928 geboren wurde? _____

2. ... ein Gegner der Kriegspolitik von Nazi-Deutschland war? _____

3. ... der Überzeugung war, die DDR hätte ein vorbildliches Beispiel für die Welt werden können? _____

4. ... sich selbst mitschuldig erklärt für die Diktatur in der DDR? _____

5. ... die kommunistische Parteiführung mit dem biblischen Apostel Judas vergleicht? _____

6. ... diesen Text schreibt, um sein Gewissen zu reinigen? _____

7. ... immer noch an seinem Jugendtraum von einem Deutschland der Gerechtigkeit und des Friedens festhält? _____

8. ... die Westdeutschen ermahnt, den Ostdeutschen ihre Fehler zu vergeben und tolerant zu sein? _____

B. Erklären Sie in Ihren eigenen Worten, was der Autor meint, wenn er schreibt:

1. „Eingesponnen in faschistisches Gedankengut, konnte ich ..." _____

2. „... stand bald links, bin es noch heute." _____

3. „Als Sohn eines Bauern stand mir alles offen." _____

4. „Ich habe die DDR verteidigt und war doch nur Werkzeug in den Händen einiger weniger ..." _____

5. „... und mit der ihr eigenen Überheblichkeit alles vom Tisch wischte, was nicht in die DDR-Mißwirtschaft paßte." _____

6. „Schluß zu machen gilt es ... mit ideologischen Klischees. Sie dürfen unser Bewußtsein in Zukunft nicht mehr täuschen." _____

7. „Nur so werden wir in einem geeinten Deutschland zu uns selbst finden." _____

C. Der Text besteht aus sieben Abschnitten. In welche drei größeren Sinnabschnitte ließe sich der Text unterteilen? Warum? Begründen Sie Ihre Wahl.

D. Was wird im Text über die folgenden Punkte ausgesagt?

1. Was mußte der Autor während seiner Berufszeit als Diplomat mit „Bitterkeit" erkennen?

Auf dem Weg zu europäischen Deutschen

2. Welche zwei Charakterattribute zeichneten den Autor als DDR-Botschafter aus?

3. Aus welchem Grund verteidigte Egon Winkelmann vieles in der DDR, was „wertlos" war? Ist seine Entschuldigung überzeugend? Begründen Sie Ihre Antwort.

4. Suchen Sie den Abschnitt, in dem der Autor die Gründe nennt, warum er diesen Text verfaßt hat. Nennen Sie mindestens drei seiner Gründe. Welch ein Charakterbild entsteht dadurch von Egon Winkelmann?

5. Im sechsten Abschnitt schreibt der Autor: „Bis dahin werde ich ..." Welcher Zeitpunkt ist mit „bis dahin" gemeint?

6. Fassen Sie kurz den Grundgedanken des Hölderlin-Zitats zusammen. Warum verwendet der Autor dieses Zitat? Welches Argument soll durch dieses Zitat verstärkt werden?

7. Welchem Textabschnitt läßt sich die Überschrift „Auf dem Weg zu europäischen Deutschen" logisch zuordnen? Wie charakterisiert der Autor den „europäischen Deutschen" der Zukunft?

E. Lesen Sie den gesamten Text noch einmal gründlich durch mit Blick auf die biographischen Details zum Leben des Autors. Vervollständigen Sie den Lebenslauf von Egon Winkelmann.

Lebenslauf

Nachname: _____
Vorname: _____
Geburtsdatum: _____
Staatsangehörigkeit: _____
geboren in (Bundesland): _____
Beruf des Vaters: _____
Jetziger Wohnsitz: _____
1944-1961: _____
1962-1980: _____
1981-1987: _____
1987-heute: _____

NACH DEM LESEN

STELLUNGNAHMEN UND INTERPRETATIONEN

Nehmen Sie zu den folgenden Fragen und Gedanken Stellung.

1. Wie alt waren Sie im Jahre 1989, als die deutsch-deutsche Mauer fiel? Waren Sie bereits einmal in Berlin? Haben Sie die Mauer gesehen? Berichten Sie den Klassenkameraden über Ihre Erlebnisse in dieser Stadt.

2. Glauben Sie an das „Neue" in Ihrem Heimatland? Was ist das „Neue"? Wie muß sich der Einzelne, und wie muß sich die Gesellschaft ändern, um eine bessere Zukunft zu garantieren?

3. **„Die Geschichte muß richten, wer die Schuld trägt."** Glauben Sie, daß alle historischen Verbrechen und Verbrecher gerecht gerichtet wurden? Welche Ereignisse und Personen könnte man als Beispiele dafür anführen? Wann hat die Geschichte die Schuldträger nicht gerichtet? Geben Sie spezifische Beispiele.

4. **„Werkzeug in den Händen einiger weniger."** Welche Beispiele für diese Erfahrung sind Ihnen bekannt? Welche Charaktereigenschaften haben solche Menschen, die andere Menschen für ihre eigenen Zwecke ausnutzen? Was kann der Einzelne tun, um sich vor Demagogen zu schützen?

5. Würden Sie gerne den Menschen Egon Winkelmann kennenlernen? Begründen Sie warum oder warum nicht? Welche Fragen würden Sie ihm stellen?

6. Was haben Sie in Ihrem Leben „aus Unkenntnis" verteidigt, was sich später als „wertlos" herausgestellt hat?

7. Sind Sie auch der Meinung, daß Toleranz und Aufgeschlossenheit wichtige Bestandteile des menschlichen Verhaltens sind? Nennen Sie drei andere wichtige Verhaltensmerkmale. Wie würden Sie sie nach ihrem Wichtigkeitsgrad ordnen?

8. Halten Sie die Hoffnung, daß in der Zukunft die Deutschen „von allen anderen Mitmenschen geachtet und Freund genannt werden können" für realistisch? Wenn nicht, worauf basiert Ihre Skepsis?

9. Was sind „ideologische Klischees"? Geben Sie fünf Beispiele. Warum sind ideologische Klischees so wirksam bei der Beeinflussung eines Individuums oder eines ganzen Volkes? Worauf basiert ihre demagogische Kraft?

Auf dem Weg zu europäischen Deutschen

GESPRÄCHSRUNDE

A. „Ich kann kein Volk mir denken, das zerrissener wäre als die Amerikaner." Nehmen Sie Stellung, und erarbeiten Sie in der Gruppe Beispiele für und gegen diese These.

B. Voneinander sollten wir lernen. Besprechen Sie in Gruppenarbeit, was die Deutschen von den Amerikanern lernen können, und was die Amerikaner von den Deutschen lernen können. Verfassen Sie abschließend ein Thesenpapier, und tragen Sie es der Klasse vor.

SCHRIFTLICHES

A. Von allen anderen Mitmenschen geachtet und Freund genannt. Legen Sie im Einführungsteil Ihres Aufsatzes dar, auf welchen allgemeinen Grundlagen der Respekt und die Bewunderung für ein anderes Volk basiert. Dann beschreiben Sie, wie die Welt entweder die Deutschen oder die Amerikaner sieht.

B. Deutscher und gleichzeitig Europäer? Legen Sie in einem kritischen Aufsatz die Möglichkeit oder Unmöglichkeit dieses Gedankens dar.

C. Mein Lebenslauf. Verfassen Sie für Ihr Studium in Deutschland einen tabellarischen Lebenslauf. Fügen Sie Ihrem Lebenslauf einen Begleitbrief an das Akademische Auslandsamt der deutschen Universität bei, in dem Sie Einblick in Ihre persönlichen Einstellungen, Ideen und Werte gewähren.

D. Mea Culpa – Ich gestehe! Vertrauen Sie Ihrem geheimen Tagebuch ein Fehlverhalten in Ihrem Leben an. Berichten Sie über Gründe und seelische Folgen. Was hat Sie dazu bewogen, sich erst jetzt Ihr Geheimnis von der Seele zu schreiben? Beginnen Sie mit diesen Worten:

> *Warum habe ich mir nicht schon früher alles von der Seele geschrieben? Meine Eltern haben immer gespürt, daß mich etwas bedrückte. „Hast du ein sauberes Gewissen?", haben sie mich manchmal gefragt. Heute komme ich endlich mit meinem Gewissen ins reine und ich gestehe, daß ...*

TESTEN SIE IHR WISSEN

1. „Europa" war der Name einer mythologischen Königstocher. In welcher Mythologie?
   a) ☐ germanische Mythologie
   b) ☐ römische Mythologie
   c) ☐ griechische Mythologie

2. Wie viele Mitgliedsstaaten hat die Europäische Gemeinschaft?
   a) ☐ 9
   b) ☐ 12
   c) ☐ 15

3. In welcher Stadt befindet sich das Parlament der Europäischen Gemeinschaft?
   a) ☐ Paris
   b) ☐ London
   c) ☐ Brüssel
   d) ☐ Straßburg

4. Wie viele europäische Staaten haben denselben Namen für den Staat und seine Hauptstadt?
   a) ☐ 2
   b) ☐ 3
   c) ☐ 4

5. Ab 1999 gibt es eine neue offizielle Währung für die EG-Staaten. Wie heißt das neue Euro-Geld?
   a) ☐ Ecu
   b) ☐ Euro-Mark
   c) ☐ Euro-Dollar
   d) ☐ Euro-Franc

6. Welches ist die kleinste Republik Europas?
   a) ☐ Monaco
   b) ☐ San Marino
   c) ☐ England
   d) ☐ Luxemburg

7. Welche beiden kleinen Staaten sind Enklaven, umgeben von Italien?
   a) ☐ San Marino
   b) ☐ Andorra
   c) ☐ Vatikan
   d) ☐ Malta

8. In welchem Land wird Flämisch gesprochen?
   a) ☐ Luxemburg
   b) ☐ Finnland
   c) ☐ Niederlande
   d) ☐ Belgien

9. In welchen europäischen Ländern befinden Sie sich, wenn Sie mit den folgenden Währungen bezahlen: Drachme, Zloty, Forint?
   a) ☐ Finnland, Schweden, Albanien
   b) ☐ Bulgarien, Rumänien, Portugal
   c) ☐ Griechenland, Polen, Ungarn

10. Wie viele europäische Staaten sind Königreiche?
    a) ☐ 7
    b) ☐ 9
    c) ☐ 11

11. Wann waren Frankreich und Deutschland vereint?
    a) ☐ 2. - 3. Jahrhundert
    b) ☐ 8. - 9. Jahrhundert
    c) ☐ 14. - 15. Jahrhundert
    d) ☐ nie

ERGEBNIS: $\frac{\quad}{11}$ = %

WORTLISTE

THEMA 1: AUSLÄNDER IN DEUTSCHLAND

GEWALT WIRD DAS PROBLEM NICHT LÖSEN

Substantive
der **Asylbewerber**, - applicant for asylum, asylum seeker
der **Asylmißbrauch**, ¨e abuse of asylum (laws)
die **Ausländerfeindlichkeit**, -en xenophobia
der **Brandanschlag**, ¨e arson
das **Elend** misery, distress, poverty
die **Entwicklung**, -en development
das **Erzeugnis**, -se product
der **Fortschritt**, -e progress
die **Gewalt**, -en violence, force
die **Unterbringung**, -en lodging, accomodation, housing
die **Verfolgung**, -en persecution
die **Versorgung**, -en (public) assistance, aid, relief

Verben
ab-schieben (o, o) to deport
auf-fordern to call (up)on, urge
auf-nehmen (i; a, o) to take in
gewährleisten to guarantee, ensure, secure
(sich) irren to be mistaken
lösen to solve
trennen to separate
überfordern to overstrain
verdrängen to suppress, repress
verkraften to bear, handle, cope/deal with
vor-gaukeln to mislead somebody into believing something, misinform
zurück-drehen to reverse
zusammen-rücken to move together

Andere Wörter und Ausdrücke
abgelehnt rejected
angemessen adequate(ly), appropriate(ly)
erschreckend frightening, terrifying, shocking
in Anspruch nehmen (i; a, o) to take advantage of, lay claim to
um sich greifen (i, i) to spread

WIR BRAUCHEN DIE AUSLÄNDER

Substantive
der **Adel** nobility, aristocracy
die **Aufklärung**, -en Enlightenment
die **Blüte**, -en flowering, blossoming, renaissance
die **Blutzufuhr**, -en blood infusion
der/die **Einheimische**, -n native, local
die **Engstirnigkeit**, -en narrow-mindedness
die **Entwicklung**, -en development
der **Flüchtling**, -e refugee
die **Inzucht** inbreeding
das **Küchenerzeugnis**, -se kitchen product
das **Mißvergnügen**, - displeasure
die **Provinzialität** provincialism, parochialism
der **Schaden**, ¨ loss, detriment, harm
der **Schneider**, - tailor
die **Selbstzufriedenheit**, -en complacency, self-contentedness

Verben
an-locken to attract
an-schließen (o, o) to join
an-ziehen (o, o) to draw, attract
aus-kommen mit j-m (a, [ist] o) to get along with someone
aus-tauschen to exchange (*views, ideas, experiences*)
beteiligen to make someone a partner
bewundern to admire, marvel at
drohen to threaten
entstehen (a, a) to emerge, arise
erleben to experience, go through
erneuern to renew
erstarren to be paralyzed
gedeihen (ie, ie) to prosper, thrive
gewähren to grant
verfolgen to persecute
verkommen (a, o) to decay, go to wrack and ruin
zehren to draw from, profit

Andere Wörter und Ausdrücke
Asyl gewähren to grant asylum
beschieden (sein) to be granted/accorded/bestowed
damalig former
es läßt (ie, a) **sich ablesen** it can be seen/gathered
großzügig generous(ly)
heimisch werden (i; u, [ist] o) to settle in, become a resident
letztlich in the final analysis, finally
unbegrenzt unlimited
verklemmt inhibited, repressed

DER SOZIALSTAAT SPIELT VERRÜCKT

Substantive
das **Amtsgericht**, -e county or district court
der **Antrag**, ¨e application
der **Ärger** hassle, nuisance; *also:* anger
der **Asylant**, -en person who has been granted asylum
die **Ausländerfeindlichkeit**, -en xenophobia
der **Balkon**, -e balcony
die **Behausung**, -en housing, accomodation (*pejorative*)
das **Bleiberecht**, -e right to stay
der **Clan-Chef**, -s head of the clan
die **Eigentumswohnung**, -en condominium

die **Ersatzwohnung, -en** substitute apartment
der **Fall, ⸚e** case
der **Gerichtssaal, ⸚e** courtroom
der **Härtefall, ⸚e** (case of) hardship
der **Herzinfarkt, -e** heart attack
der **Keller, -** basement
das **Landgericht, -e** high or state court
der **Leiter, -** director, department head
der **Mieter, -** tenant
der **Mißbrauch, ⸚e** abuse, misuse
das **Nichtstun** laziness, idleness
der/die **Obdachlose, -n** homeless
das **Ordnungsamt, ⸚er** security office
das **Räumungsurteil -e** eviction verdict/judgment
die **Rentnerin, -nen** retiree
der **Richter, -** judge
der **Schmarotzer, -** parasite
das **Sozialamt, ⸚er** welfare office
die **Stadtverwaltung, -en** town/city administration
die **Tanne, -n** fir (-tree)
die **Träne, -n** tear(s)
der **Umzug, ⸚e** move
die **Ungerechtigkeit, -en** injustice
das **Unvermeidliche** the inevitable, unavoidable
die **Vorstellung, -en** idea, notion
die **Waschmaschine, -n** washing machine
der **Weinkrampf, ⸚e** crying fit
der **Wohnungseigentümer, -** apartment owner
der/die **Wohnungssuchende, -n** apartment seeker

Ein Märchen

Substantive
der **Auszug, ⸚e** departure
der **Blick, -e** glance, look
der **Blumentopf, ⸚e** flower pot
die **Blüte, -n** flower bud
das **Exil, -e** exile
der **Falter, -** butterfly
die **Gartenerde** garden soil, topsoil
der **Gehsteig, -e** pavement, sidewalk
die **Heimat, -en** home(land), native country
das **Hemd, -en** shirt
die **Jahreszeit, -en** season
die **Landschaft, -en** country(side), region, landscape
das **Leid** sorrow, grief
die **Platane, -n** sycamore, plane-tree
der **Schmetterling, -e** butterfly
der **Schoß, ⸚e** lap

Verben
ab-lehnen to reject
an-melden to report, declare, claim
aus-ziehen (o, o) to move out
bestätigen to confirm, uphold
bestehen auf (a, a) to insist upon
bestimmen to dictate
ein-weisen (ie, ie) to assign
ein-ziehen (o, o) to move in
(sich) erregen to become irate/upset/incensed
ersteigern to buy at an auction
(sich) fügen to comply with, resign oneself to
räumen to vacate
renovieren to renovate
tauschen to exchange, swap
(sich) verpflichten to commit oneself (to do something)
zuerkennen (a, a) to grant
zu-muten to expect, demand (that a person do something)
zurück-kehren to return
zusammen-brechen (i; a, [ist] o) to collapse, have a breakdown
zu-sichern to assure, guarantee

Andere Wörter und Ausdrücke
abgewiesen rejected
auf den Kopf stellen to turn upside-down/inside-out (idiomatic)
auf der Straße stehen (a, a) to be on the streets, be homeless
auf die Straße fliegen (o, [ist] o) to be put out on the street, be told to pack one's bags (slang)
belegt occupied
bloß only
das darf doch nicht wahr sein that just can't be true
der Hammer kam erst noch the worst was yet to come (slang)
ehrbar venerable, respectable
Eigenbedarf an-melden to ask permission from the housing authorities to force a tenant out because of personal/family need by the apartment owner
ein Ende ist nicht abzusehen there is no end in sight
ein Urteil sprechen (i; a, o) to pass judgment
erst einmal for the time being
fürstlich lavishly
jemandem Recht geben (i; a, e) to concede that someone is right, pass judgment in favor of someone
resigniert dejected, disconsolate, disspirited
(sein) Recht einklagen to sue for one's rights
stellvertretend acting, deputy
traurig sad
ungerührt unfeeling, uncompassionate
unmißverständlich unmistakably
verbittert embittered
vor Gericht ziehen (o, [ist] o) to go to court, sue
zum Angriff übergehen (i, [ist] a) to mount an attack, retaliate
zwar however; actually, in fact

die **Sehnsucht, ⸚e** yearning, longing
die **Stimme, -n** voice
das **Stottern** stutter
die **Straßenecke, -n** street corner
die **Träne, -n** tears
der **Wächter, -** guard
die **Weile** a while
der **Zaun, ⸚e** fence
der **Zweig, -e** branch

Verben
ahnen to have a premonition/presentiment, sense
auf-blasen (ä; ie, a) to blow up, inflate
auf-fangen (ä; i, a) to absorb
aus-breiten to spread out
aus-lachen to deride, mock
(sich) aus-ruhen to relax
aus-ziehen (o, [ist] o) to move out
(sich) beeilen to hurry
bemerken to notice
bereuen to regret
beschließen (o, o) to decide, determine, resolve
brummen to growl, snarl
erscheinen (ie, ie) to appear
erschlagen (ä; u, a) to slay, kill
ertönen to sound, to raise (voice)
erwidern to answer, reply
flattern to flutter
flüstern to whisper
kichern to giggle
knien to kneel
kugeln to roll
lehnen to lean
leuchten to shine, gleam
murmeln to mumble, murmur

Wortliste **259**

(sich) neigen to bend, bow
(sich) nieder-lassen (ä; ie, a) to settle, take up residence
piepen to chirp
plaudern to talk with, chatter
prüfen to examine
quietschen to squeal, squeak
schauen to look
schleichen (i, i) to sneak/steal away
schützen to protect
schweigen (ie, ie) to be silent
stillen to soothe, appease
strahlen to shine, beam, radiate
streicheln to stroke, pet
(sich) (ver)beugen to bend/bow down
vergessen (i, a, e) to forget
verlieren (o, o) to lose
versperren to block, obstruct
versprechen (i; a, o) to promise

NANA

Substantive
die **Abtreibung, -en** abortion
der **Atemzug, -̈e** breath, breathing
die **Ausnahme, -n** exception
der **Bergkurde, -n** mountain Kurd
der **Bergnomade, -n** mountain nomad
die **Beziehung, -en** relationship, affair, liaison, romance
die **Decke, -n** blanket
das **Dorf, -̈er** village
die **Ehe, -n** marriage
die **Ehrlichkeit, -en** honesty
die **Erklärung, -en** explanation
der **Gedanke, -n** thought
die **Geduld** patience
der **Gefallen, -** favor
die **Gesellschaft, -en** society
die **Gleichberechtigung, -en** equal rights
das **Hähnchen, -** chicken
die **Laune, -n** mood
das **Meer, -e** sea, ocean
der **Muselmane, -n** muslim *(pejorative)*
der **Neffe, -n** nephew
der **Rücken, -** back
die **Schande** shame
die **Schicksalsentscheidung, -en** decree of fate/destiny
die **Schulden** debt(s)
die **Steckdose, -n** wall socket
der **Stecker, -** plug
der **Tonfall, -̈e** intonation, tone of voice
das **Waschbecken, -** sink
der **Wasserhahn, -̈e** faucet
der **Ziegenbock, -̈e** billy-goat

verwelken to wither
wieder-geben (i; a, e) to reflect, diffuse
wurzeln to be rooted in
zittern to tremble
zusammen-stoßen (ö; ie, [ist] o) to collide

Andere Wörter und Ausdrücke
am Rande der Stadt on the outskirts of town
auf leisen Sohlen gehen (i, [ist] a) to tiptoe
Bäumchen wechsle dich a type of children's game
behutsam cautious
einsam lonely
fern distant
fort away

Verben
ab-stoßen (ö; ie, o) to disgust, sicken
ab-treiben (ie, ie) to abort, have an abortion
ahnen to have a hunch/premonition of
an-geben (i; a, e) to show off, brag
atmen to breathe
(sich) auf-hängen (i, a) to hang oneself
auf-schließen (o, o) to unlock
aus-suchen to pick out, choose
beeindrucken to impress
(sich) ein-lassen mit (ä; ie, a) to get involved with *(pejorative)*
(sich) ein-schränken to economize, cut down expenses
erfahren (ä; u, a) to come to know, learn, hear
ernähren to feed, support
fort-fahren (ä; u, a) to continue to speak
(sich) wohl/schlecht fühlen to feel good/bad
heiraten to marry
klopfen to knock
scherzen to joke
schluchzen to sob
schlürfen to sip
sparen to save
stöhnen to groan
streicheln to stroke, pet, caress
(sich) übergeben (i; a, e) to vomit, throw up
überzeugen to convince, persuade
umarmen to embrace, hug
(sich) um-bringen (a, a) to kill oneself
(sich) verändern to change
verstoßen (ö; ie, o) to banish, ostracize

heimisch domestic
leuchtend shining, luminous
mächtig powerful, mighty
mißtrauisch distrustful, suspicious
mutlos discouraged
obgleich although
sacht(e) gentle
streng strict
tief deep
traurig sad
unermüdlich untiring
unerträglich intolerable, unbearable
ungeachtet regardless of, despite
ungläubig unbelieving, disbelieving
verlegen embarrassed, abashed
verwelkt withered
verzaubert enchanted
vor Glück weinen to weep with joy

verzeihen (ie, ie) to forgive
(sich) wundern to wonder
zurecht-kommen (a, [ist] o) to manage, get along *(colloquial)*

Andere Wörter und Ausdrücke
auf der Strecke bleiben (ie, [ist] ie) to fall by the wayside *(slang)*
besorgt with concern
eher rather, sooner
erledigt (sein) to be done for, finished
es ist halt so that's the way it is *(colloquial)*
etwas nicht wahrhaben wollen not to want to hear a word about something
fade dull, boring
(gut/schlecht) gelaunt (sein) to be in a (good/bad) mood
gerührt moved, touched
halbherzig half-hearted(ly)
hartnäckig obstinate(ly), stubborn(ly)
herrisch domineering
insbesondere in particular
liebevoll lovingly
(sich) nicht in die Straße trauen not to dare to go outside
nicht unbedingt not necessarily
niedlich cute, adorable, darling
reglos motionless
schlimm bad
schrecklich terrible
schwanger pregnant
schweigend silently, in silence
sonst otherwise
stolz proud(ly)

Wortliste

traurig sad
vorzüglich excellent, first-rate
wählerisch choosy, picky, particular
was mir an dir gefiel what I liked about you

... (wir) wollten nicht zu weit denken we did not want to think about the consequences

womit habe ich das verdient? why do I deserve this?
wütend furious(ly), infuriated, irate

ENTFREMDET

Substantive
der **Riß**, -sse crack, tear, rift, split
die **Sehnsucht**, ¨e longing, yearning
der **Spiegel**, - mirror

Verben
suchen to search

Andere Wörter und Ausdrücke
vergebens in vain

... EIN NEGER HAT NIE EIN AUTO ERFUNDEN

Substantive
die **Äffin**, -nen female ape
die **Ausbildung**, -en occupational/vocational training
die **Ausrede**, -n excuse
die **Bedeutung**, -en meaning
der **Diener**, - servant
die **Einschätzung**, -en assessment, judgment, evaluation
die **Entwicklung**, -en development
die **Grundlage**, -n basis, underlying principle
die **Hautfarbe**, -n skin color
die **Heimat**, -en home(land), native country
die **Krankenschwester**, -n nurse
die **Mode**, -n fashion, style
der **Sklave**, -n slave
der **Zettel**, - leaflet, flyer, pamphlet

Verben
ab-färben to stain
ab-lesen (ie; a, e) to read
an-erkennen (a, a) to acknowledge, recognize, accept
(an-)fassen to touch
an-greifen (i, i) to attack
an-nehmen (i; a, o) to assume
betreiben (ie, ie) to practice, pursue
entdecken to discover
erfinden (a, u) to invent
mit-schwingen (a, u) to connote, imply, intimate, suggest
reden to speak, talk
retten to save
stören to disturb, bother
um-bringen (a, a) to kill
verteilen to distribute
vor-schieben (o, o) to use as a pretext/excuse

zusammen-hängen (i, a) to be connected with/related to
zustande-bringen (a, a) to accomplish

Andere Wörter und Ausdrücke
anerkannt recognized, acknowledged
angeboren hereditary, inborn
besetzt occupied
blöd(e) stupid, dumb
einfach simply
es liegt daran, daß it is because
man geht davon aus one assumes
nett nice
schuldlos guiltless, blameless, innocent
traurig sad
trotzdem nevertheless
unterentwickelt underdeveloped
von Natur aus by nature

THEMA 2: BILDUNG

MAX UND MORITZ

Substantive
die **Amtestätigkeit**, -en official duty
das **Amtsgeschäft**, -e official function
der **Beschluß**, ¨sse decree, conclusion
der **Dampf**, ¨e smoke
die **Flintenpulverflasche**, -n musket powder flask
das **Getöse** deafening noise
die **Hütte**, -n little house, hut
das **Lehren** the (act of) teaching
die **Meerschaumpfeife**, -n meerschaum pipe
die **Mühe**, -n trouble, difficulty, effort
die **Plage**, -n trouble, misery
die **Posse**, -n prank, trick, joke
der **Schopf**, ¨e tuft of hair
der **Sorgensitz**, -e easy chair
der **Streich**, -e prank, joke
die **Stube**, -n small room, chamber
das **Tintenfaß**, ¨sser inkstand

der **Verehrer**, - admirer, lover, fan
das **Vergnügen**, - pleasure, joy
der **Verstand** understanding, reason
die **Weisheit**, -en wisdom
das **Wesen**, - person, being, nature
die **Zufriedenheit**, -en satisfaction, contentedness

Verben
(etwas) ab-kriegen to get hurt (colloquial)
acht-geben auf (i, a, e) to pay attention
an-greifen (i, i) to attack, assail
an-zünden to light up, ignite
besorgen to perform, take care of
(sich) erheben (o, o) to rise, lift up
lauten to read, run, sound
leiden mögen (o, o) to like
leiten to conduct, carry out
lenken to lead, direct

los-gehen (i, [ist] a) to go off, explode
(sich) schleichen (i, i) to sneak
sinnen auf (a, o) to plan, devise
stopfen to stuff, fill
üben to practice, exercise
vermehren to increase, enrich

Andere Wörter und Ausdrücke
bieder loyal, honest, upright, bourgeois
böse mean, evil, wicked
brav fine, loyal
eben just, just as
einstens first, in the first place
geschwind(e) quick(ly)
gottlob thank God, thank heavens
in sanfter Ruh calm(ly)
(sich) Mühe machen to take pains
unverdrossen untiring
vermittels(t) by means of, through
vernünftig sensible, reasonable

Wortliste **261**

DIE EWIGE PUNKTEGEIEREI

Substantive
das **Andiskutieren** perfunctory/preliminary discussion
der **Ausbruch, ⸚e** outbreak
das **Aussieben** screening, weeding out
die **Berufsausbildung, -en** occupational/vocational training
das **Fach, ⸚er** subject
der **Geier, -** vulture
der **Lehrplan, ⸚e** curriculum
der **Leistungskurs, -e** advanced/extension course
die **Mündigkeit** maturity, responsibility
die **Punktegeierei** single-minded pursuit of good school grades *(student slang)*
der **Sog, ⸚e** pull, current
die **Überfüllung, -en** overcrowding
der **Umgang, ⸚e** handling
der **Unterrichtsstoff, -e** subject matter
der **Wert, -e** value, worth

Verben
auf-werten to revaluate (upward), enhance
(sich) auseinander-setzen mit to preoccupy/concern oneself with
bilden to form, mold
jammern to bemoan, complain
(sich) kümmern um to concern oneself with, look after
lauern to lurk, lie in wait
quälen to torment
scheitern to fail
schweigen (ie, ie) to be silent
vermitteln to impart
voll-stopfen to pump, stuff, cram full
vor-schreiben (ie, ie) to stipulate, lay down, prescribe

Andere Wörter und Ausdrücke
angetrieben werden von (i; u, [ist] o) to be driven by
auf etwas geprüft (sein) to be tested for something
benachteiligt (sein) to be disadvantaged
dementsprechend according(ly)
ein hehres Ziel a noble goal
eine Lehre als ... beginnen (a, o) to begin an apprenticeship/training as ...
es ist mir egal it does not matter to me, it's all the same to me, I don't care
etwas für ziemlich daneben halten (ä; ie, a) to consider something wrong/way out of line
ewig eternal, continual
unheimlich stark awesome, out of this world *(slang)*
vorbereitet prepared
wahnsinnig fit incredibly knowledgeable/ in shape *(slang)*

DIE LEHRER MÜSSEN UMDENKEN

Substantive
die **Allgemeinheit, -en** general public
der **Anreiz, -e** incentive
die **Bereitschaft, -en** readiness, willingness
der **Bestandteil, -e** component
der **Betrieb, -e** firm, business
die **Eliteförderung, -en** support/furthering of the elite
der **Faden, ⸚** string, thread
die **Fähigkeit, -en** ability
der **Konzern, -e** (business) corporation, group (of companies)
die **Leistung, -en** performance, achievement
der **Leiter, -** chief (of a business or department)
die **Mannschaft, -en** team
die **Marionette, -n** marionette, puppet
das **Unternehmen, -** business enterprise, company, firm
die **Vereinzelung, -en** isolation
das **Vorbild, -er** example, model
der **Wettbewerb, -e** competition

Verben
ab-bauen to break down, remove gradually
auf-heulen to howl; *here:* to protest vehemently
aus-sterben (i; a [ist] o) to die out, become extinct
bei-bringen (a, a) to teach
bestehen (a, a) to exist
bewerten to grade, evaluate
ein-ordnen to arrange, classify, categorize
erziehen (o, o) to educate
fördern to support, promote
um-denken (a, a) to rethink
verankern to anchor; *here:* to establish
verlangen to demand
vervielfachen to multiply
vor-bereiten to prepare

Andere Wörter und Ausdrücke
Abstand gewinnen von (a, o) to distance oneself from
betrieblich corporate
daraufhin subsequent(ly)
eine Ausbildung machen to be in vocational/professional training
es hapert mit there is something wrong with
fächerübergreifend along interdisciplinary lines/beyond a specialized area
fertig werden mit (i; u, [ist] o) to cope with
gemeinsam joint(ly)
geprägt (sein/werden) to be influenced by
gewöhnt (sein) an to be used to/accustomed to
hinderlich restricting
hinterher hängen (i, a) to stay behind *(colloquial)*
hochbegabt highly talented
in den Dienst stellen to put into the service of
in Gang setzen to get going
indes meanwhile
klar kommen mit (a, [ist] o) to get along with *(colloquial)*
mühsam laborious(ly)
notwendigerweise necessarily
reichlich large(ly), substantial(ly)
überlegen (sein) to be superior to
von vornherein from the outset/start
wesentlich fundamental

ZEUGNISTAG

Substantive
der **Ballast** ballast, deadweight
das **Dachgestühl, -e** roof truss
der **Haufen, -** heap
die **Maulschelle, -n** a slap in the face, box on the ear

die **Schulbank, ⸚e** school bench
die **Selbstgerechtigkeit, -en** self-righteousness
der **Versager, -** failure

Verben
ein-brechen (i; a, o) to cave in, collapse
heraus-sieben to sift out, become crystal clear
kritzeln scribble
prahlen boast, brag
(sich) streiten (i, i) to argue, "fight" verbally
(sich) zurück-lehnen to lean back

MIT FLEISS INS CHAOS

Substantive
der **Abbrecher, -** dropout
die **Akademikerschicht, -en** academic class
die **Anwesenheit, -en** presence, attendance
die **Arbeitsbedingung, -en** working condition
die **Aufgabe, -n** abandonment
die **Aufwertung, -en** (upward) revaluation
die **Aussicht, -en** prospect, outlook
der/die **Auszubildende, -n (**der/die **Azubi, -s)** trainee, apprentice
der **Beifall, ⸚e** applause
die **Beschaffung, -en** procurement
der **Bestand, ⸚e** collection, holdings
die **Betreuung, -en** advisement
der **Betriebswirt, -e** business administrator
die **Büffelei** "cramming", studying hard (for a test) *(student slang)*
die **Bummelei, -en** loafing, laziness
das **Bundesausbildungsförderungsgesetz (Bafög)** "Federal Education Assistance Law" (abbreviation for: federal financial assistance)
der **Bundesdurchschnitt, -e** federal average
der **Bundeswirtschaftsminister, -** Economics Secretary (*US:* Chief of Office of Management and Budget)
das **Bürgerliche Gesetzbuch** code of civil law
der **Druck** pressure
der **Ehrgeiz** ambition
die **Eignungsprüfung, -en** aptitude test
der **Eimer, -** bucket
die **Einschränkung, -en** restriction
der **Engpaß, ⸚sse** tight spot
die **Entlastung, -en** relief
die **Entrümpelung, -en** clearing-out, clearance

Andere Wörter und Ausdrücke
die **Hoffnungen hoch-schrauben** to get one's hopes up
eigenwillig self-willed
eine Niete (sein) to be a washout, flop, loser *(idiomatic)*
ein fauler Hund (sein) to be a loafer, lazybone, "couch potato" *(idiomatic)*
es ist mir egal it does not matter to me; it's all the same to me; I don't care
schnaubend fuming (with rage)

die **Entschlackung, -en** cleansing
der **Etat, -s** budget
die **Fehlentscheidung, -en** wrong decision
der **Feinmechaniker, -** precision tool maker
die **Finnougristik** study of Finnish-Ugrian languages (i.e., Finnish, Estonian, Lappish, etc.)
die **Forderung, -en** demand
der **Freibetrag, ⸚e** allowed standard tax deduction
die **Gehaltszulage, -n** salary increase
das **Geheimnis, -se** secret
das **Geisteswissenschaftliche Institut** Institute of the Humanities
der **Geldmangel, ⸚** lack of funds/money
das **Gerät, -e** equipment, appliance
das **Gestrüpp** underbrush; *here:* maze, jungle
das **Gremium (***pl.* die **Gremien)** committee, board
der **Hähnchen-Schenkel, -** chicken thigh
der **Hausmeister, -** caretaker
die **Hethitologie** study of Hittite languages
die **Hilfskraft, ⸚e** assistant
der **Hochschullehrer, -** college/university professor
die **Holzbohle, -n** wooden board
der **Hörsaal (***pl.* die **Hörsäle)** lecture hall, auditorium
die **Informatik** computer science
der **Irrsinn** insanity, madness
die **Kaderschule, -n** cadre-school
das **Karrierestreben** pursuit of a career
der **Kommilitone, -n** fellow student
der **Kriechgang, ⸚e** creeping pace, snail's pace

tatsächlich actually, really
... was du ausgefressen hast whatever mischief you have gotten into *(colloquial)*
was mich anbetrifft as far as I am concerned
wenn's brenzlig wird when it gets hot/dicey, when the going gets tough *(colloquial)*
wenn's schiefgeht when something goes wrong *(colloquial)*
widerspruchslos without protest

der **Kurzstudiengang, ⸚e** course/field of study with fewer degree requirements and a shorter required length of study
der **Lautsprecher, -** loudspeaker, intercom, PA system
die **Lehre, -n** apprenticeship, training
die **Lehrkraft, ⸚e** instructor, faculty
die **Leinwand, ⸚e** screen
der **Leistungskurs, -e** advanced course
der **Massenbetrieb, -e** mass operation
die **Mensa (***pl.* die **Mensen)** student cafeteria
die **Nebensache, -n** matter of minor importance
der **Niedergang, ⸚e** decline
der **Numerus Clausus (NC)** "closed numbers" - admission quota that restricts the number of students admitted to a field of study
der **Ordinarius (***pl.* die **Ordinarien)** full professor
die **Prüfungsordung, -en** examination regulations
der **Prüfungsstoff, -e** test material
die **Putzkolonne, -n** cleaning crew
die **Raumnot, ⸚e** lack of space
die **Regelstudienzeit, -en** time in which a course/field of study should be completed
der **Reinfall, ⸚e** failure
die **Romanistik** study of Romance languages
die **Schlange, -n** line
der **Schlosser, -** locksmith
die **Schnitzeljagd, -en** paper chase, scavenger hunt
der **Schrubber, -** cleaning brush
der **Schwanz, ⸚e** tail
die **Sehnsucht, ⸚e** yearning, longing
die **Sozialerhebung, -en** census

Wortliste **263**

der **Spitzenreiter, -** front runner
die **Sprechstunde, -n** office hour
das **Studienangebot, -e** course offering
die **Studienberatung, -en** student guidance, counseling
die **Studienordnung, -en** catalog of rules and regulations for the design and implementation of exams within a course/area of study
die **Subvention, -en** subsidy
das **Übel, -** ailment
die **Überfüllung, -en** overcrowding, glut
die **Verschulung, -en** organizational structure similar to that of a secondary school
die **Verwaltung, -en** administration, bureaucracy
der **Volkswirtschaftler, -** political economist
das **Vordiplom, -e** "pre-diploma," approximately equivalent to a B.A./B.S. degree
das **Waschbecken, -** sink
die **Wiedervereinigung, -en** reunification
die **Wirtschaftswissenschaftliche Fakultät** Economics Department/Faculty
die **Zensur, -en** grade
der **Zensurendurchschnitt, -e** grade point average (GPA)
die **Zulassungsbeschränkung, -en** admission restriction
das **Zurückstutzen** cutback
die **Zuspitzung, -en** increasing importance, concentration
die **Zuständigkeit, -en** responsibility, jurisdiction

Verben
ab-nehmen (i; a, o) to decline
ab-wählen to drop a course
an-prangern to denounce, blame
an-steigen (ie, [ist] ie) to rise, increase
auf-bringen (a, a) to raise, get together
aus-handeln to negotiate
begreifen (i, i) to understand, comprehend
beleben to enliven, stimulate
belegen to take a class
belohnen to reward
berichten von/über to report about
bestaunen to marvel at, admire
bestellen to order
bestimmen to determine, decide
betreuen to advise, look after, tend
bewerten to assess, rate, evaluate

bezeichnen to describe, characterize
bieten (o, o) to offer
(sich) drängeln to shove, jostle
ein-nehmen (i; a, o) to assume, hold
(sich) ein-schreiben (ie, ie) to enroll
ein-sickern to trickle in
ein-weihen in to initiate into, make (someone) privy to a secret
empfehlen (ie; a, o) to recommend, suggest
erfahren (ä; u, a) to experience
ergeben (i; a, e) to show, establish
erhöhen to increase, raise
ermitteln to ascertain, investigate
ermöglichen to make possible
errechnen to calculate
erwerben (i; a, o) to obtain, acquire
fordern to demand
fördern to support, promote, further
gelten (i; a, o) to apply to, pertain to
genehmigen to approve, authorize
genügen to suffice, be sufficient
geraten zu (ä; ie, a) to come to, become
hinaus-zögern to drag out, delay
(sich) (hin-)hocken to squat (down); *here:* to "buckle down" to study
klagen to complain
klingen (a, u) to sound
konstatieren to observe, find out
kriegen to receive, get *(colloquial)*
(sich) kümmern um to look after, take care of
lagern to store
locker machen to make available *(colloquial)*
lotsen to pilot, navigate
mit-schreiben (ie, ie) to write (along), take notes
nach-denken über (a, a) to ponder, think about
pauken to cram for a test *(student slang)*
rangeln um to fight for
scheitern an to fail at
starren auf to stare at
steigern to increase
tönen to resound
übrig bleiben (ie, [ist] ie) to be left over, remain
verheißen (ie, ei) to promise
verkünden to announce
verkürzen to shorten
verlängern to extend
verleiten zu to lead to, lure, induce, entice
vermeiden (ie, ie) to avoid
(sich) vor-knöpfen to take to task
vor-legen to present, submit
vor-rechnen to calculate

wieder her-stellen to restore
zu-nehmen (i; a, o) to increase
zustande bringen (a, a) to manage, accomplish, achieve

Andere Wörter und Ausdrücke
abgeschlossen completed
allerdings however, actually
an die dreihundert (Studenten) close to three hundred (students)
angehend budding
ausgelastet over capacity
ausschlaggebend decisive, of prime importance
bekittelt (be)smocked
beschieden granted
breitgefächert wide ranging
das Abi(tur) bauen to take the finishing exams in "Gymnasium," graduate *(student slang)*
den Abschluß schaffen to complete the degree (successfully)
den Vogel abschießen (o, o) to hit the jackpot *(idiomatic)*
derweil while
deutlich clear, distinct
diebisch thieving
dürftig poor, meager
eigentlich actual(ly)
einem Übel abhelfen (i; a, o) to cure an ailment, correct a wrong
einen Antrag ausfüllen fo fill out an application
einen Beschluß fassen to reach an agreement
einen (akademischen) Grad zu-erkennen (a, a) to confer an (academic) degree
einst once
einzig (es geht einzig darum) sole(ly), exclusive(ly); (it is solely about)
entscheidend decisive
erträglich bearable
es bringt wenig it doesn't do much *(colloquial)*
es reicht noch nicht einmal für it isn't even enough for
etwa about, approximately; *also:* for example, for instance
fachbezogen topic/area related
fachborniert narrow-minded (by limiting one's interest only to one's discipline)
gegenwärtig present(ly)
gehoben elevated
gekeilt wedged
gemächlich leisurely
häufig frequent

264 *Wortliste*

hemmend hampering
hierzulande in this country
immmatrikuliert matriculated, enrolled
in Kauf nehmen (i; a, o) to make allowance for, accept
knapp barely, only, just
mancherorts (in) some places
mangelnd deficient, lacking
mies poor, bad, awful
mit der Weisheit am Ende (sein) to be at wit's end *(idiomatic)*
Mittel erhalten (ä; ie, a) to receive means
mittlerweile meanwhile, in the meantime, by now
nach Ansicht in the opinion (of)
noch immer still
ohnehin anyhow, anyway
Schlange stehen (a, a) to stand in line
schlicht straight forward, plain, unpretentious, simple
schließlich finally, eventually
schuld an etwas (sein) to be guilty of something
so weit her ist es nicht it is not all that good/impressive
sonst otherwise
sprichwörtlich proverbial
tarifvertraglich ausgehandelt contractually negotiated (through labor unions)
tierisch ernst nehmen (i; a, o) to take dead seriously *(slang)*
trefflich succinct, right to the point
überbordend excessive
überflüssig superfluous, unnecessary
unabhängig von unaffected by, independent from
unbesetzt unoccupied
ungenügend insufficient, inadequate
unter Kuratel stehen to be under the trusteeship of
vermeintlich supposed, alleged
verunsichert insecure
vor allem above all
vorgelegt presented
vorgesehen intended/provided for
vorig last, previous
zudem moreover, in addition
zum Bersten voll full to bursting
zum Renner werden (i; u, [ist] o) to become a "hit" *(idiomatic)*
zumindest at least
zur Prüfung antreten (i; a, [ist] e) to report for an examination
zwar albeit, while
zweifelhaft doubtful

Thema 3: Unsere Umwelt

Naturschutz

Substantive

die **Art, -en** species
die **Aufklärungsarbeit, -en** educational work
die **Befolgung, -en** compliance
die **Begrenzung, -en** limitation
der **Begriff, -e** concept, idea, term
die **Behörde, -n** authority, government agency
das **Bemühen** effort
der **Berührungspunkt, -e** point of contact, touching point
die **Bestimmung, -en** identification, definition
das **Edelweiß** edelweiss
die **Einzelheit, -en** detail
das **Elfenbein** ivory
die **Entfernung, -en** distance
die **Entfremdung, -en** alienation
die **Entstehung, -en** origin, rise, emergence
das **Ergebnis, -se** result
die **Erhaltung, -en** conservation
die **Fachleute** experts
das **Feuchtland** wetland
der **Frauenschuh, -e** lady slipper (type of orchid)
der **Frosch, ̈-e** frog
das **Gebiet, -e** area
die **Geisteshaltung, -en** mentality
die **Genehmigung, -en** license, permission, authorization
die **Gesetzesübertretung, -en** violation of the law
das **Gewehr, -e** shotgun
der **Grashüpfer, -** grasshopper
die **Grundlage, -n** basis, foundation
der **Handel** trade
das **Heer, -e** army; *here:* kingdom, varieties
die **Heilslehre, -n** doctrine of salvation
die **Heimat, -en** habitat
das **Herkunftsland, ̈-er** country of origin
das **Hochhaus, ̈-er** high-rise
die **Jagd, -en** hunting
der **Käfer, -** beetle
der **Kanal, ̈-e** canal
die **Kaulquappe, -n** tadpole
der **Kot** excrement, droppings
der **Kranich, -e** crane
die **Landschaft, -en** landscape
der **Lebensraum, ̈-e** (natural) habitat
die **Libelle, -n** dragonfly
die **Mehlschwalbe, -n** house martin
die **Menge, -n** amount, quantity
das **Mitgeschöpf, -e** fellow-creature
das **Mittel, -** means
die **Nahrungsbasis** food supply
die **Naßwiese, -n** wetland
die **Naturwissenschaft, -en** natural science
der **Nerz, -e** mink
das **Niveau, -s** level
die **Patronenhülse, -n** shell/cartridge case
die **Quälerei, -en** torment, torture
das **Raumschiff, -e** space ship; *here:* mother earth
der **Reiher, -** heron
der **Ruderverein, -e** rowing club
das **Sammeln** collecting
der **Schaden, ̈-** damage, loss
die **Schnecke, -n** snail
die **Schutzbestimmung, -en** ordinance for preservation and protection
der **Seeadler, -** white-tailed (sea) eagle
der **Segelverein, -e** sailing/yachting club
die **sibirische Schwertlilie, -n** Siberian isis
die **Siedlung, -en** settlement
der **Steinadler, -** golden eagle
der **Storch, ̈-e** stork
der **Stoßzahn, ̈-e** tusk
die **Trollblume, -n** globeflower, trollius
der **Türkenbund, ̈-e** type of lily
die **Übereinkunft, ̈-e** agreement
die **Übergangszeit, -en** transition period
das **Überleben** survival
die **Umgebung, -en** environs, surrounding
die **Vernichtung, -en** destruction
der **Vorschlag, ̈-e** proposal, suggestion
der **Wal, -e** whale
der **Wald, ̈-er** forest
das **Washingtoner Artenschutzabkommen** Endangered Species Act (1973)
die **Zerbrechlichkeit, -en** fragility, frailty

Verben

ab-hängen (i, a) to depend
ab-stochern to poke/knock down
ab-stoßen (ö; ie, o) to knock/push off
angewiesen (sein) auf to rely on
auf-fangen (ä; i, a) to cushion, offset
auf-heben (o, o) to pick up
aufmerksam machen auf to draw attention to, make aware
aus-sperren to shut/lock out
basieren auf to be based on
betreiben (ie, ie) to practice, pursue
beurteilen to judge, form an opinion
bewahren to preserve
bewirken to produce, give rise to, effect
bezeichnen to define, characterize, call
ein-schätzen to assess
ein-setzen to start, begin, set in
ein-ziehen (o, o) to confiscate
entstehen (a, [ist] a) to be caused by, result
erfahren (ä; u, a) to experience, learn, find out
erfassen to grasp, comprehend
erforschen to investigate, study, research
erhalten (ä; ie, a) to conserve
erreichen to reach, achieve
gelten für (i; a, o) to hold true
gewähren to grant, allow
heran-ziehen (o, o) to raise
konstruieren to construct, design
leisten to do, perform, carry out
minimieren to minimize
sichern to secure, ensure
stören to disturb
überleben to survive
vereinigen to unite, meet, flow together
verhindern to prevent
verlangen to require
verschwinden (a, [ist] u) to vanish, disappear
verwechseln to confuse
zugrunde-gehen (i, [ist] a) to perish

Andere Wörter und Ausdrücke

abgesehen von except for, apart from
ausgedehnt expansive, vast, extensive
begrenzt in a limited way/manner
beispielsweise for instance/example
berechtigt justifiable, legitimate(ly)
bewohnbar inhabitable, liveable
derzeit at this time
die betreffenden Arten the species concerned, the respective species
durchsetzbar enforceable
ein Abkommen schließen (o, o) to conclude, enter into an agreement
eindeutig unequivocal(ly), definite(ly), clear(ly)
einem Abkommen bei-treten (i; a, [ist] e) to join/become a party to an agreement
elendig miserable, dismal
entscheidend crucial, decisive
erheblich considerable
ersatzlos without compensation/reparation/refund/substitution
erstmalig first, for the first time
es ergibt sich it follows, the result is
freiwillig voluntary
gefährdet endangered
genügend sufficient, enough
im Freien in the outdoors
in die Betrachtung ein-beziehen (o, o) to include in the consideration/examination
insbesondere especially, particularly
jeglich every, any
keinerlei no ... at all, no ... whatsoever
langfristig on a long-term basis
letzten Endes in the last analysis, ultimately
notgedrungen to have no choice but, to find oneself compelled to
nunmehr now, by this time
(das) ökologische Beziehungsgefüge, - ecosystem, system of ecological interrelationship/collective dependence
schädlich harmful
scheu shy
schließlich after all
selten rare, seldom
städtisch urban, metropolitan
tiefgreifend deep-rooted
übel bad, evil
über das Ziel hinaus-schießen (o, o) to go too far, overdo it, miss the mark
überhaupt altogether
umgeben von surrounded by
unbestritten indisputably, without doubt
unbewußt unconsious(ly), unknowing(ly)
ungenügend inadequate, insufficient
ungestört undisturbed
unmittelbar immediate
verantwortungsbewußt responsible
vertretbar justifiable
verwandt (sein) mit to be related/similar to
völlig complete(ly), total(ly)
vorhanden (sein) to be available/at hand
zunehmend increasing(ly), more and more

DIE 7 TODSÜNDEN

Substantive

1 – Wüsten werden wachsen
das **Artensterben** the vanishing of species
der **Ausbau** extension
der **Ausstoß, ̈-e** emission
das **Benzin** gasoline
der **Brennstoff, -e** fuel
das **Erdgas, -e** natural gas
die **Fernwärme, -n** long-distance/remote heating, district heating
die **Folge, -n** result
der **Forscher, -** (scientific) researcher
das **Gut, ̈-er** freight
der **Hauptschuldige, -n** chief/major offender
das **Heizöl, -e** heating oil
die **Hungersnot, ̈-e** famine
der **Meeresspiegel, -** sea-level
die **Nutzpflanze, -n** useful (utilizable) plant
die **Rückstrahlung, -en** reflection
der **Schaden, ̈-** damage
die **Schiene, -n** rail
die **Todsünde, -n** mortal sin
der **Treibhauseffekt, -e** greenhouse effect
der **Umweltgipfel, -** earth summit
die **Veränderung, -en** change
das **Verfeuern** burning
die **Verlagerung, -en** shift(ing), transfer
die **Wärmedämmung, -en** heat insulation
der **Weltraum** space
der **Wirbelsturm, ̈-e** tornado, cyclone
die **Wüste, -n** desert

266 *Wortliste*

2 – Gift in der Nahrung

das **Abbauprodukt, -e** derivative (product)
der **Anwender, -** user
der **Bund** federal government
das **Drittel, -** third
die **Einrichtung, -en** institution
die **Fachleute** experts
die **Gemeinde, -n** municipality, township, city
das **Gesetz, -e** law
das **Gift, -e** poison
der **Krebs, -e** cancer
das **Land, ̈er** state
die **Lösung, -en** solution
die **Mißernte, -n** crop failure
das **Nachweisverfahren, -** detection method
die **Nahrung, -en** food
die **Nahrungskette, -n** food chain
das **Nahrungsmittel, -** food(stuff)
das **Pflanzenschutzmittel, -** pesticide
die **Sollbruchstelle, -n** predetermined/preset/rated breaking point
die **Versicherung, -en** insurance
das **Zerfallsprodukt, -e** decay/decomposition product

3 – Gefahr vom Himmel

die **Abteilung, -en** department
das **Chlor, -e** chlorine
der **Ersatzstoff, -e** substitute, surrogate
der **Fluorchlorkohlenwasserstoff (FCKW)** chlorofluorocarbon (CFC)
die **Gefahr, -en** danger
die **Herstellung, -en** manufacture, production
der **Himmel, -** sky, heavens
die **Messung, -en** measurement, measuring, reading
das **Ozonloch, ̈er** ozone hole
der **Ozonschirm, -e** ozone shield
die **Schicht, -en** layer
der **Schutzschild, -er** shield
die **Strahlung, -en** radiation
der **Vorgang, ̈e** process, phenomenon, occurrence
die **Zerstörung, -en** destruction

4 – Hunger zerstört die Welt

die **Armut** poverty
die **Belastung, -en** burden, strain
die **Bevölkerung, -en** population
der **Brennstoff, -e** fuel
die **Geburtenkontrolle, -n** birth control
das **Holz, ̈er** wood
die **Milliarde, -n** billion
das **Nahrungsmittel, -** food(stuff)
der **Rohstoff, -e** raw material
der **Sauerstoff, -e** oxygen
die **Verringerung, -en** reduction, decrease
die **Verseuchung, -en** contamination
das **Wachstum** growth
der **Wohlstand, ̈e** prosperity

5 – Flüsse werden Kloaken

das **Abwasser, -** sewage, waste water
der **Anbau** cultivation
der **Bedarf** demand
die **Bevölkerung, -en** population
die **Bewässerung, -en** irrigation
der **Druck, -e** pressure
der **Fluß, ̈sse** river
das **Getreide** grain
die **Kloake, -n** cesspool, sewer
die **Landwirtschaft, -en** agriculture
das **Menschenrecht, -e** human right
das **Wachstum** growth
der **Welternährungsrat, ̈e** World Council on Nutrition
der **Zeitraum, ̈e** period (of time)

6 – Äcker fliegen davon

der **Acker, ̈** field
die **Ackerkrume, -n** topsoil
das **Ackerland** farmland, arable land/soil
der **Anbau** cultivation
die **Anbaufläche, -n** arable land/soil
die **Ausdehnung, -en** expansion
der **Berghang, ̈e** hillside, mountainside
der **Boden, ̈** ground, soil
der **Brotkorb, ̈e** bread basket
das **Ergebnis, -se** result
die **Ernte, -n** harvest
der **Ertrag, ̈e** yield
das **Getreide** grain
der **Gürtel, -** belt
die **Landwirtschaft, -en** agriculture
der **Leiter, -** director
das **Mittelmeer** Mediterranean Sea
das **Schutzprogramm, -e** protection program
die **Schwelle, -n** threshold
die **Streichung, -en** cut
die **Subvention, -en** subsidy
das **Trockengebiet, -e** arid region
der **Verlust, -e** loss
die **Vernichtung, -en** destruction
das **Vorbild, -er** model
der **Wald, ̈er** forest
der **Weizen** wheat
die **Züchtung, -en** breeding; *here:* variety

7 – Nichts wie Dreck

der **Abfall, ̈e** waste, garbage, refuse
der **Aufwand** expenditure, consumption
der **Ausweg, -e** way out
das **Deponieren** deposing/dumping of trash (in a landfill)
der **Dreck** dirt, filth
die **Entsorgung, -en** environmentally friendly disposal of trash
der **Giftmüll** toxic waste
der **Handel** commerce, trade
der **Hersteller, -** manufacturer, producer
der **Müll** garbage
der **Rückstand, ̈e** residue, refuse
der **Schritt, -e** step
der **Überrest, -e** residue, remainder
das **Umweltbundesamt, ̈er** Federal Office of the Environment
der **Verbraucher, -** consumer
die **Verbrennung, -en** incineration, burning
die **Verordnung, -en** ordinance, regulation
die **Verpackung, -en** packaging
das **Verschieben** (illegal) shipping of goods
die **Wegwerfgesellschaft, -en** a throw-away society
die **Wiederverwertung, -en** reutilization, reuse

Verben

1 – Wüsten werden wachsen

ab-holzen to deforest, clear trees
an-passen to adapt to
(sich) aus-dehnen to expand, spread
aus-halten (ä; ie, a) to stand, bear, endure
(sich) beschleunigen to speed up, quicken, increase
bremsen to restrict, slow down
drohen to threaten
durch-lassen (ä; ie, a) to allow/let through
(mit) ein-rechnen in to include in
erwarten to expect
steigen (ie, ie) to rise, increase
um-bringen (a, a) to kill
um-gehen mit (i, a) to treat, handle
unternehmen gegen (i; a, o) to undertake/do something against
vermeiden (ie, ie) to avoid
verringern to reduce
(sich) verschieben (o, o) to shift
verseuchen to contaminate
zu-nehmen (i; a, o) to increase

Wortliste 267

2 – Gift in der Nahrung
(sich) an-reichern to accumulate, become concentrated
beeinträchtigen to impair, damage, harm
entwickeln to develop
her-stellen to produce, manufacture
schaden to damage, harm
schädigen to damage, harm, hurt
unterbinden (a, u) to forbid, prohibit, forestall
verbieten (a, o) to ban
verseuchen to contaminate
versorgen to supply
verursachen to cause
zerfallen (ä; ie, [ist] a) to decompose

3 – Gefahr vom Himmel
ab-nehmen (i; a, o) to decrease, diminish
ändern to change
dauern to take time, last
enthalten (ä; ie, a) to contain
entlasten to relieve, ease the strain on
erreichen to reach
gelten für (i; a, o) to be valid, hold true, apply to
nach-wirken to have an aftereffect
spüren to notice, feel
steigen (ie, [ist] ie) to rise, increase

4 – Hunger zerstört die Welt
ab-holzen to deforest, clear trees
aus-beuten to exploit
aus-dehnen to expand
behandeln to treat
gelten für (i; a, o) to be valid, hold true, apply to
genügen to be sufficient/enough
treffen (i; a, o) to affect
berleben to survive
verdoppeln to double
verkraften to bear, handle
verlangsamen to slow down, retard
zerstören to destroy

5 – Flüsse werden Kloaken
auf-bereiten to treat
fordern to demand
(sich) leisten können to be able to afford
rechnen mit to expect
schätzen to estimate
steigen lassen (ä; ie, a) to increase, raise
verfügen to have at one's disposal
verloren-gehen (i, [ist] a) to be/get lost, vanish
verschlingen (a, u) to devour, consume

versickern to seep away, sink into a porous stratum

6 – Äcker fliegen davon
(an-)drohen to threaten
befriedigen to satisfy, meet (a need)
bremsen to decelerate, slow down
davon-fliegen (o, [ist] o) to fly away/off
entsprechen (i; a, o) to correspond to
erhalten (ä; ie, a) to preserve
ernähren to feed, nourish
schaffen to create
sinken (a, [ist] u) to drop, decline, decrease
überschreiten (i, i) to exceed
um-wandeln to convert
verloren-gehen (i, [ist] a) to be/get lost
verringern to reduce
versorgen to provide for, supply, serve
verwehen to blow away
weg-schwemmen to wash away
zerstören to destroy
zwingen (a, u) to force

7 – Nichts wie Dreck
an-bieten (o, o) to offer
bestehen können to be able to survive
bewähren to prove oneself to be capable/reliable/a success
ersticken to suffocate
hinterlassen (ä; ie, a) to leave behind
vermeiden (ie, ie) to avoid
verschachern to sell off (illegally)
zu-nehmen (i; a, o) to increase

Andere Wörter und Ausdrücke

1 – Wüsten werden wachsen
durchschnittlich on the average
schleunigst immediately, at once
sparsam sparse, thrifty
ungehindert unimpeded, unhindered
verursacht caused
vor allem above all

2 – Gift in der Nahrung
ausgebildet trained, educated
ausgestattet (sein) mit produced/equipped with
ausnahmslos without exception
es bleibt nichts anderes übrig als there is nothing left to do but
gefährlich dangerous
nachweisbar detectable, traceable
oftmals often(times)
reformfähig reformable
sparsam sparse, thrifty

tatsächlich actual(ly)
vollständig complete(ly)

3 – Gefahr vom Himmel
chlorhaltig containing chlorine
ebenfalls likewise
einstig former
krebserregend cancer-causing
ozonzerstörend ozone-destroying
regelrecht downright
sofortig immediate
verantwortlich responsible

4 – Hunger zerstört Die Welt
dringend urgent(ly)
ehemalig former
kostbar costly, expensive, precious
vertraut (sein) mit to be acquainted with, have knowledge of
zeugungsfähig child-bearing, fertile

5 – Flüsse werden Kloaken
beigeordnet assistant
bewässert irrigated
geeignet fit, suitable, proper
knapp scarce
sparsam economical
ständig constant
unzulänglich inadequate, insufficient
verfügbar available
versalzen oversalted, spoiled by salt
vor allem above all
wassersparend water-saving, water-efficient

6 – Äcker fliegen davon
entscheidend decisive
erosionsbedroht threatened by erosion
erosionsgefährdet erosion-endangered
erstmals for the (very) first time
fruchtbar fertile
landwirtschaftlich agricultural
vielerorts in many places
zunehmend increasing(ly)

7 – Nichts wie Dreck
bisherig hitherto existing
erheblich considerable
... (es) kann nur heißen (it) can only mean
... (es) läßt sich verdienen (it) can be earned
... (es) muß sich erst herausstellen (it) must first be proven
jahrzehntelang for decades
umweltgerecht environmentally friendly
unzumutbar intolerable, insupportable
unzureichend insufficient

DIE ZERSTÖRUNG DER UMWELT

Substantive
der Abfall, -̈e waste, garbage, refuse
das Abgas, -e exhaust fume
der Abgrund, -̈e abyss
die Aufforderung, -en invitation, request, encouragement
der Ausstoß, -̈e emission
die Bequemlichkeit, -en convenience, comfort
die Folge, -n consequence
der Gehsteig, -e sidewalk
der Gestank stench
die Gewalt, -en force
das Heizungsabgas, -e heating exhaust gas/air
die Herausforderung, -en challenge
der Landwirt, -e farmer
die Lunge, -n lung
der Meeresspiegel, - sea level
der Schadstoff, -e harmful (noxious) substance
das Schmelzen melting (down)
die Schonung, -en protection, preservation
die Selbstzerstörung, -en self-destruction
der Umdenkungsprozeß, -sse process of (critical) rethinking/reexamination
das Unheilsgespenst, -er demon/specter of disaster and catastrophe
der Untergang, -̈e downfall, ruin, destruction
die Unzumutbarkeit, -en unconscionableness, intolerableness
der Wageninsasse, -n occupant of a car
der Wahnsinn insanity, madness
die Wiederaufforstung, -en reforestation
der Wohlstand, -̈e prosperity, wealth

Verben
ab-schlachten to slaughter
aus-löschen to extinguish, wipe/blow out
bei-tragen (ä; u, a) to contribute
bewältigen to master, overcome, prevail
(ein-)atmen to breathe (in)
ein-stellen to discontinue, cease, stop
entgegen-streben to head toward
(sich) über etwas hinweg-setzen to disregard, ignore
opfern to sacrifice
sanieren to (re)purify (water, air), renovate (a building)
schalten to comprehend; also: to (re)act (colloquial)
um-leiten to reroute
(sich) um-sehen (ie; a, e) to look around (for)
unterbinden (a, u) to prohibit, stop, call a halt to
vermeiden (ie, ie) to avoid
verpesten to pollute, poison
verursachen to cause
verzichten to do without, forego
vorbei-brausen to roar/race by
wieder auf-bereiten to treat
zugrunde-richten to ruin, destroy, wreck
zwingen (a, u) to force

Andere Wörter und Ausdrücke
abergläubisch superstitious
anpassungsfähig adaptable
auf Details ein-gehen (i, a) to go into details
ausgenommen excluded, excluding
beim Namen nennen (a, a) to call by name
(sich) das Recht heraus-nehmen (i; a, o) to presume the right
das Wasser steht ihm am Hals (the water is) up to his neck, he is in a predicament (idiomatic)
die namhaftesten Sünden the most notable transgressions
dringlich urgent, pressing
ein heißes Eisen sein to be like touching a red-hot poker (idiomatic)
ernsthaft serious(ly)
fahrlässig handeln to act recklessly/carelessly
freiwillig voluntarily
hochgradig to a high degree, extreme
in verdünnter Form in diluted form
mehrheitlich by a majority
mit verbundenen Augen blindfolded
rücksichtslos ruthless, without consideration for
sanft gentle, mild, smooth, soft
sträflich criminal(ly)
umweltgerecht environmentally friendly
uneinsichtig unheeding, thoughtless, unreflective, insensitive
unerschwinglich beyond one's financial means, prohibitive
ungestraft unpunished
verpfuscht messed up, in dissaray/disorder (colloquial)
verseucht contaminated
vorwiegend predominant(ly), chief(ly), main(ly)
zur Rechenschaft ziehen (o, o) to hold accountable for

NEUE ENERGIEN

Substantive
das All universe
der Ausstoß, -̈e emission, output
der Bruchteil, -e fraction
die Erdoberfläche, -n surface of the earth
das Erzeugnis, -se product
die Herausforderung, -en challenge
das Jahrhundert, -e century
die Kenntnis, -se knowledge
die Magnetkraft, -̈e magnetic force
der Rohstoff, -e raw material
der Schadstoff, -e harmful substance
die (Ein)Strahlung, -en radiation
der Treibstoff, -e fuel, propellant
die Umweltsteuer, -n environmental tax
die Verschwendung, -en waste
das Verursacherprinzip, -ien principle by which the damage causer is held liable

Verben
aus-beuten to exploit, make the most of
aus-machen to make up, constitute
behaupten to claim, assert
brach-liegen (a, e) to lie idle, run to waste
dar-stellen to (re)present, constitute
(sich) drehen to revolve, rotate
entwickeln to develop
erheben (o, o) to raise
fehlen to be in need of
heizen to heat
richten (auf) to direct (at)
zurück-legen to travel, cover (distance)

Andere Wörter und Ausdrücke
einen Dienst leisten to render (someone) a service
durchaus quiet, downright, by all means

Wortliste **269**

ebenfalls likewise
fähig capable
lautlos noiseless, quiet
lösbar solvable
mancherorts (in) some places
mangels for lack of
nicht zuletzt not only

preiswert inexpensive
riesengroß gigantic
sodann then, after that
zur Sprache kommen to be mentioned
verfügbar available
ein Vergleich fällt zugunsten ... aus a comparison comes out in favor of ...

verheerend disastrous
verwertbar utilizable
weitgehend large(ly)
zum Zeitvertreib to pass the time

Klage

Substantive
das Ebenbild, -er image
das Geschöpf, -e creature
die Habgier greed, avarice
die Klage, -n elegy; *also:* lament, grievance
der Kunstdünger, - (artificial or synthetic) fertilizer
der Lehrling, -e apprentice, learner
das Mastvieh fattened cattle
der Moloch, -e voracious giant
das Obst fruit
die Robbe, -n seal
die Sünde, -n sin
das Unkraut, ̈er weed(s)

der Versuch, -e experiment
der Zauberlehrling, -e magician's apprentice

Verben
ab-holzen to deforest, clear trees
atmen to breathe
aus-beuten to exploit
erschießen (o, o) to shoot (dead)
fressen (i; a, e) to eat, devour *(used with animals)*
jagen to hunt
quälen to torment, torture
schinden to maltreat, mistreat, abuse
spritzen to inject

tot-prügeln to club/bludgeon to death
triefen to drip
vernichten to destroy, exterminate, annihilate
vertilgen to exterminate

Andere Wörter und Ausdrücke
blutgetränkt soaked/drenched with blood
fruchtspendend fertile, fruitful, fruit-bearing
untertan machen to have dominion over, subjugate

Thema 4: Deutschland

Drei Freunde

Substantive
die Auffassung, -en viewpoint, opinion
die Aufforderung, -en demand
die Bestrafung, -en punishment
der Betrüger, - deceiver, crook
die Bitte, -n plea
das Ehrenkleid, -er uniform of honor; *here sarcastic:* military uniform
der/die Eingeweihte, -n insider, person privy to a secret
die Einheit, -en unit
die Einzelheit, -en detail
die Flucht escape
der Fluchtversuch, -e escape attempt
der Folterknecht, -e torturer
der Geheimnisträger, - holder/bearer of secret information
die Gelegenheit, -en opportunity
die Gemeinsamkeit, -en commonality
die Gesellschaft, -en company
das Gesetz, -e law
das Gespräch, -e conversation
der Grenzabschnitt, -e frontier area
der Grenzverletzer, - frontier violator
die Heldentat, -en heroic deed
der Kumpel, - buddy *(colloquial)*
die Macht, ̈e power, authority
der/die Mächtige, -n the powerful
die Meinungsverschiedenheit, -en difference of opinion

die Pflicht, -en duty
die Prahlerei, -en bragging, boasting
der Rundfunk radio
die Sicherheitsanlage, -n security installation
die Sicherungseinrichtung, -en security apparatus/obstacle
die Spaltung, -en division
die Sperranlage, -n fortification, obstacle
der Standort, -e location
der Umgang, ̈e contact, dealings
der Unfug mischief
der Urlaub, -e vacation
das Verhalten, - conduct, behavior
der Verlauf course
die Vernunft reason
das Verständnis understanding
die Waffe, -n weapon, firearm
die Wehrpflicht, -en (mandatory) military service
die Wende, -n change; *here:* reunification of East and West Germany
das Wissen knowledge

Verben
an-legen to don, put on (a piece of clothing)
aus-weichen (i, [ist] i) to avoid, evade
aus-zeichnen to honor, decorate

beauftragen to order (someone) to do something
dienen to serve
drohen to threaten, be threatening
ein-setzen to use, implement
entdecken to discover
entlarven to expose
erfahren (ä; u, a) to find out
erschießen (o, o) to shoot
fest-nehmen (i; a, o) to arrest, take into custody
gelingen (a, [ist] u) to succeed
geschehen (ie; a, [ist] e) to happen
heraus-locken to worm information out of (someone)
hindern to hinder, stop, prevent
klingen (a, u) to sound
meiden (ie, ie) to avoid
nach-kommen (a, [ist] o) to comply
prahlen to brag, boast
(sich) retten to escape, save oneself
schildern to describe
überwinden (a, u) to surmount, overcome
(sich) überwinden (a, u) to bring oneself to do something
unternehmen (i; a, o) to make an attempt, undertake
veranlassen zu to lead, induce to
verfügen über to have at one's disposal

270 *Wortliste*

(sich) verkneifen (i, i) to hold back, deny oneself something (*colloquial*)
verletzen to injure, to wound, hurt someone's feelings
(sich) verlieben in to fall in love with
(sich) verpflichten to commit oneself (to do something)
versäumen to miss
verweisen auf (ie, ie) to mention, point out
vollbringen (a, a) to accomplish, achieve
zelten to go camping

Andere Wörter und Ausdrücke
anderenfalls otherwise
andererseits on the other hand

auf diese Weise in this way/manner/fashion
auf einmal suddenly
ausreichend sufficient
bekannt geben (i; a, e) to announce
Dienst tun (a, a) to serve, be on duty
erforderlich necessary
etwas als gewollt betrachten to consider something finalized
hemmungslos unscrupulous(ly)
in die Isolation geraten (ä; ie, [ist] a) to become/grow isolated
Kontakt pflegen (zu/mit) to keep in touch (with)
lebhaft vivid(ly)
Lust haben zu to feel like doing, have a desire to do something
nach und nach little by little

nennenswert worth mentioning
offensichtlich obvious(ly)
quasi more or less
(sich) zu erkennen geben (i; a, e) to reveal one's identity
sichtbar visible
Sinn ergeben (i; a, e) to make sense
streng severe
üblich customary
unfaßbar incomprehensible
Unfug treiben (ie, ie) to get into/cause mischief
ungezwungen informal, free and easy
unterschiedlich different
verlogen lying, false, deceitful
wahrscheinlich probably, most likely
wehrlos defenseless

DEUTSCHLAND

Substantive
der Abwehrmechanismus (*pl.* die **Abwehrmechanismen**) defense mechanism
die Arbeitsbedingung, -en working condition
die Bedeutung, -en meaning, significance; *here:* word, phrase
das Bewußtsein conscious(ness)
das Eigenheim, -e house of one's own
das Einkommen, - income
die Einsamkeit, -en loneliness
das Elend misery
der Entzug, ¨e deprivation
die Erhebung, -en elevation
die Freiheit, -en freedom
der Frieden, - peace
die Funktionsweise, -n way of functioning
die Gabel, -n fork
das Gebilde, - construct
der Gedächtnisinhalt, -e memory
die Gefühlswelt, -en emotions
das Gegeneinander embroilment, clash, conflict
das Gehirn, -e mind, brain
das Geschirr dishes, silverware
der Grashalm, -e blade of grass
die Grenze, -n border
das Handwerkszeug, -e tool
der Irrtum, ¨er fallacy, misconception, mistake
die Karriere, -n career
die Konkurrenz, -en competition
der Kummer grief
der Mangel, ¨ deficiency, lack
die Menschheit mankind, humanity
das Mitgefühl, -e sympathy
die Mitgliedschaft, -en membership

der Neid envy, jealousy
die Not, ¨e neediness, destitution, privation
die Organisationseinheit, -en organizational unit/element/principle
der Parteigenosse, -n party member
die Quelle, -n source
der Regen rain
der Reiz, -e stimulus, attraction, appeal
der Ruhm fame
die Schlagzeile, -n headline
die Schublade, -n drawer
das Selbstwertgefühl, -e self-esteem
der Teller, - plate
die Übereinkunft, ¨e agreement
die Verbundenheit, -en heedful/caring attentiveness
die Vergangenheit, -en past
der Vorstand, ¨e board of directors
die Vorstellung, -en idea
der Vorwurf, ¨e reproach
das Werkzeug, -e tool
das Wesen, - character, nature
der Wettbewerb, -e competition
der Widerstand, ¨e resistance
das Wohlwollen goodwill
die Wolke, -n cloud

Verben
ab-fallen (ä, ie [ist] a) to fall off
auf-plustern to ruffle up, boost
aus-denken (a, a) to think up
aus-gehen von (i, [ist] a) to come/originate from
bei-tragen zu (ä; u, a) to contribute to
ein-dringen (a, [ist] u) to get into, penetrate; *here:* to scrutinize
erfreuen to please
erobern to conquer

(er)schaffen (u, a) to create
fliegen (o, o) to fly
gestalten to fashion, shape, form
gieren nach to covet, crave after
gießen (o, o) to pour, cast
her-stellen to produce, establish
hinweg-helfen über (i; a, o) to help get over (something)
leisten to achieve
lösen to solve
mißbrauchen to abuse, misuse
(sich) nähren to live/feed on
nützen to use, utilize
pflegen to look after, take care of
prüfen to examine, test, inspect
spalten to split
taugen to be useful, be worth something
untersuchen to examine
verdrecken to get dirty, become filthy
vergehen (i, [ist] a) to pass, go by
verhungern to starve (to death)
verlangen to require
versorgen to supply
wählen to choose, vote
wehen to blow

Andere Wörter und Ausdrücke
angemessen appropriate, adequate
angesiedelt settled; *here:* established, defined
auf diese Weise in this manner, fashion
aufgebläht overblown, puffed-out, bloated
begrenzt limited
bloß just, only

Wortliste **271**

dienlich helpful, useful
eigen (one's) own
eingebunden bound, trapped
erhaben sublime, awe-inspiring
es geht darum it is about
es ist (ihnen) gelegen an it matters a lot (to them)
es ist wurscht it doesn't matter, to care less *(slang)*
fähig capable
geeignet suited
geistig intellectual, mental
griffbereit ready at hand
im Einvernehmen mit in consistency/correspondence with
im Munde führen to talk about *(colloquial)*
innerlich inner, inward
ins Bewußtsein treten (i; a, [ist] e) to enter into one's consciousness
inwendig inner, inward
kurzzeitig brief(ly)
leer empty
menschlich human, humane
möglicherweise possibly
spürbar noticeable, evident
überhaupt at all
unterstützend supporting
wassersatt waterlogged, water-laden
wertvoll valuable
wirkend highly effective
wohlgefällig compassionate, kindhearted
zerrissen torn up, at odds with oneself

BRIEF DES PLATON

Substantive
die **Anstiftung, -en** incitement
der **Aufbruch, ¨e** awakening
die **Besetzung, -en** cast
die **Bürgerinitiative, -n** grass root activist group, citizen's action group
der/die **Geduckte, -n** oppressed (person)
die **Geste, -n** gesture
das **Gewerbe** trade, business
die **Gewohnheit -en** habit
das **Gremium** (*pl.* die **Gremien**) committee
das **Handeln** action
der **Jahrmarkt, ¨e** fair
die **Kette, -n** chain
die **Mündigkeit, -en** responsibility, maturity
der **Popularvorbehalt, -e** popular reservation
die **Rechtsstaatlichkeit, -en** rule of law
der **Schierlingsbecher, -** cup of hemlock
der **Silberling, -e** silver coin
der **Sklavenhalter, -** slave owner
der **Spielplan, ¨e** (theater) program
die **Staatsgewalt, -en** authority of the state
der **Sturmgeselle, -n** rough and unruly fellow
die **Tugend, -en** virtue
die **Verfassung, -en** constitution
das **Volksbegehren, -** petition for a referendum
der **Volksentscheid, -e** referendum
die **Volksgesetzgebung, -en** people's legislation
der **Vormund, -e** guardian
die **Zensur, -en** censorship

Verben
ab-schaffen to abolish
auf-wiegeln to incite, stir up
(sich) etwas bieten lassen (ä; ie, a) to put up with, stand for something
ducken to oppress, humiliate
gelten als (i; a, o) to be valid as
heim-führen to take home
(he)rein-reden to give advice, contribute one's opinion without being asked
herunter-kommen (a, [ist] o) to be removed
leihen (ie, ie) to lend, loan
plädieren für to argue for
proben to rehearse
probieren to try
reichen to be sufficient/enough
ruhen to rest
schützen to protect, guard
übertragen (ä; u, a) to transfer, hand over to, entrust
verlangen to demand, ask for, require
verurteilen to sentence
wählen to choose, elect, decide
warnen to warn

Andere Wörter und Ausdrücke
angeordnet arranged
aus eigener Kraft under one's own power
aus Versehen by mistake
begehrt much sought after
damals at that time
das könnte dir so passen you would just love that, wouldn't you? *(colloquial)*
die Stimme ab-geben für (i; a, e) to vote for
dreistufig three-tiered
eben just, simply
edel noble
eh anyway, in any case
erlesen exquisite
es herrscht Ruhe that's that, that's the end
feststehend definite, pre-determined
Gehör schenken j-m to listen to someone
halt simply, just
man kann von Glück reden one can consider oneself lucky *(idiomatic)*
meistbietend highest bidder
mittels by way of
mündig mature, responsible
plebiszitär plebiscitary
sanft gentle, peaceful
selbständig independent, self-reliant, autonomous
(sich) in Geduld üben to practice patience
sicher (sein) vor to be safe from
sofern provided that, as long as
ständig constant
überhaupt at all
übrigens incidentally
wählerisch choosy, particular
was soll's what's the big deal? so what? *(slang)*
zufällig by chance, accidentally
zwar to be precise

MEIN BERLIN

Substantive
das **Argument, -e** argument
der **Backsteinbau, -ten** brick building
der **Baum, ¨e** tree
der/die **Besessene, -n** possessed person
der **Bollerwagen, -** handcart
der **Bombenkrater, -** bomb crater
das **Bündel, -** bundle, bag

die **Demo, -s** (die **Demonstration, -en**) demonstration
die **Enttäuschung, -en** disappointment
die **Feldmütze, -n** field-cap
die **Flamme, -n** flame
die **Fracht, -en** freight
die **Gleichgültigkeit, -en** indifference
die **Hälfte, -n** half
der **Himmel, -** sky, heavens
die **Hoffnung, -en** hope
die **Hose, -n** pants
das **Kopfsteinpflaster, -** cobblestone pavement
der **Kranz, ¨e** wreath
das **Kreuz, -e** cross
der **Kugelhagel, -** hail of bullets
die **Luft, ¨e** air
die **Müdigkeit, -en** tiredness, weariness
die **Narbe, -n** scar
der **Panzer, -** tank
die **Rede, -n** speech
der **Ruß** soot, ashes
der **Schlagbaum, ¨e** barrier
die **Sehnsucht, ¨e** longing, yearning
der **Stahl, -e** steel
der **Staub, -e** dust
der **Stein, -e** stone, block, brick
die **Straßensperre, -n** road-block
der **Strumpf, ¨e** stocking, sock
das **Stück, -e** bit, piece
der **Sturm und Drang** Storm and Stress
das **Trümmerfeld, -er** expanse of rubble/debris

der **Verstand** reason, common sense
der **Vorhang, ¨e** curtain
der **Wachtturm, ¨e** watchtower
der **Wald, ¨er** forest
der **Widerspruch, ¨e** contradiction
der **Widerstand, ¨e** resistance
die **Wirklichkeit, -en** reality
die **Wunde, -n** wound
die **Zerrissenheit, -en** inner turmoil
die **Zukunft** future

Verben
ahnen to sense, have a premonition, suspect
brennen (a, a) to burn
dröhnen to drone, roar
durch-ziehen (o, o) to traverse, wind through
ein-rennen (a, a) to bash, bang against
fliehen (o, [ist] o) to flee
frieren (o, o) to freeze
heim-kommen (a, [ist] o) to come home
heraus-wehen to flutter, blow out
knien to kneel (down)
ragen to rise up, tower up
schauen to look at
schließen (o, o) to close
schnüren to tie, pack up
spüren to sense, notice
stolpern to stumble
taktieren to proceed tactically

ziehen (o, o) to pull
zu-mauern to wall up
zu-stellen to block, blockade

Andere Wörter und Ausdrücke
aufrecht upright
besessen possessed
das Blatt wenden to turn the tide (*idiomatic*)
das Bündel schnüren to pack (one's) bags
den Nerv rauben to be nerve-racking, get on someone's nerves (*slang*)
einfach simply
einzig single
ersehnt longed-for
genauso just/exactly as
leer empty
leergebrannt burnt out
mit der bloßen Hand with bare hands
noch einmal once again
schlau smart, clever
sich nicht satt sehen (ie; a, e) to feast one's eyes on, not be able to take one's eyes off something
sprachlos speechless
verglüht burnt out
verwelkt withered
verzweifelt despairing, in despair

DIE NEUE ZEIT

Substantive
die **Freiheit, -en** freedom, liberty
der **Gedanke, -n** thought, idea
die **Mauer, -n** wall

die **Möglichkeit, -en** possibility
die **Nachdenklichkeit** pensiveness
die **Unfreiheit, -en** bondage, subjection, slavery

Verben
ab-tragen (ä; u, a) to remove
verloren gehen (i, [ist] a) to get lost, be lost

THEMA 5: DIE VEREINIGTEN STAATEN VON EUROPA

EUROPA HAT GESCHICHTE

Substantive
der **Abbau** dismantling
die **Absicht, -en** intention
die **Angelegenheit, -en** concern, matter
das **Anhängsel, -** appendage
die **Ausbreitung, -en** spread
die **Auseinandersetzung, -en** conflict
der **Ausgleich, -e** balance, harmony
der **Befreiungskrieg, -e** war of liberation
die **Besatzungszone, -n** occupied zone
die **Beschränkung, -en** limitation, restriction

die **Bevölkerung, -en** population
der **Bewohner, -** inhabitant
die **Blüte, -n** flowering, blossoming, renaissance
die **Ehre, -n** honor
die **Einbuße, -n** loss
der **Einflußbereich, -e** sphere of influence
die **Einrichtung, -en** institution
der **Einschnitt, -e** turning point, decisive event
der **Eiserne Vorhang** Iron Curtain
der **Erdteil, -e** continent

der **Eroberungskrieg, -e** war of conquest
das **Festland** mainland
der **Frieden, -** peace
das **Gebiet, -e** territory, area, region
das **Geschick, -e** fate
die **Gestalt, -en** form, shape
die **Gewaltpolitik** politics of force/power
das **Gewicht, -e** importance, weight
der **Glaubenskrieg, -e** religious war
das **Gleichgewicht, -e** balance, equilibrium

Wortliste 273

die **Großmacht**, ⸚e super power
der **Grund**, ⸚e reason
die **Grundlage**, -n foundation
die **Gründung**, -en foundation, establishment
die **Halbinsel**, -n peninsula
der **Handelsweg**, -e commercial artery, trade route
der **Hauptwidersacher**, - main adversary
die **Heerstraße**, -n military road
die **Insel**, -n island
das **Interessengeflecht**, -e tangle/web of interests
das **Jahrhundert**, -e century
das **Jahrtausend**, -e millenium
der **Kampf**, ⸚e battle, struggle
der **Kreis**, -e circle
der **Krieg**, -e war
der **Kriegsverbündete**, -n war ally
die **Krone**, -n crown, monarchy
der **Lebensbereich**, -e area of life
die **Macht**, ⸚e power
das **Mittelmeer** Mediterranean Sea
der **Mittelpunkt**, -e center, midpoint
die **Niederlage**, -n defeat
die **Oase**, -n oasis
das **Opfer**, - victim
das **Prachtschloß**, ⸚sser magnificent palace
das **Randgebiet**, -e peripheral territory
der **Raum**, ⸚e territory, region
das **Reich**, -e empire
der **Rücken**, - back
die **Sagenwelt**, -en mythology
die **Schutzmacht**, ⸚e protective power
die **Schwächung**, -en weakening
der **Schwerpunkt**, -e focal point, emphasis
der **Stamm**, ⸚e tribe
der **Steckbrief**, -e "wanted" poster
der **Stier**, -e bull
die **Tatsache**, -n fact
die **Teilung**, -en division, separation
das **Übergewicht**, -e predominance
der **Umfang**, ⸚e size, dimension, expanse
die **Unmöglichkeit**, -en impossibility
die **Unruhe**, -n unrest
der **Unterwerfungskrieg**, -e war of subjugation
der **Ursprung**, ⸚e origin
die **Verfassung**, -en constitution
der **Verlust**, -e loss
die **Verständigung**, -en communication
das **Verteidigungsbündnis**, -se defensive alliance
die **Völkerwanderung**, -en migration of peoples
die **Voraussetzung**, -en prerequisite, precondition
das **Vorbild**, -er model
das **Vordringen** advance
die **Vorherrschaft**, -en hegemony, dominance
die **Vormachtstellung**, -en hegemony, dominance
die **Zeitspanne**, -n period (of time)

Verben
ab-lösen to replace
ab-schließen (o, o) to seal off, cut off
(sich) ab-zeichnen to begin to emerge, loom
an-dauern to last, continue
an-nehmen (i; a, o) to assume, take on
(sich) an-schließen (o, o) to join, follow
auf-treten (i; a, [ist] e) to appear, enter
aus-lösen to trigger, cause
bedenken (a, a) to consider
beenden to end
bestimmen to determine, decide
bremsen to brake, slow down
durch-schneiden (i, i) to cut through
einigen to unite
entstehen (a, [ist] a) to emerge, come into existence
(sich) ereignen to happen, occur
erfassen to grasp
erleben to experience
erobern to conquer
erwähnen to mention
erweitern to widen, extend
gestalten to fashion, shape, mold
hervor-treten (i; a, [ist] e) to emerge
kennzeichnen to characterize
messen (i; a, e) to measure
rauben to abduct, rob
steigern to increase, intensify
stimmen to be correct
treffen (i; a, o) to hit, strike
übernehmen (i; o, o) to adopt, take over
überschreiten (i, i) to exceed
verlagern to shift
vernichten to destroy
verschärfen to intensify, aggravate
verschmelzen (i; o, o) to merge/fuse/blend/melt into
vor-stoß (ö; ie, [ist] o) to advance, venture into
wurzeln to be rooted in
zeugen von to testify to
zu-fallen (ä; ie, [ist] a) to fall to, go to
zurück-drängen to drive/force back
zuteil-werden (i; u, [ist] o) to be granted/accorded

Andere Wörter und Ausdrücke
abendländisch occidental
abhängig dependent
bedacht (sein) auf to be intent on
bedeutend significant
beherrschend ruling, dominating
bisher so far, thus far
bislang so far, thus far
damalig at that time
dicht dense
dies ist der Tatsache zu verdanken this is due to the fact
eingebunden (sein) in to be bound to, subject to
entscheidend decisive(ly)
erstmals for the first time
es liegt an it has to do with
ganz zu schweigen von not to mention
gegliedert structured
gelegentlich occasional(ly)
gewaltsam forceful, violent
gleichzeitig simultaneous(ly), at the same time
göttlich divine
imstande (sein) to be able/capable of
in der Tat actually, indeed, in fact
ins Wanken kommen (a, [ist] o) to begin to sway/totter
maßgebend considerably, decisively
nämlich namely
sagenhaft mythological
schon gar nicht especially not
ungehemmt unrestricted, unimpeded
ur-eigen very own
verheerend devastating
verwunderlich surprising(ly)
vor allem especially, above all
was ... (an)betrifft (a, o) what ... concerns
weitgehend to a great extent, in large measure
weitreichend far-reaching
wesentlich fundamental
wiederkehrend recurring, returning
zugleich at the same time

WIRTSCHAFTSMACHT EUROPA

Substantive

I – Zum Start gibts blaue Briefe
das **Arzneimittel, -** medication, medicament
die **Aufhebung, -en** lifting, elimination
die **Aufklärung, -en** information, education
der **Auftakt, -e** start
der **Aufwand, ¨e** expense, expenditure
die **Ausfuhr, -en** export
die **Befürchtung, -en** fear
der **Bereich, -e** area
der **Betrag, ¨e** amount, sum
der **Binnenmarkt, ¨e** domestic/home market, single market
die **Dienstleistung, -en** service
der **Einfluß, ¨sse** influence
die **Einfuhr, -en** import
das **Ergebnis, -se** result
die **Ernüchterung, -en** disillusionment
der **Fehlstart, -s** false start
das **Festland** mainland
das **Finanzamt, ¨er** tax office
die **Gemeinschaft, -en** community
das **Gesetzesvorhaben, -** proposed law
der **Grenzübertritt, -e** border crossing
die **Handelsmacht, ¨e** trading power
der **Handwerksmeister, -** master craftsman
der **Hersteller, -** producer, manufacturer
der **Industrie- und Handelstag** chamber of commerce, board of trade
die **Lebensmittel** groceries
die **Lebensversicherung, -en** life insurance
der **Lieferant, -en** supplier, vendor
die **Macht, ¨e** power
der **Mehrwertsteuersatz, ¨e** value added tax rate
die **Milliarde, -n** billion
der **Mitgliedsstaat, -en** member state
das **Regal, -e** shelf
der **Schlagbaum, ¨e** barrier
der **Schönheitsfehler, -** blemish
das **Schreckensbild, -er** terrifying picture
der **Spediteur, -e** forwarding/shipping agent
die **Steckdose, -n** (power) socket, wall socket
das **Stichwort, -e** key word
der **Strom, ¨e** electricity
die **Umrüstung, -en** conversion
die **Unternehmensplanung, -en** corporate planning
das **Verbot, -e** ban
der **Verbrauchersteuersatz, ¨e** consumer tax rate, excise tax rate
der **Verbraucherverband, ¨e** consumer association
der **Vergleich, -e** comparison
der **Verlust, -e** loss
die **Versprechung, -en** promise
der **Wandergeselle, -n** itinerant/journeyman tradesman
die **Ware, -n** goods
das **Warenangebot, -e** supply of goods
die **Weigerung, -en** refusal
der **Wettbewerb, -e** competition
die **Wirtschafts- und Währungsunion** economic and monetary union
der **Wohlstand, ¨e** prosperity
der **Zoll, ¨e** customs

II – Interviews
Kein Grund zur Aufregung
die **Bestrahlung, -en** radiation
der **Eindruck, ¨e** impression
die **Flüssigkeit, -en** liquid
das **Fremdfett, -e** foreign fat
die **Getränkedose, -n** beverage can
das **Lebensmittelrecht, -e** food law
die **Mißbildung, -en** deformity
die **Nahrungszubereitung, -en** food preparation
das **Olivenöl, -e** olive oil
das **Regal, -e** shelf
das **Reinheitsgebot, -e** purity law
die **Überwachung, -en** control, supervision, monitoring
das **Unbehagen** uneasiness, concern
das **Weingesetz, -e** wine law
die **Züchtung, -en** breeding

Kein Grund zur Angst
der **Arbeitsplatz, ¨e** job
die **Branche, -n** branch of industry, trade
der **Fall, ¨e** case
der **Landwirt, -e** farmer
das **Wirtschaftswachstum** economic growth

III – Es fehlt am Kleingeld
die **Auslieferung, -en** delivery
der **Bundesfinanzminister, -** minister of finance (Secretary of the Treasury)
die **Einführung, -en** introduction
die **Einheitswährung, -en** uniform currency
der **Engpaß, ¨sse** bottleneck
das **Geldstück, -e** coin
das **Inkrafttreten** taking effect
die **Jahrhundertwende, -n** turn of the century
das **Kleingeld, -er** small change
die **Lebensdauer** life (span)
die **Münzanstalt, -en** coining station
die **Münze, -n** coin
die **Note, -n** bank note, bill
die **Prägeanstalt, -en** mint
die **Recheneinheit, -en** unit, standard
der **Rohling, -e** casting, metal object cast in a mold
die **Überstunde, -n** overtime
der **Vorlauf, ¨e** pre-production time
die **Währung, -en** currency
der **Wechselkurs, -e** rate of exchange
die **Werbebroschüre, -n** advertising brochure
der **Zweifel, -** doubt

Verben

I – Zum Start gibts blaue Briefe
an-drohen to threaten
auf-lösen to dissolve
beeinträchtigen to impair, affect adversely
befragen to question, interview
begrüßen to greet, welcome
bei-tragen (ä; u, a) to contribute
beklagen to complain
bemängeln to find fault with
beweisen (ie, ie) to prove
ein-dringen (a, [ist] u) to intrude
(sich) ein-stellen auf to prepare for
entstehen (a, [ist] a) to arise
erledigen to finish
erscheinen (ie, [ist] ie) to appear
fürchten to fear
herrschen to prevail
regeln to regulate
schaffen to create
senken to lower
sorgen für to cause, provide for
um-setzen to implement
verbessern to improve
verbinden mit (a, u) to associate with
verfahren (ä; u, [ist/hat] a) to deal with
vergrößern to increase, expand
verklagen to sue, take to court
verlagern to shift, move
verschlingen (a, u) to consume, devour
vertagen to postpone
verteilen to distribute, spread
vollenden to complete, accomplish
vollziehen (o, o) to execute, carry out
vor-legen to present
zeichnen to draw

Wortliste 275

II – Interviews
Kein Grund zur Aufregung
(sich) auf-regen to get worked up/excited
bestrahlen to radiate, expose to radiation
entsprechen (i; a, o) to be in compliance with
erschweren to make more difficult
verändern to change
verfälschen to adulterate, tamper (with)
vor-kommen (a, [ist] o) to happen, occur
zu-lassen (ä; ie, a) to allow, permit

Kein Grund zur Angst
aus-fallen (ä; ie, [ist] a) to turn out, prove
bezweifeln to doubt, question

III – Es fehlt am Kleingeld
(sich) bemühen to endeavor, strive
benötigen to need, require
beschwichtigen to appease
entkräften to refute, weaken
ersetzen to replace
fest-legen to fix, determine, establish
prägen to coin
schätzen to estimate
scheitern to fail

Andere Wörter und Ausdrücke

I – Zum Start gibts blaue Briefe
angeblich supposed(ly), alleged(ly)
auf Jahre hinaus for years to come
auf den Weg bringen (a, a) to put on the right track
auf unbestimmte Zeit vertagen to postpone indefinitely
beharrlich persistent
berechtigt justified
bis auf weiteres for the time being
brotlos machen to put out of work
das Wasser ab-graben (ä; u, a) to leave (someone) high and dry (idiomatic)
den Mund zu voll nehmen (i; a, o) to talk too big (colloquial)
der blaue Brief, -e warning letter
eher rather
Einhalt gebieten (o, o) to stop something
einheitlich uniform, standardized
(sich) einig (sein) to be in agreement
erst only
es kann keine Rede sein von there can be no question of
(einmal) ganz abgesehen von quite apart from the fact that
geradezu downright
geschützt protected
großartig magnificent
halbherzig half-hearted
hingegen however
letztlich in the end, final(ly)
mit Abstand by far
nach wie vor as always
nahezu almost, nearly
peinlich embarassing
rechtzeitig in time, punctual
regelmäßig regular(ly)
Schaden nehmen (i; a, o) to suffer, be damaged
schlichtweg simply, plainly
selbst even
(sich) selbständig machen to set oneself up in business, go into business for oneself, become self-employed
selbstverständlich natural, goes without saying
überdies moreover
um Längen voraus ahead by lengths
unbegründet unfounded
ungeheuer enormous, immense
ungenießbar unpalatable, inedible
unterschiedlich different
verseucht contaminated
vielfältig diverse
vielgerühmt much praised, acclaimed
vorerst for the time being
vorn ahead, in the lead
wohl probably
zahlreich numerous
zudem further, furthermore, in addition
zumindest at least
zwar indeed

II – Interviews
Kein Grund zur Aufregung
(sich) an den Kopf greifen (i, i) to wonder if someone is out of his mind/has a screw loose (slang)
ausländisch foreign
bestimmt certain
gebunden (sein) an to be bound by
gezielt precise, controlled
Stellenwert haben to have standing/status
wertvoll valuable

Kein Grund zur Angst
es ist noch nicht ausgemacht it is not yet certain
unberechtigt unjustified
vorhanden existing
wie auch immer be that as it may
zusätzlich additional

III – Es fehlt am Kleingeld
derzeit at present
eigenständig independent
gemeinsam common, joint(ly)
im Schnitt on the average
mindestens at least
mittlerweile meanwhile, in the meantime
Überstunden schieben (o, o) to work overtime (worker slang)
umstritten disputed
unwiderruflich irrevocably
vorerst for the time being

AUF DEM WEG ZU EUROPÄISCHEN DEUTSCHEN

Substantive
der **Bau**, -ten building, construction
der **Bauer**, -n farmer
das **Beispiel**, -e example
der **Bekenntnisroman**, -e confessional novel
der **Bewohner**, - inhabitant
das **Bewußtsein** awareness, knowledge
die **Bitterkeit**, -en bitterness
der **Botschafter**, - ambassador
der **Bruderkuß**, -̈sse brotherly kiss
der/die **Enkel (in)**, - , -nen grandchild
die **Erwartung**, -en expectation
das **Fehlverhalten**, - incorrect conduct
die **Ferne**, -n distance
die **Freundschaft**, -en friendship
die **Führung**, -en leadership
das **Gedankengut** ideology
die **Gerechtigkeit**, -en justice
die **Gewalt**, -en force, violence
das **Gewissen**, - conscience
der **Handwerker**, - tradesman, craftsman
die **Klugheit**, -en wisdom
der **Knecht**, -e servant, slave
die **Mißwirtschaft**, -en mismanagement
der **Mitmensch**, -en fellow man
der **Nachbar**, -n neighbor
die **Not**, -̈e need
der **Ruheständler**, - retiree
der **Rüstungsbetrieb**, -e armaments factory

der **Schrecken, -** horror, terror
die **Schuld** guilt
die **Seele, -n** soul
die **Sorge, -n** worry, care
der **Standpunkt, -e** point of view
die **Trümmer** rubble, debris
die **Überheblichkeit, -en** arrogance
die **Unkenntnis, -se** ignorance
die **Vernunft** reason
das **Werkzeug, -e** tool
die **Zerrissenheit, -en** inner turmoil
der **Zwang, ̈e** coercion, compulsion

Verben
ab-lösen to remove from office
ab-schotten (gegen) to seal something off (from), isolate
ab-wiegen (o, o) to weigh out
achten to respect
auf-rechnen to assess, evaluate, account for
aus-beuten to exploit
bei-treten (i; a, [ist] e) to join
empfinden (a, u) to feel
entsprechen (i; a, o) to live up to, meet
entstehen (a, [ist] a) to emerge, be created
(sich) erinnern to remember
erkennen (a, a) to recognize, acknowledge
errichten to build, erect
(sich) erweisen (ie, ie) to prove to be
fest-stellen to realize
kreisen (um) to revolve (around)
passen (in) to fit (into)
richten to judge
rücken to recede
schöpfen to take, find
schuften to toil, work hard *(colloquial)*
streiten (i, i) to fight, argue
täuschen to deceive
überstehen (a, a) to ride out, survive
überwinden (a, u) to overcome
umarmen to embrace
verbreiten to spread
verleugnen to betray, prove faithless
verteidigen to defend
vertreten (i; a, e) to represent
(sich) weigern to refuse
wischen to wipe

Andere Wörter und Ausdrücke
auf internationalem Parkett in the international arena
aufgeschlossen open-minded, approachable
ausgleichend balancing, stabilizing, counter-poised
beiseite räumen to clear (aside)
bescheiden modest
bewußt conscious
brauchbar useful
die Schuld tragen (ä; u, a) to bear guilt, be to blame
ehemalig former
ehrlich honest
eingesponnen (in) absorbed, wrapped up (in)
einheitlich uniform(ly)
es gilt it is our task
geachtet respected
geeint unified
gesetzt established, well-positioned
heranwachsend up-and-coming, growing up
hüben wie drüben on both sides
ich bin dabei ... I am in the process of ...
in dem Bewußtsein knowing that, conscious of the fact
ins reine kommen (a, [ist] o) to come to terms/peace with
leiden können to be able to stand/tolerate
menschlich humane, civilized
Schluß machen (mit) to stop, suspend, discontinue
stets always
verblieben remaining
walten lassen (ä; ie, a) to allow ... to prevail
zerrissen torn apart

PERMISSIONS AND CREDITS

The authors and editors of *Gesichtspunkte: Aktuelle Lesetexte von gestern, heute und morgen* would like to thank the following companies, organizations and people for granting permission to reprint the following copyrighted material:

Texts

p. 3 Gewalt wird das Problem nicht lösen from *Stoppt die Gewalt! Stimmen gegen den Ausländerhaß*, 1992. Luchterhand Literaturverlag, Hamburg; **p. 7** Vier Leserbriefe from *Stern*, No. 53/1992. Gruner & Jahr Verlag, Hamburg; **p. 9** Wir brauchen die Ausländer from *Stoppt die Gewalt! Stimmen gegen den Ausländerhaß*, 1992. Luchterhand Literaturverlag, Hamburg; **pp. 17-18** Der Sozialstaat spielt verrückt from *Quick*, No. 23/1992. *Quick,* München; **pp. 25-28** Ein Märchen , **pp. 33-36** Nana , and **p. 41** Entfremdet from *Das Unsichtbare sagen! Prosa und Lyrik aus dem Alltag des Gastarbeiters*, 1983. Neuer Malik Verlag, Kiel; **pp. 45-47** ... ein Neger hat nie ein Auto erfunden from *Menschenfresser- Negerküsse ...: Das Bild vom Fremden im deutschen Alltag*, Berlin: Elefanten Press Verlag, 1991. Marie Lorbeer, Editor; **pp. 57-59** Max und Moritz (excerpt) from *Wilhelm Busch. Werke: Gesamtausgabe in vier Bänden,* Wiesbaden: Vollmer-Verlag, 1974; **pp. 66-67** Die ewige Punktegeierei and **pp. 74-75** Die Lehrer müssen umdenken from *Der Spiegel*, No. 23/1992. The New York Times Syndication Sales Corporation, Paris, France; **pp. 84-85** Zeugnistag from *Reinhard Mey, ... alle meine Lieder,* 3rd ed., Berlin: Maikäfer Musik Verlagsgesellschaft, 1990. Reprinted with permission from Reinhard Mey; **pp. 93-98** Mit Fleiß ins Chaos (excerpt) from *Stern*, No. 21/1992. Gruner & Jahr Verlag, Hamburg; **pp. 114-118** Naturschutz (excerpts) from *Naturschutz. Ein Lesebuch nicht nur für Planer, Politiker, Polizisten, Publizisten und Juristen,* 2nd ed., 1990. Reprinted with permission from Springer-Verlag, Berlin and author Professor Dr. Hermann Remmert; **pp. 126-130** Die 7 Todsünden from *Stern*, No. 23/1992. Gruner & Jahr

Verlag, Hamburg; **pp. 144-147** Die Zerstörung der Umwelt and **p. 153** Neue Energien from *2000, Ende oder Wende? Stehen wir kurz vor dem Weltuntergang oder am Anfang eines neuen Zeitalters?* R.G. Fischer Verlag, Frankfurt/M., 1992; **p. 161** Klage from *Im Gewitter der Geraden. Deutsche Ökolyrik 1950-1980* C.H. Beck Verlag, München, 1981; **pp. 170-171** Drei Freunde , **pp. 178-181** Deutschland , and **pp. 189-190** Brief des Platon from *„Denk ich an Deutschland ..." Menschen erzählen von ihren Hoffnungen und Ängsten,* Hamburg: Luchterhand Literaturverlag, 1991. Reprinted with permission from Bertelsmann Club, Gütersloh; **pp. 197-199** Mein Berlin from *Reinhard Mey, ... alle meine Lieder,* 3rd ed., Berlin: Maikäfer Musik Verlagsgesellschaft, 1990. Reprinted with permission from Reinhard Mey; **p. 208** Die neue Zeit from *„Denk ich an Deutschland ..." Menschen erzählen von ihren Hoffnungen und Ängsten,* Hamburg: Luchterhand Literaturverlag, 1991. Reprinted with permission from Bertelsmann Club, Gütersloh; **pp. 217-221** Europa hat Geschichte (excerpt) from *Europa wird eins,* 4th ed., 1991. Presse- und Informationsamt der Bundesregierung, Bonn; **pp. 224-225** Der Weg zum Binnenmarkt: 1950-1992 from *Scala,* No. 6/1992. Frankfurter Societäts-Druckerei, Frankfurt/M.; **pp. 233-234** Wirtschaftsmacht Europa - Zum Start gibt's blaue Briefe , **pp. 237-238** Kein Grund zur Aufregung, **p. 238** Kein Grund zur Angst , **p. 240** Es fehlt am Kleingeld , **p. 242** Die Kommission denkt, der Rat lenkt , **p. 243** Meinungen von gestern - Hoffnungen für morgen (quotations) and **p. 248** Vollendet, aber nicht vollkommen from *Stern,* No. 53/1992. Gruner & Jahr Verlag, Hamburg; **p. 251** Auf dem Weg zu europäischen Deutschen from *„Denk ich an Deutschland ..." Menschen erzählen von ihren Hoffnungen und Ängsten,* Hamburg: Luchterhand Literaturverlag, 1991. Reprinted with permission from Bertelsmann Club, Gütersloh.

PHOTOGRAPHS

p. 1 Deutsche Presse-Agentur (Kumm); **p. 4** Ullstein Bilderdienst, Berlin (Leon Shachman); **p. 35** German Information Center; **p. 49** Deutsche Presse-Agentur (Rehder); **p. 52** Stock, Boston (Peter Menzel); **p. 63** Ullstein Bilderdienst; **p. 73** Meike Schlosser-Gilley; **p. 108** German Information Center; **p. 151** Meike Schlosser-Gilley; **p. 154** Ullstein Bilderdienst (dpa); **p. 155** Ullstein Bilderdienst; **p. 170** German Information Center, New York; **p. 199** photo reprinted from *Reinhard Mey... alle meine Lieder,* 3rd ed., Berlin: Maikäfer Musik Verlagsgesellschaft, 1990. Courtesy of Reinhard Mey; **p. 200** (from left to right) Pressens Bild AB, Stockholm (Leif Engberg); Ullstein Bilderdienst; Ullstein Bilderdienst; map reprinted from The Berlin Connection , Sept. 1991; Archiv für Kunst und Geschichte, Berlin; Ullstein Bilderdienst, Berlin; **p. 201** (from left to right) Ullstein Bilderdienst; Ullstein Bilderdienst; **p. 212** Ullstein Bilderdienst; **p. 217** Ullstein Bilderdienst; **p. 220** Ullstein Bilderdienst (Maria Zennig); **p. 241** Stock, Boston.

REALIA

p. 6 German Information Center, New York; **p. 8** Kollege Ausländer (# 9620), Globus-Kartendienst, Hamburg; **p. 10** Ziel: Deutschland (# 9320), Globus-Kartendienst; **p. 12** Vom Auswanderungsland zum Einwanderungsland (# 9406), Globus-Kartendienst; **p. 14** Auf der Suche nach Asyl (# 9663), Globus-Kartendienst; **p. 16** German Information Center, New York; **p. 19** Sie suchen Zuflucht in Deutschland (#9959), Globus-Kartendienst; **p. 31** Wer hilft mit, Zeinab anzuzünden? Courtesy of Päd Extra, Frankfurt/M.; **p. 64** Abitur - Prüfung ohne Wert from *Der Spiegel,* No. 23/1992, Hamburg; **p. 71** Alptraum Schule from *Stern,* No. 35/1993. Gruner & Jahr Verlag, Hamburg; **p. 85** Französisches Gymnasium Berlin - Zeugnis from *Reinhard Mey, ... alle meine Lieder,* 3rd ed., Berlin: Maikäfer Musik Verlagsgesellschaft, 1990. Reprinted with permission from Reinhard Mey; **p. 99** Rangliste: Pädagogik, Rangliste: Germanistik, Rangliste: Die besten Unis im Osten from *Der Spiegel,* No. 16/1993; **p. 101** Studium - wie lange? (# 9603), Globus-Kartendienst; **p. 105** Der Studenten-Berg (# 9379), Globus-Kartendienst; **p. 111** Bereiche des Umweltschutzes from W. Stirhmann, Naturschutz in *Biologie,* 9 (1985); **p. 112** Umwelt-Kreuzwort-Politikrätsel and **p. 119** Puzzle from *Grundkurs Umwelt. Ein Lernprogramm für alle Einsteiger,* 1990. Edition Weitbrecht of the K. Thienemanns Verlag, Stuttgart; **p. 120** Der tropische Regenwald ist unersetzlich (# 9613), Globus-Kartendienst; **p. 122** Wir haben die Erde von unseren Kindern nur geliehen. Reprinted with permission from Horst Haitzinger; **p. 131** Der Treibhaus-Effekt (# 7092), Globus-Kartendienst; **p. 131** Die Auswirkung des Treibhauseffektes (# 8587), Globus-Kartendienst; **p. 134** FCKW - Killer der Ozon-Schicht (# 9432), Globus-Kartendienst; **p. 135** Raumschiff ERDE: Wieviel Menschen? (# 5143) and Der saure Regen (# 4380), Globus- Kartendienst, Hamburg; **p. 136** Unser Trinkwasser (# 7875), Globus-Kartendienst; **p. 137** Schluß mit den Müllexporten: Deutschland ist Weltmeister im Export von Giftmüll from *Spiegel Spezial,* No. 1/1992. Reprinted with permission from Greenpeace e.V., Hamburg; **p. 149** Das Krankheitsbild vom deutschen

Wald (# 9258), Globus-Kartendienst; **p. 156** Zukunftshoffnung: Alternative Energien (# 6135), Globus-Kartendienst; **p. 157** Umweltsünder? Energiefresser? (# 9264), Globus-Kartendienst; **p. 176** Deutschland und seine Grenzen (# 8527), Globus-Kartendienst; **p. 177** Deutschlands Länder (#8506), Globus-Kartendienst; **p. 188** Das Jahr der Deutschen (# 8669), Globus-Kartendienst; **p. 197** Deutsch-deutsche Wegmarken (# 8508), Globus-Kartendienst; **p. 228** Wirtschaftsmacht Europa (title page and excerpt of content) from *Stern*, No. 53/1992. Gruner & Jahr Verlag. Hamburg; **p. 233** MwSt. and **p. 237** Bestrahlung von Lebensmitteln from *Spiegel Spezial*, No. 1/1992. Reprinted with permission from *Der Spiegel*, Hamburg; **p. 243** So funktioniert die EG (#7660) and Das Europa-Parlament (#7826), Globus-Kartendienst; **p. 246** EG - Europas Kraftzentrum (#9478), Globus-Kartendienst; **p. 247** Arm und reich in der EG (# 9402), Globus-Kartendienst.

ILLUSTRATIONS

p. viii and **p. x** Content diagrams, John I. Liontas; **p. 103** Alma Mater, John I. Liontas; **p. 124** Rettet unsere Erde, John I. Liontas; **pp. 200-201** Schuljunge, and Mutter und Sohn, Valerie Spain.

AUFLÖSUNGEN

Unit Openers

Thema 4: **1.** a; **2.** a; **3.** A2, B4, C3, D6, E1, F5; **4.** b; **5.** A4, B1, C2, D5, E3; **6.** A1, B2, C4, D3; **7.** d; **8.** c; **9.** A3, B5, C2, D1, E4; *Thema 5:* **1.** c; **2.** c; **3.** A5, B1, C4, D6, E2, F3; **4.** a; **5.** A9, B1, C10, D4, E8, F5, G3, H6, I7, J2; **6.** d; **7.** b; **8.** A4, B5, C1, D2, E3; **9.** a.

Testen Sie Ihr Wissen

Thema 1: **1.** c; **2.** a; **3.** b; **4.** c; **5.** b; **6.** b; **7.** a; **8.** c; **9.** d; **10.** c. *Thema 2:* **1.** a; **2.** d; **3.** c; **4.** c; **5.** a; **6.** d; **7.** a; **8.** c; **9.** b. *Thema 3:* **1.** a; **2.** a; **3.** b; **4.** a, b, c, e; **5.** d; **6.** b, d; **7.** d; **8.** d. *Thema 4:* **1.** a; **2.** c; **3.** a, c; **4.** b; **5.** c; **6.** b; **7.** c; **8.** a; **9.** d. *Thema 5:* **1.** c; **2.** b; **3.** d. **4.** b; **5.** a; **6.** b; **7.** a, c; **8.** d; **9.** c; **10.** a; **11.** b.